Kunst und Physiognomik

Menschendeutung und Menschendarstellung im Abendland

Kunst und Physiognomik

Menschendeutung und Menschendarstellung
im Abendland

Norbert Borrmann

DuMont Buchverlag Köln

Umschlagvorderseite: Leonardo da Vincis Porträt der *Mona Lisa* (1503/06, Musée du Louvre, Paris), in das das physiognomische Raster des ›Idealen Zukunftsmenschen‹ aus Carl Huters Psycho-Physiognomik hineinkopiert wurde

Umschlagrückseite: Physiognomische Skizzen von Charles Le Brun (Fuchsmenschen), aus: ders., *Conférence sur la physionomie de l'homme dans ses rapports avec celles des animaux,* Paris 1671

Frontispiz: Leonardo da Vinci: *Studien grotesker Figuren,* 1490, Feder und Tinte; Windsor Castle, The Royal Collection © 1994, Her Majesty Queen Elisabeth II

Die Deutsche Bibliothek – CIP – Einheitsaufnahme

Kunst und Physiognomik : Menschendeutung und Menschendarstellung im Abendland / Norbert Borrmann. – Köln : DuMont, 1994
    ISBN 3-7701-2908-3
NE: Borrmann, Norbert

© 1994 DuMont Buchverlag, Köln
Alle Rechte vorbehalten
Satz: Fotosatz Harten, Köln
Druck und buchbinderische Verarbeitung: Boss-Druck, Kleve

Printed in Germany ISBN 3-7701-2908-3

Inhalt

Vorwort

Es mag verwundern, daß über das Thema ›Kunst und Physiognomik‹ noch keine geschlossene Arbeit vorliegt. Schließlich geht doch jeder Künstler bewußt oder unbewußt davon aus, daß mit den von ihm geschaffenen Formen und Gestaltungen ein entsprechender Inhalt verbunden ist. Täte er das nicht, dann wäre seine Arbeit nur Spielerei, entleerte Dekoration. Dabei ist es vollkommen gleichgültig, was der Künstler darstellt – ob Menschen, Pflanzen oder Gegenstände –, ebenso, ob seine Kunst abstrakt oder gegenständlich ist; stets wird er mit seiner Formenwelt eine bestimmte Aussage verbinden wollen. In diesem Kontext ist auch die Physiognomik, die ›Kenntnis der Körperlichkeit‹, und ihre Rolle in der bildenden Kunst keineswegs als ausgefallenes Thema zu bewerten, wie es vielleicht auf den ersten Blick erscheinen könnte, sondern ist vielmehr als *das* Urthema der Kunst zu sehen. Ungewöhnlich ist nur die geringe Beachtung, die das Thema bisher erfahren hat.

Natürlich betritt der Autor mit seiner Arbeit kein gänzliches Neuland. Zu einzelnen Themen liegen bereits Aufsätze oder Bücher vor. Es galt, die von vielen Sonderkennern geleistete, verstreut liegende wissenschaftliche Arbeit zu sammeln und zu nutzen. Dieses Material bildete neben den eigentlichen Quellenwerken die Grundlage, um daraus ein sinnvolles Ganzes zu schaffen; denn erst von diesem größeren Ganzen aus ist es möglich, die wechselseitige Bedeutung von Kunst und Physiognomik angemessen zu erschließen. Die Arbeit beruht also weniger auf Detailforschung als vielmehr auf ›Ganzheitsforschung‹. Daß es dazu eines soliden Maßes an wissenschaftlicher Unbekümmertheit, um nicht zu sagen an Naivität bedurfte, muß nicht eigens betont werden. Wir dürfen uns hier den Worten Rudolf Arnheims anschließen: »Ließ ich mich von der Idealforderung

nach hundertprozentiger Zuständigkeit abschrecken, so blieb die Arbeit ungetan. Unternahm ich sie aber, so mußte ich mich von vornherein damit abfinden, daß ich sie nur annäherungsweise durchführen konnte.«[1] Immerhin werden wir in unserer Abhandlung einige Jahrtausende europäischer Geschichte durcheilen. Auch werden wir mitunter die Grenzen Europas verlassen müssen; sprechen doch Kapitel wie »Am Anfang war das Bild: Ursprünge der Physiognomik« oder »Die Maske« Themen an, die allgemein menschlicher Natur sind. An Vollständigkeit können wir uns dabei nicht halten. Der Blick muß notgedrungen auf das Wesentliche begrenzt bleiben. An einigen Stellen werden wir etwas länger verweilen, so wird die Zeit ab der Renaissance ausführlicher behandelt. Das bietet sich schon durch die Quellenlage an. Den Höhepunkt der Untersuchung bildet das 18. Jahrhundert, erlag Europa in diesem Säkulum doch dem Fieber einer ›physiognomischen Raserei‹, das von dem Züricher Pastor Johann Caspar Lavater ausgelöst worden war.

Die Arbeit ist nach dem Prinzip der Chronologie aufgebaut. Doch konnte das nur ein Grundraster bleiben, da sich viele Themen nicht auf einen engen Zeitabschnitt begrenzen lassen. Diese wurden dann der Epoche zugeordnet, in der sie nach Auffassung des Autors am prägnantesten hervortreten. Das Kapitel über das Porträt wurde z. B. der Renaissance zugeordnet, weil in diesem Zeitabschnitt das neuzeitliche Bildnis entstanden ist. Gleichwohl sollen und müssen in dem Abschnitt natürlich auch die allgemeinen Grundlagen der Porträtkunst und ihr Verhältnis zur Physiognomik aufgezeigt werden. Der Blick geht also notgedrungen über die Renaissance hinaus. Ebenso, um ein anderes Beispiel zu wählen, schien es dem Autor angebracht, das Herrscherbildnis mit der Epoche Ludwigs XIV. in Verbindung zu setzen, obgleich es sich natürlich auch hier nicht umgehen ließ, die Bildgattung in ihrer historischen Entwicklung aufzuzeigen.

Physiognomik wird meistens auf Menschenkenntnis oder Gesichtsdeuterei reduziert. Auch wir werden uns vorrangig darauf konzentrieren, das heißt, daß wir uns in erster Linie mit der Porträtdarstellung beschäftigen werden.

Doch neben dieser zweckgebundenen, ›engen‹ Physiognomik gab es immer auch die ›kosmische‹ Physiognomik. Ihr ist alles – wie dem Künstler seine Formenwelt – Symbol, Bedeutungsträger. Sie bildet den zweiten wichtigen Strang der Physiognomik, und so werden wir mitunter Kopf und Körper des Menschen verlassen, um uns auch den Tieren, Pflanzen, den Steinen, ja den Gestirnen über uns zuzuwenden. Daß die Physiognomik dabei nicht als eine exakte Wissenschaft aufgefaßt wird, ist selbstver-

ständlich. Sie wird bestenfalls wie die Kunst selbst gesehen – als eine Kunst.

Erfreulich ist, daß das Thema in jüngster Zeit wieder in den Blickpunkt gerückt ist, nachdem die Beschäftigung damit seit der Kulturrevolution der sechziger Jahre fast erloschen war. Hier sei vor allem auf die beiden Wiener Ausstellungen *Wunderblock. Eine Geschichte der modernen Seele,* aus Anlaß von Sigmund Freuds 50. Todestag, und *Die Beredsamkeit des Leibes* hingewiesen.[2] Aber auch außerhalb der deutschen Sprachgrenzen hat man sich wieder der physiognomischen Menschendeutung und ihres Stellenwerts in der bildenden Kunst angenommen, wie es die großen Pariser Ausstellungen *L' âme au corps* und *A visage découvert* dokumentieren.[3] Vielleicht stehen wir ja an einer Schwelle, an der sich ein erneutes Interesse an Form, Gestalt und Symbol andeutet. Zu begrüßen wäre es!

Kunst und Physiognomik

Eine Einführung

»Nur Hohlköpfe urteilen nicht nach dem Äußeren. Das wahre Geheimnis der Welt liegt im Sichtbaren, nicht im Unsichtbaren.«[4] Diese Worte läßt Oscar Wilde in seinem Roman *Das Bildnis des Dorian Gray* aussprechen, und die Annahme ist wohl nicht unbegründet, daß der Autor diese Ansicht teilte. Der Psychiater Ernst Kretschmer beginnt sein Werk über *Körperbau und Charakter* mit folgender Erkenntnis: »Der Teufel des gemeinen Volkes ist zumeist hager und hat einen dünnen Spitzbart am schmalen Kinn, während die Dickteufel einen Einschlag von gutmütiger Dummheit haben. Der Intrigant hat einen Buckel und hüstelt. Die alte Hexe zeigt ein dürres Vogelgesicht. Wo es heiter und saftig zugeht, da erscheint der dicke Ritter Falstaff, rotnasig und mit spiegelnder Glatze. Die Frau aus dem Volke zeigt sich untersetzt, kugelrund und stemmt die Arme in die Hüften. Heilige erscheinen überschlank, langgliedrig, durchsichtig, blaß und gotisch. Kurz und gut: Die Tugend und der Teufel müssen eine spitze Nase haben und der Humor eine dicke. Was sagen wir dazu? Zunächst nur soviel: es könnte sein, daß Dinge, die die Phantasie der Völker in jahrhundertelangen Traditionen auskristallisiert, objektive völkerpsychologische Dokumente wären, Niederschläge von Massenbeobachtungen, auf die vielleicht auch für den Forscher ein kleiner Seitenblick sich verlohnt.«[5]

Kretschmers wiedergegebene Einsichten entsprangen und entspringen keineswegs nur Volkes Weisheit. Wir finden diese Vorstellungen in der bildenden Kunst wieder und auch in der Literatur. So urteilt der Schweizer Theologe und Physiognom Johann Caspar Lavater: »Hierher gehört vielleicht auch die Menge physiognomischer Züge, Charaktere, Beschreibungen, die man in größten Dichtern so häufig findet – und die sich allen Lesern von Geschmack, Empfindung, Menschenkenntnis und Menschenteilnehmung so sehr empfehlen.«[6] Shakespeare legte – auf Plutarch zurückgreifend – Julius Caesar die bekannten Worte in den Mund:

»Laßt wohlbeleibte Männer um mich sein/Mit glatten Köpfen, und die nachts gut schlafen./Der Kassius dort hat einen hohlen Blick;/Er denkt zu viel; die Leute sind gefährlich.« Selbst die einlenkenden Worte des Antonius: »O fürchtet den nicht; er ist nicht gefährlich,/Er ist ein edler Mann und wohl begabt« vermögen nicht, Caesar von seinem Mißtrauen Kassius gegenüber abzulenken. Er traut mehr den eigenen Augen als den beschwichtigenden Worten Dritter. Und so besteht er darauf: »Wäre er nur fetter! . . .«[7]

Der französische Staatsmann Talleyrand hat einmal gesagt: »Das Wort ist dem Menschen gegeben, um seine Gedanken zu verbergen.«[8] Gestalt und Mimik des Menschen vermögen dabei nicht immer mitzulügen, auch der schlauste Teufel kann an seiner verräterischen Physiognomie scheitern. Goethes Mephisto kann das arglose Gretchen nicht mit schönen Worten täuschen. Sein Antlitz versetzt ihr Inneres in Schrecken, denn »es steht ihm an der Stirn geschrieben,/daß er nicht mag eine Seele lieben«.[9] Und von Schiller, dem anderen großen Weimarer Klassiker, stammt der ehemals häufig zitierte Satz: »Es ist der Geist, der sich den Körper baut.«[10]

Aber was bleibt, wenn Form zugleich Inhalt und Schicksal sein sollte, von der vielbeschworenen menschlichen Freiheit übrig? Max Picard schreibt in seinen *Grenzen der Physiognomik,* einem Werk, das die Gestalt des Menschen weniger von einem naturwissenschaftlichen, sondern mehr von einem philosophischen Standpunkt aus zu betrachten versucht:

»Der Mensch kann so sein, wie er aussieht, er braucht es aber nicht, er hat die Freiheit, anders zu sein als sein Gesicht.«[11] Um diese Behauptung zu untermauern, hat Picard seiner Schrift eine Anekdote aus dem Leben des Sokrates als Motto vorangestellt: »Als Zopyrus, der sich brüstete, den Charakter eines jeden Menschen aus dessen Äußerem erkennen zu können, dem Sokrates begegnete und viele Laster aus ihm herauslas, wurde er von allen ausgelacht – denn keiner hatte noch irgend eines jener Laster bei Sokrates bemerken können –, nur nicht von Sokrates selbst. Sokrates gab dem Zopyrus recht: er, Sokrates, sei allerdings mit jenen Lastern auf die Welt gekommen, aber mit Hilfe der Vernunft habe er sich ihrer entledigt.«[12]

Doch was bedeutet Physiognomik genau, und in welchem Verhältnis steht sie zur bildenden Kunst? Die Physiognomik, die ›Kenntnis der Körperlichkeit‹, darf wohl als die Urform der Menschenkenntnis gelten. Lavater, der sicher einflußreichste Popularisator der Physiognomik als Lehrsystem, definiert sie als »die Fertigkeit durch das Äußerliche eines Menschen sein Inneres zu erkennen; das, was nicht unmittelbar in die Sinne fällt, vermittelst irgend eines natürlichen Ausdrucks wahrzunehmen ... Alle Züge, Umrisse, alle passive und aktive Bewegung, alle Lagen und Stellungen des menschlichen Körpers; alles, wodurch der leidende oder handelnde Mensch unmittelbar bemerkt werden kann, wodurch er seine *Person* zeigt – ist Gegenstand der Physiognomik.«[13] Gleichwohl wird sie in der Praxis, auch bei Lavater, in erster Linie zur Beurteilung des menschlichen Gesichts herangezogen. Grundsätzlich sei hier noch einmal festgehalten: Die Physiognomik ist keine exakte Wissenschaft wie die modernen Naturwissenschaften, sie ist ebensowenig eine reine Geisteswissenschaft, auch läßt sie sich nicht auf bloße Intuition beschränken; sie stellt weit eher eine Fertigkeit oder selbst eine Kunst dar. Nähert man sich ihr unvoreingenommen, so entdeckt man in ihren Lehrgebäuden drei verschiedene Wurzeln, die nur schwer zu einer überzeugenden Einheit zu verbinden sein dürften, wenngleich sie in den physiognomischen Systemen oft recht unbekümmert verwoben werden:
1. Ein von den naturwissenschaftlichen Vorgehensweisen geprägter Ansatz, der darauf abzielt, das Wechselspiel zwischen Körper und Seele, Äußerem und Innerem in überprüfbaren Gesetzen festzulegen. Zu den Vertretern dieser Gruppe gehören u. a. der Mediziner Franz Joseph Gall (1758–1828) sowie zahlreiche Naturwissenschaftler des 19. und 20. Jahrhunderts.
2. Ein philosophisch-geisteswissenschaftlicher Ansatz, der davon ausgeht, daß in der Natur jeder Inhalt die für ihn zweckmäßige Form aufweist bzw. umgekehrt. Damit wird die Physiognomik zu einer ›kosmischen Physiognomik‹ erweitert, die alles Sichtbare deutet: Mensch, Tier, Pflanzen, Steine und Gestirn. Die physiognomischen Lehrsysteme nutzten diese Erweiterung als Anlaß, verwandte Formen und verwandte Inhalte zusammenzubringen. Die daraus hervorgegangenen Analogiebildungen finden wir u. a. in dem seit der Antike verbreiteten Mensch-Tier-Vergleich.
3. Ein künstlerisch-intuitiver Ansatz, der mittels symbolischem oder ›bildhaftem‹ Denken versucht, die wahrgenommene und auf sich wirkende Gestalt zu erfassen. Zu seinen Vertretern könnte man den Arzt und Maler Carl Gustav Carus (1789–1869) zählen, aber ebenso dürfte der Ansatz die bewußt oder unbewußt angewandte Verfahrensweise der meisten bildenden Künstler wiedergeben, sich mit der Welt der Formen auseinanderzusetzen. Dieser Ansatz ist zugleich auch mit dem instinktiven Physiognomieren *jedes* Menschen verwandt.

Es ist klar, daß bei dem derart vielgestaltigen Wesen der Physiognomik, in der rationale und irrationale Prinzipien zusammenfließen, keine exakt abgegrenzte Wissenschaft im modernen Sinne entstehen konnte. Insofern darf nicht verwundern, daß sich – abgesehen von den Künstlern – Wissenschaftler aus den verschiedensten Bereichen mit der Physiognomik beschäftigt haben: Theologen, Philosophen, Naturwissenschaftler, Kriminalbiologen und nicht zuletzt sehr viele Ärzte. Darüber hinaus haben sich wohl zu allen Zeiten auf diesem Gebiet auch zweifelhafte Gestalten getummelt – was der Physiognomik den Ruch von Jahrmarkts- und ›Zigeunerkunst‹ eintrug. Die Lehrsysteme der Physiognomik sind denn auch weniger beweisbar als vielmehr gefühlsmäßig nachzuvollziehen. Kant urteilte über die Physiognomik: »[Sie] ist eine Geschicklichkeit der Urteilskraft ohne Grundsätze und Vorschriften. Weil kein Verstand eine Verbindung zwischen Gesinnungen und Zügen ersinnen kann. Leute können sich wechselseitig beim Anblick schon nicht leiden. Niemals wird sie auf Regeln gebracht werden.«[14] Gleichwohl darf eines nicht übersehen werden: Jeder von uns ist ein Physiognom, denn jeder von uns deutet, wenn nicht bewußt, so doch uneingestanden und unbewußt, sein Gegenüber, versucht, von dessen Äußerem auf sein Inneres zu schließen. Jeder von uns kennt das in dem Kant-Zitat bereits angedeutete Phänomen des sogenannten ersten Eindrucks. Er ist geprägt von Kleidung, persönlicher Ausstrahlung, Körperbau, Gesichtszügen, der Mimik unseres Gegenübers, aber auch von den eigenen Interessen, die wir ihm entgegenbringen. Innerhalb der ersten vier bis fünf Minuten des visuellen Kontaktes bildet man seine lang anhaltenden Eindrücke. Nietzsche urteilte sogar kategorisch: »Man theilt sich nie Gedanken mit, man theilt sich Bewegung mit, mimische Zeichen, welche von uns auf Gedanken hin zurückgelesen werden.«[15] Je unbewußter und je uneingestandener wir dabei physiognomieren, desto subjektiver werden wir vorgehen; denn dann wird unser Instinkt uns dazu verleiten, unser Gegenüber nur nach dem Freund-Feind-Schema, nach dem Leiden- oder Nicht-leiden-Können zu beurteilen, und uns nicht dazu führen, in ihm das zu sehen, was er vielleicht tatsächlich ist.

Die Physiognomik, und das ist ein Hauptansatzpunkt der vorliegenden Arbeit, bedurfte, zumal vor der Erfindung der Fotografie, der Zeichnung, des Bildes. In der Regel enthalten physiognomische Lehrbücher daher auch eine Bildersammlung. Auf der anderen Seite versucht der Künstler, wenn er einen Menschen porträtiert, mehr als nur die äußere Gestalt wiederzugeben. Er füllt sie zugleich mit seiner Interpretation des Dargestellten. Jeder Künstler, der glaubt, mittels Form und Farbe Inhalte transponieren zu können – und das dürften bei weitem die meisten sein –, ist daher auch ein Physiognom. Nicht von ungefähr bezeichnete Lavater die »Mahlerkunst« als »die Mutter und Tochter der Physiognomik«.[16] Wir dürfen folglich in Kunst und Physiognomik zwei Bereiche erkennen, die einander bedingen. Bedeutende Künstler haben sich immer wieder mit Form und Ausdruck des menschlichen Gesichts beschäftigt, so Leonardo da Vinci oder Charles Le Brun, während sich umgekehrt auch physiognomische Theoretiker in der Porträtkunst versuchten, man denke etwa an Johann Caspar Lavater. Doch die Physiognomik schlägt nicht nur einen Bogen zur bildenden Kunst, sondern auch zur Kunstwissenschaft. Willibald Sauerländer hat auf deren Gemeinsamkeiten verwiesen, indem er u. a. auf das »Problem des Zusammenhangs zwischen Anschaulichkeit und Urteilsbildung« aufmerksam machte, »ein Problem, welches für die Kunstgeschichte als Disziplin eigenen Rechts geradezu als konstitutiv bezeichnet werden muß«.[17] Auch der Kunsthistoriker kann sich der Form, der ›Physiognomie‹ des Kunstwerkes nicht verschließen. Seiner Arbeit würde ohne die Formdeutung das lebendige, eigenschöpferische Verhältnis zum Kunstwerk fehlen. Andererseits wirken viele Passagen physiognomischer Literatur wie reine Kunstbeschreibungen.

Die Geschichte der Physiognomik läßt sich vereinfacht in drei Hauptperioden einteilen, von denen die beiden ersten mit den Namen Aristoteles und Lavater verbunden sind, während die dritte nicht mehr an den Namen einer einzelnen Autorität geknüpft ist, sondern dadurch charakterisiert wird, einen möglichst engen Anschluß an die sich seit dem 19. Jahrhundert rasant entwickelnden Naturwissenschaften zu suchen.

Die älteste erhaltene Schrift über die Physiognomik ist die aus dem Hellenismus stammende Abhandlung *Physiognomika* (2. Jh. n. Chr.), von der man lange Zeit annahm, daß sie von Aristoteles verfaßt worden sei.[18] Daß es sich dabei allerdings nicht um das erste Zeugnis der Physiognomik handelt, geht aus einem kurzen Überblick hervor, der darin über noch ältere physiognomische Systeme gegeben wird. Der Hauptansatz der Schrift liegt in dem Vergleich von Mensch und Tier. Die durch den Namen von Aristoteles autorisierten Parallelen zwischen Tier- und Menschenphysiognomien blieben bis weit in die Neuzeit hinein verbindlich. Ein Beispiel dafür ist die folgende Analogiebildung: Löwen besitzen ein rauhhaariges Fell und sind zugleich Tiere, die mit Mut in Verbindung gebracht werden; so glaubte man, daß nicht nur alle anderen Tiere mit einem solchen Fell mutig seien, sondern auch die Menschen, die mit einem daran erinnernden Haarwuchs ausgestattet sind. In dieser Tradition steht auch die vermutlich erste bebilderte Physiognomik, Iohann vom Hagens *Chiromantia* aus dem Jahre 1522. Berühmt wurden die Zeichnungen der Mensch-Tier-Vergleiche in Giambattista Della Portas (1535–1615) Schrift *De Humana Physiognomonia.* Das mitunter Wunderliche und Phantastische des Vergleichs der Physiognomien von Tier und Mensch wird in diesen Illustrationen besonders deutlich. 13 Auflagen in allen europäischen Ländern über einen Zeitraum von 150 Jahren dokumentieren den Erfolg des Buches von Della Porta. In Frankreich listete Charles Le Brun (1619–1690), Hofmaler Ludwigs XIV. und Direktor der Akademie, in seiner Abhandlung *La méthode pour apprende à dessiner les passions* nicht nur systematisch auf, wie die verschiedenen Temperamente, Typen und Gemütsverfassungen des Menschen im Bild darzustellen seien, sondern ermittelte überdies gewisse physiognomische Analogien zwischen dem »edlen Menschen« und dem »edlen Tier« sowie dem »gewöhnlichen Menschen« und dem »gewöhnlichen Tier«.

Es ist sicher ein unbestreitbares Verdienst von Johann Caspar Lavater (1741–1801), daß er die Autorität der pseudoaristotelischen Schrift in der Physiognomik gestürzt hat, indem er in seiner eigenen Lehre das Trennende zwischen Mensch und Tier betonte. Gleichwohl war oder ist das Kapitel ›Mensch-Tier‹ noch nicht abgeschlossen. 1817 erschien J. Cross' Schrift *An attempt to establish Physiognomy upon scientific principles,* in der die vergleichende Anatomie als Grundlage einer wissenschaftlichen Physiognomik dienen soll. Eine der Thesen darin lautet, daß, je tierähnlicher der menschliche Körper beschaffen sei, desto ›tierischer‹ auch der Geist sei. Noch 1858 veröffentlichte der dänische Maler Sophus Schack seine *Physiognomischen Studien,* in denen er davon ausgeht, daß sich gewisse Charaktereigenschaften durch Ähnlichkeiten der menschlichen Physiognomie mit Tiergesichtern verraten. Wichtiger für unser Thema erscheint jedoch ein anderer Gesichtspunkt des Mensch-Tier-Vergleiches: In der Kunst ist es bis heute üblich, Tiere stellvertretend für den Menschen einzusetzen. Der Aus-

tausch Mensch-Tier ist dabei nicht willkürlich. In der Regel gibt es für einzelne Charakterzüge bevorzugte Tierbesetzungen. So steht der Fuchs meist für List, der Löwe für Mut, das Schwein für Materialismus etc. Das trifft auf die Literatur zu, besonders auf die Fabel, die mit Vorliebe illustriert wird, verstärkt aber noch auf die bildende Kunst. Hier sei auf die Karikatur, auf Künstler wie Daumier oder Grandville verwiesen oder für die Gegenwart auf den Comic strip.

Als Johann Caspar Lavater 1775 den ersten der vier Bände seiner *Physiognomischen Fragmente zur Beförderung der Menschenkenntnis und Menschenliebe* herausgab, erregte er damit großes Aufsehen. Lavaters Lehre fand viele begeisterte Anhänger, und zu seinen Mitstreitern zählten so bedeutende Köpfe wie Goethe, der sich eine Zeitlang an den Untersuchungen Lavaters beteiligte. Das Interesse an physiognomischen Fragen entsprach dem nüchternen, wissenschaftlich orientierten Geist des 18. Jahrhunderts und seinem Aufklärungsbedürfnis. Zum ersten Mal findet sich in dieser Zeit der Versuch, mit rationalistischen Methoden den Ausdruck der Seele zu erklären und diese Bemühungen zugleich mit dem Anspruch einer modernen Wissenschaft zu sehen. Doch dies war nicht der einzige Grund für die Faszination, die von dem Thema ausging. Gerade bei Lavater wird das ersichtlich, denn er war beileibe kein Systematiker. Seine in einem schwärmerischen Ton verfaßten *Fragmente* enthalten kein logisches System, kein leitendes Prinzip. Obgleich Lavater einerseits hoffte, mit seinem Werk den Grund zu einer neuen Wissenschaft zu legen, suchte er zum anderen in der äußeren Erscheinung des Menschen, tief überzeugt von dessen Würde, den symbolischen Ausdruck von Gottähnlichkeit. So durchdringen sich im Werk Lavaters Ratio und Irratio, Aufklärung, Graf Cagliostro und Mesmerismus in einer merkwürdigen und doch für die letzten Jahrzehnte des 18. Jahrhunderts so bezeichnenden Mischung.

Entstehung und Erfolg der *Fragmente* beruhen aber noch auf einem anderen Fundament: der Kunst. Lavater schildert zu Beginn, wie bei ihm zunächst durch das Porträtzeichnen ein »dumpfes physiognomisches Gefühl« entstand. Ähnliche Gesichtszüge verschiedener Personen, die er nacheinander porträtierte, erregten während des Zeichnens seine Aufmerksamkeit. Die wiederholte Beobachtung, daß verwandte Gesichtszüge auch auf ähnliche Charaktereigenschaften deuteten, veranlaßte ihn schließlich zu seinen physiognomischen Studien, wobei ihm neben den Menschen, die er selbst zeichnete oder im täglichen Umgang studierte, vor allem die Werke der bildenden Kunst als Studienmaterial dienten. Lavater betont in der Zugabe zur Vorrede seines Werkes, daß »Hauptkupfertafeln und Vignetten sehr selten bloße Zierde, größtenteils Hauptsache, Fundament, Urkunde« sein sollen[19], wie auch Frau Rat Goethe meinte: »Physiognomick ohne Kupper was wäre das!«[20]. Das hatte zur Folge, daß die *Physiognomischen Fragmente* eine einzigartige Bildersammlung darstellen. Auch die günstige Aufnahme der Schrift und ihr Erfolg beim Publikum werden vor dem Hintergrund der bildenden Kunst besser verständlich. Die ›physiognomische Epidemie‹, die Lavater auslöste und die es in Europa zur Mode machte, daß die Menschen sich gegenseitig ›physiognomierten‹, war vorbereitet gewesen durch das Aufkommen und die weite Verbreitung von Silhouette und Porträtminiatur im 18. Jahrhundert, durch die Karikatur und, von der Kunsttheorie her, besonders durch die Arbeiten von Johann Joachim Winckelmann (1717–1768).

Insbesondere die Bedeutung der Silhouette kann kaum überschätzt werden. Seit Anfang des 18. Jahrhunderts wurde die Silhouette vorwiegend in bürgerlichen Kreisen als erschwingliche Bildnisminiatur gepflegt. Lavater, der das feste Knochensystem zur Grundlage seiner physiognomischen Theorien gemacht hatte, bevorzugte beim Porträt die Profilansicht. Die relativ einfach herzustellende Silhouette mit ihrer scharfen Umrißlinie, die wie ein Abdruck der Natur wirkt, kam seinen Bemühungen dabei sehr entgegen. Umgekehrt förderten die *Physiognomischen Fragmente* ihrerseits wieder die Kunst der Silhouette, so daß die achtziger Jahre des 18. Jahrhunderts die klassische Zeit der Porträtsilhouette wurden. Zustatten kam der Verbreitung der Silhouette auch, daß sie dem Winckelmannschen Ideal der edlen Kontur und strengen Zweidimensionalität entsprach. Bemerkenswert ist, daß sich Lavater zur Erläuterung und Entwicklung seiner physiognomischen Lehrsätze keineswegs nur auf das eigentliche Porträt beschränkte. So zog er zudem reine Idealbilder heran, von denen er annahm, daß die Künstler sie bewußt oder unbewußt nach jenem Grundprinzip der Physiognomik geschaffen hatten, das besagt, daß körperliche und moralische Schönheit konform gehen. In der Bevorzugung des harmonischen, in sich ruhenden Idealporträts spiegelt sich der Einfluß Winckelmanns auf Lavater wider.

Trotz aller Euphorie meldeten sich jedoch bald auch Kritiker und Spötter zu Wort. Bei der Lächerlichkeit und Überzogenheit mancher der Lavaterschen Weisheiten verwundert das nicht. So gab er etwa den regierenden Fürsten den ernstgemeinten Rat: »Oh, ihr Fürsten! Wenn ihr eure Minister wählt, so seht vor allem ihre Nasen an!«[21] Besonders Georg Christoph Lichtenberg (1742–1799), aber auch Johann Carl August Musäus (1735–1787) bedachten Lavater und seine mitunter allzu leichtgläubigen Anhänger mit scharfem Spott und beißender Satire. Dabei lehnte Lichtenberg die Physiognomik keineswegs vollkommen ab, wie es das folgende Zitat belegt: »Die wirkenden Leidenschaften haben«, schrieb er, »ihre Zeichen und lassen oft merkliche Spuren zurück, das ist unleugbar, und daher rührt das, was die Physiognomik Wahres hat.«[22]

Im 19. und 20. Jahrhundert, der dritten Hauptperiode in der Geschichte der Physiognomik, bemühte man sich um die Anlehnung der Physiognomik an die sich rasant entwickelnden Naturwissenschaften. Ein zweites Charakteristikum dieser Zeit ist die Vernachlässigung der festen Form, des Knochensystems, zugunsten der veränderlichen Form – der Mimik. Doch bevor sich im 19. Jahrhundert die Lehre der Physiognomik mehr und mehr auf die beweglichen Teile des Antlitzes verlagerte, traten noch zwei bedeutende Vertreter der festen Form auf: Franz Joseph Gall und Carl Gustav Carus. Gall, Arzt und Naturforscher, beschränkte sich dabei auf die Schädellehre, die Phrenologie. Anders als Lavater versuchte Gall seine Lehre naturwissenschaftlich zu begründen und in eine strenge Systematik einzubinden, was den Psychologen und Philosophen Wilhelm Wundt zu dem ironischen Vergleich veranlaßte: »Die vier Folianten ... [von Galls] phrenologischen Fragmenten verhalten sich ... zu Lavater's Fragmenten ungefähr ebenso, wie ein trockenes anatomisches Compendium zu einer Predigtsammlung«[23]. Die

Wirkung der Phrenologie Galls in der ersten Hälfte des 19. Jahrhunderts ist mit dem Einfluß verglichen worden, der in der ersten Hälfte des 20. Jahrhunderts vom Werk Sigmund Freuds ausging.[24] Gall teilte die Schädeloberfläche in verschiedene Bezirke ein, von denen seiner Ansicht nach jeder einzelne bestimmte geistige und seelische Funktionen beherbergt. So glaubte er, aus individuellen Erhebungen oder Vertiefungen der Schädeloberfläche jeweils Rückschlüsse auf Wesenseigentümlichkeiten der untersuchten Person ziehen zu können, wobei er Erhöhungen der Schädeldecke als Zeichen für Begabung wertete, Vertiefungen dagegen als Zeichen für Schwächen. Obgleich Galls Phrenologie dem Bereich naturwissenschaftlicher Theorien zuzuordnen ist, blieb sie nicht ohne Einfluß auf die Porträtkunst des 19. wie z.T. auch auf die des 20. Jahrhunderts. Während die Griechen ihre Göttergestalten mit einer senkrecht aufsteigenden, aber keineswegs übermäßig hohen Stirn darstellten und in der *Physiognomika* eine große, runde, dazu noch fleischige Stirn gar als Zeichen für Stumpfsinnigkeit sowie ein stark ausgeprägter Vorderkopf als Zeichen für Faulheit angesehen wurden, pflegten die Künstler im 19. Jahrhundert, unter dem Einfluß von Galls Theorien, bedeutende Männer mit großem Kopf und hoher Stirn abzubilden.

Der Romantiker Carl Gustav Carus, der als Arzt, Naturforscher, Landschaftsmaler und Philosoph wirkte, ist ein typischer Vertreter romantischer Vielseitigkeit. Seine 1853 erschienene Schrift *Symbolik der menschlichen Gestalt. Ein Handbuch zur Menschenkenntnis* soll in der Einführung zu unserem Thema zunächst nur im Zusammenhang mit einer Frage, die im folgenden lediglich angedeutet bleiben kann, interessieren. Trotz unleugbarer Widersprüche in der Geschichte der Physiognomik läßt sich doch eine gewisse Grundkonstante in der Deutung menschlicher Formen festmachen. Als Beispiel dafür sei auf die Lehre der Temperamente verwiesen. Die Unterscheidung der vier Temperamente des Sanguinikers, Melancholikers, Phlegmatikers und Cholerikers ist durch die Jahrtausende, von der Antike bis zu populären Vorstellungen unserer Tage, im wesentlichen unverändert geblieben. Unschwer ist sie auch in der wissenschaftlich begründeten Konstitutions-

lehre von Ernst Kretschmer wiederzuerkennen. Betrachten wir z. B. die Porträts, die Lavater zur Charakterisierung der typischen Vertreter dieser vier Temperamente von Daniel Chodowiecki (1726–1801) entwerfen ließ. Aller Voraussicht nach würden wir sie auch ohne Beschriftung richtig deuten, obgleich wir nur Köpfe und nicht ganze Gestalten sehen (Abb. 1). Der Phlegmatiker, den Lavater vor allem im Bürgertum suchte, ist leicht an der etwas kugeligen Kopfform zu erkennen, der Choleriker durch die kühn und winklig vorspringende Nase. Den Melancholiker können wir anhand des vorspringenden Unterkiefers und der herabgezogenen Mundwinkel ohne Schwierigkeiten von dem Sanguiniker mit seinem wohlproportionierten Kinn und dem gleichsam beständig lächelnden Mund unterscheiden. Angesichts der Tatsache, daß die meisten Betrachter die Temperamente wohl richtig zuordnen würden, stellt sich die Frage, worauf die Übereinstimmung zahlreicher physiognomischer Eindrücke und Aussagen beruht. Natürlich steht jedes zu interpretierende Bild, jeder zu interpretierende Gegenstand immer auch in einem Verhältnis zum Beobachter.[25] So paßt der interpretierende Beobachter das zu Beobachtende seinem eigenen Charakter an, wie es beispielsweise die aus der Psychologie bekannten Tintenklecks-Tests belegen. Aus den unterschiedlichen Deutungen, die ein und demselben Tintenklecks von mehreren Menschen gegeben werden, glauben die Psychologen etwas über die jeweilige Wesensart der befragten Person erfahren zu können. Dabei lassen sich jedoch auch an diesem Test eindeutige Tendenzen ablesen: In Zacken auslaufende Kleckse oder Formen verbinden die meisten Befragten mit Aggressivität – wie das ›gezackte‹ Gesicht des Cholerikers –, runde Formen hingegen suggerieren zumeist Friedlichkeit oder Behaglichkeit – wie die fließenden Linien des Phlegmatikers.

Carus, um zu ihm zurückzukehren, war in seinen naturwissenschaftlichen Forschungen von Goethe beeinflußt. Das Wesentliche der Goetheschen Naturwissenschaft, oder besser Naturanschauung, besteht darin, die Erscheinungen der sichtbaren Welt und ihren Wandel zunächst als Ganzheit zu betrachten, so wie sie den Sinnen erscheint, ohne das Bedürfnis, sie kausal zu ›erklären‹. Goethe nähert sich den

1 *Die vier Temperamente,*
aus: Johann Caspar Lavater,
Physiognomische Fragmente,
Bd. IV, Leipzig/Winterthur
1778

Erscheinungen der Natur und des Lebens also zunächst mehr mit den Augen des Künstlers als mit der Methodik des modernen Naturwissenschaftlers. So läßt er zuerst das Geschaute auf sich wirken, um es als Einheit und eigenständige Wesenheit zu begreifen. Erst dann und darauf fußend, wird der Naturwissenschaftler in ihm tätig. Theodor Lessing bemerkte zu diesem Goetheschen Ansatz: »Daher [kennt] diese Art Naturwissen weder Analyse noch Synthese ..., weder funktionale Beziehungen noch mathematisch integrierbare mechanische Bewegung von Raum, sondern eben in *jeder* Funktion, Relation oder Bewegung immer die typologische Wesenheit.« Ergänzend dazu bemerkt Lessing, daß Carus zufolge dieses Erfassen des äußerlich Geschauten zugleich

das Erfassen der »Idee«[26] bedeutet, da für diesen die Gestalt zugleich das Symbol ist, hinter dem sich die Idee befindet. Carus weist damit auf den Ideenbegriff in Platons Metaphysik, der zufolge die Ideen der Welt der Erscheinungen zugrunde liegen. Doch um die Idee einer Gestalt erkennen zu können, muß da die Idee nicht auch im Menschen selbst ruhen? Dieser von Carus' *Symbolik* angeregte Gedanke könnte vielleicht ein Erklärungsmodell für die Konstanz vieler physiognomischer Aussagen liefern. ›Bildgedanken‹ liegen möglicherweise in den Tiefenschichten des Menschen verborgen und helfen ihm, die sichtbare Welt zu ordnen und zu deuten.

Carus' Theorie von einer »Symbolik der Gestalt« verlor in der Folgezeit an Bedeutung. Erst zu Beginn des 20. Jahrhunderts wurden seine Lehren von Theodor Lessing (1872–1933) und Ludwig Klages (1872–1956) für die Nachwelt wiederentdeckt. Carus' Zeitgenossen und Nachfolger waren, sofern sie sich um ernsthafte Beiträge zur Physiognomik bemühten, in erster Linie Deuter des menschlichen Mienenspiels; dazu gehörten Guillaume Benjamin Armand Duchenne (1806–1875), Charles Darwin (1809–1882) und Theodor Piderit (1826–1912). Nicht unbedeutsam in diesem Zusammenhang ist, daß der mimische Ausdruck von so grundlegenden Gefühlsäußerungen wie Freude und Trauer, Lachen und Weinen in allen Kulturen im wesentlichen übereinstimmt, während im Gegensatz dazu die reine Gebärdensprache kultur- und modeabhängiger ist. Die Mimik ist dabei keineswegs nur ein flüchtiges Spiel des Augenblicks. Die ständige Wiederholung bestimmter mimischer Ausdrucksbewegungen und die damit verbundene häufige Beanspruchung bestimmter Gesichtsmuskeln führen zu einer bleibenden körperlichen Erscheinung. So finden sich in jedem Gesicht ›mimische Spuren‹, die psychische Grundtendenzen widerspiegeln und sich mit zunehmendem Alter mehr und mehr ausprägen. Plötzliche Brüche im Leben eines Menschen vermögen hingegen den Ausdruck eines Gesichtes unmittelbar zu ändern. So schrieb der Rechtsphilosoph und Kriminalwissenschaftler Paul Johann Anselm von Feuerbach (1775–1833), Vater des Philosophen Ludwig Feuerbach und Großvater des Malers Anselm Feuerbach, über den Wandel der Gesichtszüge bei Kaspar Hauser, nachdem dieser mit Menschen in Berührung gekommen war: »Sein Gesicht war damals sehr gemein, und wenn es in Ruhe war, fast ohne Ausdruck; die unteren Teile desselben traten etwas vor, was ihm ein tierisches Aussehen gab. Auch der stiere Blick seiner bläulichen, übrigens klaren, hellen Augen hatten den Ausdruck tierischer Stumpfheit. Seine Gesichtsbildung änderte sich nach einigen Monaten gänzlich; der Blick gewann Ausdruck und Leben, die hervorragenden unteren Teile des Gesichts traten mehr zurück, und die frühere Physiognomie war kaum wieder zu erkennen.«[27]

Der Einfluß dieser sich vor allem auf die Mimik konzentrierenden Physiognomik insbesondere auf die Porträt- und Schauspielkunst war nicht unbedeu-

tend, zumal viele Physiognomen ihre Schriften auch als Lehr- und Hilfsmittel für Künstler empfahlen. Hermann Vincenz Heller (1866–1940) z. B., Arzt, Maler und Lehrer an der Akademie der bildenden Künste in Wien, nahm Theodor Piderits Schrift *Mimik und Physiognomik* und die dort beschriebenen mimischen Ausdrucksmöglichkeiten zum Anlaß, sie nachzuspielen, im Foto festzuhalten und nach diesen Vorlagen Masken anzufertigen. Das Ergebnis seiner Arbeit veröffentlichte er, gedacht als Hilfsmittel für den bildenden Künstler, in einem opulenten Tafelwerk.[28]

Die Charakterforschung der letzten Jahrzehnte, wenn sie denn überhaupt noch einen Blick für das Sichtbare erübrigt, begrenzt ihre Aufnahme auf das Mimische, Bewegliche und Ausdruckshafte. Selbst Kretschmers Konstitutionslehre wird gerne ›übersehen‹. Die Psychoanalyse endlich hat den Menschen als leiblich-sichtbare Erscheinung vollkommen ›verdrängt‹.[29] Remo Buser hat darauf verwiesen, welch geringes Interesse selbst der Ausdruckswissenschaft in der Gegenwart entgegengebracht wird. Eine Ursache dafür sieht er im Siegeszug der empirisch-positivistischen Idee, die – so Buser – jede Wissenschaft, die sich nicht primär um Quantifizierbarkeit und um statistisch verwertbare Experimente bemüht, suspekt erscheinen läßt. Er fügt hinzu, daß diese aus der Naturwissenschaft stammende »Weltauffassung« dort in dieser Form überhaupt nicht mehr aufrecht erhalten werden kann.[30] In der bildenden Kunst jedoch spielen Form und Mimik, die ›Symbolik der menschlichen Gestalt‹ eine entscheidende Rolle. Maler, Bildhauer und Zeichner haben bis in die Gegenwart hinein, wenn sie bestimmte innere Wesenszüge unverkennbar machen wollten bzw. wollen, sei es instinktiv, sei es bewußt, eine bestimmte Formensprache benutzt, um ebendiese Inhalte adäquat auszudrücken. Das zeigt sich besonders deutlich an der Karikatur. Ihre Reduktion auf wenige Striche verlangt, daß jeder davon in seiner Interpretation eindeutig ist. Welcher Zeichner würde beispielsweise einen furchtsamen Menschen mit einem vorspringenden Kinn darstellen oder einen energischen mit einem zurückfliehenden? Ähnlich verhält es sich mit anderen Eigenschaften: das Dämonische, Triebhafte, Geschlechtliche, Komische, Schöne sind ebenfalls mit bestimmten inneren Vorstellungen und auch mit einer bestimmten künstlerischen Formensprache verbunden. Lichtenberg, der Kritiker Lavaters, führt an: »Daß der Maler und der Dichter ihre Tugendhaften schön und ihre Lasterhaften häßlich vorstellen, kommt nicht von einer durch Intuition erkannten notwendigen Verbindung dieser Eigenschaften her, sondern weil sie alsdann Liebe und Haß mit doppelter Kraft erwecken.«[31] Aber warum, möchte man diesem Einwurf Lichtenbergs entgegenhalten, warum können Maler und Dichter beim Publikum – und das kultur- und zeitübergreifend – ihre Wirkung um so stärker erzielen, je mehr sie Laster mit Häßlichkeit, Tugend mit Schönheit verbinden? Liegt hier eine tiefere Symbolik vor, eine ›Bildidee‹, oder sollte das doch auf äußere Einflüsse zurückzuführen sein, die mächtig durch die Jahrtausende und in den verschiedenen Kulturen wirken? Für letzteres würde sprechen, daß sich die Darstellung des Menschen mit den Zeiten und Kulturen wandelt. Eine Epoche, die stark von bestimmten religiösen Vorstellungen geprägt ist, wie etwa das Mittelalter, sieht den Menschen anders als eine Epoche, die die Vernunft als einzige Realität anerkennt. Trotzdem behält die Kunst, was die Darstellung bestimmter menschlicher Charaktereigenschaften anbetrifft, gewisse Grundformen bei – immer vorausgesetzt, sie hat das Bestreben, Charakter oder Individualität zum Ausdruck zu bringen. Greifen wir auf die Karikatur zurück. Die Darstellung des energischen Menschen mit vorspringendem Kinn finden wir bereits in antiken Spottzeichnungen wie später dann bei Honoré Daumier oder zeitgenössischen Karikaturen. Die Gestalt des Judas werden wir immer von der des Christus unterscheiden können, so sehr sich in den Zeiten das Christusbild auch gewandelt haben mag. Um ein anderes Beispiel zu geben: Wer als Fremder die bildnerischen Produkte einer anderen Kultur betrachtet, erkennt in der Regel durchaus, wer den Guten und wer den Bösen verkörpern soll.

Vorausgesetzt, die äußere Gestalt enthält eine Idee, so stellt sich zwangsläufig die Frage: In welchem Sinn kann der Künstler diese Idee, oder, persönlicher aufgefaßt, die Seele des Menschen darstellen? Der dänische Kunsthistoriker Julius Lange bemerkte dazu in seiner Schrift *Die menschliche*

Gestalt in der Geschichte der Kunst: »Wenn die [Künstler] die Seele anschauten und darstellten, so meinten sie damit alles andere als eine eigene kleine Figur, die aus dem Mund des Körpers herausgezogen werden konnte. Welche Begriffe solche Künstler auch im übrigen, infolge religiösen Bekenntnisses, ererbter Wissenschaft oder eigenen Nachdenkens von dem Verhältnis der Seele zu dem Körper haben mochten, so waren sie sich, sobald sie die Kunst ausübten, ganz klar darüber, daß die Seele Punkt für Punkt den Körper durchdringt und deshalb weder (als vom Körper eigenes) angeschaut noch in einem Verhältnis zu dem selbständigen Dasein des Körpers gedacht werden kann. Für sie ist die Seele nichts weiter als *der Ausdruck,* durch den wir die Ursache zu jeder Modifikation des Körpers, seiner Haltung als Ganzes, den Bewegungen seiner Glieder, dem Mienenspiel seines Gesichts oder dem Wechsel der Farbe erkennen – insofern als diese Ursache in dem eigenen Ich der Person zu suchen ist.«[32] Unsere äußere Erscheinung steht demnach zugleich für unser Innerstes; und wenn der Künstler uns nicht in einem bloß naturalistischen Abguß wiedergibt, so tut er das um des Zieles willen, das Charakteristische unseres Wesens herauszuarbeiten. Er vereinfacht unsere Physiognomie, um sie dadurch erst deutlich zu machen. Übertreibt er dabei zu stark, so entsteht eine Karikatur.

Es überrascht nicht, daß das menschliche Haupt, Sitz unserer Gedanken und Schalt- und Steuerungszentrale unserer Empfindungen, für den Physiognomen den wichtigsten Teil unseres Körpers darstellt. Dies gilt in der Regel auch für den Künstler. Im Gesicht ist der Mensch am menschlichsten, das Menschengesicht hat – was einige ältere Physiognomen bei ihrem Mensch-Tier-Vergleich übersehen haben – ein viel stärkeres Konzentrationsfeld als irgendein Tiergesicht. In der Tierwelt gibt es keine der Gesichtsmimik des Menschen vergleichbare Differenziertheit. So findet man bei Charakterstudien kaum Ganzfigurenbildnisse, und das Porträt beschränkt sich in der allgemeinen Vorstellung zumeist auch auf das Kopfbild bzw. auf die Halbfigur unter Einbeziehung der ebenfalls aussagekräftigen Hände.

Schnelles Erfassen und tieferes Einprägen der individuellen Physiognomie gehören zu den grundlegenden Fähigkeiten des bildenden Künstlers. Eine

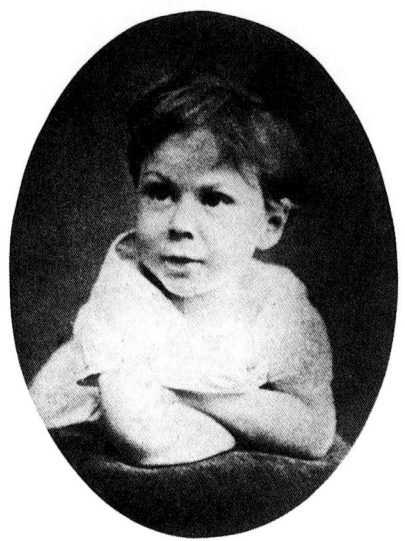

2 a, b   Bertrand Russell
im Alter von vier und
neunzig Jahren. Russells
›Formidee‹ blieb über
Jahrzehnte konstant

Anekdote aus dem Leben des Malers Adolph von
Menzel mag das verdeutlichen: Menzel hörte eines
Tages die Hilferufe eines kleinen Jungen, der, als
Menzel herbeieilte, mit ausgestreckten Armen auf
eine Badende in einem nahegelegenen See zeigte,
von der er glaubte, daß sie ertrinke. Jahrzehnte später traf der alte Menzel den Jungen, der mittlerweile
längst ein erwachsener Mann war und Generalstabs-
offizier, zufällig wieder. Als Menzel ihn auf das lange
zurückliegende Ereignis ansprach, war dieser vollkommen überrascht, daß der Maler im Manne den
Knaben wiedererkannt hatte. Während uns das
bereits von Feuerbach angeführte Zitat über den
Wandel der Physiognomie Kaspar Hausers gezeigt
hat, daß sich die Gesichtszüge durch einschneidende
Ereignisse ändern können, veranschaulicht die Men-
zel-Anekdote, daß die Grundphysiognomie eines
Menschen, gewissermaßen seine ›Bild-‹ oder, bezogen auf die individuelle Verkörperung, vielleicht besser ›Formidee‹, über Jahrzehnte hinweg erkennbar
bleibt (Abb. 2 a, b).

Betrachter und Modell erwarten vom Porträt im
Regelfall, daß es dem Künstler gelingt, die wesentlichen Züge, den psychischen Gehalt, die Seele in die
adäquate Form umzusetzen. Dabei kommt es nicht
auf die Spiegelung einer einmaligen und zufälligen
Stimmung an, sondern auf die Darstellung des ›Charakters‹, aufgefaßt als Produkt von Anlage, mitge-

gebener ›Idee‹ und äußerer Entwicklung des Menschen. »Charakter im großen und kleinen ist, daß der
Mensch demjenigen eine stete Folge gibt, dessen er
sich fähig fühlt«, lautet ein Ausspruch Goethes.[33]
Wohl ist der Mensch mitunter gleichsam hinter seiner Kleidung, Schminke oder auch einem Bart versteckt (Abb. 3 a, b), doch können diese Aspekte des
äußeren Erscheinungsbildes als Ausdruck und Geist
einer Zeit verstanden werden, die wiederum auf die
›Formidee‹ des einzelnen zurückwirken. So erkennt
man, wie der Mensch in seiner eigenen Zeit steht,
da das Porträt z. B. widerspiegelt, wie der jeweilige
Modestil auf ihn einwirkt. Daher werden wir in unserer Arbeit auch die Frage stellen, wie sich die individuelle Physiognomie zur kollektiven verhält und
inwiefern hier die Faktoren Zeit und Gesellschaft mit
hineinspielen. Gibt es so etwas wie eine barocke Physiognomie, eine moderne und totalitäre? Und wie
stellte bzw. stellt sich der Künstler einer derartigen
Problematik? Mit der Berücksichtigung der Faktoren
Zeit und Gesellschaft weist die Physiognomik über
den individuellen Menschen hinaus und setzt ihn in
Beziehung zu seiner Umwelt. Ist die Umwelt des
Menschen in seiner Physiognomie ebenso ablesbar
wie die Spuren, die der Mensch selbst in seiner
Umwelt hinterläßt?

Der Einfluß physiognomischer Theorien bewirkte, besonders seit Lavater, daß die Künstler sich

3 a, b Zwei Fotografien von
Bismarck aus dem Jahre
1883. Durch Vollbart und
Kopfbedeckung vermindert
sich der individuelle Gesichtsausdruck

zunehmend bemühten, den Dargestellten von Mode, Stand und äußeren Dingen ›freizulegen‹. Das Porträt wurde psychologisiert, und die Bildnismalerei gewann bis zu Beginn unseres Jahrhunderts an Bedeutung, denn im menschlichen Bildnis erblickte man seit der Aufklärung das wichtigste ›document humain‹. Lavaters Aussage, die Porträtmalerei sei »die natürlichste, menschlichste, edelste, nützlichste Kunst«,[34] bezeugt nicht nur die hohe Einschätzung dieser Kunstform, sondern verrät auch ein vertieftes Interesse an der Individualität des Menschen und seinem einmaligen, unwiederholbaren Erscheinungsbild. Es darf daher die Aussage gewagt werden, daß das Interesse für die Physiognomik auch ein Gradmesser dafür sein kann, welchen Stellenwert die Porträtkunst in einer Gesellschaft einnimmt. In physiognomischen Schriften stößt man immer wieder auf den Anspruch, daß die Physiognomik eine »Hilfswissenschaft«[35] für die bildende Kunst darstelle, zumal für die Porträtmalerei. Etwas übereifrig schrieb J. J. Naue in seiner 1853 erschienenen Schrift *Mimisch-Phrenologisches. Die Phrenologie im Verhältnis zur bildenden Kunst* dazu: »Wie wichtig die Kenntnis ... [der] Mimik und ihres Grundes, wie wichtig also die Phrenologie für den Künstler, besonders für den Maler und Bildhauer sein muß, leuchtet von selbst ein. Die Phrenologie gibt ihm Anleitung, das bewußt zu tun, was er bisher im Rausche der Schön-

heitsidee vollbracht und deshalb oft getroffen, oft aber auch gefehlt hat. Und doch ist ein Kunstwerk dann nur wahrhaft schön, wenn sich äußerlich an Schädel und in der ganzen Haltung der Statue etc. zeigt, was den inneren Geist treibt.«[36]

Nun ist gewiß nicht zu leugnen, daß zahlreiche hervorragende Porträtkünstler intuitiv die Bedeutung menschlicher Züge aufnahmen, ohne sich theoretisch mit der Physiognomik beschäftigt zu haben. Es ist hier daran zu erinnern, daß bestimmte physiognomische Grundüberzeugungen sozusagen mit der Muttermilch eingesogen werden. Gustav Friedrich Hartlaub schrieb in seinem 1950 erschienenen Aufsatz *Kunst und Physiognomik* über die ›naturgegebene‹ Physiognomik der Künstler folgendes: »Mit unserer Behauptung, daß für die bildende Kunst die statischen, angeblich längst widerlegten Anschauungen [in der Physiognomik] von jeher gegolten haben und noch immer gelten, ist gewiß die wissenschaftliche Kritik an jenen nicht gegenstandslos gemacht. Aber wir dürfen doch fragen, ob diese Kritik, wenn sie heute den feststehenden Merkmalen des Leibes alle seelische Symbolik abspricht, nicht auch ihrerseits das Kind mit dem Bade ausgeschüttet hat? Denn so ganz ohne Anhaltspunkte in der Wirklichkeit kann sich die so altmodisch starre Physiognomik der Künstler ja nicht gebildet haben.«[37] Im übrigen gilt es als erwiesen, daß Künstler auf die Physiognomik, wenn sie sich nicht selbst mit ihr beschäftigten, gern als ›Hilfsmittel‹ zurückgriffen. So befanden sich z. B. in Velázquez' Bibliothek neben Albrecht Dürers *Vier Büchern von menschlicher Proportion* die *Iconologia* des Cesare Ripa und Giambattista Della Portas *De Humana Physiognomonia*.

Wissenschaftliche Arbeiten über die Physiognomik sind, soweit überhaupt vorhanden, vorwiegend älteren Datums.[38] Bei den meisten Schriften über die Physiognomik handelt es sich um Darstellungen der physiognomischen Systeme des jeweiligen Verfassers, sie haben also Quellencharakter. Die eingangs erwähnte Neubeschäftigung mit dem Thema – so erfreulich sie sein mag – krankt mitunter daran, die Physiognomik lediglich als ›»eine von vielen wahnwitzigen Wissenschaften, die sich der Seele versichern möchten« anzusehen.[39] Hier sei noch einmal betont: Zwar ist die Physiognomik keine exakte Wissenschaft, dennoch wäre es verfehlt, ihren Ursprung allein dem ›Wahnwitz‹ zuzuordnen. Vielmehr entstammt sie dem natürlichen, instinkthaften Verlangen des Menschen, eine Analogie zwischen Form und Inhalt herzustellen, ein dem Menschen angeborenes Verlangen, bei dem nicht ausgeschlossen werden kann, daß tief in uns, gleich Archetypen, bereits ›gedeutete Bilder‹ liegen. Doch spiegeln derartige Aussagen in einem Punkt gegenwärtiges Bewußtsein adäquat wider: Gemeint ist das beinahe schon als Ressentiment zu betrachtende Mißtrauen gegenüber der Gestalt als Symbol, und zwar nicht nur der menschlichen Gestalt, sondern auch dem Außermenschlichen und Anorganischen gegenüber. Das Sichtbare als Bedeutungsträger gilt gleichsam als Vorurteil, man traut eher allem anderen als seinen Augen. Daß das mit den Augen Geschaute ursprünglich nicht so gering geachtet wurde, belegt die Wurzel des Nomens ›Wissen‹, das vom lateinischen ›videre‹ (sehen) abgeleitet ist. Das läßt sich auch ablesen an Wörtern wie ›weise‹, ›weissagen‹, ›Seher‹, ›Einsicht‹ und ›ersehen‹, die auf dieselbe Wurzel zurückgeführt werden können. Ernst Buschor hat auf diesen Wandel des Sehens aufmerksam gemacht. Er bezeichnet unser heutiges Sehen als ›»Technisches Sehen«, das er dem ursprünglichen ganzheitlichen Sehen gegenüberstellt und das gekennzeichnet ist durch ein selektives, isoliertes und nach außen gekehrtes Aufnehmen der Dinge, durch einen »Empirismus der Oberflächenbeobachtung«. Während das ursprüngliche Sehen, so Buschor, ein lebendiges Sehen war, das mit den »Herzkräften« sah, ist das »Technische Sehen« dagegen dem Zweck und der Abstraktion unterworfen.[40] Diesen Ansatz Buschors aufgreifend, können wir ›sehen‹, wie sich im Zeitalter einer vollständigen Technisierung eine Analphabetisierung dem Visuellen gegenüber ankündigt. Die Gegenwart ist damit auch dem Ansatz einer Goetheschen Naturanschauung vollkommen entfremdet. Es ist nicht auszuschließen, daß hier eine Ursache für die ästhetische Gleichgültigkeit gegenüber unserer Umwelt ruht. Wenn Gestalt, Schönheit und Harmonie nicht als Symbole für etwas in ihnen Liegendes verstanden werden, dann erscheinen diese Komponenten nebensächlich, und man meint, auf sie verzichten zu können – ein Zusammenhang, auf den bereits der Kulturpessimist Ludwig Klages verwiesen hat. Klages setzt die lebendige Wirklichkeit mit der Wirklichkeit der Bilder gleich, die Würde des Menschen sieht er in dessen Fähigkeit, den Bildgehalt der Wirklichkeit zu schauen. Als Verhängnis des Menschen der Gegenwart und Zukunft beurteilt Klages, daß dieser den Bildgehalt des Lebendigen nicht mehr wahrnimmt, was ihm zufolge, als logische Konsequenz, Zerstörung, und zwar Zerstörung jeglicher Art bedeutet.[41]

I. Von der Antike zum Mittelalter

Am Anfang war das Bild: Ursprünge der Physiognomik

»Schon frühzeitig mußten die Menschen auf die *Verschiedenheit* in der menschlichen Körper- und Gesichtsbildung aufmerksam werden. Sie unterschieden und erkannten einander an dem Aeusern: sie bemerkten insbesondere, daß Kinder und Erwachsene, Jünglinge und Greise, Männer und Weiber, Lebendige und Todte, alle sich dem Aeusern nach unterschieden. Und als der Verkehr unter mehreren Völkerschaften eintrat, konnten sie vielleicht auch manche nationale Verschiedenheiten gewahr werden.«[42]

Mit diesen Worten läßt Georg Gustav Fülleborn seine 1797 erschienene Geschichte der Physiognomik beginnen. Der Ursprung der Physiognomik bzw. des Dranges zu ›physiognomieren‹ kann in der Tat nicht früh genug angesetzt werden; er weist über die Entwicklungsgeschichte des Menschen zurück in das Reich des Tieres. Das Tier physiognomiert innerhalb der Möglichkeiten seines Instinktes; es physiognomiert nicht nur die es umgebenden Bilder, indem es sie z. B. als gefährlich oder ungefährlich deutet, sondern es physiognomiert auch, indem es tastet, schmeckt und riecht, indem es die Außenwelt unmittelbar durch seine Sinne für sich interpretiert. Ähnlich verhielt sich zunächst auch der Mensch. Er ›dachte‹ mit den Sinnen, er ›dachte‹ mit den Augen, lange bevor er durch die Ausbildung der Sprache in einem modernen Sinne zu denken begann, d. h. befähigt war, auch ›unsinnliche‹ und damit abstrakte Überlegungen anzustellen. Ursprünglich war dem Menschen also bereits die sinnliche Wahrnehmung Erkenntnis. Das Bild besaß lange Zeit in der Menschheitsgeschichte eine größere Bedeutung als das Wort. Sehen und deuten hieß überleben. Nicht nur

der andere Mensch mußte gedeutet werden, sondern alles Sichtbare: Tier, Pflanze, Mineral, Wolken, und jedes Raumgebilde stellte ein zu interpretierendes Zeichen dar, war ein Symbol. Der frühe Mensch dachte vornehmlich in Bildern, er speicherte bereits gesehene Bilder, so daß er sie wiedererkennen konnte, ohne dabei über ein eigentliches Zeitbewußtsein zu verfügen. Dieses entstand erst mit dem Wort und der abstrakten Befähigung, Vergangenheit, Gegenwart und Zukunft unterscheiden zu können. Lange lebte der Mensch in einer ›Traumzeit‹, in die er auch im Zeitalter der Technik und Abstraktion jede Nacht zurückkehrt. Im Zustand des Träumens lebt er wieder in der Welt der Bilder. Wort und Zeit spielen im Traum eine untergeordnete Rolle. In unserem Tagbewußtsein ist aber im Laufe der Menschheitsentwicklung das unbenannte Denken, das Denken in Bildern, vom Denken in Worten und abstrakten Begriffen zurückgedrängt worden. Damit offenbart sich eine gewisse Rivalität zwischen Wort und Bild, und wenn wir einen Schritt weitergehen und bedenken, daß Bilder raumhaft sind, aus dem Wort hingegen das menschliche Zeitbewußtsein herausgeboren wurde, auch eine Rivalität von Raum und Zeit. Der moderne Mensch lebt vorrangig mit Wort und Zeit, der frühe in Bild und Raum. Auch die menschliche Sprache war zunächst vom Bild durchtränkt. Die metaphysisch-religiösen Vorstellungen wurden in Bilder gefaßt und ebenso in Bildern realisiert. Mit den realisierten Bildern aber haben wir längst das Gebiet der Kunst betreten.

Die erste Verbindung von Kunst und Physiognomik wurzelt nicht etwa in einem vom Menschen geschaffenen Kunstwerk, sondern darin, daß der Mensch sich selbst zum Objekt seiner künstlerischen Tätigkeit machte. Seit es den Menschen gibt, wirkt er mit künstlichen und künstlerischen Mitteln auf seine

Körpererscheinung ein: Er bemalt, schmückt, kleidet und frisiert sich. Die erste physiognomische Kunst war und ist die Selbstinszenierung des Menschen. So wurden Drohgebärden durch Kriegsbemalung verstärkt oder Paarungsbereitschaft durch das Anlegen von Schmuck und durch Schminke signalisiert. Der nackte Körper wurde mit Ziernarben und später mit Tätowierungen bereichert. Durch die Umformung des Schädels versuchten die altägyptischen Herrscher, physiognomische Wirkungen zu erzielen. Zweifellos wollten die Priester, die diese Kunst ausübten, den Eindruck erwecken, daß die königliche Familie einem besonders vornehmen Geschlecht angehörte. Dabei konnte der Mensch sich durch das Verändern der eigenen ›Formidee‹ in die Welt der Dämonen, Geister und Tiere versetzen, oder in seinen gewandelten Körper konnten fremde Wesen eindringen (Abb. 4). Bereits in diesen frühen Kulturstufen zeigt die Kunst ihren Bildzauber: Alles von ihr künstlich Geschaffene, jedes neue Bild wurde

4 Durch Schmuck, Bemalung und die festgelegten Bewegungen des Tanzes wird die ›Formidee‹ des Menschen gewandelt. Diese Veränderung kann zu einer ganz neuen Weltwahrnehmung führen

als eine objektive Wirklichkeit begriffen. Noch das 19. Jahrhundert zeigt einen schwachen Abglanz davon, indem es Bildnisse von Herrschern als deren Stellvertreter anerkannte.

Kunst ahmte damit nicht nur Wirklichkeit nach, sondern schuf selbst neue Wirklichkeiten, neue physiognomische Wahrheiten, die gedeutet werden wollten. Die Quelle aller Kunst bleibt aber das Bild, nicht das Wort. Rudolf Arnheim äußerte dazu: »Ich konnte nicht umhin festzustellen, daß, wenn jemand malt, dichtet, komponiert oder tanzt, er mit seinen Sinnen denkt.«[43]

Für den Trieb des Menschen, sich zu schmücken und damit durch seine äußere Erscheinung etwas zu bewirken, finden sich auch Parallelen im Tier-, ja sogar im Pflanzenreich. So stehen die bunten Farben der Blumen in Beziehung zum Suchinstinkt der Insekten; bei verschiedenen Vogelarten nehmen beide Geschlechter zur Paarungszeit ein buntes Gefieder an und stellen sich voreinander zur Schau. Dem Menschen, der sich schon immer gern mit fremden Federn geschmückt hat, dienten auch Tiere und Pflanzen zum eigenen Schmuck. Vielleicht stand dahinter die Hoffnung, daß die geheimnisvollen Kräfte, die er etwa einzelnen Tierarten zuschrieb, auch auf ihn übergehen würden. Jede Tierart symbolisierte etwas: Die Vögel den Geist oder die Seele, wohl aus der naiven Vorstellung des Davonfliegens, die übrigen der Erde verhafteten Tiere das Fleisch, die Fische die Begierden des Menschen, die Insekten seine falschen Gedanken und seine List. Überdies schuf sich der Mensch ein Heer von Fabelwesen, halb Tier, halb Mensch – rätselhafte Sphinxe, lüsterne Faune und verführerische Meerjungfrauen. Der Mensch verband sich physiognomisch mit dem Tier, sein Verhältnis zum Tier war so innig, daß ihm die heilige und wirkende Kraft, von der er sich abhängig wähnte, oft in der Gestalt eines für ihn wichtigen Tieres erschien. Der Totemismus verband einzelne Gruppen von Menschen auf magische Weise mit dem jeweils als Totem verehrten Tier.

Das richtige Deuten mimischer Äußerungen war wichtig für das eigene Wohlbefinden: War das Gegenüber mutig oder furchtsam, betrübt oder froh? Ein zorniger Nachbar konnte gefährlich werden, darum war es notwendig, ihn z. B. an seiner gerunzelten Stirn zu erkennen. Dennoch gehen die ersten Darstellungen des Menschen nicht auf Augenblickliches oder Einzelheiten ein, sondern auf das Typische einer Gruppe. Doch gerade in dieser formelhaften Menschendarstellung werden die physiognomischen Grundraster herausgearbeitet. So sind die ersten Frauenbildnisse Symbole der Weiblichkeit und Fruchtbarkeit. Becken und Brust sind unverhältnismäßig groß dargestellt, auf Individualität kommt es nicht an (Abb. 5). Schnellaufende Menschen werden mitunter durch besonders lange Beine gekennzeichnet. Die Symbolik bleibt einfach und verständlich. Dort, wo der Mensch in der bildlichen Darstellung in Gruppen auftritt, wird dies durch Wiederholungen des gleichen Typus ausgedrückt. Die Schilderung des Menschen, wie sie uns in den Anfängen der Kunst entgegentritt, zeichnet sich durch das Fehlen eines erkennbaren Mienenspiels aus und ist weit davon entfernt, als ein Spiegel des Gefühlslebens gelten zu können. Profilansichten, die das Starre und Unveränderliche eines Gesichts betonen, werden den En-face-Ansichten vorgezogen. In dieser Gleichförmigkeit tritt uns ein gemeinsamer und abstrakter Ausdruck entgegen: Die Geschlossenheit der Gruppe wird dadurch symbolisiert.

Das Fehlen der Individualität, das die Darstellung des Menschen in der Kunst der Frühzeit kennzeichnet, beruhte keineswegs nur auf Unvermögen. Dahinter verbargen sich ein kollektiver Zwang zur Einordnung in die Gemeinschaft und eine geringere Differenziertheit unter den Menschen. Die Verfeinerung der Kultur brachte eine Vervielfältigung des physiognomischen Ausdrucks mit sich. Die menschliche Seele wird in der frühen Kunst häufig als eigenständige, neben den Menschen plazierte Figur wiedergegeben. Doch verweist die so verbildlichte Seele hier noch nicht auf einen bestimmten Charakter, sondern ist ganz allgemein als Symbol der Unsterblichkeit zu verstehen. Die Ägypter z. B. stellten die durch den Tod befreite Seele als einen Vogel mit Menschenkopf dar.

Der antiken Überlieferung zufolge gehen die Anfänge der Porträtmalerei auf folgende Begebenheit zurück: Die Tochter eines Töpfers aus Korinth suchte sich das Bild ihres Geliebten zu erhalten, indem sie seinen Schattenriß an der Wand nach-

5 Frauenstatuette von Věstonice; Brünn, Moravské muzeum

zeichnete.[44] Erste physiognomische Individualität finden wir jedoch bereits seit dem Mittleren Reich in der ägyptischen Kunst, deren hohes Niveau von Anfang an erstaunt. Wohl ist unleugbar, daß auch hier bestimmte Schemata und Typisierungen vorherrschen; so ist z. B. für die Darstellung von Königen eine hoheitsvolle Haltung kennzeichnend, der Kopfschmuck betont die Längenausdehnung und die Höhe des Hauptes. Doch innerhalb dieses vorgegebenen Rahmens spiegeln die ägyptischen Bildwerke auch unverkennbar charakteristische Züge des jeweils Porträtierten wider (Abb. 6). Diese Entwicklung hat religiöse Wurzeln: Um ein Leben im Jenseits in der Art des diesseitigen Lebens zu sichern, war es nach den Glaubensvorstellungen der Ägypter nötig, das Bild des Verstorbenen im Tempel so naturgetreu wiederzugeben, daß das ›Ka‹, die Lebenskraft, und ebenso die Seele des Verstorbenen, ›Baj‹, sich ohne Schwierigkeiten auch im Jenseits zurechtfinden konnten. Die Physiognomie war die Wahrheit und das Leben, das Abbild des Menschen war

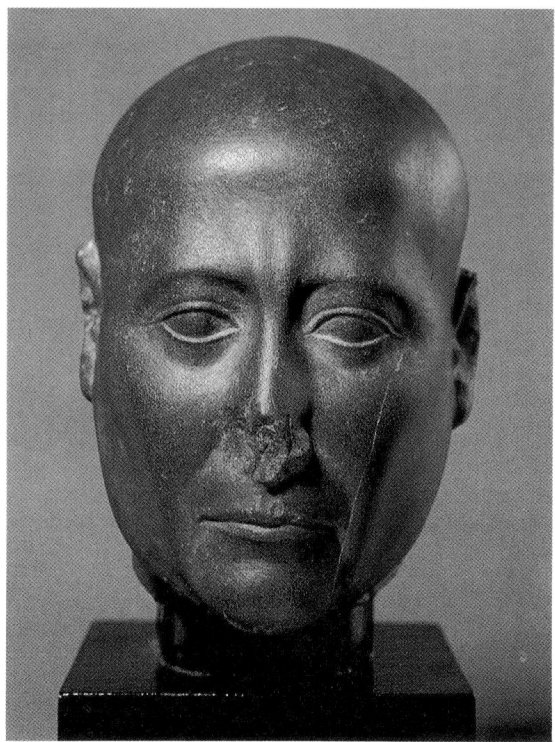

6   Kopf eines Priesters, um 200 v. Chr.; Berlin,
Ägyptisches Museum

zugleich der Mensch. Dem bildenden Künstler kam
damit eine große Verantwortung zu, was allein schon
das ägyptische Wort für Bildhauer, ›Se anch‹, belegt,
das nichts Geringeres als ›Der am Leben erhält‹
bedeutet.

Die Maske

Die Maske stellt ein Bindeglied zwischen dem Menschen und dem von ihm leiblich getrennten Kunstwerk dar. Ihr physiognomischer Sinn ist vielgestaltig,
aber doch auch deutlich. Ich kann mich hinter der
Maske verbergen, und zugleich kann und soll ich so
sein, wie die Maske ist. Die Physiognomie der Maske schreibt das Verhalten des sich dahinter Befindlichen vor. Mit der Maske schiebt sich ein Stück Vor-
zeit bis in die Gegenwart hinein.

Das Maskenwesen gehört zu den geistigen Kollek-
tiväußerungen der Menschheit. Die Maske veranschaulicht in ihrer phantastischen Form ein Stück

magischer Welterfassung. Indem ich mir mit der
Maske ein neues Gesicht zulege, werde ich ein anderes Wesen. Die neue Form, die veränderte Physiognomie, beschwört einen neuen Geist. Die Maske ist
der sinnbildlichste Beweis für die Verankerung von
Kunst und Physiognomik. Ihr wesensmäßiger Ursprung ist in allen Weltkulturen rituell-kultischer
Natur. Mit der Maske wird Fruchtbarkeit, im vegetativen wie im animalischen Sinn, herbeigewünscht,
Dämonen werden verjagt, die Ahnen um Schutz
oder Gunst ersucht, Krankheiten vertrieben, auch
bewahrt sie den Weg des Verstorbenen ins Toten-
reich vor Widrigkeiten. Der ursprüngliche Sinn der
Maske lag also nicht – womit sie heute vornehmlich
assoziiert wird – in einem bloßen Verbergen des Gesichts. In archaischen Kulturen, in denen das Wort
noch keine so zentrale Rolle spielte, wollte man
durch das Bild der Maske ein anderer werden. Durch
das Tragen der Maske wandelte sich der Mensch
nicht nur äußerlich, auch seine Wahrnehmung paßte
sich dem Wesen der Maske an. Das Ich des Naturmenschen wächst in der Bildform der Maske überin-
dividuell empor: Der Mensch erhält zum einen zau-
berkräftige Fähigkeiten durch die Verhüllung des
eigenen Gesichts, zum anderen enthüllt die Maske
zugleich ein magisches, verborgenes Wesen in uns.
Um diesen Maskenzauber zu erzielen, bedarf es des
Opfers und des kultischen Tanzes, durch die rhythmische Bewegung verliert die Maske ihre Starre und
erwacht zum Leben: ›Die Maske tanzt‹, das Über-
natürliche gewinnt Gestalt. Für den in archaischen
Kulturen lebenden Menschen bedeutet die Maske
nicht Sinnbild und der Maskentanz nicht symbolische Handlung, sondern die völlige Gleichheit mit
dem, was sie darstellen soll. Das Bild ist die Wahrheit.

Die Maske besitzt Ubiquität, da sie in allen Epochen und allen Kontinenten vorkommt. Allerdings
gibt es auch Einschränkungen. Im Judentum, ebenso
wie im Islam, findet sich ein religiös bedingtes Verbot
der Menschendarstellung. Auch das Christentum
blieb dem heidnischen Zauber der Maskenwelt
feindlich gegenüber eingestellt. Doch selbst wenn
man diese Einschränkungen in Betracht zieht, bleibt
ihre erstaunliche Verbreitung. Besonders ausgeprägt
war und ist z. T. noch heute das Maskenwesen in einigen Regionen Afrikas. Grundsätzlich herrschen bei

den Maskenformen Dämonenköpfe und Tiergesichter vor. Gewisse Ähnlichkeiten menschlicher und tierischer Gesichtszüge – besonders im Affekt – haben nicht nur zu dem populären physiognomischen Mensch-Tier-Vergleich geführt, sondern spiegeln sich überdies auch im Ineinanderfließen menschlicher und tierischer Gesichtsformen in der Maske wider (Abb. 7). In der Entwicklung der Maske ist gleichzeitig eine Hinwendung zum Menschen ablesbar. In der griechischen Kunst können wir diesen Wandel am Beispiel des Gorgonenhauptes nachvollziehen. Während die archaische Kunst das Abstoßende, Fratzenhafte des Gorgonenantlitzes betonte, wurde seit etwa 400 v. Chr. die Medusa mit einem Menschengesicht von idealer schmerzerfüllter Schönheit wiedergegeben.

Das Haupt der Gorgo Medusa zeigt nicht nur einen Wandel in der Menschendarstellung selbst an, sondern verkörpert zugleich einen neuen Typus von Maske. Sie wird nicht mehr vom Menschen getragen, sondern das Haupt der Medusa ist vornehmlich auf Tonziegeln, Gemmen, Münzen und Medaillen angebracht. Das Gesicht bleibt dabei jedoch im Regelfall maskenartig und ist dem Beschauer direkt zugewandt. Meist werden die Gorgonenhäupter ohne Hals und Körper, flach und mehr scheibenförmig abgebildet. Den Charakter einer unheilsabwehrenden Schreckmaske, wie sie die archaischen Geheimkulte kennen, hat sie bewahrt. Ihr Blick – das Auge als Fenster der Seele – hat tötende Kraft.

In dieser neuen Form, nicht von Menschen getragen, aber auf von Menschen erschaffenen Gegenständen angebracht, ist die Maske in die Kunst der Antike und auch in die des christlichen Abendlandes eingegangen. Sie ist dabei nicht nur Schmuck, sondern behält – in abgewandelter und abgeschwächter Form – auch ihre kultische Bedeutung bei. In der Malerei und Plastik des Mittelalters tritt die Maske u. a. mit folgender Bedeutung auf: als Personifikation des Dämonischen, zur Bezeichnung des Höllenrachens bei der Höllenfahrt Christi, als Personifikation von Sonne, Mond, Gestirnen und Winden oder auch in Gestalt grotesk verzerrter Fratzen zur Symbolisierung der menschlichen Triebe. Das Fratzenhafte, das uns in der mittelalterlichen Maske entgegentritt, gab ihr ursprünglich auch den Namen (vermutlich von

7 Teufelsmaske aus Mittersil im Pinzgau; Salzburg, Museum Carolino Augusteum

arab. ›mashara‹, Possenreißer[ei]). Mit dem verstärkten Einbringen menschlicher Züge in die Maske und ihrer Verwendung im Ahnenkult, wo ihr Gebrauch die Erinnerung an Verstorbene wachhalten sollte, wurde auch der Weg zum Porträt freigelegt.

Das Symbol für Schauspiel und Theater ist bis heute die Maske. Der Sinn jeder Maske, jeder Maskerade, ob weltlich, ob geistlich, ist der, daß sie ihren Träger mit seiner neuen Physiognomie in ein anderes Wesen verwandelt. Und so fand auch das Schauspiel seine Geburt in der Maske, der Schauspieler ist ein Abkömmling des archaischen Maskenträgers. Der Schauspieler der griechischen Antike trat stets mit der Maske auf, denn sie bildete einen Garanten für seine tatsächliche Wandlung. Der moderne Schauspieler verzichtet zwar auf die Maske, dennoch bleibt die Schauspielkunst die Kunst, die mit der Maske experimentiert: Mit virtuoser Beherrschung von Mimik und Gestik vermag der geschickte Mime, oft nur mit einem Mindestmaß an Schminke ›verkleidet‹, vor unseren Augen glaubhaft die ›Maske‹ einer anderen Person anzunehmen.[45]

Das lateinische Substantiv ›persona‹, auf das das Nomen ›Person‹ zurückgeht, bedeutete ursprünglich

»Maske« (des Schauspielers). Die »Person« ist ein Geschöpf der Maske. Diese Ehrerbietung hat die Maske in der Neuzeit verloren. Die Maske, die Wahrheit war, wurde zur Lüge, sie blieb nicht mehr »persona«, sie wurde zu etwas, hinter dem sich die Person versteckt oder, etwa im Karneval, ihre unterdrückten Triebe ausleben kann. Damit wurde zugleich das Bild entwertet, denn es hörte auf, unmittelbare Wahrheit zu sein. Es wurde jetzt ein Element der Täuschung. Eine Umkehrung fand statt: Wenn der zivilisierte Mensch seine imaginäre »Maske ablegt«, erwarten wir dahinter kein humanes Antlitz, sondern verborgene Abgründe, Archaisches und Menschenfeindliches. Trotzdem verlieren das Bild und mit ihm die Physiognomik auf dieser »verlogenen Stufe« nicht ihre ganze Wahrheit: Eine Verstellung kann sich nur dann lohnen, wenn anerkannt wird, daß mit bestimmten Formen auch bestimmte Inhalte verbunden sind. Diese neue Form der Maske fand mit der Karikatur Einlaß in die Kunst (Abb. 8). Die Maske, die der moderne Mensch im Alltag trägt, ist im Gegensatz zu den meisten echten Masken eine freundliche. Es gibt Masken ganzer Berufsstände, ebenso einzelner Gesellschaftsschichten. Die Mas-

8 »Allgemeine Mascarade – Die stete Faßnacht«, Radierung, Ende 17. Jh. Hier wird auf den Maskencharakter des gesellschaftlichen Alltags verwiesen. Hinter den Masken der Wohlanständigkeit verbergen sich die Fratzen der Untugenden. Doch einmal bricht der Tag der Wahrheit an: Chronos reißt den beiden Gestalten die Maske vom Gesicht

ke besteht in diesen Fällen aus einer übergestülpten Mimik.

Emanuel Swedenborg (1688–1772), der schwedische ›Geisterseher‹, dessen Werk nicht ohne Einfluß auf Lavater blieb, hat das Maskenhafte als dem gefallenen Menschen wesensgemäß aufgefaßt.[46] Swedenborg meint damit den Verlust der ursprünglichen Entsprechung zwischen dem inneren und äußeren Menschen. Der von Gott geschaffene Mensch, der Mensch vor dem Sündenfall, lebte in der Liebe Gottes, er dachte und wollte nur das Gute. Er hatte keine Veranlassung, seinem Nächsten etwas zu verbergen. In dem Augenblick aber, da der Mensch das Gute für sich selbst wollte, setzte eine Umwertung und Richtungsänderung in seinem Denken ein. Durch diesen ›Urfall‹ und der damit verbundenen Abwendung von Gott hört auch die Physiognomie auf, reiner Spiegel der Seele zu sein. Das Gesicht wird zur Hülle, welche die inneren Absichten des Menschen verbergen soll, es wird zur Maske im modernen Sinn. Diese Zerstörung ist natürlich keine radikale. So sieht es auch Swedenborg als selbstverständlich an, daß die äußere Gestalt des Menschen zwar immer noch Spiegel seines Inneren ist, die ursprüngliche, *gänzliche* Entsprechung von innerem und äußerem Sein aber durch den Abfall von Gott aufgehoben wurde.

Das letzte Geheimnis der Maske mag gleich dem des menschlichen Gesichts unergründlich bleiben, doch dringt ihr Mysterium immer wieder in die Welt der Kunst ein. In der Malerei von James Ensor etwa nimmt das unheimliche und unergründliche Wesen der Maske eine dominierende Stellung ein. Sein Werk wird beherrscht von den aus dem Unbewußten auftauchenden Masken. Es sind Allegorien auf die von Gesichtern heimgesuchte Kunst. Der Maler hat in ihnen die verborgene Welt der Bilder und Gesichter geöffnet und scheint ihrer selbst nicht mehr ganz Herr werden zu können.

Aristoteles und der Mensch-Tier-Vergleich

Mensch und Tier begegnen einander in der Maske. Sie finden aber auch in der ältesten erhaltenen systematischen Darstellung der Physiognomik zueinander: der *Physiognomika* aus dem 2. Jahrhundert n. Chr.[47] Sie galt lange Zeit als ein Werk von Aristoteles, stammt jedoch höchstwahrscheinlich nicht aus der Feder des berühmten Philosophen. Die *Physiognomika* fällt gegenüber echten aristotelischen Schriften nicht nur in der Qualität ab, sondern es finden sich auch Widersprüche zu anderen Aussagen von Aristoteles. So schreibt er, nur als ein Beispiel von mehreren, in seiner *Naturgeschichte der Tiere,* eine gerundete Stirn deute auf Witzigkeit, in der *Physiognomika* hingegen gilt sie als Ausdruck der Unempfindlichkeit. Die *Physiognomika* war jedoch nicht die erste physiognomische Schrift, was schon daraus ersichtlich wird, daß ihr Verfasser auf System und Methodik älterer physiognomischer Versuche eingeht. Aus Babylon ist in Bruchstücken das physiognomische Omenwerk überliefert – Texte, die der Bibliothek von Ninive entstammen.[48] Sie enthalten die Vorstellung, daß Gestalt und Physiognomie eines Menschen nicht nur seinen Charakter offenbaren, sondern auch seine Zukunft beeinflussen. Diese Ansicht hat sich heute nur noch als Rudiment erhalten, in Form der als Jahrmarktszauber verschrienen Handlesekunst, der Chiromantie. Eine Beziehung zwischen Physiognomik bzw. Körpervermessung und magischen Praktiken war allerdings auch im europäischen Volksglauben verbreitet.[49] Der griechische Philosoph Pythagoras von Samos (um 570–um 500 v. Chr.) war vermutlich der erste Grieche, der sich systematisch mit der Physiognomik beschäftigt hat. Seine Lehre läßt sich jedoch nur noch bruchstückhaft rekonstruieren, da die Schriften verlorengingen. Soweit noch erkennbar, versuchte er, alle körperlichen und seelischen Erscheinungen auf Zahlenharmonien zurückzuführen. Von ihm wird berichtet, daß er seine Adepten, bevor er sie als Schüler annahm, physiognomisch prüfte und bewertete. Gleiches wird auch von Aristoteles und Platon erzählt.[50]

Die *Physiognomika* enthält drei wesentliche Ansatzpunkte: Den ersten könnte man als einen der nationalen Charakterdifferenzierung bezeichnen, ein weiterer, mehr psychologischer Ansatz versucht zu ermitteln, welche Eindrücke die Leidenschaften und Gemütsbewegungen im Äußeren des Menschen hinterlassen. Als beste Methode der physiognomischen

Deutung wird jedoch der Mensch-Tier-Vergleich empfohlen. Wenn bei verschiedenen Tieren ähnliche geistige Eigenschaften zusammen mit ähnlichen körperlichen Eigenschaften vorzufinden seien, so sei dies ein Zeichen dafür, daß das eine durch das andere bedingt werde. Finden sich nun dieselben körperlichen Eigenschaften bei einem Menschen, so lassen sich nach dieser Theorie auch bei ihm entsprechende Rückschlüsse ziehen. Ein derartiger Vergleich hält jedoch einer praktischen Überprüfung vielfach nicht stand. Selbst die Behauptungen, die in der *Physiognomika* für die Tierwelt aufgestellt werden, erweisen sich in vielem als nicht haltbar. Wenn dort z. B. steht, daß das Fell mutiger Tiere immer rauh sei, wie etwa beim Löwen, so müßten Panther oder Bären aufgrund ihres weichen Felles als feige Tiere gelten. Allerdings begegnen uns auch überzeugendere Passagen, so, wenn vom grundsätzlichen Zusammenhang zwischen Tierseele und Tiergestalt gesprochen wird, was beispielsweise bedeutet, daß man in keinem Löwen die Seele eines Hasen findet und umgekehrt. Die Gestalt eines Tieres ist zugleich die bestmögliche Ausformung seines Wesens, seiner Lebens- und Überlebensbedürfnisse.[51] Nach der Erkenntnistheorie Platons könnte man auch sagen: Die Gestalt des Löwen ist der vollkommene Ausdruck der Idee Löwe.

Der Mensch-Tier-Vergleich in der *Physiognomika* ist ein weiterer Beleg dafür, wie eng der Mensch sich ursprünglich mit der Natur und allen Kreaturen verbunden fühlte. Auch in älteren Schriften finden wir bereits Zeugnisse für das enge Zusammensein von Mensch und Tier, etwa in den Werken Homers. Seit Beginn seiner Geschichte begleitete den Menschen das Tier, sei es als unmittelbare Bedrohung durch das Raubtier, zu wirtschaftlichem Nutzen als Haustier oder als Mysterium des Lebens. Das schlug sich neben dem Mensch-Tier-Vergleich in der Physiognomik vor allem in der Fabel nieder, für die es Beispiele in fast allen Kulturen gibt. In der bildenden Kunst finden wir Tiere zunächst sogar häufiger abgebildet als Menschen, und in den frühen Zeugnissen der Kunst, von ihren Anfängen bis in die Archaik, erscheinen Tiergestalten gelungener als Menschengestalten. Später, Julius Lange zufolge seit etwa 400 v. Chr., erhält das Gesicht des Tieres in der bildlichen Dar-

stellung einen halb menschlichen Charakter. »In der Antike«, so schreibt Lange, »erhalten die Augen des Löwen einen edlen und tragischen Ausdruck, die Nase wird hervorgehoben; über das ganze Antlitz fällt ein Schimmer menschlichen Gefühls. Und in der gleichzeitigen antiken Literatur wird der Löwe geradezu zu einer Allegorie menschlicher Eigenschaften gemacht.«[52] Diese Bildanalogie zwischen Mensch und Tier, die bereits in der pseudoaristotelischen *Physiognomika* zum Vorschein kommt, blieb bis Johann Caspar Lavater für die Physiognomik von Bedeutung. Zahlreiche Autoren stehen in dieser Tradition: Galen, Plinius d. J., Trogus, Avicenna, Rhazes, Adamantius, Albertus Magnus, Girolamo Cardano, Tadeus Hagesius, Iohann vom Hagen, Giambattista Della Porta, Gordon, Christian Adam Peuschel, Grattarie, Charles Le Brun, Gam de Manchado.

Stammt die *Physiognomika* auch nicht aus der Feder des Aristoteles, so hat sich der Philosoph gleichwohl zur Physiognomik geäußert. Am Ende seiner *Analytica priora* schreibt er: »Physiognomik ist möglich, wenn man zugibt, daß alles, was physische Affektion ist, Leib und Seele zugleich verändert. Wenn also dieses zugegeben wird, wie auch wir die jeder Gattung eigentümliche Affektion und deren jeweiliges Zeichen ermitteln können, so werden wir Physiognomik treiben.«[53] Die an dieser Stelle mit ›Affektion‹ übersetzten Begriffe ›pathos‹ und ›pathema‹ haben im Griechischen eine viel weitere Bedeutung als etwa das deutsche Wort ›Leidenschaft‹. Sinneswahrnehmungen und feste Charakterzüge werden darunter ebenso gefaßt wie vorübergehende Emotionen. Aristoteles hält das ›Betreiben‹ der Physiognomik also für eine logische Konsequenz, wenn man von der Einheit von Körper und Seele ausgeht.

Charaktere und Temperamente

Ein Schüler des Aristoteles, Theophrast, verfaßte die *Charaktere*[54] und wurde damit zum ›Stammvater‹ der Charakterkunde. Theophrast, der sich u. a. mit zahlreichen Themen der Naturwissenschaften beschäftigte, so auch mit der Tier- und Pflanzenkunde, wurde vor allem wegen seines »genialen morphologischen Scharfblicks«[55] gerühmt. Sein Büchlein *Charaktere* enthält 30 literarische Charakterskizzen von ausnahmslos wenig erfreulichen, zum Teil abstoßenden Zeitgenossen aus dem frühhellenistischen Athen. Es handelt sich um skurrile, an die Karikatur erinnernde Abweichungen vom edlen oder auch durchschnittlichen Menschen. Das Wort ›Charakter‹ bedeutete im Griechischen zunächst ›Prägestempel‹ (für Münzen), dann ›Gepräge‹ und ist von Theophrast offenbar zuerst mit dem sittlichen Verhalten in Verbindung gebracht worden. Die Wurzel des Wortes weist also nicht auf einen ethischen Wert, sondern auf etwas Gestalthaftes.[56] Charakter ist demnach etwas durchaus Sichtbares. Und obgleich das Werk Theophrasts kaum zur physiognomischen Literatur im engeren Sinn gerechnet werden darf, versteht er es doch, seine Charaktere derart plastisch zu schildern, daß man unwillkürlich an die lebensvollen Genrebilder der Holländer des 17. Jahrhunderts oder an die charakteristischen Radierungen eines Chodowiecki oder Hogarth denkt. Und es ist bestimmt nicht nur Zufall oder bloße Freundschaftsgeste, daß die erste deutsche, 1527 von Willibald Pirckheimer in Nürnberg herausgegebene Ausgabe der *Charaktere* einem bildenden Künstler gewidmet wurde: Albrecht Dürer.

In den Charakteren spiegeln sich auch unsere Temperamente wider. Die Temperamentenlehre geht jedoch nicht auf einen bestimmten Autor zurück, sondern weist weit in das Halbdunkel menschlicher Geschichte hinein. Sie bildet ein weiteres wichtiges System der Physiognomik, das von der Antike auf das christliche Abendland übertragen wurde. Im wesentlichen blieben die Aussagen der Temperamentenlehre durch die Jahrtausende hindurch unverändert. Noch bis ins 19. Jahrhundert hinein gehörten das Wissen und die Anerkennung der unterschiedlichen menschlichen Temperamente zum allgemeinen Bildungsgut der abendländischen Kultur. Seit dem Mittelalter sind Hunderte von Abhandlungen und Aufsätze namhafter Vertreter aus Wissenschaft und Geistesleben zum Thema ›Temperamente‹ erschienen. Zu den Autoren, die sich in der Antike mit der Temperamentenlehre beschäftigt haben, gehören Pherekydes von Syros, Thales von Milet, Heraklit, Empedokles von Agrigent, Aristote-

les, vor allem aber Hippokrates und der griechisch-römische Arzt Galen. Hippokrates erstellte sowohl für die Körperformen als auch für die Temperamente eine Typologie und eine Konzeption der Körpersäfte, die in der modernen Medizin in der Berücksichtigung der endokrinen Sekretion als Verhaltensdeterminante eine Parallele findet.[57] ›Temperamentum‹ heißt eigentlich ›Mischung‹. Nach humoralpathologischer Auffassung setzt sich der Körper des Menschen aus vier Säften (lat. ›humores‹) zusammen: Blut (lat. ›sanguis‹), Schleim (grch.-lat. ›phlegma‹), schwarzer Galle (grch. ›melag-cholía‹) und gelber Galle (grch.-lat. ›choléra‹), wobei der dominierende unter diesen Säften den Charakter der Mischung und damit das Temperament bestimmt. Das sanguinische Temperament wird als lebhaft, leicht beweglich, heiter und fröhlich aufgefaßt, das phlegmatische dagegen als gleichgültig, träge und schwerfällig, das melancholische als nachdenklich, grüblerisch, traurig und verdrießlich, das cholerische Temperament als heftig, feurig, aufbrausend, reizbar und impulsiv. Bei einem ›gutgemischten‹ Menschen kommen alle Temperamente zur Geltung. Er könnte morgens sanguinisch, also unbesorgt fröhlich, mittags cholerisch, d. h. energisch, nachmittags phlegmatisch-ruhig und abends melancholisch, also nachdenklich und tiefernst, sein. Später wurde die Elementenlehre des Empedokles, der die vier Elemente Luft, Wasser, Erde und Feuer unterschied, in die Lehre von den Körpersäften miteinbezogen, indem jedem Temperament ein bestimmtes Element zugeordnet wurde (Sanguiniker – Luft, Phlegmatiker – Wasser, Melancholiker – Erde, Choleriker – Feuer). Galen entwickelte Hippokrates' Lehre weiter. Er betonte vor allem die enge Verbindung der Temperamente zur psychischen und physischen Konstitution. Spätestens damit wurden ihnen nicht nur bestimmte Charaktere, sondern auch eine bestimmte äußere Gestalt zugeordnet (vgl. Abb. 1).

Der schöne Mensch aus Staatsräson: Griechenland

Die Temperamente wurden auch auf die Tiere bezogen, was zeigt, welche bedeutende Stellung das Tier in allen frühen Kulturen einnahm. Auch in Griechenland war vor der Idealität die Animalität. Lange vor Apollon wirkte Dionysos mit seinen Heerscharen und damit die animalischen Kräfte im Menschen. Wohl schwand mit der Selbstzähmung des Menschen die Vorherrschaft der Tiergestalt in der Kunst, doch die Lösung vom Tierreich, der Kampf, der damit verbunden war, schuf die Welt der Mischwesen. So den Hirtengott Pan, dessen Oberkörper und Arme fast immer wie die menschlichen Körperformen gebildet sind, dessen Kopf aber Bockshörner hat und der auch Bocksbeine aufweist. Große Ähnlichkeit mit diesem Gott haben die Satyrn und Silene, auch sie Mischwesen aus Mensch- und Tiergestalten. Die physiognomische Gestalt der Kentauren beruht auf einer krassen Zweiteilung: Diese Fabelwesen haben einen menschlichen Oberkörper, an den Rumpf schließt sich jedoch ein Pferdeleib an. Die symbolische Bedeutung dieser Geschöpfe ist eindeutig. Sie gelten als Vertreter von Kraft, Wollust und Fruchtbarkeit. Im Rausch führte Dionysos den Menschen wieder in den Schoß der Natur zurück, dem er auf seinem Weg der Menschwerdung entschlüpft war, und schenkte ihm erneut das Erleben der All-Einheit.

Sokrates, berühmt wegen seiner Häßlichkeit, mußte es sich gefallen lassen, daß seine Porträtbüste unverkennbar an die Tradition der Silensikonographie anschloß (vgl. dazu die Sokrates-Büste vom Anfang des 1. Jahrhunderts n. Chr., römische Kopie nach attischem Vorbild, Museo Archeologico Nazionale, Neapel, und die Terrakottaplastik *Silen mit Dionysosknaben,* attisch, Mitte 4. Jahrhundert v. Chr., Städtische Galerie Liebieghaus, Frankfurt a. M.). Er verlangte vom Künstler, in der Menschendarstellung auch die Seele des Individuums zum Ausdruck zu bringen. So stellte er dem Maler Parrhasios die rhetorische Frage: »Aber wenn nun Leute beobachten wie es ihren Lieben ergeht, kann man da nicht einen Unterschied in ihren Gesichtern sehen, je nachdem sie sehen, daß es ihnen gut oder schlecht ergeht? ... Und nun die übrigen Eigenschaften der Seelen: Der Edelmut und das Freie, und auf der anderen Seite das Niedrige und Sklavische; und ferner das Sittliche und Sinnige und im Gegensatz dazu das Freche und Geschmacklose – zeigt sich das nicht im Gesicht und in der Stellung, mag nun ein Mensch stille stehen oder sich bewegen; und sollte sich das nicht darstellen lassen?«[58] Sokrates fand es ungenügend, den Menschen nur nach gattungsspezifischen Merkmalen oder nach körperlichem Typus, als Läufer, Faustkämpfer usw. darzustellen. Es ging ihm um die Herausbildung der menschlichen Individualität in der bildenden Kunst. Doch Sokrates' Forderungen fanden in Griechenland erst spät und auch nur bedingt Umsetzung. In der archaischen griechischen Kunst wurden sowohl die Seele als auch der Körper steif dargestellt, ohne Veränderung und Regung. Erst mit dem großen Umschwung in der Kunst um das Jahr 500 v. Chr., am Übergang von der Archaik zur Klassik, erhielt der Körper seine Beweglichkeit, und zaghaft kündigte sich das Ich des Menschen an. Doch wurde selbst in der Bewegung die Ruhe bewahrt. Das »Halte Maß« blieb auch ein Imperativ für das erwachende Individuum. Von den spartanischen Jünglingen heißt es, daß sie die Augen nicht mehr bewegt hätten als ein Bronzebild. »So wie die Tiefe des Meeres«, schrieb Winckelmann, »allzeit ruhig bleibt, die Oberfläche mag auch noch so wüten, ebenso zeigt der Ausdruck in den Figuren der Griechen bei allen Leidenschaften eine große und gesetzte Seele.«[59]

Grundsätzlich verschmelzen im Kunstwerk drei physiognomische Elemente:
1. Die Physiognomie desjenigen oder dessen, der bzw. das dargestellt wird.
2. Die Physiognomie des Künstlers, der durch den Schöpfungsakt einen Teil von sich selbst in das Kunstwerk hat einfließen lassen.
3. Die Physiognomie der Zeit und der Gesellschaft. Beim ersten Punkt braucht dabei nicht unbedingt das Individuelle und Einzigartige des Dargestellten bestimmend zu sein. Es kann auch das Typische, Gattungsmäßige oder Ideale Vorrang haben, je nachdem, ob sich das Einzelwesen in der Gesellschaft, das Individuum, bereits herausgebildet hat oder noch das Allgemeine dominiert. Der Typus steht am Beginn der Kunst. Er ist eine in die Kunst umgesetzte ›Bildidee‹, welche das Gemeinsame einer Gruppe sichtbar macht. Das Ideal weist jedoch, obgleich das Individuelle meidend, über den Typus hinaus. Es zeigt nicht nur das Verbindende innerhalb einer Gemeinschaft auf, sondern beinhaltet in sich einen

Weg zu etwas anderem und Entwickelterem. Mit dem Ideal triumphiert der Mensch über seine Umwelt, er hat sich aus den engen Umklammerungen, die ihm die Natur gewiesen hat, befreit. Der Mensch beginnt auf eigenen Füßen zu stehen. In dem »Guten, Wahren und Schönen«, das wir in den Idealplastiken Griechenlands sehen, tritt uns der göttliche Impuls im Menschen entgegen. Und wo immer seit der Renaissance um einen höchsten Ausdruck des Unbegreiflichen, des Göttlichen gerungen wird, da wirken die antiken Vorstellungen mittelbar oder unmittelbar nach. In den griechischen Skulpturen der klassischen Zeit bestand zwischen Gott und Mensch kein Gegensatz. Der Gegensatz bestand zwischen Idealem und Individuellem. Von dieser hohen Warte der Menschensicht glich die Darstellung der Individualität einer Herabsetzung: Der ›Gottmensch‹ wäre zur Erde zurückgeholt worden, und mit seinem Sturz hätte seine Gestalt an Vollkommenheit und Schönheit verloren.

Aus diesem Grund setzte sich das Überpersönliche in der Menschendarstellung der griechischen Klassik und Hochklassik fort. Die Bildnisse tragen starke Züge einer Typisierung und Idealisierung, die auch für spätere klassizistische Rückgriffe auf die griechische Kunst kennzeichnend sind. Das Schöne ist zugleich das Gute, während das Häßliche auf die Nachtseiten des Lebens verweist. Kennzeichnend hierfür ist, daß im Begriff der ›Kalokagathie‹ das Schön- und Gutsein, körperliche und geistige Vollkommenheit, untrennbar miteinander verbunden sind – eine Auffassung, die auch für die Physiognomik konstitutiv wurde. Die Harmonie der menschlichen Gesamterscheinung war damit nicht nur ein ästhetisches, sondern zugleich auch ein ethisches Postulat. Schönheit führte zurück zu den Ideen und damit aus der materiellen Scheinwelt hin zum Sein selbst. Damit bewirkte sie eine Verbesserung der Welt, da das Schöne dazu angetan war, das Wahre und Gute zu fördern. So bemerkt Aristoteles in seinen Vorschriften zur Poetik: »Da die Tragödie eine Darstellung von Personen und Charakteren ist, welche edler und besser sind, als die Menschen der Gegenwart, so muß der Dichter es den Meistern in der Porträtmalerei nachtun, die ebenfalls, während sie die individuelle Gestalt wiedergeben, die Porträts zwar ähnlich machen, aber zugleich idealisieren.«[60]

Es waren jedoch nicht nur religiöse, ethische und ästhetische, sondern auch politische Verhältnisse, die den Durchbruch zum individuellen Menschenbild in der griechischen Kunst verzögerten. Im Griechenland des 5. vorchristlichen Jahrhunderts zählte der unpersönliche Staatsbürger, aber nicht der individuell hervortretende einzelne, und das athenische, wie überhaupt das griechische Volk, war in hohem Grade eifersüchtig auf alle persönlichen Ehrungen; es konnte z. B. äußerst zurückhaltend sein, wenn in einer öffentlichen Inschrift der Name einer Person als Urheber einer verdienstvollen Tat angeführt werden sollte. Über den, der sich zu sehr vordrängte, wurde schnell das sogenannte Scherbengericht gehalten, das die Verbannung eines Bürgers beschließen konnte. Vor diesem Hintergrund wird verständlich, warum die Bildnisse berühmter Männer dieser Zeit keine eigentlichen Porträts darstellen. Nehmen wir als Beispiel die Herme des Perikles (Abb. 9). Sie unterscheidet sich in keiner Weise von den Figuren der Idealplastik. Das Bildnis gilt nicht dem Privatmann Perikles, sondern dem Staatsmann. Nicht die individuelle Besonderheit des Dargestellten ist von Belang, sondern die suggestive Vorführung eines überpersönlichen Leitbildes. Als Phidias einem Porträt auf dem Schild der Pallas Athene im Parthenon sein eigenes Aussehen gab, löste er damit Empörung aus. Diese Art der ›Künstlersignatur‹ glich einer Entweihung. Polyklet, neben Phidias der bedeutendste

9 Bildnisherme des Perikles, römische Kopie nach einer Statue des Kresilas. Vorbild: attisch, bald nach 429 v. Chr.; London, The British Museum

Bildhauer des 5. vorchristlichen Jahrhunderts, hatte exakte Messungen am menschlichen Körper durchgeführt, die als Grundlage für das Gesetz höchster Schönheit dienten. In seinem nicht erhaltenen Traktat *Kanon* faßte er seine kunsttheoretischen Reflexionen zusammen. Die ideale Schönheit bildete seiner Auffassung nach keine Ausnahme, sondern war Grundlage und Norm für das künstlerische Schaffen.

Der Bereich, innerhalb dessen das individuelle Antlitz geboren wurde, war die Darstellung der Mischwesen aus Mensch und Tier. So zeigen einige unter den erhaltenen Kentaurenköpfen in den Metopenreliefs des Parthenon-Tempels naturgetreue Abbilder menschlicher Gesichter. Gleichzeitig begegnet uns bei ihnen auch eine ganz neue Beachtung des Mienenspiels, da hier im Gegensatz zu den Idealschöpfungen, die den Menschen abbildeten, das Bewegte und das Realistische Eingang fanden. Die Pathognomik fand damit zugleich ihren Platz in der Kunst.

An Tieren und Tiermenschen hatte sich also die Fähigkeit zu wirklichkeitsgetreuen Darstellungen erprobt, und als der Bildhauer Lysipp im 4. Jahrhundert realistischere Menschendarstellungen verlangte, war hier bereits der Boden dafür bereitet worden. Hatte sich die ältere griechische Kunst für *den* Menschen interessiert, so begann sich die neuere für *die* Menschen zu interessieren. Die Entdeckung des Individuums kennzeichnet einen entscheidenden Einschnitt in der Menschheitsgeschichte. Erst in seiner Individualität trat der Mensch wirklich aus dem Rahmen der Natur heraus und hörte auf, nur Gattungswesen zu sein. Lysipp wollte in seinen Werken nicht mehr ein idealtypisches Sein widerspiegeln, ihm ging es darum, die Erscheinungen so zu zeigen, wie sie sich dem Auge bieten. Doch beinhaltete jede Auseinandersetzung mit der Natur für ihn auch eine persönliche Stellungnahme, denn ihm lag daran, nicht nur die äußere Form, sondern auch das innere Wesen des Dargestellten festzuhalten. Da er die körperliche Ähnlichkeit nur als Ausgangspunkt nahm, die ethische und geistige Persönlichkeit des Dargestellten sichtbar zu machen, verfiel er keinem platten Realismus. Seine Porträtkunst galt vor allem der überragenden Persönlichkeit Alexanders des Großen, als dessen Hofbildhauer er tätig war. Leider hat

10   Kopf einer Statue Alexanders des Großen, Kopie nach einem Werk des Euphranor, 338–336 v. Chr.; München, Staatliche Antikensammlungen, Glyptothek

sich keine der Alexanderdarstellungen Lysipps im Original erhalten, doch gilt er als der eigentliche Begründer des pathetisch-realistischen hellenistischen Porträtstils. Zahlreiche Alexanderköpfe anderer Künstler, so uneinheitlich sie in vielem auch sein mögen, spiegeln Lysipps Einfluß dahingehend wider, daß sie weder ein unpersönliches Idealwesen noch eine bloß realistische Gestalt darstellen, sondern versuchen, die ›Idee Alexander der Große‹ durch die Physiognomie wiederzugeben (Abb. 10). Trotz aller Idealisierung sind sie ganz auf die Individualität und das ›Image‹ Alexanders des Großen hingearbeitet. Wir erblicken eine Gestalt voll Jugend, strahlender Wesenheit, expressiver Dynamik und herrischer Willenskraft, einen Ausnahmemenschen, dem Ehrerbietung gebührt. In dieser Verschmelzung von Besonderem und Allgemeinem wurde die Ikonographie des antiken und abendländischen Herrscherporträts geboren.

Aristoteles, der Lehrer Alexanders, entwickelte in seiner Poetik die Theorie von den drei Möglichkeiten der Kunst: die Menschen besser darzustellen, als sie sind, sie so abzubilden, wie sie wirklich sind, oder geringer, als sie sind. Wenn Aristoteles von besseren oder geringeren Menschen spricht, so betrachtet er als Grieche selbstverständlich Ethisches und Ästhetisches als Einheit. Als Philosoph, der an das Heil der Gemeinschaft denkt, mißbilligt er die Darstellung des Häßlichen und Schlechten, da er glaubt, daß es die herabziehenden Kräfte im Menschen fördere. Trotzdem schreibt er im 4. Kapitel seiner Poetik: »Wenn uns ein Porträt Freude macht, weil es ähnlich ist, so geschieht es darum, weil wir in ihm das Urbild erkennen.« Hier redet er nicht etwa einer aus pädagogischen Gründen angestrebten Erhöhung des Menschen in der Kunst das Wort, sondern tritt für eine bedingt naturalistische und realistische Menschendarstellung ein, soweit sie an das Urbild des betreffenden Menschen heranzuführen vermag.

Das Ideal entband den Menschen vom reinen Erdendasein und begann ihn damit aus dem Reich der Natur zu lösen. Erst als der Mensch sich in seiner neuen Stellung konsolidiert hatte, konnte er das individuelle Porträt wagen. Doch die Herrschaft Apollons über Dionysos bedeutete keineswegs den Untergang der alten Bildermacht und des alten Bildzaubers. Die Macht von Tod und Entleerung wächst erst im Alter der Zivilisationen. Als daher Pygmalion, ein berühmter Bildhauer, sich der Sage nach in eine von ihm selbst geschaffene weibliche Elfenbeinstatue verliebte, bat er Aphrodite, die Göttin der Schönheit, ihr Leben einzuhauchen. Aphrodite erfüllte diesen Wunsch, und Pygmalion nahm daraufhin sein zum Leben erwachtes Kunstwerk zur Frau. Eros konnte in Pygmalion aber nur deshalb so sehnsuchtsvoll entflammen, da mit der Erschaffung der Gestalt der Statue ihr zugleich ein Inhalt, eine Seele beigegeben wurde. Aphrodite brauchte die Elfenbeinstatue nur noch zu beleben, um die Seele aus ihrer Starre zu befreien.

Rom: Vom Kleinbürgergesicht zum Cäsarenhaupt

Polemon von Laodikeia, ein illustrer Politiker und Rhetor zur Zeit Kaiser Hadrians (reg. 117–138), verfaßte das wahrscheinlich umfangreichste antike Werk zur Physiognomik. Die Schrift ging verloren, doch hat sie in arabischer Übersetzung die Zeiten überlebt. Die Physiognomik des Polemon ist zweck- und parteigebunden; als Politiker und Rhetor offenbart er ein besonderes Interesse daran, politische Gegner zu diffamieren. So scheut er etwa nicht davor zurück, das Porträt seines Intimfeindes Favorinus als besonders abschreckend zu charakterisieren, während er die Augen Kaiser Hadrians mit höchstem Lob bedenkt.[61] Durch die Übersetzung ins Arabische blieb der Schrift Polemons das Schicksal des Verlustes erspart, das den meisten anderen diesbezüglichen Werken der Antike beschieden war. Was aus griechischer und römischer Zeit erhalten ist, stellte Richard Foerster am Ende des 19. Jahrhunderts zusammen.[62] Allerdings finden sich in den Arbeiten vieler antiker Autoren, insbesondere römischer, zahlreiche physiognomische Aussagen. So sind die Gedichte von Vergil, Horaz, Ovid, Lukan und Juvenal, die Werke von Livius, Quintilian, Seneca, von Plinius d. Ä. sowie Plinius d. J. voller subtiler Bemerkungen zur Menschenkunde. Cicero hielt physiognomische Zeichen sogar für die sichersten Indizien von Schuld und Unschuld. Ähnlich dachte auch der römische Dichter Martial, der in einem Epigramm über den griechischen Rhetor Zoilos urteilte: »Roth von Haaren und schwarz von Gesicht, und hinkend und schielend, Wunder, Zoilos, wär's wärst du ein ehrlicher Mann.«[63]

Quintilian schrieb in seiner Abhandlung über den *Rhetorischen Gebrauch von Mimik und Gesten:* »Das wichtigste bei den Gebärden ist wie beim Körper selbst das Haupt.«[64] Bei Griechen und Römern genoß das Haupt ein so hohes Ansehen, daß es den ganzen Menschen vertreten konnte. Ähnlich wie z. B. das lateinische ›caput‹ Kopf und Mensch bedeutet, sprechen auch wir, pars pro toto, von einem ›Kopf‹, einem ›hellen Kopf‹, einem ›Charakterkopf‹, einer ›Kopfsteuer‹ oder einer ›Kopfzahl‹. Während in der griechischen Kunst die auf den Kopf des Menschen konzentrierte Porträt-Darstellung erst spät, in der hellenistischen Zeit, Eingang fand, tritt uns der Kopf bzw. die Büste in der römischen Porträtkunst von Anfang an entgegen.

Bereits seit der Mitte des 2. Jahrhunderts v. Chr. war es bei den vornehmen römischen Familien Brauch, umfangreiche Sammlungen von Ahnenporträts anzulegen, die als kostbarer Besitz von Generation zu Generation weitergegeben wurden (Abb. 11). Über Form und Funktion dieser Bildnisse, die als wächserne Masken ausgebildet waren (Imagines maiorum) und die die Anfänge römischer Porträtkunst kennzeichnen, erfahren wir in Polybios' 6. Buch der Weltgeschichte: »Danach begraben sie den Toten, erfüllen die vorgeschriebenen Gebräuche und stellen das Bild des Verstorbenen in hölzernen Schreinen am vornehmsten Orte des Hauses auf. Dieses Bildnis ist aber das Antlitz des Verstorbenen, mit ganz vorzüglicher Ähnlichkeit gearbeitet, hinsichtlich der Form und der Unterschrift. Diese Bildschränke öffnen sie bei den Staatsopfern und schmücken sie ehrenvoll. Wenn aber ein angesehenes Familienmitglied gestorben ist, so nehmen sie die Masken zum Leichenbegängnis mit, indem sie Leute annehmen, die nach Größe und Körperbeschaffenheit recht ähnlich aussehen. Diese erhalten dazu noch Kleider, wenn einer Konsul oder Feldherr gewesen ist, purpurbesetzte, wenn Censor, purpurne, wenn aber Triumphator oder etwas Ähnliches, dann sind es golddurchwirkte. Diese Leute nun werden auf Wagen gefahren, Rutenbündel aber und Beile und die übrigen Auszeichnungen werden vorangetragen je nach der Würde, die ein jeder bei seinen Lebzeiten bekleidet hat. Wenn sie zur Rednertribüne kommen, lassen sie sich alle der Reihe nach auf Elfenbeinsesseln nieder. Ein schöneres Schauspiel kann ein ehrgeiziger und edelmütiger Jüngling schwerlich sehen. Denn die Bilder der durch ihre Tugenden berühmt gewordenen Männer zu schauen, alle versammelt und wie lebend atmend, wen sollte das nicht in Erregung versetzen! Welcher Anblick könnte schöner sein!«[65] Bildzauber und Wandlungskraft der Maske zeigten hier ihre Wirkung. Durch die große Ähnlichkeit der Porträts mit den Verstorbenen konnte für einige Stunden die Illusion erweckt wer-

11 Römischer Patrizier mit Bildnisbüsten seiner Ahnen, um 30 v. Chr., Marmor; Rom, Museo Capitolino

den, sie seien noch am Leben. Der Einfluß der Wachsbildnisse läßt sich an den Darstellungen der Grabreliefs wie auch in allen übrigen Bereichen der Porträtkunst ablesen.

Die römische Kunst wurzelt natürlich auch in der griechischen Kunst, deren Fortsetzung sie in einem gewissen Sinn ist. Nachdem Griechenland 146 v. Chr. zur römischen Provinz geworden war, gelangte hellenistisches Geistesgut verstärkt nach Rom. Doch trotz dieses unbestreitbaren Einflusses gewann die Darstellung des Menschen – läßt man die zahlreichen Kopien griechischer Werke beiseite – im römischen Imperium ein eigenes Gepräge. Daran ändert auch die Tatsache nichts, daß die Künstler in der Regel griechischer Herkunft und nicht etwa Römer waren – schufen sie ihre Kunstwerke doch für römische Auftraggeber und innerhalb einer Welt, die römisch geworden war. So betrachtet dürfen wir durchaus von *römischer* Kunst sprechen. Ein Charakteristikum der römischen Bildnisform ist die Büste. In ihrer betonten Beschränkung auf den Kopf bzw. auf den Oberkörper oder die Schulterpartie als Ausdrucksträger der Person ist ihr die klassische griechische Auffassung vom gestalthaften, ganzheitlichen Dasein des Menschen innerhalb der bildenden Kunst fremd. Darüber hinaus stand von Beginn an das individuelle Bildnis im Mittelpunkt der römischen Porträtkunst. Der apollinische Grieche, obgleich er die Welt des Sichtbaren liebte, ließ überpersönliche Ideen in seiner Menschendarstellung deutlich werden, während die Römer eine Vorliebe für das menschliche Detail entwickelten, die sie mitunter einem äußerlichen, etwas trockenen Realismus huldigen ließ. Sie verstanden es, echte Römertypen, alte, zerfurchte Gesichter mit allen Zufälligkeiten wiederzugeben und ebenso, die Merkmale der verschiedenen Menschenrassen genau zu erfassen. Die persönliche ›Formidee‹ des Menschen konnte jedoch durch diese bisweilen allzu kleinliche Detailtreue leicht untergehen. Diese nüchterne Realistik hielt sich in der römischen Bildniskunst von den Anfängen der Republik bis weit in die Kaiserzeit.

Während der römischen Republik hatte sich die Porträtkunst auf die Darstellung redlicher Kleinbürger und nüchterner Bauerntypen konzentriert. Auf diesem Gebiet wurden mitunter vorzügliche künstlerische Leistungen erzielt. Neuartig daran war zugleich, daß damit die Physiognomien biederer Bürger Eingang in die bildende Kunst fanden (Abb. 12). Doch das Vordringen der hellenistischen Kultur brachte in den letzten Dezennien der Republik eine Änderung mit sich. Das Bäuerlich-Kleinliche trat zurück, neben dem Anspruch auf politische Führung zeugen die Gesichter nun von einem verfeinerten Geschmack und einer ausgeprägten Intelligenz. So sind Pompejus oder Caesar ohne griechische Bildung undenkbar, und dieser Wandel ist auch in ihrer Physiognomie ablesbar. Dennoch trat mit der Veränderung kein tiefgreifender Bruch ein – die Römer verfeinerten sich zwar, aber blieben Römer. Das änderte sich auch in den Kaiserdarstellungen nicht. Die römischen Cäsaren galten als gottgleich. Ihre Bildnisse fanden in Rom wie im gesamten übrigen römischen Herrschaftsgebiet durch zahlreiche Kopien und Nachbildungen Verbreitung. In Tempeln und Heiligtümern, in öffentlichen Gebäuden und auf öffentlichen Plätzen waren sie mit ihrem Bild, mit ihrer Physiognomie, anwesend. Trotz unverkennbarer Züge

12   Kopf aus einem römischen Grabrelief, um Chr. Geburt; Staatliche Museen zu Berlin – Preußischer Kulturbesitz, Antikensammlung

des Erhabenen, wie es etwa die seit dem 2. Jahrhundert v. Chr. entstandenen Reiterstandbilder bezeugen, blieben die Römer ihrer Vorliebe für das individuelle Detail und ihrem Wirklichkeitssinn treu. Auch mit der klassizistischen Tendenz, die sich unter Kaiser Augustus ausbreitete, ging die Idealisierung der Herrscherbildnisse nie so weit, daß nicht auch die physiognomische Eigenart des Dargestellten deutlich ablesbar blieb. Man betrachte etwa das Standbild von Kaiser Claudius (Abb. 13): Obgleich der Herrscher hier mit einem idealisierten Körper und allen Attributen der Macht ausgestattet ist, entbehrt es nicht der Individualität, wie es die Gesichtszüge belegen. Selbst die Bildnisse der klassischen römischen Bösewichte, etwa von Caligula oder Caracalla, halten sich an ihre leiblichen Vorbilder, auch wenn dabei hinterhältige und gewalttätige Züge zutage treten. Sogar die Porträts von Kaiser Nero übergehen nicht die aufgedunsene Infernalität und Befremdlichkeit, die seine Gesichtszüge beherrscht haben

14 Nero, Kopf von einem Standbild, um 65 n. Chr.; München, Staatliche Antikensammlungen, Glyptothek

13 Standbild von Kaiser Claudius, um 50 n. Chr.; Vatikan

müssen. Die kunstvolle Frisur, die der Musensohn Nero für sich kreierte und die seine Stirn wie ein Strahlenkranz umgibt, mag in ihrer bombastischen Attitüde die Beklemmung nicht mildern, die sich beim Anblick eines solchen Herrschers und Gottkaisers einstellt (Abb. 14).

Erst mit der Ausbreitung des Christentums kommt es zu einem einschneidenden Wandel in der römischen Bildniskunst. Die stilbildenden Prinzipien des 4. nachchristlichen Jahrhunderts werden strenge Frontalität, starre Symmetrie und eine Tendenz zu flächenhaft-dekorativer Wirkung. Die Porträts, die nun entstehen, sind geradezu antiindividuell. Damit offenbart sich ein krasser Gegensatz zur bis dahin herrschenden römischen Tradition. In den Kaiserbildnissen Konstantins d. Gr. etwa, der das Christen-

tum mit der antiken Religion gleichstellte und seinen eigenen Herrschaftsanspruch vom Gottkaiser zu einem Kaiser von Gottes Gnaden einschränkte, dürfen wir kaum noch individuelle Züge vermuten. Alles ist überpersönlich, der Blick weltabgewandt und auf ferne Ziele gerichtet (Abb. 15). Das Individuelle verstummt. Aber es ist eine andere Stummheit dem persönlichen Leben gegenüber, als sie der dem sichtbar-körperhaften Leben zugewandte Grieche kannte. Dieser neuentdeckte Mensch wirkt allem erdhaften und bildfreudigen Leben enthoben und entfremdet. Vorbei ist das idealisierte, zugleich freudig mit der Sinnenwelt verbundene Gottmenschentum der Griechen. Aber auch das, womit sich die Römer in Jahrhunderten auseinandergesetzt hatten, die individuelle Darstellung des Menschen, ist ver-

15 Kaiser
Konstantin d. Gr.,
um 320 n. Chr.;
Rom, Palazzo dei
Conservatori

drängt. Die Physiognomien der römischen Bildnisse aus dem 4. Jahrhundert n. Chr. deuten damit zum einen auf das Ende der Antike, verweisen jedoch gleichzeitig auf die Geburt des christlichen Abendlandes.

Die physiognomische Nachtseite des Mittelalters

Obgleich in der Bibel das *Wort* Gottes gepredigt wird, finden wir auch in der Heiligen Schrift Stellen einer bildhaften Weltwahrnehmung. Salomo schildert einige Male die körperlichen Merkmale von Falschheit, Schalkheit oder Hochmut (Sprichwörter, 25, 19). Im Buch Jesus Sirach 19, 26–30; 27, 22 heißt es: »Am Aussehen erkennt man den Menschen, am Gesichtsausdruck erkennt ihn der Weise. Die Kleidung des Menschen offenbart sein Verhalten, die Schritte des Menschen zeigen, was an ihm ist.« Im 3. Buch Mosis Kap. 21 werden die für die Ausübung eines Priesteramtes vorausgesetzten Eigenschaften genannt, wozu auch die Abwesenheit von körperlichen Mängeln gehört: »denn keiner mit einem Gebrechen darf herantreten: kein Blinder oder Lahmer, kein im Gesicht oder am Körper Entstellter, kein Mann, der einen gebrochenen Fuß oder eine gebro-

chene Hand hat, keiner mit Buckel, Muskelschwund, Augenstar, Krätze, Flechte oder Hodenquetschung.«

Doch können solche Passagen nicht darüber hinwegtäuschen, daß mit der Verbreitung der christlichen Religion die sichtbare Welt eine Abwertung erfuhr. Mit der paganen Bilderfreude war es zunächst vorbei, die organische Einheit von Körper und Seele wurde mit dem Christentum zerteilt. Plotin, der Begründer der neuplatonischen Schule, dessen Auffassung von Leib und Seele auf die Kirchenväter fortwirkte, schämte sich, in einem Leib zu wohnen. Das wird uns von seinem Schüler Porphyrios überliefert. Als ein Bildhauer Plotin porträtieren wollte, lehnte dieser das mit der Bemerkung ab, daß seine körperliche Erscheinung einer Darstellung nicht würdig, seine Seele aber, und somit das Wesentliche, nicht darstellbar sei. Diese Vorbehalte gegenüber der künstlerischen Darstellungsmöglichkeit des individuellen Menschen blieben sowohl für die frühchristliche Epoche als auch bis weit ins Mittelalter kennzeichnend. Die sichtbare Welt verlor ihre Symbolkraft, ihre physiognomische Bedeutsamkeit. Bezeichnend für den geringen Wert der Leiblichkeit in christlichen Vorstellungen ist, daß sowohl in der Bibel als auch bei den Kirchenvätern Menschen in ihrer körperlichen Erscheinung mit der Bezeichnung ›Fleisch‹ benannt werden, womit die Materialität des Körpers unter Ausklammerung des Seelischen betont wird. Davon wird auch die Gestalt Jesu nicht ausgenommen. Der Manichäismus, jene dualistische Weltreligion der Spätantike und des frühen Mittelalters mit ihrer radikalen Kontrastierung von Licht und Finsternis, Gut und Böse, Geist und Materie, entwickelte die Vorstellung, daß der materielle menschliche Körper eine dämonische Substanz sei. Die Bilderfeindlichkeit in den monotheistischen Religionen erklärt sich jedoch nicht nur aus einer Abwertung des vergänglichen Körpers, sondern auch aus dem Gesetz Mose, das eine bildliche Darstellung von Mensch und Tier verbietet: »Du sollst dir kein Bildnis machen.«

Der Mensch wurde in der christlichen Kunst zunächst nur als bildwürdig empfunden, wenn er eine bestimmte Rolle im göttlichen Heilsplan einnahm. Das waren neben den Figuren aus dem christlichen Kult selbst, wie die Heilige Familie oder andere Kirchenheilige, die weltlichen Herrscher als die Statthalter Christi auf Erden, Verstorbene, deren Grabbilder die Hoffnung auf leibliche Auferstehung symbolisierten, und die Stifter eines religiösen Kunstwerkes, die demütig kniend und zum Wohle der eigenen Seele meist betend zwischen den Heiligen abgebildet sind. Das einzelne Bildwerk erfüllte die Funktion einer *Bilderschrift:* Durch die bildliche Darstellung konnte auch der schriftunkundige Gläubige das Wort Gottes ›lesen‹. Das eigentlich Gestalthafte des Kunstwerkes, seine formale Ausbildung und ästhetische Qualität blieben, ähnlich wie die Persönlichkeit des Künstlers, untergeordnet. Da aber das Kunstwerk Bild des Höchsten und Heiligsten war, wurde es selbst zum Gegenstand der Andacht und Verehrung, und die pagane Bilderfreude und Bildergläubigkeit fanden so wieder Einzug in die christliche Welt. Gegenbewegungen zu dem entstandenen Bilderkult setzten bereits im frühen Christentum, etwa im byzantinischen Bilderstreit (762–842), ein, doch blieben sie begrenzt. Schon das 2. Konzil von Nicäa 787 legte fest, daß Christusbilder erlaubt seien, weil sie allein Darstellungen der menschlichen Gestalt Christi seien, nicht etwa der Gottheit, die unfaßlich sei. Daß das Göttliche und Heilige jedoch auch im Bild als anwesend empfunden werden kann, belegt die Ikone innerhalb der Orthodoxen Kirche. Die Reformation im 16. Jahrhundert wandte sich gegen Bilder in Kirchen und gegen die ihnen entgegengebrachte Verehrung, was vielerorts einen Bildersturm auslöste. Dennoch blieb auch diese Erhebung gegen die Bilderverehrung in ihrem Ausmaß begrenzt, denn sie fiel in eine Zeit, in der sich das Mittelalter dem Ende zuneigte und eine Neuentdeckung des Menschen und seines Körpers einsetzte.

Seit dem Untergang der antiken Welt hatte die menschliche Figur in der bildlichen Darstellung an Körperfülle abgenommen, sie war dünn geworden und fein gebaut. Dieser Typus blieb bis etwa 1500 in ganz Europa vorherrschend. Die Entdeckung des entblößten Körpers setzte mit der Renaissance ein. Lediglich biblische Themen wie Adam und Eva oder Christus am Kreuz forderten auch im Mittelalter eine zaghafte und wenig naturverbundene Abbildung des nackten Menschen. Die Kenntnisse von Anatomie, Proportion und Perspektive waren gering. Die

Verneinung der Körperlichkeit dominierte, bei einem gleichzeitig gesteigerten Interesse, das Seelische, die durchscheinende Transzendenz im menschlichen Antlitz sichtbar zu machen. Hier tut sich ein Widerspruch in der mittelalterlichen Kunst auf: Selbst eine Kunst, die den Körper verneint, ist auf den Körper angewiesen, wenn sie das zeigen will, was jenseits von ihm liegt, denn nur über dessen Gestalt wird auch das Spirituelle im Menschen, das ›Unsichtbare‹, sichtbar.

Daß die mittelalterliche Welt keinen geeigneten Nährboden für eine bewußte Physiognomik bot, darf nicht verwundern. Und doch gab es sie, allerdings läßt sie sich fast ausschließlich auf die griechische und lateinische Physiognomik zurückführen, wobei hier an erster Stelle der Einfluß zu nennen ist, der von der *Physiognomika* ausging.[66] Von Albertus Magnus gibt es charakterologische und physiognomische Aussagen.[67] Daneben trieb eine volkstümliche Physiognomik bunte Blüten.[68] Ihr Unterschied zur ›wissenschaftlichen‹ Physiognomik bekundet sich darin, daß sie die menschlichen Körperteile nicht bis in die kleinsten Einzelheiten in Beziehung zum Charakter des Menschen setzt, sondern vornehmlich mehr allgemein auffallende äußere Erscheinungen berücksichtigt. Im wesentlichen jedoch sind die volkstümlichen Anschauungen zur Physiognomik in sich einheitlich, und ihre Grundaussagen stimmen vielfach mit der gelehrten überein. Primär findet man hier die Gegenüberstellung von Schönheit und Häßlichkeit, wobei die Schönheit charakterologisch positiv gewertet wird, die Häßlichkeit hingegen negativ. Zudem existierte die tief verwurzelte Vorstellung, daß alles, was an der äußeren Erscheinung des Menschen besonders auffiel, weil es ungewöhnlich war, in Beziehung zu seinem Charakter stehen müsse – und meist wurde es als ungünstig gedeutet. Der Blick des mittelalterlichen Menschen erweist sich als geschärfter für das Häßliche und Abstoßende als für das Schöne. Das Häßliche, in dem für ihn zugleich das Dämonische steckte, wurde als allgegenwärtig und bedrohlich empfunden; so gab es einen Erlaß, wonach im Zweifelsfalle zwischen zwei verdächtigen Personen der weniger Wohlgestaltete der Folter unterworfen werden sollte.[69] Aber auch das übermäßig Schöne war nicht gegen Verfolgung gefeit, denn man vermutete darin leicht eine verführerische Tarnung des Bösen.

Die Freude am Körper, seiner Jugend, Schönheit und Kraft, und die Freude an seiner Darstellung waren durch den christlichen Glauben gehemmt. Die physiognomische Vielgestalt der positiven Helden blieb durch die Körperfeindlichkeit begrenzt. Der Drang ungehemmter Darstellungsfreude entlud sich daher in eine andere Richtung: Es erfolgte eine ›Explosion nach unten‹, das Tor zur Hölle wurde gesprengt. In der Sichtbarmachung des abgründig Dämonischen offenbarten die im Mittelalter wirkenden Künstler ihre gewaltige physiognomische Phantasie. Die Spielarten des Dämonischen sind facettenreich: Dies bezeugen das heimliche Figurenwerk, das die Steinmetzen in den Kirchen außerhalb der zur frommen Belehrung gehörigen Bilderzonen anbringen durften, die Fabelwelt der Wasserspeier oder die reiche Figurenwelt an den Kapitellen aus romanischer Zeit. Oft mischen sich alte, heidnische Elemente hier seltsam ein, der Glaube an die Macht der Sterne, das Wissen um den schicksalhaften Zwang der Temperamente, die vermutete Verwandtschaft von Dämonie und Geisteskrankheit. Berühmt wurden die Masken in der Kathedrale von Reims. Als Gegenwelt zu den Portalfiguren der Heiligen bilden sie in Nischenwinkeln, an Fensterlaibungen und Kapitellen ein Pandämonium grotesker Fratzen. Und auch hier stoßen wir wieder auf die uralte Verbindung von Mensch und Tier. Das Tier ist nach biblischem Bericht am 5. Schöpfungstage von Gott erschaffen worden und des Geistes nicht mächtig, wodurch es sich von dem am darauffolgenden Tage erschaffenen Menschen unterscheidet. Das Tier und allgemein das Animalische drohen den Menschen immer wieder in ältere, verbotene Schichten zurückzuholen, und überall dort, wo die christliche Kunst das Böse oder den Bösen, den Satan oder Teufel darstellen will, greift sie auf die Tiersymbolik zurück. Wohl gibt es Ausnahmen, in denen das Tier auf Heiliges und Göttliches verweist: So die Taube als Zeichen des Heiligen Geistes, oder Löwe, Stier und Adler als Symbole der Evangelisten Markus, Lukas und Johannes. Doch bleiben das Marginalien. In der Tierphysiognomik wie in anderen Themen und Bereichen der Kunst senkt sich die eigentliche Schöp-

ferkraft in das Abgründige und Verbotene. Die Lust am Asymmetrischen und Schiefen wächst in der Spätgotik noch, und kein Bösewicht existiert, dem seine Untaten nicht mittels einer grellen Galgenvogelvisage deutlich ins Gesicht geschrieben wären. Ein physiognomisches Exerzierfeld bot dem Künstler auch die Darstellung der sieben Todsünden: Neid, Völlerei, Herzenskälte, Hochmut, Zorn, Geiz und Wollust, wobei jede ihr charakteristisches physiognomisches Gepräge hatte. So schufen Hieronymus Bosch und Pieter Breughel d. Ä. überzeugende Bildreihen dieser Sündenreiche.

In diesem gewaltigen Strom mitternächtlicher Physiognomien drohen mitunter auch die Guten, die Heiligen mit hineingerissen zu werden. Als Beispiel hierfür sei der Kampf des heiligen Antonius mit den Dämonen angeführt, der in Matthias Grünewalds berühmtem *Isenheimer Altar* dargestellt ist (Abb. 16). Max Picard bemerkte dazu in seinen *Grenzen der Physiognomik:* »Der Heilige [befindet] sich an der Grenze der Menschengestalt, fast außerhalb von ihr. Er bleibt nicht in der Menschengestalt darin wie in einer Festung, die die Dämonen nicht angreifen können, er geht aus seinem Menschenbild heraus und den Dämonen entgegen, er versucht nicht, von der Ferne her, von der Heiligkeit seines Menschenbildes her, die Dämonen zu unterwerfen, er versucht auszusehen so wie sie: das Gesicht des heiligen Antonius hat fast aufgehört, auszusehen wie ein menschliches Gesicht, eine kleine Bewegung noch, und das Gesicht würde aussehen wie eines der Dämonengesichter selber; schon sind seine Augen keine Augen mehr, sie sind nur noch herumflitzende Kugeln, die in einem brodelnden Kochtopf heraufgeworfen werden, das Ohr ist im Begriffe versteinert zu werden, wie eine versteinerte Muschel ist es, und das ganze Gesicht ist so, als ob es im nächsten Augenblick auseinandergerissen würde, alles an ihm ist wie eine Vorbereitung dazu.«[70]

Bereits vor Grünewald, in der 1. Hälfte des 13. Jahrhunderts, hatte sich, besonders im Bereich der Plastik, eine stärkere Hinwendung zur Wirklichkeit bemerkbar gemacht. Doch war das zunächst nur eine Episode, auf die in der Hochgotik ein Rückschlag folgte. Die Figuren aus dieser Zeit erhalten ein Höchstmaß an Lebensnähe und individueller Charakterisierung. Berühmte Beispiele sind die zwölf Stifterfiguren im Westchor des Doms zu Naumburg (um 1250). Aber obgleich die Figuren individuelle Züge tragen, sind sie doch keine eigentlichen Porträts, da die Personen, die sie darstellen, bereits lange tot waren, als der unbekannte Naumburger Meister die Skulpturen schuf, der Künstler also nicht wußte, wie die Vorbilder tatsächlich ausgesehen hatten.

Der Übergang von der Gruppen- und Standesphysiognomie zur Individualphysiognomie vollzog sich in der mittelalterlichen Bildniskunst nicht plötzlich,

16   Matthias Grünewald:
Die Versuchung des hl. Antonius,
Ausschnitt aus dem *Isenheimer Altar,* 1512–16, Holz; Colmar, Musée d'Unterlinden

sondern langsam fließend. Als erster Ansatz zu einer Erkennbarkeit des Dargestellten wurden bei Herrscherbildnissen Bärtigkeit, Bartlänge oder Bartlosigkeit angegeben. Als zweites Individualisierungszeichen kam die Wiedergabe der Frisur hinzu, als drittes die ungefähre Gesichtsform. Und dann taucht, verborgen und als heimlicher Sprengsatz in die mittelalterliche Welt eingegeben, das versteckte Porträt auf. Die ›Erfindung‹ des Individualbildnisses hatte sich zunächst beim Stifterbild oder der Anbetung der heiligen drei Könige eingeschlichen. Die individuelle Physiognomie, häufig die des Künstlers selbst, wird dabei einer bestimmten Figur oder Gestalt eingefügt. Eine beliebte Figur für das versteckte Porträt war der Evangelist Lukas, der einer um 530 nachweisbaren Legende zufolge Maler war. Seine Person bot dem Künstler die ideale Gelegenheit, sich in dem biblischen Stammvater seiner Zunft selbst zu verewigen, wie es z. B. das Bild der *Lukasmadonna* von Niklaus Manuel Deutsch (um 1515) belegt. Revolutionär war auch, daß Jan van Eyck in das Hochzeitsbild des Kaufmanns Giovanni Arnolfini (1434) nicht nur ein verstecktes Porträt von sich hineinmalte, sondern außerdem die Inschrift »Johannes Eyck fuit hic« hinzufügte. Der Mensch trat aus seiner Namenlosigkeit hervor, sein Ich war wiedergeboren. Es sprengte die geschlossene mittelalterliche Welt und legte mit den Grundstein zu einer neuen, in der das selbsterwachte Individuum, ausgestattet mit einer unverkennbar individuellen Physiognomie, im Mittelpunkt stand. Und doch war die nun einsetzende Renaissance keine Wiedergeburt vorchristlichen Lebensgefühls. Sie übernahm etwas aus dem Mittelalter, was die Antike nicht gekannt hatte: die Zeit. Der antike Mensch lebte außerhalb der Zeit, in einer ewigen Gegenwart – auch der Primitive hatte nichts von der Zeit gewußt –, doch der mittelalterliche Mensch war vertraut mit der biblischen Geschichte, sein Zeitverständnis verlief linear über Paradies, Sündenfall, Auferstehung der Toten und Jüngstes Gericht. Seit etwa 1200 gab es mechanische Turmuhren, die Oswald Spengler »schauerliche Symbole der rinnenden Zeit« nennt, »deren Tag und Nacht von zahllosen Türmen über Westeuropa hin hallende Schläge vielleicht der ungeheuerste Ausdruck sind, dessen ein historisches Weltgefühl überhaupt möglich ist.«[71]

II. Die Neuentdeckung der menschlichen Gestalt

Die Renaissance, der Versuch einer Wiederbelebung der klassischen Kunst, nahm ihren Ausgang kurz nach 1400 in der Toskana, Latium und Rom. Der Kunsthistoriker Jacob Burckhardt sah in der Renaissance die Befreiung des Individuums. Sie brachte Freiheit des Denkens, Unabhängigkeit von der Autorität theologischer Dogmen. Die neuen Werte hießen Mut, Herausbildung des eigenen Ichs, die sich bis zu Rücksichtslosigkeit und verengender Egozentrik steigerten. In dieser sich neu entwickelnden Welt mußte auch die Darstellung des Menschen für den Künstler eine ganz andere Bedeutung erhalten. Die individuelle Physiognomie kehrte nicht nur als Abbild und Erinnerungsstück in die Kunst wieder. Mit dem Porträt sollte vor der Welt Zeugnis abgelegt werden von der Singularität des Dargestellten. Die Individualität der charakteristischen Gesichtszüge bildete zugleich den Beleg für die Individualität der in ihnen und hinter ihnen befindlichen Seele. Von den Himmeln eines überpersönlichen Glaubens wendet sich der Blick des Menschen zurück auf die Welt und auf sich selbst. Selbst- und Naturerkenntnis gewinnen an Bedeutung gegenüber der Gotteserkenntnis. Der Kirchenvater Augustinus, und er steht hier für das gesamte Mittelalter und die Scholastik, fand die Erforschung der Natur im Grunde überflüssig; was zählte und bewegte, war einzig die Erkenntnis Gottes. »Wer alles dieses weiß«, bemerkte er über die Ergründung der stofflichen Welt, »und Gott nicht kennt, ist sicherlich unglücklich, aber glücklich ist, wer Gott kennt, auch wenn er von nichts anderem weiß. Und wer beides kennt, Gott und das andere, wird von diesem nicht glücklicher.«[72]

Nun tritt ein grundlegender Wandel ein. Der Geist richtet sich auf die äußere Welt. Die physikalischen und chemischen Naturgesetze werden erkundet und zu Erfindungen verwertet, fremde Meere durchfahren und ferne Länder entdeckt. Auch die Kunst schließt sich diesem Kreis der Entdeckungen an oder profitiert davon. Das Aufkommen neuer grafischer Techniken in Europa – der Holzschnitt noch vor 1400, der Kupferstich etwa 1430 – verschafften der Kunst eine hohe Breitenwirksamkeit, wodurch zugleich das wachsende Bild- und Bildungsbedürfnis größerer Schichten befriedigt werden konnte. Die um 1420 mathematisch konstruierte Zentralperspektive, im allgemeinen Filippo Brunelleschi zugeschrieben, ermöglichte es dem Künstler, die ihn umgebende Welt täuschend echt nachzubilden. Die Perspektive, die den bildnerischen Raum durchdringt und ihm erst die Tiefenwirkung verleiht, wandte man auch auf die menschliche Figur an, und zwar in Form der Verkürzung. Zweck der Verkürzung ist es, die weiter vor- oder zurückliegenden Glieder der menschlichen Figur so wiederzugeben, daß dadurch die Bewegtheit und somit der zeitliche Ablauf der Darstellung zum Ausdruck kommen. Mit der den Raum durchschneidenden und damit auch überwindenden Perspektive trat daher, neben einer naturgetreuen Wiedergabe, die neue Dimension der Zeit auch in die bildende Kunst ein. Geschichten, wie sie die Antike bereits kannte, über Verwechslungen von Bild und Wirklichkeit tauchen auf. Da sollen Hunde das Bild ihres Herrn angebellt haben oder Schwalben versucht haben, sich auf gemalte Fenstergitter zu setzen. Vasari berichtet, daß Tizians Porträt von Papst Paul III. von den Vorübergehenden gegrüßt wurde, da sie annahmen, Seine Heiligkeit säße tatsächlich in Person vor ihnen.

Die täuschend echte Wiedergabe des Menschen wurde möglich, weil der bisher geheimnisvoll verborgene Aufbau des menschlichen Körpers nun ins Zentrum genauer Studien rückte. Das Interesse an den Funktionen des menschlichen Körpers war so groß, daß einige Künstler sogar Leichen sezierten. Das menschliche Gesicht in seiner Eigenart wurde mit Eifer von den Künstlern wiedergegeben und von Physiognomen gedeutet, die Lebensbeschreibung, besonders die außergewöhnlicher Charaktere, entwickelte sich zu einer hohen Kunst. Das Interesse an psychologischen Fragen begann zu wachsen. Shakespeares Tragödien setzen sich mit den menschlichen Leidenschaften und Gefühlen auseinander: Liebe und Haß, Herrschsucht und Freiheitsdrang, Ehrgeiz, Jähzorn und Rache.

Doch der Mensch wird in der neuen Weltenstunde der Renaissance nicht nur seziert, gemalt und beschrieben, er scheint sich auch selbst, mit seiner Gestalt und Physiognomie, dem veränderten Leben anzupassen. Ein neuer Menschentyp tritt uns entgegen. Die gotisch schmale, himmelwärts strebende Gestalt wird abgelöst von dem breiten, ausgereiften, der Erde zugewandten und triumphierenden Körper. Dieser neue Körper, zugleich wissenschaftlich nach den Lehren der Proportion und Natur ermittelt, wollte wieder zu sich selbst zurückfinden und zeigte sich gerne so, wie er erschaffen wurde: In der Nacktheit. Auch in den religiösen Darstellungen setzte sich dieses neue Menschenideal durch.

Die Erdzuwendung des Menschen beinhaltete eine Aufwertung der sichtbaren Natur; in ihr suchte man nun Wahrheit und Erkenntnis. »Aber das Leben in der Natur«, schreibt Albrecht Dürer in seiner Abhandlung *Von menschlicher Proportion,* »giebt zu erkennen die Wahrheit dieser Ding. Darum sich sie fleissig an, richt dich darnach und geh nit von der Natur ... Dann wahrhaftig steckt die Kunst in der Natur, wer sie heraus kann reissen, der hat sie.«[73] Durch das Auge wird uns die Wahrnehmung der sichtbaren Welt ermöglicht. Doch es vermittelt uns nicht nur den Blick auf die außer uns liegende Wahrheit, sondern gibt auch unsere Wahrheit, unser eigenes Wesen preis. Das Auge bildet den Schnittpunkt, in dem sich Außen- und Innenwelt berühren. Der italienische Humanist und Dichter Petrarca bemerkte: »[Es] sind ... ganz besonders die Augen, welche als Fenster der Seele gelten dürfen, und in ihnen kann der Maler ganz entsprechend jede Leidenschaft, die Listigkeit, den Schmerz, den Zorn, die Furcht, die Hoffnung und die Sehnsucht ausdrücken.«[74] Das

Porträt, aufgefaßt als sichtbare Wahrheit über den Menschen, tritt uns in der Renaissance wieder entgegen.

Im Mittelalter gab es keine eigentliche Kunstliteratur. Die Schrift, in der erstmals das Problem der individuellen Bildnisdarstellung wieder behandelt wird, ist der von dem Paduaner Gelehrten Pietro d'Abano 1310 fertiggestellte Kommentar zur *Physiognomika.* Die Tatsache, daß Bilder vom menschlichen Gesicht gemacht werden, erklärt Pietro d'Abano dort aus dem Wunsch, neben der individuellen Ähnlichkeit des Menschen auch dessen seelische und geistige Beschaffenheit wiederzugeben, was ihm zufolge durch ein ausdrucksstarkes Porträt möglich ist. Die lobende Erwähnung Giottos macht deutlich, daß d'Abano dabei auch an die Malerei seiner Zeit dachte.[75] Aber der Mensch richtete seinen Blick nicht nur auf die Erde, sondern auch in die Welt des Geistes, um sich dort mit den ewigen Ideen, insbesondere mit der der Schönheit, vermählen zu können. So äußerte etwa Raffael während seiner Arbeit an der *Galathea* gegenüber dem Grafen Castiglione, daß er sich aus Mangel an vollendet schönen Modellen auf die Idee verlasse, d. h. auf das Ideal der Schönheit, das in seinem Geiste entstehe. Der Maler und Kunsttheoretiker Federigo Zuccari vertrat im 16. Jahrhundert die Auffassung, daß das Kunstwerk im Geist des Künstlers als »disegno interno« oder »idea« vorgebildet sein müsse und der Ausführung voranzugehen habe. Nicht die sinnliche Wahrnehmung ist demnach Ausgangspunkt des Kunstwerks, sondern erst die Ideenbildung setzt die sinnliche Wahrnehmung für die Erschaffung eines Kunstwerks in Bewegung. Das Ideal ist so gesehen eine Synthese aus Bild und Wort, aus Abstraktion und Anschauung. Züge einer Idealisierung begannen vor allem bei der Darstellung der Frau eine Rolle zu spielen, wobei ihre Verklärung jedoch nie die sinnliche Komponente außer acht ließ. Besonders die Maler der venezianischen Schule, Palma d. Ä., Giorgione, Tizian und die Bellinis, haben die weibliche Gestalt in einer nicht zu leugnenden erotischen Begeisterung idealisiert. Später, im absolutistischen Frankreich, erklärte der Maler und Kunsttheoretiker Roger de Piles, daß die Ähnlichkeit das oberste Postulat für die Darstellung des Menschen bilde, wobei er, auf die

Geschlechter bezogen, eine weniger gestrenge für Frauen und eine gewissenhafte für Männer forderte, was nach Piles damit verbunden war, die Fehler der Natur bei der Frau diskret zu korrigieren, beim Mann hingegen die Natur ungeschminkt wiederzugeben. Die ›Geburt des schönen Geschlechts‹ im Abendland kündigt sich damit leise, aber doch vernehmlich an.

Das realistische Porträt, ohne Verklärung einer körperlichen Idealität, hat in den Niederlanden eine frühere und intensivere Ausbildung erfahren als in Italien, wo der Einfluß antiker Traditionen in der Renaissance freilich noch unmittelbarer nachwirkte. In keiner anderen Bildgattung tritt uns die Beschäftigung des Menschen mit sich selbst, mit seinem Ich, so deutlich entgegen wie im Porträt. Dies gilt vor allem für Bildnisse, die nicht als Auftragsarbeiten, sondern aus eigenem Antrieb des Künstlers entstanden: die Selbstbildnisse. Im Selbstbildnis hielt der Künstler Zwiesprache mit sich selbst, er studierte die besondere Form seiner Nase oder seines Mundes, versuchte sich vor sich selbst zu entblößen, um so auch seinen Charakter zu erfahren. Aber er tat das, indem er ein Kunstwerk schuf, zugleich vor den Augen der Welt. In anderer Hinsicht trat der Künstler ebenfalls aus der Anonymität heraus, und zwar indem er seine Bilder signierte. Auch die Mitwelt zeigte jetzt ein großes Interesse an den Schöpfern der Kunstwerke. Einen bedeutenden Beitrag zur Vermittlung dieses Wissens leistete im Italien des 16. Jahrhunderts Giorgio Vasari. 1550 erschienen seine Lebensbeschreibungen der ausgezeichnetsten Maler, Bildhauer und Architekten, *Le vite de' più eccelenti architetti, pittori, et scultori italiani . . .*, die bis zu Giovanni Cimabue zurückreichen.

In dieser veränderten Welt, in der sich das Ich überall Bahn bricht, gewinnt auch die Physiognomik wieder an Bedeutung. Aus der Menge der physiognomischen Literatur der Zeit ragt Giambattista Della Portas *De Humana Physiognomonia* heraus. Von Bedeutung für die Physiognomik, sowohl für ihren kosmischen Aspekt als auch für den heilkundlichen Zusammenhang von Innen- und Außenwelt, sind auch die Schriften des Arztes und Alchimisten Paracelsus.[76] Chiromantie und Astrologie verbreiten sich und werden als Lehrfächer an den Universitäten ein-

geführt. Die Lehre von den Temperamenten ist jedem Künstler vertraut. So ist z. B. gesichert, daß Dürer mit seinem bekannten *Bildnis des Hieronymus Holzschuher* (1526) der Nachwelt nicht nur ein genaues Abbild seines Freundes, des Bürgermeisters der Reichsstadt Nürnberg, erhalten wollte, sondern daß es es ihm zugleich auch darum ging, den Charakter des Dargestellten im Sinne der Temperamentenlehre zum Ausdruck zu bringen.

Mochte die Renaissance auch in vielem den Versuch einer ›Wiedergeburt‹ der Antike darstellen, so konnte er doch nicht glücken. Eine Wiedergeburt ohne Wandlung ist nicht möglich. Allein die leidenschaftliche Auseinandersetzung der Renaissance mit der Antike verweist auf den fundamentalen Unterschied zwischen den Epochen: die Antike lebte in sich selbst, ohne das Bestreben, etwas historisch Vergangenes neu beleben zu wollen. Hier stoßen wir erneut auf das Zeitbewußtsein, das die Renaissance mit dem Mittelalter verbindet und gleichzeitig von der Antike trennt. Der Mensch hatte sich aus der Naturzeit gelöst und begann, in seiner eigenen historischen Zeit zu leben. Mit dem Zeitbewußtsein änderte sich auch das Raumbewußtsein. Am Ende des Mittelalters steht das kopernikanische Weltbild, das den Menschen aus dem Mittelpunkt des Universums hinauskatapultierte, in ein viel größeres hinein, an dessen Rand er zunehmend rückt. Aber gerade durch diese Vereinzelung wurde er noch aufmerksamer auf das eigene Ich – und seine Gestalt.

Der vollkommene Körper: Albrecht Dürer und die Suche nach dem idealen Maß

Die Darstellung des Menschen ist selten auf die reine Wiedergabe der äußeren Körperlichkeit begrenzt. Die nüchterne Wirklichkeitserfassung bildet oft nur eine Grundlage. Über einen langen Zeitraum hinweg galt die Idealisierung des Menschen als ein höheres Ziel, das für den Künstler maßgeblich war. Ähnliche Bestrebungen begegnen uns auch in der Physiognomik. Sie begnügt sich keineswegs damit, die Menschen nur in ihrer körperlich-materiellen Erscheinung zu deuten. Im Hintergrund steht der Idealmensch, die sichtbare Verkörperung der Vollkommenheit, die auf die ursprüngliche, spirituelle Bildidee des Menschen verweisen soll. Doch um Gottes Ebenbild wiederzugeben, bedarf es der Regel. Maß, Zahl und Gewicht sind nicht nur Grundbausteine von Architektur und Musik, sondern erschließen darüber hinaus auch das Geheimnis des Menschseins. Die Vorstellung eines nach Zahlen geordneten Universums gipfelte bei den Pythagoreern in dem Glaubenssatz »Alles ist Zahl«. Platon setzte die Ideen mit Zahlen gleich. Die Zahl gilt, neben ihrer mathematischen Funktion, zugleich als Träger des Schöpfungskanons, und wer die richtigen Zahlen kennt, kennt auch die Gesetze der Schönheit und Vollkommenheit. Die Suche nach dem idealen Maß und der idealen Proportion wird mit dem von Le Corbusier entwickelten Proportionsschema des ›Modulors‹ bis in das 20. Jahrhundert fortgeführt. Der Goldene Schnitt, dem ein irrationales, aber auf den Betrachter harmonisch wirkendes Zahlenverhältnis zugrunde liegt, ist auch dem Künstler der Gegenwart noch vertraut. Für die italienischen Kunsttheoretiker der Renaissance bildete, neben der Perspektivkonstruktion, die Idealproportion des menschlichen Körpers die wichtigste mathematische Grundlage der Malerei. Doch darf nicht vergessen werden, daß mit der Aufstellung menschlicher Idealproportionen auch immer ein bestimmtes Menschenbild und eine bestimmte Menschensicht verbunden ist. Genannt oder ungenannt steht hier stets das in der klassischen griechischen Antike wurzelnde Ideal der Kalokagathie, demzufolge eine edle Gesinnung und Schönheit im Menschen miteinander verschmelzen.

Das erste Lehrbuch über Proportionen, der *Kanon* des griechischen Bildhauers Polyklet, ging, mit Ausnahme von zwei überlieferten Sätzen, verloren. Nur einer dieser Sätze ist von Interesse: »Das Gelingen kommt durch viele Zahlenverhältnisse zustande, wobei Kleinstes den Ausschlag gibt.« Entscheidenden Einfluß auf die Kunst der Renaissance nahm der römische, unter Kaiser Augustus wirkende Kriegsbaumeister Vitruv, der im 1. Kapitel des 3. Buches seiner *Zehn Bücher über die Baukunst* auch zum Proportionskanon des menschlichen Körpers Stellung bezieht. Die von Vitruv gelieferten Zahlen und Maßangaben leiten sich keineswegs nur von Körpermes-

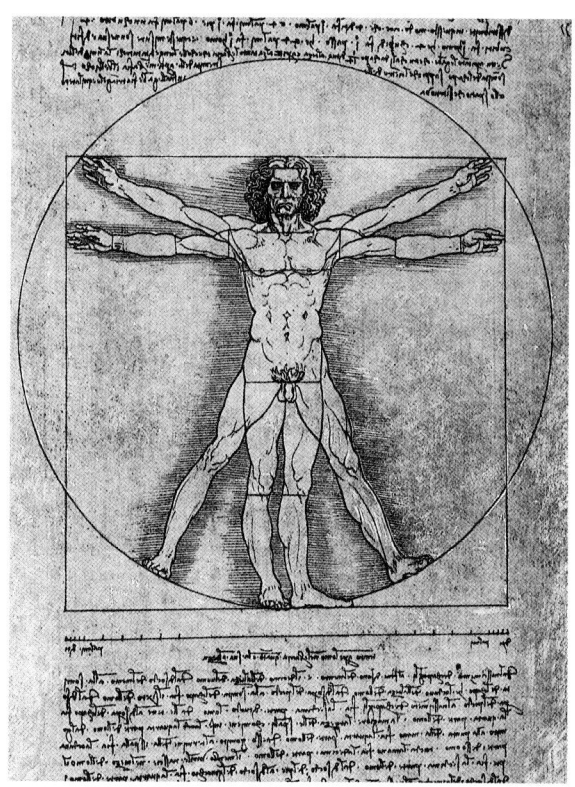

17   Leonardo da Vinci: Proportionsfigur, um 1490, Feder und Tinte; Venedig, Accademia delle belle arti

sungen ab. Neben der Empirie steht die metaphysische Erhöhung. Begriffe wie »perfekte« und »vollkommene« Zahl oder Hinweise auf die heilige »Zehnzahl« tauchen auf und lassen deutliche Anleihen Vitruvs beim pythagoreisch-platonischen Gedankengut erkennen. Schönheit ist demnach Abbild der reinen Idee. Lorenzo Ghiberti schrieb 1444 in seinen *Commentarii*: »Aber nur die Proportion [proportionalità] macht die Schönheit.« Um sie genau zu ermitteln, bedurfte es der Anthropometrie, der Lehre von den Maßverhältnissen und der zunehmend verfeinerten Menschenmessung. In den Rang einer empirischen Wissenschaft wurde die Proportionslehre schließlich von Leon Battista Alberti erhoben. Er erfand ein eigenes Instrument, den Definitor, zur dreidimensionalen Vermessung des menschlichen Körpers. Berühmt, gleichsam als Archetyp dieser Gattung, wurde die Proportionsfigur Leonardo da Vincis (Abb. 17). Die Zeichnung, die auf Maßangaben Vitruvs beruht, gibt zwei genial miteinander verbundene menschliche Körper wieder: Einen mit gespreizten Gliedmaßen, um den ein Kreis geschlagen ist, dessen Mittelpunkt vom Nabel gebildet wird, und eine aufrecht mit waagerecht ausgestreckten Armen im Quadrat stehende Figur, in die Meßstriche eingetragen sind. Einem Maßstab unterhalb des Quadrats sind die entsprechenden Werte für die einzelnen Körperglieder zu entnehmen.

Als Albrecht Dürer ab 1500 mit seinen Proportionsstudien begann, stand er somit in einer langen Traditionsreihe. Bis zum Beginn des 16. Jahrhunderts hatte er, wie jeder andere deutsche Künstler seiner Zeit, ohne Proportionsschema gearbeitet. Man nimmt an, daß ihn während seines ersten Italienaufenthaltes (1494/95) Fra Luca Pacioli, der greise Freund Leonardos und Verfasser der 1509 in Venedig erschienenen Schrift *Divina Proportione,* mit den Regeln der Perspektive und Proportionslehre vertraut machte. Von dem mit ihm freundschaftlich verbundenen Maler Jacopo de' Barbari, der ihn 1500 in Nürnberg besuchte, hoffte Dürer die letzten Geheimnisse menschlicher Proportion zu erfahren. Doch was Barbari ihm mitteilen konnte, empfand er nur als Stückwerk. Intensiv begann er nun mit eigenen Forschungen. Er führte Körpermessungen durch, studierte zu diesem Zweck antike Autoren wie Platon und Euklid, zeichnete nach Angaben von Vitruv. Einen ersten Höhepunkt seiner Proportionsstudien stellt ein Stich von Adam und Eva aus dem Jahre 1504 dar (Abb. 18 a, b). Es ist sicher kein Zufall, daß Dürer die Vollkommenheit menschlicher Proportion – wobei sein Adam noch den Einfluß der antiken Statue des Apoll vom Belvedere (vgl. Abb. 56) erkennen läßt – gerade am ersten Menschenpaar aufzeigen

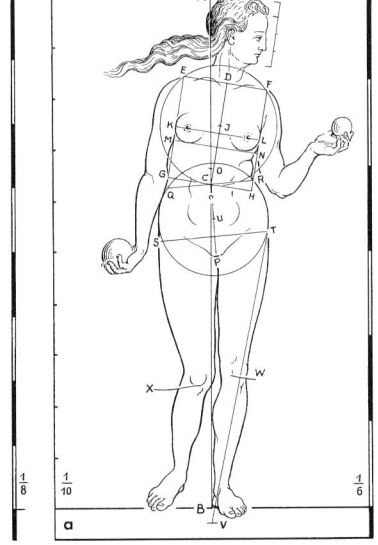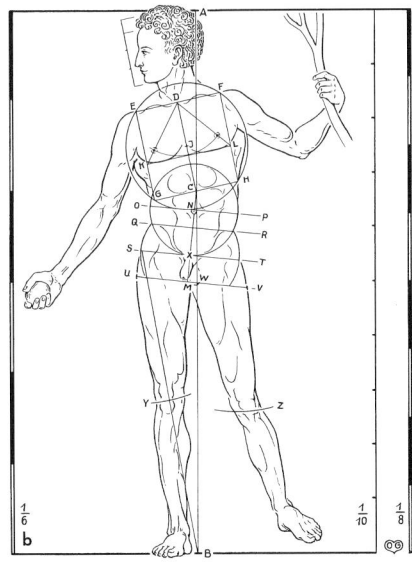

18 a, b   Albrecht Dürer: *Adam und Eva,* darunter die Konstruktionsmethode für ihre Figuren, 1504, Kupferstich; Staatliche Museen zu Berlin – Preußischer Kulturbesitz, Kupferstichkabinett

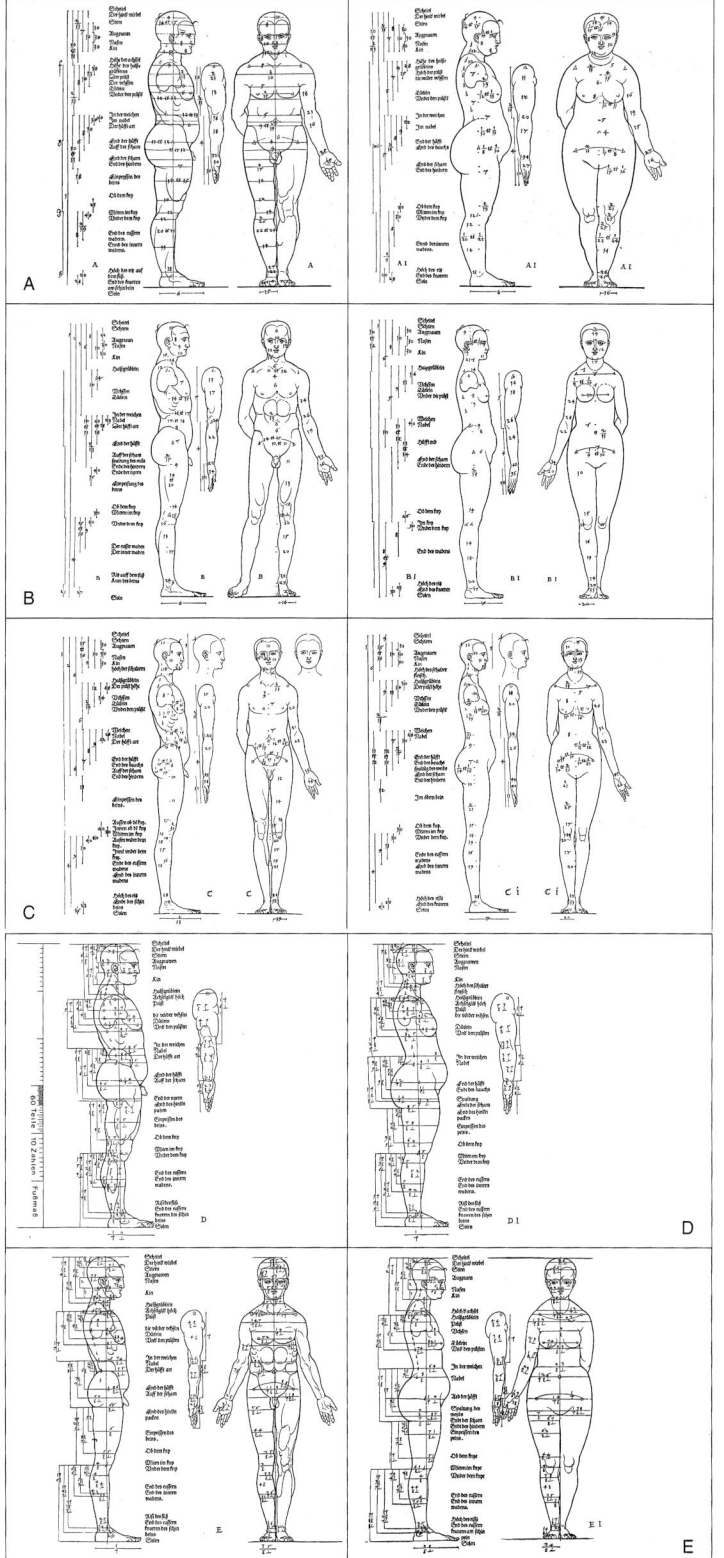

19 Körperbauformen nach Albrecht Dürer. A dick, B schlank, C hochgewachsen, D bäuerlich kräftig, E mittelschlank. Nach Karl Herzog, 1990

20 a, b Dürers *Selbstbildnis* (Ausschnitt), 1500; München, Bayerische Staatsgemäldesammlungen, mit eingetragenem Konstruktionsschema. Der später entstandene Christuskopf aus der Dürerschule (H. S. Beham), nach 1500, Kupferstich, Wien, Graphische Sammlung Albertina, ist nach demselben Schema aufgebaut   ▷

wollte; es wurde nicht durch menschliche Zeugung erschaffen, sondern noch unmittelbar durch den Odem Gottes. Der Mensch befindet sich noch im Zustand der Vollkommenheit; nach Auffassung der scholastischen Temperamentenlehre ruhte die ursprüngliche Konstitution des Menschen in einem überzeitlichen Gleichgewicht, und erst mit dem Sündenfall – Dürers Stich zeigt den Augenblick unmittelbar davor, Eva hält bereits den Apfel vom Baum der Erkenntnis in den Händen – zerfiel diese göttliche Harmonie, der Mensch wurde der Herrschaft der verschiedenen Säfte unterworfen.

Dürers *Vier Bücher von menschlicher Proportion,* das Resümee seiner Proportionsstudien, erschienen im Herbst 1528, wenige Monate nach seinem Tode. Der englische Philosoph und Staatsmann Francis Bacon bezeichnete Dürer als einen Toren, weil er die ideale Gestalt nach geometrischen Proportionen zu ermitteln versuchte. »Jede außerordentliche Schönheit hat irgendeine Absonderlichkeit in ihrem Ebenmaß«, drückte er seine eigene Auffassung dazu aus.[77] Doch trifft dieser Vorwurf gegen Dürer nur bedingt zu. Seine Proportionsstudien führten ihn

nämlich zu dem Schluß, daß es tatsächlich nicht nur *einen* idealgewachsenen Menschen, sondern mehrere, naturbedingte Körperbautypen gibt: dicke, schlanke, hochgewachsene und ergänzend bäuerlich-kräftige und mittelschlanke (Abb. 19). Damit holte er die Proportionslehre aus den göttlichen Gefilden der reinen Bildidee des Menschen zurück in den Alltag irdischen Daseins. Zugleich wird mit dieser morphologischen Gliederung ein Bogen bis ins 20. Jahrhundert und den von Ernst Kretschmer entwickelten Konstitutionstypen gespannt.

Im 3. Buch seiner Proportionslehre geht Dürer auf die Methode der Konstruktion von Köpfen ein. Er unterteilt die konstruierten Köpfe der Höhe und Breite nach und zeichnet sie in ein Koordinatenliniennetz ein; die dort eingetragenen Köpfe reichen vom Ideal bis zur Karikatur. Zahlreiche Handzeichnungen und Konstruktionsskizzen belegen, daß Dürer viele seiner Porträts mathematisch aufbaute, so auch sein bekanntes Selbstbildnis von 1500 (Abb. 20 a). Was wir sehen, ist eigentlich nicht mehr Dürer. Es ist eine idealisierte Darstellung des Künstler-Ichs, mit der zugleich die Pforten ins Überpersön-

liche geöffnet werden. Ernst Buchner schrieb zu dem Bild: »Die Steigerung ins Überindividuelle, Menschlich-Große, fast ins Sakrale ist so zwingend, daß man sich unter seinen ernsten Augen in eine höhere Sphäre menschlichen Seins versetzt fühlt.«[78] Die streng frontale Ansicht des Künstlerantlitzes erinnert an das Abbild Christi. Das Proportionsschema von Dürers Gesicht wurde dann auch elf Jahre später in dem *Christuskopf mit der Dornenkrone,* einer Arbeit aus der Dürerschule, angewandt (Abb. 20 b). Beide Köpfe sind nach folgendem Verfahren aufgebaut: Die Kopfform wird in ein Rechteck gestellt, dessen Höhe A–C einem Achtel und dessen Breite einem Zehntel der Körperhöhe entspricht. Auch die Gesichtshöhe im Abstand B–C beträgt ein Zehntel der Körperhöhe. Die Stirnhöhe, Nasenhöhe und Höhe des Untergesichts nehmen jeweils ein Drittel der Gesichtshöhe ein. Der innere Augenabstand und die Breite der Mundspalte betragen zwei Drittel der Nasenhöhe, der Abstand der äußeren Augenwinkel eine halbe Gesichtshöhe, die Höhe der Augenöffnungen nimmt ein Viertel der Nasenhöhe ein, ebenso hoch sind die Nasenflügel. Der Mundschlitz liegt genau um ein Drittel des Untergesichtes von der Nasenspitze entfernt. Daß das Ergründen der idealen Proportion für Dürer keine formale Spielerei bedeutete, belegt u. a. die Tatsache, daß er die Gestalt Christi mit derjenigen Apollons in Bezug gesetzt hat. Er strebte für den christlichen Heiland dasselbe Maß an Schönheit an, wie sie die Künstler in der Antike dem griechischen Gott verliehen hatten. In dieser Gleichsetzung der Verkörperung von Gutem und Schönem wird Dürers Auffassung einer Überschneidung von moralischer und körperlicher Schönheit offenbar.[79]

Fedja Anzelewsky hat darauf hingewiesen, daß Dürer die verschiedenen Körperbautypen mit der Lehre von den vier Temperamenten verband.[80] Der Künstler versuchte, seine konstruierten Körper gewissermaßen dadurch zu verlebendigen, indem er ihnen seelische Eigenschaften zuordnete: Dabei ist daran zu erinnern, daß die Temperamente als seelische Anlagen zu verstehen sind, die von sich aus nach einer bestimmten, für sie geeigneten Form drängen. Dürer hat häufiger versucht, in seinen Gestalten bestimmte Temperamente zum Ausdruck

zu bringen – etwa in seinen beiden, heute in München befindlichen Tafelbildern der *Vier Apostel.* Jeder Apostel verkörpert ein anderes Temperament: Johannes den Sanguiniker, Markus den Choleriker, Petrus den Phlegmatiker und Paulus den Melancholiker. Zusammen verbinden sie sich zu einer übergeordneten Harmonie und verweisen damit zurück auf die göttliche Vollkommenheit des Menschen *vor* dem Sündenfall. Die bekannteste und zugleich rätselhafteste Darstellung eines Temperamentes in der Geschichte der Kunst schuf Dürer 1514 mit dem Stich *Melencolia I* (Abb. 21). Jedes Temperament ist in sich vielgestaltig, enthält Positives und Negatives, doch darf die Melancholie für sich in Anspruch nehmen, als das geheimnisvollste, unergründlichste und zugleich philosophischste zu gelten. Das doppelgesichtige Wesen der Melancholie verband der Florentiner Philosoph Marsilio Ficino mit der Doppelnatur des Planeten Saturn, dessen Einwirkung auf die Menschen entweder Unglück oder Glück und Reichtum

21 Albrecht Dürer: *Melencolia I,* 1514, Kupferstich; Staatliche Museen zu Berlin – Preußischer Kulturbesitz, Kupferstichkabinett

bringen kann. Dieser Dualismus des Melancholie-Begriffs fließt auch in Dürers Stich ein. Die negativen Charakteristika der Melancholie, Neid, Verneinung, Trübsinn und Veröung, kommen dabei in der Melancholie-Figur Dürers weniger in Betracht, obwohl in ihrem Umfeld die Nachtseiten der Melancholie, etwa in der Gestalt der Fledermaus, die ein Spruchband mit der Inschrift »Melencolia I« trägt, nicht ausgeklammert sind. Der Arzt Heinrich von Nettesheim unterschied in seiner 1510 erschienenen Schrift *De occulta philosophia,* die Dürer zu seinem Kupferstich anregte, drei Stufen schöpferischer, also positiver Melancholie: Die unterste, die mit Wehmut verbundene Melancholie des Künstlers, dann die grüblerische der Gelehrten und als höchste die der wahren Theologen, denen sich die Geheimnisse der Schöpfung Gottes offenbaren. Dürers Figur der *Melencolia* sitzt, den Kopf in die linke Hand gestützt, scheinbar antriebslos. Doch vermittelt uns diesen Eindruck nur ein erster flüchtiger Blick. Beim genaueren Hinschauen erkennen wir, daß die Hand, die den Kopf stützt, geballt ist, die Gesichtsmuskulatur gespannt, der Blick nicht dem Naheliegenden zugewandt, sondern mit Entschlossenheit auf Verborgenes gerichtet ist. Die fehlende Aktivität ist somit nur eine scheinbare. In ›melancholischer Nachdenklichkeit‹ erschließt sich der Figur vielmehr das Wesen der Welt. Die Gegenstände, die als Symbole der Welterkenntnis um sie herum plaziert sind, verdeutlichen dem außenstehenden Betrachter, auf was sich das innere Schauen der Frauenfigur konzentriert. Waage, Stundenglas und das magische Zahlenquadrat verweisen auf die Meßkunst. Sie wiederum entsprechen den drei Grundqualitäten der Wissenschaft: Maß, Zahl und Gewicht. Durch Maß und Zahl werden die Proportionen ausgedrückt, die Kunst und Menschengestalt bestimmen. So reichen einander ›inwendige Figur‹ und äußerer Erfahrungsschatz, Konstruktion und Seele, Materie und Geist in der Gestalt der *Melencolia* die Hand.

Michelangelo und die Physiognomie der Nacktheit

Die leidenschaftliche Kunst Michelangelos hat immer wieder Ausdruckstheoretiker und Anatomen in ihren Bann gezogen.[81] Bewegung ist ein Grundelement seiner Kunst. Das Ungestüme seines Naturells und seiner Kunst kommt auch in der folgenden Charakterisierung Jacob Burckhardts zur Geltung: »Michelangelo schwelgt in dem prometheischen Glück, alle Möglichkeiten der Bewegung, Stellung, Verkörperung, Gruppierung der reinen menschlichen Gestalt in die Wirklichkeit rufen zu können.«[82] Von den Renaissancekünstlern litt Michelangelo am meisten unter der begrenzten Möglichkeit des menschlichen Körpers, die Gefühle und Leidenschaften zum Ausdruck zu bringen. Und doch hat er sich in seinem plastischen und malerischen Werk vor allem auf den menschlichen Körper konzentriert. Als ein Mittel, die ursprüngliche Identität von äußerer Gestalt und innerem Gehalt wiederzuerreichen, erschien ihm die Darstellung des nackten Körpers. In der Befreiung von allen kulturellen Bedingtheiten, im Abstreifen des lästigen ›Überbaus‹, der Kleidung, sollte die Uridee des Menschen wieder sichtbar werden.

Kaum ein anderer Künstler setzte sich so intensiv mit dem Studium der menschlichen Gestalt auseinander, die Michelangelo in seiner Kunst verklärte und – übersteigerte. Die Figuren schwellen – ohne Rücksicht auf den Maßstab – zu einer übermäßigen Gewalt und Fülle physischer Kraft an. Selbst in seinem Frühwerk, als er noch unmittelbarer unter dem Einfluß antiker Kunst stand, macht sich diese Tendenz bemerkbar, z. B. an den kräftigen Händen und dem auch im Stehen bewegt wirkenden Körper des *David* (1501–04). In Michelangelos reiferem plastischen und malerischen Schaffen, mit dem er zum Wegbereiter des Manierismus wurde, finden die Schwere und Materialität der Formen ihren Höhepunkt. Die kräftigen Muskelpakete scheinen Michelangelos Figuren das Leben nicht zu erleichtern. Sie tragen die eigene Körperkraft wie eine schwere Last. Mitunter scheint sich bei ihnen die Kraft allein um der Kraft willen zu entfalten. Diese überströmende Fülle äußert sich dann in extremen Stellungen von Körper und Gliedern. Wie gequält verrenkt gibt sich

z. B. die Figur der *Nacht* am Grabmal des Giuliano de’ Medici dem Schlafe hin, bei der in neuzeitlicher ›Kopflastigkeit‹ das Drama des Menschen im Ausgeliefertsein an die Macht der Zeit versinnbildlicht werden soll (Abb. 22). Natürlich ist Michelangelo kein Einzelfall, sondern Symptom, denn dieses angestrengte Verhältnis zum Körper ist beispielhaft für den Gegensatz von Renaissancekunst und antiker Menschendarstellung, der trotz der Verehrung der klassischen Vorbilder bestand. Wir finden Ähnliches auch bei anderen Künstlern, etwa bei Luca Signorelli oder Antonio del Pollaiuolo. In Pollaiuolos Kupferstich *Kampf der nackten Männer* begegnen uns dieselbe schmerzhafte Muskelrhetorik und eine übersteigerte Verwertung antiker Vorbilder in einer neuen Dynamik (Abb. 23). Nichts ist entspannt – Wut, Furcht, Haß, alle Affekte sind bis zur äußersten Anstrengung gesteigert.

Anders als die Griechen, deren Körperkenntnis auf der Anschauung des lebendigen, sich frei und natürlich bewegenden Menschen beruhte, bezogen Michelangelo und die Künstler seiner Zeit ihre Körperkenntnis aus dem Studium von Leichen. Michelangelo ist in diesem Sinn, gleich Leonardo, Mantegna oder Signorelli, Anatom. Die von ihm geschaffenen Körper, zumal die Figuren aus seiner mittleren Schaffensperiode, die durch ihre komplizierten Verrenkungen den Eindruck gewaltiger Anstrengung und einer fast verzweifelt wirkenden Vitalität erwecken, zeigen paradoxerweise Haltungen, die der Tod leichter ermöglicht als das Leben. Gerade der tote Körper läßt, vor und nach der Leichenstarre, alles mit sich geschehen, denn wenn keine Kraft mehr von seiten der Muskeln auf die Knochen einwirkt, kann es leicht vorkommen, daß sich die Gelenke in extremen Lagen feststellen, da die Glieder einfach der Schwere nach umfallen oder einknicken. Der Tod oder dessen Nähe, der Schrecken und die Panik zeigen die wilde Bewegung, die Grimasse, während das ewige Leben der griechischen Gottheiten sich in der Harmonie ruhiger Bewegungen vollzieht.

Michelangelo soll nicht weniger als zwölf Jahre lang anatomische Studien betrieben haben. Das Bedürfnis nach der Erkenntnis, zu erfahren, was die Welt oder doch zumindest den Menschen im Innersten zusammenhält, führte ihn an den Seziertisch. Dabei mußte die Sezierung von Leichen heimlich geschehen, da sie verboten war und mit harten Stra-

22 Michelangelo:
Die Nacht vom Grabmal
des Giuliano de’ Medici,
1526–31; Florenz,
Sakristei von San Lorenzo

23 Antonio del Pollaiuolo: *Der Kampf der nackten Männer,* um 1460, Kupferstich; Wien, Graphische Sammlung Albertina

fen geahndet wurde. Dieser ›faustische‹ Trieb Michelangelos und anderer Künstler der Renaissance belegt nicht nur einen Gegensatz zur Antike, sondern dokumentiert zwei Arten des Wissens über den menschlichen Körper, wie überhaupt zwei Quellen menschlicher Erkenntnis. Die Griechen, die keine anatomischen Studien trieben, stehen für die Betrachtung des Lebendigen, während der Künstler der Renaissance, gleich dem Anatom über den Leichnam gebeugt, das Geheimnis des Lebens aus toter Materie, aus einer Anhäufung von Daten und Fakten zu erfassen hoffte. Michelangelos Physiognomie der Nacktheit ist daher eine andere als die der Antike. Ihr fehlt das natürliche und naive Verhältnis, das der Mensch Griechenlands zu seinem Körper und seiner Nacktheit hatte. Auch war die Art antiker Kleidung aus ganz Europa verschwunden und von einem anderen, mehr nordeuropäischen Typus verdrängt worden, der den Körper weit stärker verhüllte und verbarg. Das ursprüngliche Selbstverständnis vom

Körper konnte nicht wiedererstehen, da das neuerwachte Interesse am Körper und seiner Nacktheit eine Schale zu durchdringen hatte, mit der das gesellschaftliche Leben und das nördlichere Klima die menschliche Gestalt umgeben hatten. Das wiedergeborene Interesse am Körper bei gleichzeitiger Entfremdung von ihm beinhaltete neben dem Gefühl von Scham und Lust ihm gegenüber auch die Möglichkeit seiner kühl-distanziert wissenschaftlichen Betrachtung – wie ja überhaupt erst das Christentum durch seine Entfremdung von der Welt die notwendige Distanz für den Menschen geschaffen hatte, der Natur mit dem Auge der neuzeitlichen Wissenschaft gegenübertreten zu können. Die neue Weltzuwendung der Renaissance durchdrang die Welt des Sichtbaren nicht nur, sondern abstrahierte sie gleichzeitig, um in ihre inneren Gesetze einzudringen. Das Sichtbare war jetzt weniger Symbol, geboren aus einer magisch-bildhaften Weltdeutung, als vielmehr Gegenstand nüchtern zergliedernder Forschung. Wäh-

51

rend zuvor die Gestalten in ihrer Ganzheit gesehen wurden, begann die neuzeitliche Forschung analysierend in sie einzudringen. Die antike Verschmelzung mit der Welt des Sichtbaren im Gefühl einer ewigen Gegenwart fand keine Wiedergeburt.

Das Porträt

Erst durch die Verhüllung des Leibes erfahren die nicht verhüllten Teile des Körpers, Kopf und Hände, eine Betonung. Das Christentum hatte die Nacktheit aus dem öffentlichen Leben verbannt und damit unbeabsichtigt die Voraussetzung dafür geschaffen, daß das Gesicht stärker als zuvor als Träger des menschlichen Geistes und seiner unverwechselbaren Persönlichkeit empfunden wurde. An dieser Entwicklung änderte auch die Rückkehr der Nacktheit in der Kunst der Renaissance nichts. Die durch die verhüllende Kleidung bewirkte Trennung des Menschen von seinem Körper ist explizit menschlich, sie unterscheidet ihn vom Tier und hebt ihn darüber empor, löst ihn zugleich aber auch von der Natur. Die physiognomische Deutung des Menschen erfolgt daher vorrangig – weit stärker als beim Tier – über

sein Gesicht. Tatsächlich erscheint das Gesicht wie ein Brennspiegel des Menschen. Ein Minimum an Veränderung durch Bewegung und Mimik vermag dort – anders als beim Leib, der vielmehr der Aktion bedarf, um beredt zu wirken – bereits ein Maximum an Veränderung des Gesamtausdrucks zu erzeugen.

Ein Blick in den Spiegel zeigt uns, daß wir zwei keineswegs gleiche, sondern zwei verschiedene Gesichtshälften haben – eine ›bessere‹ und eine weniger ›gute‹. In der Kunst fand diese Erfahrung in den besonders im Barock verbreiteten Tripleporträts (dreifachen Bildnissen) Ausdruck; in diesen Porträts sind das linke und das rechte Profil sowie die Vorderansicht des Dargestellten in einem Bild vereint (Abb. 24). Am Tripleporträt läßt sich nicht nur die Unterschiedlichkeit der Gesichtshälften ablesen, sondern auch, inwieweit En-face- und Profilansichten eine physiognomische Einheit bilden. Ferner läßt sich das Gesicht in eine obere und eine untere Hälfte unterteilen: Die untere, mit Mund und Kinnpartie, ist im Regelfall die bewegtere, auch von den elementaren Trieben stärker geprägte, während die obere, mit Stirn und Augen, in sich ruhender und vergeistigter wirkt. Auf die Bedeutung des Auges als ›Fenster der Seele‹ wurde bereits wiederholt hingewiesen. Das

24 Philippe de Champaigne: *Tripleporträt des Kardinals Richelieu,* 1642, Öl auf Leinwand; London, National Gallery

Verhältnis minimale Änderung der Mimik – maximale Veränderung des Gesamtausdrucks, erfährt am Auge seine höchstmögliche Steigerung. Miteinander verbunden werden die unterschiedlichen Hälften unseres Gesichts durch die Nase, die Hans von Marées als »den Schlüsselpunkt des menschlichen Gesichts« bezeichnete.[83] Das vollendete Zusammenspiel der einzelnen Teile des Gesichts, von Mimik und Physiognomie, ist eine Voraussetzung für das gelungene Porträt. Der Maler und Kunstschriftsteller Roger de Piles (1635–1709) verwies seine Kollegen auf die Wichtigkeit dieses Zusammenklangs: »Nur wenige Maler sind bei der Zusammenfügung der Teile sorgfältig genug: Manchmal lächelt der Mund, und die Augen sind traurig; andere Male sind die Augen heiter und die Wangen schlaff; wodurch ihr Werk eine falsche Haltung bekommt und unnatürlich aussieht. Wir sollten deshalb daran denken, daß, wenn das Modell einen lächelnden Gesichtsausdruck aufsetzt, die Augen sich schließen, die Mundwinkel sich nach oben zur Nasenöffnung hin ziehen, die Wangen anschwellen und die Augenbrauen sich dehnen.«[84] Abgesehen vom Tripleporträt wird das Gesicht im Regelfall entweder als En-face- oder Profilansicht wiedergegeben. »Das Enfaceporträt«, so der Kunsthistoriker Wilhelm Waetzoldt, »hält den Beschauer fest, an Menschen, die im Profil porträtiert sind, kann man gleichsam vorbeischlüpfen oder richtiger, man kommt mit ihnen in gar keinen seelischen Kontakt. Im Enface ist der Porträtierte ›für mich‹, im Profil ›für sich‹ da.«[85] In der Profildarstellung dominiert die feste Form über die bewegliche, das Physiognomische über das Mimische, während in der En-face-Ansicht das Mimische dominieren kann, aber keineswegs muß. Ein Gesicht, das uns nichts mitzuteilen vermag, gibt es nicht. An den drei En-face-Darstellungen von David Pierre Humbert de Superville (1770–1849) erkennt man deutlich, daß man mit wenigen Strichen ein menschliches Gesicht darstellen kann, wobei jeder Strich, jede Linie einen Seelenzustand wiedergibt, hier sind dies Ruhe, Traurigkeit und Freude (Abb. 25).

Das Porträt entsteht nicht im luftleeren Raum. Es ist an Auftraggeber, Zeit und Gesellschaft gebunden. Mit ihm sind Interessen und Funktionen verknüpft. Porträt, abgeleitet vom lateinischen ›protrahere‹ (her-

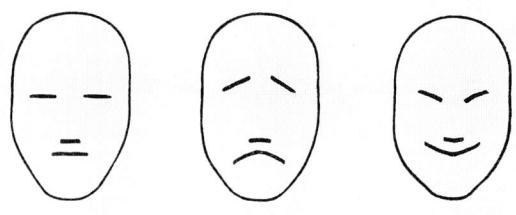

25   Drei ›Strichgesichter‹ von David Pierre Humbert de Superville, um 1810

vorziehen, ans Licht bringen), meint die abbildende, gestaltende und deutende Darstellung eines *bestimmten* Menschen. So kann das Porträt nicht nur das unverwechselbare Ich des Dargestellten ›hervorziehen‹, es kann ebenso auch auf dessen gesellschaftliche Stellung verweisen. Das Porträt steht für den Dargestellten, es repräsentiert ihn. Die Ansprüche dieser Repräsentation können verschiedenster Art sein: Es können das Ich, das eigene Rollenspiel, der Stand, die Herrschaft, die soziale Ordnung oder auch die Vergänglichkeit des menschlichen Lebens ›repräsentiert‹ werden. Dadurch erhält das Porträt zugleich eine Stellvertreter-Funktion. So wurden z. B. dem byzantinischen Kaiserbild dieselben zeremoniellen Ehren zuteil wie der Person des Kaisers selbst. Noch bis ins 18. Jahrhundert ließen Herrscher während ihrer Abwesenheit ihre Bildnisse am Thron anbringen; Todesurteile wurden bei nicht anwesenden Verurteilten stellvertretend an deren Konterfei vollzogen. Abbild und Mensch, Form und Geist sind miteinander verbunden. Als die Europäer im 19. Jahrhundert auszogen, die von ihnen ›entdeckte‹ Welt abzufotografieren, stießen sie vielfach auf die Furcht der Eingeborenen, daß mit ihrem künstlich erstellten Abbild ein Teil ihrer Seele geraubt werden könnte.

1908 veröffentlichte Wilhelm Waetzoldt sein Standardwerk über *Die Kunst des Porträts,* in dessen Vorbemerkung er schreibt, daß sich seine Untersuchungen auf dem Grenzgebiet zwischen Psychologie und Kunstgeschichte bewegen. Gleich zu Eingang seiner Schrift verweist er auf drei psychologisch grundverschiedene Standpunkte, die sich dem Porträt gegenüber einnehmen lassen: »Man kann das Porträt betrachten: erstens unter dem Gesichtswinkel dessen, der abgebildet wird, vom Modell aus;

zweitens mit den Augen des Abbildenden, also unter künstlerischen Gesichtspunkten, und drittens als unbeteiligter Bildbeschauer, von der Seite des Publikums aus.«[86] Doch damit nicht genug: Es lassen sich nicht nur drei verschiedene subjektive Standpunkte dem Porträt *gegenüber* einnehmen, sondern diese unterschiedlichen Standpunkte sind zugleich im Kunstwerk selbst enthalten, denn in das Porträt fließen immer zugleich die Physiognomie des Dargestellten wie auch des Künstlers und der gesellschaftliche Hintergrund der Entstehungszeit mit ein.

Bereits Leonardo hat darauf hingewiesen, daß der Künstler in sein Kunstwerk und in die von ihm geschaffenen Porträts miteingeht.[87] Lavater hob hervor, daß jeder Maler seine Bildnisse mit einer »Tinktur seiner selbst tingiert«.[88] Wir sehen also den im Porträt wiedergegebenen Menschen immer auch durch einen Mittler, den Künstler. Dieser hebt das Wesentliche des Dargestellten hervor, doch fließt, dadurch daß er Mittler ist, auch etwas von ihm selbst, und damit von seiner eigenen Physiognomie, mit ein. Ernst H. Gombrich hat dieses Phänomen am Beispiel von Oskar Kokoschka deutlich gemacht.[89] Ein Merkmal an Kokoschkas eigener Physiognomie ist der erhebliche Abstand zwischen Nase und Kinn (Abb. 26 a). Anhand eines eindrucksvollen Porträts von Thomas Masaryk belegt Gombrich, wie Kokoschka das Proportionsschema seines eigenen Gesichts auf das seines Modells übertrug, ohne daß – was ein Foto belegt – Masaryk den gleichen ungewöhnlich großen Nase-Kinn-Abstand gehabt hätte (Abb. 26 b, c).

a

Daß der Künstler einen Teil seiner Physiognomie in das von ihm geschaffene Bild eines anderen Menschen einbringt, sich die scheinbar zufällige äußere Form seiner Körperlichkeit mit dem geistig-künstlerischen Ausdruck seiner Arbeit vermischt, darf sicher auch als ein Hinweis darauf gedeutet werden, daß bestimmte innere Wesenszüge immer auch mit einer gewissen Gestalthaftigkeit verbunden werden. Gombrich erwähnt noch eine weitere besondere ›Arbeitsmethode‹ Kokoschkas. Er schildert, wie Kokoschka mittels einer Grimasse versuchte, die Physiognomie eines Modells nachzuahmen, um über die eigene Physiognomieveränderung besser in das Wesen der anderen Person eindringen zu können.[90]

b

26 a–c   Das Gesicht Oskar Kokoschkas weist einen ungewöhnlich großen Nase-Kinn-Abstand auf. In sein Porträt von Thomas G. Masaryk (Pittsburgh, Carnegie Museum of Art) hat Kokoschka unbewußt seinen eigenen, erheblichen Nase-Kinn-Abstand auf sein Modell übertragen. In der Fotografie von Masaryk (1935) finden wir diesen Abstand nicht   c

Der dritte Einfluß, der auf das Porträt im besonderen einwirkt, die Physiognomie von Zeit und Gesellschaft, zeigt sich keineswegs nur im jeweils epochenspezifischen Malstil oder in Details wie der jeweils aktuellen Mode, Bart- oder Haartracht. Mit den Generationen und dem Wandel der Gesellschaftsformen ändern sich das Ideal und das Bild vom Menschen. Jede Generation strebt nach einem eigenen Typus, der sich durch Mimik, Temperament und Konstitution von den vorhergehenden und nachfolgenden Zeiten unterscheidet. So wird z. B. der italienische Begriff von Vornehmheit am Ende der Renaissance durch den spanischen abgelöst. Der barocke Fürstentypus wird im 18. Jahrhundert durch den verweichlichten, spielerischen Typus des Aristokraten verdrängt, bis dieser dann im darauffolgenden Jahrhundert der Gestalt des arbeitsamen Bürgers weicht.

Vasari, der Vater der modernen Kunstgeschichte, beurteilte das Porträt, gemessen an der »perfetta figura«, der vollkommenen Gestalt, als eine minderwertige Kunstform. Doch muß das keineswegs heißen, daß zwischen Normalbürger und Idealmensch keinerlei Verbindungen existieren. Schopenhauer schrieb unter Berufung auf Winckelmann: »Da die Künste, deren Zweck die Darstellung der Idee der Menschheit ist, neben der Schönheit, als dem Charakter der Gattung, noch den Charakter des Individuums und zwar idealisch, d. h. mit Hervorbringung seiner Bedeutsamkeit in Hinsicht auf die Idee des Menschen überhaupt, darzustellen haben; so soll selbst auch das Porträt, ... das Ideal des Individuums sein.«[91] Und der Schriftsteller Nikolaus Lenau äußerte dazu: »Jedes menschliche Gesicht hat wohl sein eigenes Ideal; es erscheint im gewöhnlichen Zustande unter diesem Ideal; Krankheiten der Seele und des Leibes haben es unter sein Ideal herabgedrückt; aber glückliche Momente edler Empfindungen oder der Begeisterung können das Menschenantlitz in sein eigenes Ideal gleichsam hineinheben. Was den Porträtmaler zum Künstler macht, ist, daß er das Ideal eines Gesichtes erkenne und im Bilde festhalte.«[92] Doch Menschheitsideal, Idealisierung und Verklärung können von der Wirklichkeit eines Menschen auch zu weit fortführen, wenn sie oberflächlich verstanden werden und nur die Gesichtszüge und damit den Charakter ›glätten‹ sollen. Theo-

dor Piderit beklagt in seiner Schrift über *Mimik und Physiognomik,* daß viele Porträts die Dargestellten geschönt wiedergäben und man anhand solcher Arbeiten nur schwer auf den wirklichen Charakter der abgebildeten Person schließen könne. Als Beispiel für eine solche Charakterverfälschung führt Piderit ein Porträt der russischen Zarin Katharina II. an, das Johann Baptist Lampi d. Ä. kurz vor ihrem Tod malte. Obgleich Lampi das Bild bereits mit einem schmeichlerischen Pinsel ausgeführt hatte, war Katharina erzürnt darüber, die für ihre Physiognomie so charakteristische Falte an der Nasenwurzel, die ihrem Gesicht etwas Strenges, Finsteres gab, abgebildet zu finden. Der Künstler mußte sich schließlich dem Willen der Zarin beugen und das Porträt retuschieren, so daß es danach der Darstellung »einer jungen Nymphe glich«.[93]

Sicher kommt es nicht selten vor, daß zwischen Charakter und Aussehen merkliche Unstimmigkeiten bestehen, was dem nach Wahrheit strebenden Porträtmaler beträchtliche Schwierigkeiten bereiten kann. Zwischen Gehalt und Gestalt mag es zwar ein enges wechselseitiges Verhältnis geben, nicht aber zwangsläufig eine Kongruenz. Darüber hinaus muß der gute Porträtmaler auch das nicht Sichtbare sichtbar machen: die Stimme, den Geruch, die Ausstrahlung seines Modells. Ein gelungenes Porträt beinhaltet daher eine Veränderung, zugleich jedoch auch eine Verdeutlichung der Physiognomie. Der Maler Johann Heinrich Wilhelm Tischbein berichtet in seiner Selbstbiographie *Aus meinem Leben,* daß Lavater zu sagen pflegte, »er lerne einen Menschen besser kennen, wenn er auch ein Porträt von ihm sehe. Die Kopie lehre im Original Sachen entdecken, welche er vorher nicht gekannt habe.«[94] Auch eine humorvolle Äußerung Max Liebermanns einem unzufriedenen Porträtmodell gegenüber belegt, daß Überzeichnung und Änderung physiognomischer Formen eine größere Wahrhaftigkeit erzielen können. Liebermann antwortete dem Unzufriedenen: »Mein lieber Herr, dieses Gemälde ist Ihnen ähnlicher als Sie selbst.«[95]

Daß das Modell sich gern hinter einer Maske verbirgt und es daher für den Porträtierenden ideal wäre, vom Modell gar nicht wahrgenommen zu werden, blieb den Künstlern natürlich nicht verborgen. Leonardo da Vinci, der das wohl berühmteste Porträt der Welt, die *Mona Lisa,* schuf, gelang es tatsächlich, seine Anwesenheit vergessen zu machen. Wilhelm Waetzoldt beschreibt sehr schön: »Leonardo wollte die Gioconda malen. Und er sah, daß das Antlitz dieser Frau eine Larve war, hinter der ihre Seele sich versteckt hielt. Diese Intuition war die erste Tat des Genies. Und der Meister ließ, während Lisa ihm saß, Musik ertönen und schläferte durch die Töne den Willen ein, der als Wächter den Schild vor das Tor der Seele hielt. Die Melodien lockten das gefangene Gefühl aus seiner Höhle und als seine Zeugen jenes rätselhafte Lächeln auf die Lippen der Frau, das doch zugleich die Natur enträtselt. Diese Zauberei war die zweite Tat des Genies. Und der Magier wurde zum Maler und bannte in Farben jenes verschwebende Lächeln auf die Leinwand und in ihm das Gefühl und in diesem die Seele des Menschen. Dieses Schöpferwerk des Künstlers war die dritte Tat des Genies – und ›drei sind eins‹: Leonardo porträtierte die Mona Lisa.«[96]

Einen Nachteil hat das Porträt gegenüber dem Original: Es steht außerhalb der Dynamik der Zeit und kann den Menschen nur in einem bestimmten Moment zeigen. Dieser Moment sollte bei einer Charakterstudie derjenige sein, in dem der Mensch selbst am wahrhaftigsten ist. Doch kann die traditionelle Bildgattung des Porträts durchaus eine Vorstellung von Zeit in ihren Bereich zwingen, indem sie den Moment unmittelbar zwischen einem Vorher und einem Nachher darstellt, kurzum, indem sie den Menschen in Bewegung zeigt. Das Porträt bringt dies durch das lebendige Mienenspiel zum Ausdruck, etwa im Lachen oder Weinen, wodurch das Charakterbild gleichzeitig zu einem momentanen Stimmungsbild wird. Das Dynamische wird im Porträt häufig dort bevorzugt, wo das Gegenteil von Idealen im Menschen sichtbar gemacht werden soll – das Abgründige oder auch nur das die Verlogenheit Entlarvende, wie etwa in der Karikatur oder der Grimasse. Der Gott in uns ruht, aber der Teufel ist agil.

Leonardos Welt grotesker Physiognomien

Einen beträchtlichen Umfang im Œuvre Leonardo da Vincis nehmen seine Zeichnungen grotesker Köpfe ein. Lange Zeit eher als Randglossen im vielseitigen Werk des Künstlers behandelt, waren sie nicht nur zu seinen Lebzeiten, sondern bis in das 18. Jahrhundert hinein hochgeschätzt. Sie wurden in Stichen reproduziert und lieferten zahlreichen Epigonen physiognomisches Anschauungsmaterial. Werner Hofmann hat auf den Impuls hingewiesen, den Leonardo damit für die Entstehung der neuzeitlichen Karikatur gegeben hat.[97] Die im Mittelalter verbreitete Vorliebe für die Nachtseiten menschlicher Physiognomien fand in der Renaissance ihre Fortführung im Interesse an Zwergen, Buckligen und anderen ›kuriosen‹ Gestalten. Leonardo mußte daher mit seinen bizarren Bildfindungen nicht erst das Interesse für dieses Genre wecken. Sensationsgier und eine Vorliebe für Skurrilitäten waren vorhanden, sowohl beim Publikum – als auch beim Künstler. Leonardos Leistung bestand in der Findung neuer Grundtypen mit abschreckenden Physiognomien und in seinem Bestreben, als Künstler der Renaissance auch die Grimasse und die expressive Gesichtsmimik und Körperbewegung in einen Kanon wissenschaftlicher Rationalität einzufügen. Er experimentierte mit der menschlichen Natur und der menschlichen Gestalt, trieb sie in alle Richtungen voran, von vollendeter Schönheit bis zu perfekter Häßlichkeit, um ihre Möglichkeiten und Grenzen zu erfahren und aufzuzeigen.

In seinem *Traktat von der Malerei*[98] versucht Leonardo, nicht frei von Ehrgeiz, zu beweisen, daß die Malerei nicht nur eine Kunst, sondern zugleich eine Wissenschaft ist, da sie verstandesmäßig zu begründen sei. Die Gestalt des Menschen wird dort unter allen für den Künstler bedeutsamen Gesichtspunkten abgehandelt. Dabei wird nicht nur der ruhende Körper unter der genauen Betrachtung von Anatomie, Maß und Proportion einer wissenschaftlichen Analyse unterzogen, auch die einzelnen Seelenzustände und damit die innere Befindlichkeit des Menschen erfahren eine detaillierte Beschreibung. Weiß Leonardo doch: »Ein guter Maler hat zwei Hauptsachen zu malen, nämlich den Menschen und die Absicht seiner Seele. Das erstere ist leicht, das zweite schwer; denn es muß durch die Bewegungen und Gesten der Gliedmaßen ausgedrückt werden.«[99] Daß Leonardo die Körpersprache als eine eigenständige Sprache auffaßt, die sich erlernen läßt bzw. die der Künstler erlernen muß, läßt sich daraus entnehmen, daß er dem Maler rät, den Taubstummen zuzusehen, wie sie sich mittels Gesten miteinander verständigen und ›unterhalten‹.[100] Leonardo macht den Versuch, Ordnung und System in die Behandlung der Gemütsbewegungen und ihrer entsprechenden Gebärden zu bringen. Er unterscheidet Empfindungen, die Bewegungen hemmen, und andere, die starke Bewegungen erzeugen. Sein außergewöhnliches Gespür für die Feinheiten der Gebärdensprache bezeugt etwa seine Beobachtung, daß Gemütsbewegungen, bei denen der erregende Gegenstand nur geistig vorgestellt wird, weniger heftige, dafür aber sublimere Gebärden zur Folge haben, als ein konkretes äußeres Ereignis, das Ursache einer Erregung ist. Zahlreiche Gebärden, die etwa Zorn oder Verzweiflung zum Ausdruck bringen, werden farbenreich und eindrucksvoll geschildert. Über die Darstellung der Besiegten in einem dramatischen Kampfbild heißt es: »Die ... Geschlagenen machst du bleich, ihre Augenbrauen, wo sie aneinanderstoßen, in die Höhe gezogen, und das Fleisch darüber ganz voller schmerzlicher Falten. Auf dem Nasenrükken seien einige Runzeln, die im Bogen von den Nasenflügeln her aufsteigen, um beim Anfang des Auges auszulaufen. Die Nasenflügel sind hochgezogen, daher diese Runzeln. Die im Bogen gekrümmten Lippen lassen die oberen Zähne sehen, und die Zähne sind geöffnet, wie beim Schreien und Wehklagen.«[101]

Leonardo hat sich als Theoretiker wie als Künstler mit den expressiven menschlichen Leidenschaften beschäftigt, so z. B. in der *Schlacht von Anghiari,* in der er die im obigen Zitat beschriebene dramatische Bewegtheit von Kämpfenden umsetzte. Bei Leonardos grotesken Köpfen, meist Profilansichten, fällt jedoch auf, daß diese in der Regel nicht bewegt sind (Abb. 27). Die abschreckende Wirkung der abnormen Physiognomien dieser fremdartigen Gesellen ist zum einen auf die ungewöhnliche Gesichtsmuskula-

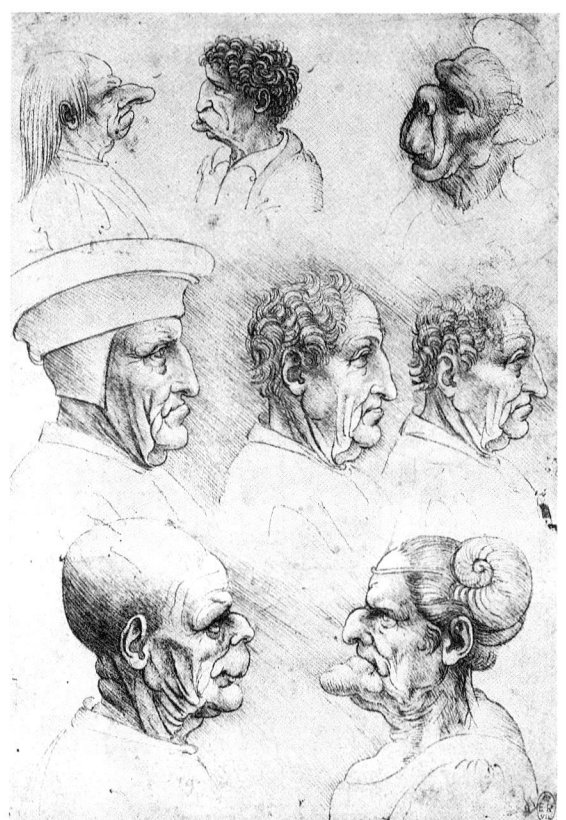

27   Leonardo da Vinci: *Studien grotesker Köpfe,* um 1490, Feder und Tinte, mit Rötel gehöht; Windsor Castle, The Royal Collection © 1994 Her Majesty Queen Elizabeth II

tur zurückzuführen, die wiederum auf ein häufiges Grimassieren schließen läßt, so daß wir die Köpfe als Resultat einer ›gefrorenen Mimik‹ betrachten können. Doch auch ihr Knochenbau wirkt wie aus den Fugen geraten, selbst die festen Formen sind verzerrt, wodurch die Figuren auch im Zustand der Ruhe bewegt und unruhig erscheinen. Wie der Gott sich in uns zum Dämon verhält, so auch die Schönheit zum Grotesken: Die Ruhe wird durch Unruhe abgelöst, und je unruhiger ein Kopf wirkt, desto grotesker mutet er zugleich an. Insofern lassen sich Leonardos groteske Köpfe auch als ›ruhende Grimassen‹ bezeichnen, eben weil sie – obwohl im Zustand der Ruhe – wilde, chaotische Fratzen darstellen. Freilich bedeutet das nicht, daß jeder groteske Kopf, jedes abschreckende Bildnis unruhige Züge tragen muß.

Uns begegnet als anderes Extrem auch das erstarrte, versteinerte Gesicht, das zwar selbst nicht unruhig ist, wohl aber beim Betrachter Unruhe auszulösen vermag. Diese ›Frankensteingesichter‹ sind bei Leonardos Grotesken allerdings kaum von Bedeutung. Aber sie machen noch deutlicher, daß harmonische Gestalten, so auch Leonardos Idealfiguren, die ›Leonardesken‹, keineswegs unbewegt oder tot wirken, sondern sich in einer ausbalancierten Lage zwischen Gefühlsextremen wie Unruhe und Erstarrung befinden.

Kenneth Clark hat darauf hingewiesen, daß in den Zeichnungen und Karikaturen Leonardos psychologische Tiefenschichten hervorbrechen: »Unsere Psyche pflegt allerhand fragmentarische Brocken von Unkraut und Schmutz an die Oberfläche zu bringen, wo sie dann treiben und uns veranlassen, tonlos vor uns hin zu summen oder sinnlose Wörter zu wiederholen: Und das, scheint mir, ist der Ursprung der meisten Karikaturen Leonardos.«[102] Verborgenes, Abgründiges stößt mit ihnen empor, eine Welt, die sich nicht leicht in das engmaschige Netz der Rationalität zwingen läßt und in der Kunst durch physiognomische Verzerrungen sichtbar gemacht wird. Mitunter sprengt Leonardo den human-physiognomischen Rahmen, und wir erblicken nicht nur groteske Menschenköpfe mit höckriger oder aufgeworfener Nase, vor- oder zurücktretendem Kinn, sondern monströse Geschöpfe, die dem Tierreich oder den Phantasie- und Fabeltieren zuzuordnen sind (Abb. 28). Dabei sind Leonardos groteske Köpfe keineswegs losgelöst von seinem übrigen künstlerischen Schaffen zu sehen. Seiner Suche nach einem idealen System körperlicher Proportion steht sein unbändiges Interesse an außergewöhnlichen Gesichtern mit außergewöhnlichen Mißbildungen gegenüber. Das Fratzenhafte steht auf der anderen Seite der Schönheit. Die bei vergleichenden Physiognomikern beliebte Methode, das Schöne mit dem Häßlichen zu konfrontieren, empfiehlt auch Leonardo, da Schönheit und Häßlichkeit, nebeneinander gestellt, sich gegenseitig steigern.[103] Die Aufgabe des Grotesken ist vielgestaltig; das Abstoßende ist nicht nur der ungewollte Verbündete der Schönheit, sondern bedeutet zugleich auch eine Erweiterung des physiognomischen Spektrums.

28 Leonardo da Vinci: *Zwei Monsterköpfe,* um 1490, Feder und Tinte; Windsor Castle, The Royal Collection, © 1994 Her Majesty Queen Elizabeth II

Bei den grotesken Köpfen Leonardos, die wir als Zeugnisse der physiognomischen Experimentierlust des Künstlers begreifen können, stellt sich die Frage, wie Leonardo, der ›uomo universale‹, der Physiognomik gegenüberstand. Seine Haltung ist keineswegs eindeutig, mitunter sogar widersprüchlich. Wohl finden wir im Artikel 399 seines Malerbuches den Satz: »Über die betrügerische Physiognomik und Chiromantik werde ich mich nicht verbreiten; es ist keine Wahrheit in ihnen, und das ist offenbar; denn diese Chimären haben kein wissenschaftliches Fundament.« Doch fährt er einschränkend fort: »Es ist wohl wahr, die Züge des Gesichtes zeigen uns zum Teil die Natur des Menschen, ihre Laster und ihre Geistes- und Gemütslage. Aber (das geschieht ganz natürlicherweise), die Linien, die zwischen Wangen und Lippen und den Nasenflügeln und der Nase eingefurcht oder um die Augenhöhlen her gezeichnet sind, sind sehr deutlich bei lustigen Leuten, die oft lachen. Und diejenigen, bei denen diese Linien nicht stark gezeichnet sind, sind Leute, die das Nachdenken betreiben. So sind die, deren Gesichtsteile stark ausladend und tief markiert sind, viehische und zum Zorn geneigte Menschen von wenig Vernunft und die, welche zwischen den Augenbrauen tiefe Falten haben, sind zornig, sowie die, deren Stirn in die Quere tief linierte Furchen zeigt, an geheimen oder offenbaren Jammer reiche Leute sein werden. Und so kann man ähnliches aus noch vielen Teilen schließen.«[104] Doch wäre es vorschnell, aus diesem bekanntesten Zitat Leonardos zur Physiognomik zu folgern, bei ihm würde sich die Physiognomik – wie allgemein und gerne angenommen – lediglich auf die Mimik bzw. die ›gefrorene Mimik‹ reduzieren. Das Wechselspiel zwischen äußerer und innerer Natur des Menschen, zwischen Körper und Seele, faßt er doch weiter. So äußert er etwas später die Ansicht, daß die Kräfte unserer Seele »auch die Form des von ihr bewohnten Körpers nach ihrem Wohlgefallen bilde[n]«.[105] Und an anderer Stelle heißt es gar: »Wir glauben ..., daß jene Seele, die jeden Körper beherrscht und unser Urteil bestimmt ..., daß diese Seele den ganzen Körper ... so entwickelt hat, wie es ihr am besten scheint, sei es mit einer langen, einer kurzen, sei es mit einer flachen Nase; und in derselben Weise hat sie auch seine Größe und seinen Typus festgelegt.«[106] Die Beschäftigung mit der menschlichen Physiognomie hat Leonardo ein Leben lang bewegt. Unter seinen Notizen für ein beabsichtigtes Buch finden wir auch den Vermerk: »Schreibe über Physiognomie«.[107]

Das Interesse der Zeitgenossen an Leonardos Grotesken war groß, und man kann sich gut vorstellen, daß eifrige Schüler die Notizbücher ihres Meisters aufmerksam durchblätterten, die Blätter kopierten, in Serien zusammenstellten oder als Grundlagen für eigene Schöpfungen benutzten. Doch nicht nur Epigonen zehrten davon. Auch in den Werken der Großen, etwa in den Faunkopf- und Maskenzeichnungen Michelangelos oder in den Kopfstudien aus Dürers Skizzenbüchern, zeigen sich Züge ins Groteske, Fratzenhafte. Etwa hundert Jahre nach Leonardo traten die Gebrüder Carracci und Jacques Callot mit ihren Karikaturen und bizarren Physiognomien hervor. Sie stehen in seiner Tradition, doch zugleich emanzipieren sie sich von ihrem Vorbild. Die Gesichter, die sie uns zeigen, schwanken, ähnlich wie einige Geschöpfe Leonardos, zwischen Mensch und Tier, als ob sie sich selbst nicht recht entschließen könnten, welcher Welt sie angehören möchten. Was hier und an anderen Köpfen sichtbar wird, ist der dunkle Ursprung und Weg des Menschen aus dem Tier.

Mensch, Tier, Pflanze: Analogie und Physiognomik bei Giambattista Della Porta

Gleich Leonardo verkörperte auch der aus Neapel stammende Arzt Giambattista Della Porta die Idee des ›uomo universale‹. Aber Della Portas Name und sein Werk, die noch bis ins 19. Jahrhundert häufig zitiert wurden, sind heute fast vergessen. Dabei führte Della Porta eine Reihe wichtiger experimenteller physikalischer Beobachtungen durch. Er erkannte beispielsweise als erster die Wärmewirkung von Lichtstrahlen und stattete die Camera obscura mit einer Sammellinse aus. Sein naturwissenschaftliches Hauptwerk ist die *Magia naturalis,* die zwischen 1558 und 1589 in 20 Bänden erschien. Darüber hinaus verfaßte Della Porta weitere Schriften über den Dampfdruck, das Fernrohr, die Quadratur des Zirkels und die Meteorologie; außerdem schrieb er Komödien und Tragödien und nicht zuletzt seine *De Humana Physiognomonia*.[108] In Goethes *Farbenlehre* lesen wir über ihn: »...eine genauere Beachtung dessen, womit er sich beschäftigt, würde der Geschichte der Wissenschaften höchst förderlich sein...Nähme man seine sämtlichen Schriften zusammen, ... so würden wir in ihm das ganze Jahrhundert abgespiegelt erblicken.«[109]

Die Bilder, die uns das menschliche Auge von der Außenwelt liefert, sind Gestaltmodelle, die sich im Prozeß der menschlichen Evolution entwickelt haben. Sie spiegeln nicht die Reinheit des Seins, das Absolute, wider, sondern das, was notwendig ist, damit der Mensch leben und überleben kann. »Wir sind Gestalten schaffende Wesen gewesen, lange bevor wir Begriffe schufen«, wie Nietzsche es ausdrückte.[110] Indem der Mensch die chaotisch auf ihn einströmende Bilderflut ordnet, vereinfacht, verbindet und nach Wichtigkeitsgrad gliedert, sichert er sein Dasein. Der Wert und damit auch die Wahrheit dieses Gestaltschaffens und Gestaltsehens läßt sich für den Menschen daran ermessen, inwieweit er es produktiv und aufbauend für sein eigenes Leben nutzen kann.

Das physiognomische Werk Giambattista Della Portas erschließt sich uns nur, wenn wir es unter dem Aspekt des ›Gestaltsehens‹ betrachten, denn er hat

29 Johannes Muggenthaler: Errötende, Fotografie. Bei dieser modernen Mensch-Pflanzen-Analogie wird ein junges Mädchen einer aufblühenden Rose gegenübergestellt

sich bemüht, in der äußeren Gestaltenwelt nach einem inneren Bindeglied zu suchen. Er wollte die Analogien und Parallelitäten aufzeigen, die zwischen den verschiedenen Geschöpfen, dem organischen und anorganischen Leben bestehen. Das wird besonders deutlich, wenn wir, bevor wir uns seinem physiognomischen Hauptwerk, der *Humana Physiognomonia,* zuwenden, noch einen Seitenblick auf sein übriges physiognomisches Schaffen werfen. 1583 erschien in Neapel Della Portas *Phytognomonica.* Della Porta deckt dort zwischen Menschen, Pflanzen, Tieren und Metallen bestehende Ähnlichkeiten auf und verarbeitet die gefundenen Analogien zu einer Charakterisierung der Dinge und Menschen. Zahlreiche Bildtafeln, auf denen Pflanzen, Tiere, Menschen usw. einander gegenübergestellt werden, erläutern seine Gedankengänge. In seiner *Coelestis Physiognomoniae* (Neapel 1601) dehnt Della Porta seine Analogien sogar auf die Planeten aus. An eine Abhängigkeit des Menschen von den Planeten und an eine künftige Schicksalsdeutung durch sie glaubt er jedoch nicht. Allerdings räumt er ein, daß sich die Zukunft des Menschen zu einem gewissen Grad durch seine äußere Körperbeschaffenheit und Gesichtsform vorherbestimmen lasse. In Della Portas kleinem Büchlein *Della Chirofisionomia* (Neapel 1677), das ursprünglich als zweiter Teil seiner *Physiognomonia* ge-

dacht war, konzentriert er seine Beobachtungen weitgehend auf die Form der Hand, wobei er diese dem Versuch einer Charakterdeutung zugrunde legt. Die Chiromantie hingegen hielt Della Porta ebensowenig wie die Astrologie für ein geeignetes Mittel der Zukunftsdeutung.[111] Das, was Della Porta in den genannten Werken unternimmt, ist keine bloße Gleichsetzung von Mensch, Tier, Pflanze und Gestein, doch deckt sein ›Gestaltsehen‹ zwischen diesen Bereichen Gemeinsamkeiten, Analogien auf, um die Umwelt dadurch verständlicher und ›durchschaubarer‹ zu machen. Dieser Ansatz war in der Renaissance verbreitet, wie etwa die analogische Symbolik des Philosophen Pico della Mirandola belegt.[112] Der Weg von derartigen Analogiebildungen zur Kunst ist kurz – ist es doch eines ihrer Kennzeichen, das Gemeinsame im Verschiedenen aufzuzeigen, es zu verbinden und in ein Gleichnis zu setzen. Analogie, Symbol, Allegorie sind seit Jahrtausenden Bausteine der Kunst. Eine Frauengestalt mit verbundenen Augen, die eine Waage hält, wird jeder Betrachter als Symbol der Gerechtigkeit deuten. Der Löwe wird als Fürst aller Tiere (princeps omnium bestiarium) dem Herrscher gleichgesetzt und ist das Sinnbild imperialer Macht (etwa am Thron). Die möglichen geheimnisvollen Verwandtschaften zwischen Mensch und Pflanze macht im 20. Jahrhundert z. B. Johannes Muggenthaler durch die Technik der Fotografie sichtbar, wenn er einem errötenden Mädchen eine aufblühende Rose gegenüberstellt (Abb. 29).

Della Portas *De Humana Physiognomonia,* 1586 erstmals in Vico Equense bei Neapel erschienen, erwies sich schnell als ›Bestseller‹. Nach dem Erstdruck folgten eine Reihe weiterer lateinischer Ausgaben sowie italienische, französische und deutsche Übersetzungen. Die Schrift ist in vier Teile gegliedert: Der erste liefert einen allgemeinen Überblick über die Physiognomik und die Methoden der Charakterdeutung, im zweiten werden die spezifischen Merkmale der einzelnen Körperregionen beschrieben, der dritte Teil ist der Physiognomik des Auges vorbehalten, der vierte schließlich widmet sich dem Menschen als ganzem und lebendigem Wesen mit seinen guten und schlechten Charaktereigenschaften. In der Hauptsache stellt die Abhandlung Della Portas eine kritische Sammlung des gesamten physiognomischen Wissens seiner Zeit dar, die Zitate von Aristoteles, aus dem Pseudoaristoteles, von Polemon, Adamantius, Rhases, Avicenna, Albertus Magnus und zahlreichen anderen Autoren enthält. Della Porta selbst hat nur wenig Eigenes hinzugefügt. Seine Leistung ist es, aus den verschiedenen Quellen eine systematische Zusammenfassung geschaffen zu haben. Diese Stringenz hebt die

Humana Physiognomonia aus der physiognomischen Literatur der Zeit heraus, die dagegen wie ein ungeordnetes Sammelsurium von Beobachtungen und Behauptungen erscheint. Von den zahlreichen Autoren, die sich damals eingehend mit der Physiognomik beschäftigt haben, seien hier Iohann vom Hagen, auch Jean de Hayn oder Ioannis ab Indagines genannt, mit dessen *Chiromantia* (Straßburg 1522) wir vermutlich die erste bebilderte Physiognomik besitzen (Abb. 30), und Girolamo Cardano mit seiner *Metoposcopia* (1558).[113]

Der wissenschaftliche Anspruch der Physiognomik resultiert für Della Porta aus dem zweckmäßigen Aufbau des menschlichen Körpers. So argumentiert er unter Berufung auf Platon und Aristoteles: »Wie nun jedes Werkzeug seinen Zweck hat und auch die einzelnen Körperteile aus irgendeinem Grund entstanden sind, . . . so ist auch die Einheit unseres Körpers zum Zweck einer höheren Tätigkeit zusammengebildet. Also ist der Körper der Seele wegen gebaut, und seine einzelnen Teile der Werke und Aufgaben wegen, für die sie die Natur gebildet hat.«[114] Charakteristisch für Della Portas Buch ist der Vergleich bestimmter Menschen- und Tiertypen, der durch Gegenüberstellung zahlreicher entsprechender Holzschnitte verdeutlicht wird. Della Porta zieht jedoch nur Parallelen und macht keine Gleichsetzungen. Eine Ähnlichkeit zwischen Mensch und Tier läßt er

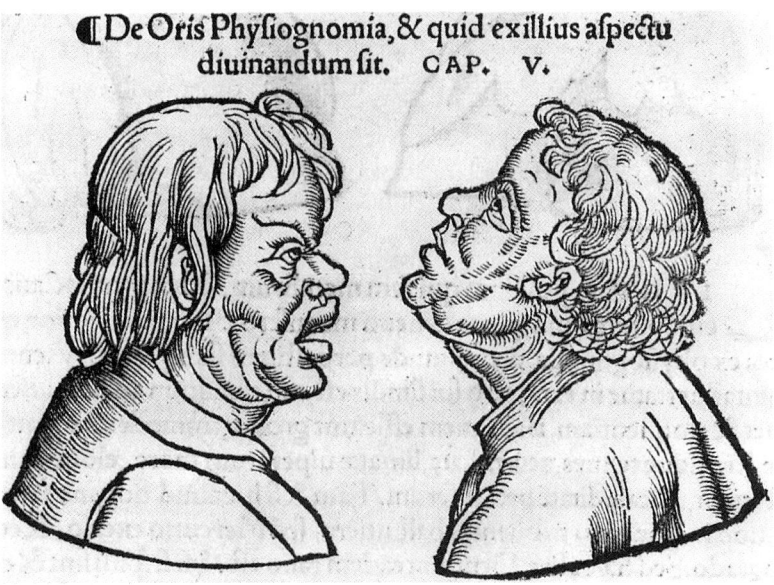

30   Zwei Köpfe aus Iohann vom Hagens *Chiromantia,* Holzschnitt, Straßburg 1522

31 Mensch-Tier-Vergleiche aus Della Portas 1586 erstmals erschienener *De Humana Physiognomonia*

Widder-, Schweins- und Schafsköpfen, denen ähnlich ausschauende Menschen gegenübergestellt werden (Abb. 31). Darunter entdecken wir, neben reinen Phantasieköpfen, auch bekannte Gesichter – so das des Kaisers Vitellius neben einer Nachteule oder das Haupt Platons neben dem Bildnis eines Spürhundes. Doch bleibt unverkennbar, daß wir es bei den Abbildungen in der Regel mit Übertreibungen, Überzeichnungen zu tun haben – die Menschenköpfe ähneln kaum realen Menschenköpfen, die Tierköpfe kaum realen Tierköpfen. Isa Lohmann-Siems hat auf den Zusammenhang zwischen dem Erscheinen der Werke Della Portas und dem Entstehungshintergrund, der Epoche des Manierismus, verwiesen.[116] Von diesem Standpunkt aus sind die Darstellungen in Della Portas *Physiognomonia* nicht nur als Übertreibungen seiner Theorie zu verstehen, sondern auch als Produkte manieristischen Kunstschaffens.

Die Physiognomik erlangte mit dem Werk Giambattista Della Portas einen starken Auftrieb. Sein Einfluß reicht über Charles Le Brun bis hin zu Carl Gustav Carus und der Naturphilosophie der Romantik. Für die bildenden Künstler nachfolgender Epochen wurde die *Physiognomonia* zu einem Lehrbuch, das ihnen als Anleitung zur Darstellung von Charakteren diente. So stehen z. B. die beiden Bilder der Bettlerphilosophen Aesopus und Menippus von Velázquez (1639–42) für zwei verschiedene, nach Della Portas Tiervergleichen aufgefaßte Charaktere: Der wuchtige Aesopus trägt deutliche Züge des ›Rindertypus‹, während Menippus Della Portas ›Schweinetypus‹ entspricht. Besonders gern griff die Karikatur später auf die manieriert übersteigerten Holzschnitte aus Della Portas Werk zurück. Was wäre der beliebte Mensch-Tier-Vergleich ohne diese Anregung (Abb. 32)!

nur für einzelne Teile gelten. Er vergißt nicht, daß die Physiognomik auch auf Mutmaßungen beruht, und »unser Wissen [über sie] nur Annäherung« ist.[115]

Zur Popularität von Della Portas *Physiognomonia* trugen vor allem die von unbekannter Hand stammenden Holzschnitte bei. Wenn das Werk heute noch gelegentlich erwähnt wird, dürfte das nicht zuletzt ihnen zu verdanken sein. So ersteht vor uns eine lange Reihe von Löwen-, Ochsen-, Strauß-, Esel-, Raben-, Affen-, Adler-, Tauben-, Hahnen-, Katzen-,

32 Thomas Rowlandson: Profilähnlichkeiten, um 1800

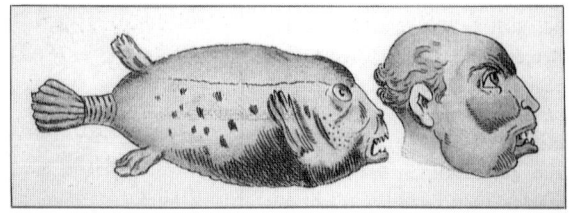

III. Das 17. Jahrhundert

Das Jahrhundert des Absolutismus war das Jahrhundert der Selbstverherrlichung. Kunst und Macht verbanden sich zu einer plastischen und malerischen Ausstattung der gesamten Lebensführung, der Schlösser und Kirchen, der Mode und der menschlichen Leiber. Die barocke Physiognomie ist eine Physiognomie der Repräsentation, sie repräsentiert Stärke, Würde, Lebensfreude. Das Individuelle in den Gesichtern tritt zurück zugunsten einer überindividuellen Darstellung des Temperamentes, der Leidenschaften, der herrscherlichen Hoheit. Der klassische Schönheitskanon wird nicht außer Kraft gesetzt, aber er wandelt sich.

Außerordentliche Geschehnisse, Gestalten und Dimensionen wurden im Barock bevorzugt. Wir finden üppig-schwellende, pathetische, aber auch kühl-hoheitsvolle Figuren. Lichtführung und Farbigkeit der Bilder sind auf Kontrastwirkung angelegt, die Kompositionen dynamisch, die Teile jedoch – der absolutistischen Herrschaftsform entsprechend – dem Ganzen untergeordnet. Der barocke Überschwang weist zurück auf die Gestalten Michelangelos, doch fehlt ihm deren tiefer Zweifel. Auch die Verzweiflung ist im Barock in erster Linie Pathos. Die häufige Darstellung leidenschaftlicher Bewegtheit erforderte natürlich ein intensives Studium der menschlichen Leidenschaften. Die Künstler griffen ganz selbstverständlich auf physiognomische Theorien zurück. Wesen und Schicksal der Menschen wollte man aber noch durch andere ›dunkle‹ Wissenschaften ergründen: Chiromantie und Astrologie wurden, trotz aufkommender Rationalität, weiterhin an den Universitäten als eigene Disziplinen gelehrt. In der Literatur tritt Molière als unbarmherziger Charakterzeichner hervor. Von den Schriftstellern Vincent Voiture und Antoine Arnauld sind sogar physiognomische Experimente überliefert.[117] In Cyrano de Bergeracs phantastisch-satirischem Roman *L'autre monde, ou les Etats et Empires de la Lune* (1657) erfüllen die Physiognomen auf dem Mond dieselbe Rolle wie die Ärzte im wirklichen Leben. Die physiognomischen Aussagen in Cyranos Roman stimmen dabei im wesentlichen mit den von alters her überkommenen Theorien zur Physiognomik überein.[118]

Doch gerade die Kenntnis der Physiognomik und der Affektenlehre ließ es ratsam erscheinen, sich, wenn irgend möglich, nicht selbst zu verraten. Dem Pathos in der Kunst stand im höfischen Leben das strenge Reglement gegenüber. Das galt insbesondere in Frankreich, der politisch und kulturell tonangebenden Macht des 17. Jahrhunderts. Der französische Schriftsteller Jean de La Bruyère, der Theophrasts *Charaktere* ins Französische übertrug, schrieb zur Erscheinung des Höflings: »Ein Mensch, der den Hof kennt, ist Herr über seine Bewegungen, seine Augen und sein Gesicht, er weiß gewisse Dienste zu verhehlen, lächelt seinen Feinden zu, bezwingt seine Launen, verbirgt seine Leidenschaften, verleugnet sein Herz, spricht und handelt wider seine Gefühle.«[119] Durch René Descartes erfuhr die Theorie der Leidenschaften eine neue Begründung. Danach hatten sie ihren Sitz nicht mehr im Herzen, sondern in der Zirbeldrüse des Gehirns. Der Hofmaler Ludwigs XIV., Charles Le Brun, zog aus dieser zunehmenden Entpoetisierung des Menschen seine Konsequenz und führte seinen Künstlerkollegen die menschlichen Emotionen als ein großes mechanisches Räderwerk vor. Rationalisierte Leidenschaft, Freude am physiognomischen Experiment, begegnen uns auch in den *Konstruierten Köpfen* von Frederik de Wit[120], die einen Einfluß Dürers erkennen lassen.

Der Barock verbreitete sich als eigener Kunststil im späten 16. Jahrhundert von Rom aus über ganz

Italien; zwischen 1620 und 1630 übernahmen ihn die meisten europäischen Länder, wenngleich mit nationalen und regionalen Unterschieden. Maßgebend für die Entwicklung des neuen Stiles in Europa war das Schaffen von Giovanni Lorenzo Bernini, der seine Zeitgenossen sowohl als Architekt wie auch als Bildhauer beeindruckte. Freude an der Bewegung, der lockenden Schönheit der Sinnenlust und die Virtuosität in der Wiedergabe des nackten Körpers, die Berninis plastisches Werk u. a. kennzeichnen, begegnen uns auch in den Bildern des aus den südlichen Niederlanden stammenden Rubens, der im Mittelpunkt der flämischen Barockmalerei stand. Doch gab es ebenso künstlerische Gegenpositionen. Neben der klassizistischen Schule in Frankreich, zu deren Hauptvertretern Nicolas Poussin gehörte, entzogen sich vor allem die nördlichen, protestantischen Niederlande der pompösen und pathetischen Formensprache des Barock. Aber auch im derben holländischen Bauerngenre, etwa in den Gemälden des Adriaen Brouwer, tritt uns eine ungebrochene Freude an den Leidenschaften und deren Studium entgegen. Nur sind sie hier nicht durch die Hofetikette gefiltert, sondern urtümlich, prall, ungeschminkt. Ein weiterer Zeitgenosse Berninis, Rembrandt Harmensz. van Rijn, erscheint wie dessen Antipode. Wie Bernini konzentrierte auch er sich auf das Studium und die Wiedergabe von Charakteren. Aber bei ihm herrscht nicht die Gestalt des lauten Zeitgeistes. Über seinen Selbstbildnissen steht ungeschrieben stets das gleiche Menschheitsrätsel, zu dessen Lösung wir aufgefordert sind, auch wenn wir sie nie endgültig finden werden: »Erkenne dich selbst«.

Physiognomik, Chiromantie, Astrologie

Giambattista Della Porta führte die Physiognomik über eine reine Kenntnis der Körperlichkeit des Menschen hinaus, indem er zwischen den Dingen der sichtbaren Welt Analogien bildete. Die Physiognomik entblößt bei ihm einen Teil ihres ›kosmischen‹ Wesens. Bereits vor Della Porta hatte der Arzt und Philosoph Marsilio Ficino ihre kosmischen Bezüge dargelegt.[121] Damit offenbart sich auch die inhaltliche Nähe der Physiognomik zur pansophischen Signaturenlehre. Die Signaturenlehre handelt gleich der Physiognomik von der äußeren Gestalt der Dinge als Kennzeichen ihres inneren Wesens, ohne sich jedoch dabei auf den Menschen oder eine andere ›Gestaltengruppe‹ zu begrenzen. So waren etwa für die Arzneikunde die Gestalten der Pflanzen von großer Bedeutung, da man davon ausging, daß ihre Farbe und Gestalt darauf verweisen, gegen welche Leiden sie anzuwenden seien. So wurden Disteln gegen Seitenstechen angewendet, Schöllkraut, wegen seines gelben Saftes, gegen Gelbsucht usw. Die pansophische Signaturenlehre leitet sich vom Neuplatonismus ab, und ihre Lehre zeigte vor allem Auswirkungen auf die Literatur des 16. und 17. Jahrhunderts.[122] Eine derart erweiterte Physiognomik erhält den Charakter einer umfassenden Grundlagenwissenschaft, da ja jede Wissenschaft in irgendeiner Form aus der Beobachtung und Anschauung entstanden ist. Die einzelnen Wissenschaften würden sich so gesehen zur kosmischen Physiognomik verhalten wie einzelne Zweige zum Baum, da sie das Nächste und Kleinste, aber auch das Entfernteste und Größte umfaßt. Dieser universelle Aspekt der Physiognomik wird auch in ihren Berührungen und Überschneidungen mit der Astrologie sichtbar. Die Nähe zur Sterndeuterei, aber auch zur Chiromantie und zur Metoposcopie (Stirnschau) verstärkte in späteren, aufgeklärteren Zeiten für viele die Neigung, in ihr lediglich eine ›Afterkunst‹ zu sehen. Versprachen und versprechen die genannten ›Wissenschaften‹ ihren Anhängern doch nicht nur Einblick in das Innere der Formen, Gestalten und Linien, sondern zugleich in die Geschehnisse der Zukunft, die sie aus der Formenwelt ablesen wollen, womit sie die Zeit zur vierten Dimension des Raumes machen. Die physiognomische Literatur des 17. Jahrhunderts ist umfangreich[123], und zu ihren Kennzeichen gehört, besonders eng mit den obengenannten Bereichen verknüpft zu sein. Das mag verwundern, ist das 17. Jahrhundert doch zugleich das Jahrhundert eines Bacon, Hobbes, Locke, Descartes, Leibniz oder Spinoza. Aber diese Epoche verband noch einmal vieles oder ließ nebeneinander bestehen, was später zerfiel und einander abstieß.

»Wie oben – so unten!« lautet eine alchimistische Weisheit. Was der Makrokosmos enthält, enthält zugleich der Mikrokosmos und umgekehrt. Und so überrascht die Vorstellung nicht, daß vieles, was in den Sternen steht, auch in unsere Hände eingezeichnet sein soll. Doch die Handlinien, die die Chiromantie deutet, sind nicht das einzige physiognomische Signum der Hand. Die Hand ist das erste, wichtigste und vielfältigste Werkzeug des Menschen, und gerade ihre zahlreichen Funktionen, ihre Nichtfixiertheit auf eine bestimmte Aufgabe, unterscheiden sie von der engen Spezialisiertheit tierischer Tast- und Greifwerkzeuge. In jeder ›Handlung‹ hat der Mensch seine ›Hände mit im Spiel‹. Der Homo faber, der Mensch als Handwerker, wird erst durch die menschliche Hand ermöglicht. Vielfältig wie die Funktionen der Hand selbst sind auch die Möglichkeiten ihrer direkten oder indirekten physiognomischen Deutbarkeit. Neben den Linien der Handinnenfläche spielt für die Charakterdeutung vor allem ihre Grundform eine entscheidende Rolle. Die Gebärdensprache der Hände, ihre ›Mimik‹, ist äußerst beredt, und in der Fertigkeit, in den Raum hineinzugreifen, um sich zu greifen, zu gestikulieren, erweist sich die Hand den Ausdrucksmöglichkeiten von Gesicht und Kopf als weit überlegen. Endlich hinterläßt die Hand physiognomische Zeichen mit den Produkten und Formen, die sie schafft, gleichgültig, ob es sich dabei um technische Werkzeuge oder um Kunstwerke handelt.

Lavater lobte an der Hand ihre Beweglichkeit, aber auch ihre Unverstellbarkeit, »denn der feinste Heuchler, und der schlaueste Verstellungskünstler kann weder an dem Umrisse, noch an der Farbe, noch an der Muskulosität, noch an der Länge, Kürze, Breite, Proportion der ganzen Hand und ihrer einzelnen Teile das allermindeste verändern.«[124] Die modernen Eingeweihten der Handlesekunst unterscheiden zwischen der eigentlichen Handformenkunde, der Chirologie, und der Handflächenkunde mit dem Studium ihrer Linien, der Chiromantie. Die Trennung dieser beiden Bereiche war nicht immer deutlich, so daß unter dem Begriff der Chiromantie häufig beides, Charakterkunde und Wahrsagerei, verstanden wurde. Ihr Ursprung reicht weit zurück. Die Traktate der griechischen und lateinischen Physiognomiker enthalten zahlreiche Deutungen der Form, Beschaffenheit und Bewegungsmöglichkeiten

33   Johann Heinrich Praetorius: Frontispiz aus *Ludicrum Chiromanticum seu Thesaurus Chiromantiae,* Leipzig 1661; Wien, Österreichische Nationalbibliothek

der Hände und Finger. Durch das Bibelwort (Hiob 37,7): »Er [Gott] versiegelt die Hände aller Menschen, so daß alle Welt sein Tun erkennt« entging die Chiromantie im Mittelalter der Unterdrückung und Einschränkung. Bis weit in das 18. Jahrhundert hinein wurde sie als Lehrfach an den Universitäten unterrichtet. Von großer Bedeutung für die Verbreitung der Astrologie und der Chiromantie im Abendland war die astronomisch-astrologische Literatur der Araber und Juden aus dem 9. und 10. Jahrhundert, auf die die Vertreter der Chiromantie im Mittelalter häufig zurückgriffen. Zu den wichtigsten Werken chiromantischer Literatur aus dem Spätmittelalter und der Renaissance zählen das um 1470 entstandene Blockbuch *Buch von der Hannd* des Arztes und Diplomaten Johann Hartlieb und die 1522 veröffentlichte *Chiromantia, physiognomia, astrologia naturalis* von Iohann vom Hagen. Im 17. Jahrhundert erlangten Johann Heinrich Praetorius' *Ludicrum Chiroman-*

ticum seu Thesaurus Chiromantiae (Leipzig 1661; Abb. 33) sowie die 1673 in Jena erstmals erschienenen Werke *Institutiones Chiromanticae* und *Chiromantia Harmonia* von Johann Abraham Jacob Höping große Popularität. Spät, 1846, veröffentlichte dann Carl Gustav Carus noch ein bedeutendes Werk zur Chiromantie, genauer zur Chirologie: *Über Grund und Bedeutung verschiedener Formen der Hand*. Carus teilt die Hand in vier Grundtypen ein: die »elementare«, die »motorische«, die »sensible« und die »psychische« Hand. Ihm zufolge entspricht die elementare Hand einer rohen Natur, die motorische Hand einem tatkräftigen und energischen Typus, die sensible Hand deutet auf Gefühl, Phantasie, Geistesschärfe und Willensstärke, die psychische schließlich auf eine »schöne Seele« mit Klarheit im Erkennen und Wollen.[125]

Motorisch tätig ist gewiß nicht nur Carus' ›motorische‹ Hand, sondern die Bewegung ist überhaupt kennzeichnend für unser erstes und wichtigstes Werkzeug. Im 17. Jahrhundert, 1644, erschien auch die *Chirologia, or the Natural Language of the Hand* des englischen Arztes und Physikers John Bulwer. Das Buch, auf das sich Forscher bis heute berufen, gilt als Urtext der Kommunikationstheorie. Bulwer erstellt dort ein Handgebärdenalphabet, das auf der Vorstellung von der universellen Verständlichkeit spezifischer Körperposen beruht (Abb. 34). Sein

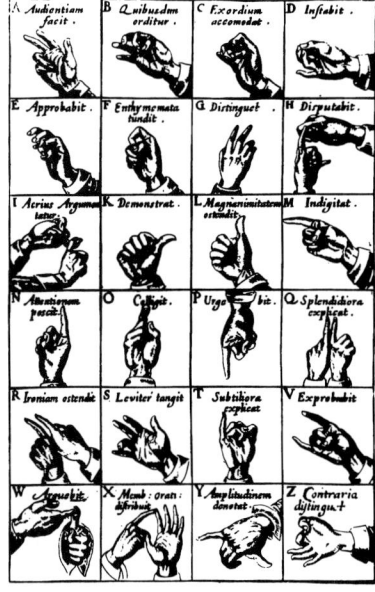

34 John Bulwer: *Chirologia, or the Natural Language of the Hand,* 1644

Alphabet der Rhetorik der Hände gehörte auch lange zum Grundkanon der Ausbildung von Schauspielern. Die Bewegtheit unserer Hände wird zwar individuell und mit kulturellen Differenzen ›gehandhabt‹, doch bleiben große Gemeinsamkeiten. Oft können wir uns mit den Händen schneller und einfacher verständigen als mit unserer Sprache. Gleichzeitig vermag das Spiel unserer Hände das gesprochene Wort bildhaft zu ergänzen. Taubstumme benutzen ihre Hände als Sprachwerkzeuge. Die Verständlichkeit der Handsprache erklärt, warum wir in allen Kulturen auf ›Handzeichen‹ stoßen – Gebet, Rechtsprechung, Begrüßung, Drohgebärde, für alles kennen unsere Hände den geeigneten Ausdruck, und die Kunst hat uns diese Vielfalt im Bild überliefert. Heinz Demisch hat allein über die Gebärde der erhobenen Hände ein umfangreiches Werk verfaßt.[126] Abbildungen von Händen gehören mit zu den frühesten bildnerischen Hinterlassenschaften des Menschen. Wir begegnen ihnen seit der jüngeren Altsteinzeit durch die verschiedenen Entwicklungsperioden der Menschheitsgeschichte hindurch in fast allen Kulturen. Die Hand wurde auf Höhlenwände gelegt und mit Farbpigmenten übersprüht, so daß eine Negativform der Hand zurückblieb, oder in Farbe getaucht und auf Felswände gedrückt. Das Zeigen, Denken, Wollen, Tasten, oder, um ein Wortspiel Aby Warburgs wiederzugeben, das Greifen – Ergreifen – Begreifen und die Ergriffenheit spiegeln sich in der Kunst und im Leben in dem Spiel der Hände.

Das Kunstwerk hat mit der Schrift gemein, daß beides Artefakte sind, die durch die menschliche Hand entstehen. Max Seliger trug mit viel Mühe Zeichnungen von Künstlern zusammen, die von diesen nicht nur signiert, sondern auch mit einer textlichen Erläuterung versehen worden waren.[127] Seliger ging es darum zu zeigen, wie Zeichnung und Handschrift durch den Geist des Künstlers verbunden sind, wie sie eine physiognomische Einheit bilden, in der sich die Psyche des Künstlers doppelt offenbart (Abb. 35). Hand und Handschrift unterscheidet, daß das eine Naturprodukt ist, das andere, wie erwähnt, Artefakt. Doch ist die Hand gleichwohl mehr als nur ein Produkt unserer Gene: Die Tätigkeiten, die wir mit ihr verrichten, nehmen Einfluß auf ihre Gestalt, und gleichzeitig – was Warburgs Wortspiel aufzeigt – denken wir mit ihr oder durch sie, denn während sie hantiert und tastet, beginnen wir mit unseren Sinnen zu begreifen. »Der Geist bildet die Hand, die Hand bildet den Geist.«[128] So beinhaltet die Hand also zugleich ein Stück Kultur. Das macht verständlich, warum wir in unserer Vorstellung zu einer bestimmten Handschrift gern eine passende Hand gesellen wollen. Erste Beobachtungen zur Handschrift sind von dem römischen Schriftsteller Gaius Suetonius Tranquillus überliefert. Er verfaßte Biographien der Kaiser von Caesar bis Domitian, *De vita Caesarum,* und beschreibt u. a. die Handschriften von Augustus und Vespasian. Doch stammt das älteste uns erhaltene speziell graphologische Werk erst aus dem 17. Jahrhundert. Es handelt sich um das 1622 in Capri erschienene *Trattato come da una lettera missiva si conoscono la natura e qualità dello scrittore* von Camillo Baldo. Von dem Zeitpunkt an reißt die graphologische Literatur nicht mehr ab. Lavaters Handschriftenbeobachtungen waren aus seinen Studien zur Physiognomik hervorgegangen und erzielten gleich seinem übrigen physiognomischen Werk große Beachtung.[129] Im 20. Jahrhundert vermochte vor allem Ludwig Klages Bahnbrechendes zur Graphologie beizutragen.[130]

Doch unsere Hand setzt nicht nur Zeichen, in sie selbst sind Zeichen und Linien ›eingraviert‹, die die Chiromantie lesen zu können vorgibt. Leonardo tat dies als Schwindel ab,[131] Goethe notierte: »Viel Irrtum und ein Fünkchen Wahrheit.«[132] Die Nähe der Chiromantie zur Astrologie zeigt sich schon in den Namen, mit denen die einzelnen Flächen und Linien der Hand bezeichnet werden: So gibt es z. B. einen Venusberg, einen Mondberg und eine Neptunlinie. Die Eigenschaften dieser ›Berge‹ und Linien korrelieren mit denen, die man den entsprechenden Planeten zuschreibt. Je stärker ein bestimmter Bereich, eine bestimmte Linie in der Handinnenfläche ausgebildet ist, desto stärker steht ihr Träger unter dem Einfluß der dazugehörigen Kraft. Die Linien und Zeichen der Hand setzt die Metoposcopie (Stirnschau) mit denen der Stirn in Verbindung (vgl. Abb. 33). Je mehr Parallelen sich finden, desto sicherer und leichter soll die Deutung fallen.

Ist die Astrologie in der Chiromantie und Metoposcopie enthalten, so sind umgekehrt die Prinzipien

35   Rembrandt Harmensz. van Rijn: *Saskia* (mit Strohhut), 1633, Silberstift auf präpariertem Pergament; Staatliche Museen zu Berlin – Preußischer Kulturbesitz, Kupferstichkabinett. ›Analogie‹ zwischen Rembrandts Zeichenkunst und seiner Handschrift

der Chiromantie, Metoposcopie und Physiognomik auch in die Astrologie mit einbezogen. Die Astrologie schreibt den Planeten bestimmte ›Wesenskräfte‹ zu, die aus deren äußerer Erscheinung abgeleitet werden. Der rötliche Planet des Mars, der in die Mythologie als Gott des Krieges eingegangen ist, symbolisiert in der Astrologie Angriffslust, Schärfe und Dynamik. Der Mond mit seinem milden und fahlen Licht wird vornehmlich als Sinnbild für introvertierte Werte gedeutet, während die Sonne mit ihrem strahlenden Licht dem Leben zugewandt ist und für Extrovertiertheit steht. Diese Werte werden dann von den Planeten auf die Menschen übertragen.

Unter dem Zeichen des Mars begegnen uns z. B. die Krieger, unter dem Mond die Künstler, unter der Sonne die Herrscher. Mit diesen Charakterverbindungen treten in unserer Vorstellung aber auch immer physiognomische Eigenheiten hervor. So ist etwa das ›Bild‹ des Herrschers ein anderes als das des Künstlers usw. Bei den Tierkreiszeichen, die uns wieder auf die Verbindung von Mensch und Tier verweisen, ging man ähnlich vor, das heißt nach dem Prinzip der Analogiebildung. Das Tierkreiszeichen Skorpion steht z. B. unter einer Sternenkonstellation, die in etwa die Gestalt eines Skorpions bildet. Im Analogieschluß bekam diese Konstellation die Eigenschaften des Tieres zugesprochen. Der Skorpion wurde in den Himmel projiziert und kehrte mit seinen Eigenschaften von dort wieder zu denjenigen zurück, die unter seinem Zeichen geboren wurden, gemäß der astrologischen Lehre der korrelativen Entsprechung von Makrokosmos (Welt) und Mikrokosmos (Mensch): »Wie oben – so unten!« Die Astrologie und mit ihr der ›Aberglaube‹ verweisen damit auch auf ihren Ursprung im alten bildhaften Denken, das jedem Zeichen, jeder Gestalt eine Bedeutung zuschreibt. Aus dem Sichtbaren lassen sich die Welträtsel ablesen. Damit wird aber zugleich offenbar, in welchem Bereich die Geburtsstätte der Kunst auch lag: im Aberglauben.

Die Anfänge der Astrologie sind in Babylonien und Ägypten zu suchen. Obgleich es der Astrologie im christlichen Abendland nie an erbitterten Gegnern gefehlt hat – die Kirche erblickte in ihr ein Teufelswerkzeug –, konnte sie im ausgehenden Mittelalter und zu Beginn der Neuzeit eine beherrschende Stellung im Geistesleben einnehmen. So waren viele christliche Gelehrte und Theologen, sogar Päpste, Astrologen. Zu den Physiognomikern, die ihre eigene Lehre mit der Sterndeuterei verquickten, gehörten Samuel Fuchsius, Livius Agrippa de Monferrato, Peucar und Goclenius. Der Niedergang der Astrologie setzte in der zweiten Hälfte des 17. Jahrhunderts ein. Ab diesem Zeitpunkt senkte sich die Waage langsam zugunsten der reinen Rationalität; die Aufklärung und das kopernikanische Weltbild drängten die Astrologie zurück. Als Jean-Baptiste Colbert, Minister unter Ludwig XIV., 1666 die Académie des sciences gründete, schloß er die Astrolo-

gie als Lehrfach bewußt aus. Damit erfolgte ihre erste offizielle Verbannung von seiten der Wissenschaft. Und doch sind, obgleich die Astrologie mit ihrem Weltbild und ihren Methoden nicht dem Anspruch einer modernen Wissenschaft genügt, keineswegs alle ihre Aussagen falsch. Der französische Psychologe und Statistiker Michel Gauquelin hat als erster in jahrzehntelanger Arbeit Tausende von Horoskopen aus mehreren Jahrhunderten und verschiedenen Ländern ausgewertet und mit den Aussagen der Astrologie verglichen.[133] Er kam dabei zu überraschenden Ergebnissen, die z. B. dokumentieren, daß Militärs, aber auch Spitzensportler und Führungskräfte der Wirtschaft überdurchschnittlich oft unter der Planetenposition des Mars geboren werden, wohingegen beispielsweise Künstler unter dieser Konstellation deutlich unterrepräsentiert sind.

Die Geschichte der Physiognomik zeigt auf, daß sie von zwei Komponenten geprägt wurde: Die kosmische verband die Gestalt des Menschen mit dem metaphysischen Ursprung der bildnerisch wirkenden Naturkräfte, der lebenspraktischen kam es auf den Nutzen der physiognomischen Lehren in Alltag und Kunst an. Dieser zweite Ansatz führt uns im Jahrhundert des Absolutismus zu Charles Le Brun, dem Hofmaler Ludwigs XIV.

Das mechanische Räderwerk der Leidenschaften: Charles Le Brun

Frei von kosmischer Physiognomik war auch der Hof des ›Sonnenkönigs‹ nicht, an dem Charles Le Brun wirkte, doch bleibt das Band, das im Staat Ludwigs XIV. überweltliches Pathos mit irdischen Interessen verband, allenthalben sichtbar. Der absolutistische Hof war ein Ort, an dem jeder, vom König bis zum unbedeutendsten Höfling, seine Mimik gleich seinen Worten beherrschen mußte und selbst die Leidenschaften der vorgegebenen Etikette untergeordnet waren. Und in ebendieser Gesellschaft wurde der Darstellung der Leidenschaften in Kunst und Kunsttheorie eine einzigartige Aufmerksamkeit zuteil, die über das Jahrhundert hinaus andauerte. Die menschlichen Leidenschaften, bei deren Kategorisierung und bildlichen Umsetzung der Hofmaler und Direktor der Académie Royale de Peinture et de Sculpture, Charles Le Brun, eine Schlüsselrolle einnahm, wurden nicht als etwas Wildes, Unbezähmbares verstanden – im Gegenteil: Auch den Leidenschaften, so stellte man sich vor, lagen Mechanismen zugrunde, die mehr an die präzisen Abläufe eines Uhrwerkes denken ließen als an etwas Willkürliches und Unvorhergesehenes. Das Unvorhergesehene gab es in diesem sich in der zweiten Hälfte des 17. Jahrhunderts neu herauskristallisierenden Weltbild ebensowenig wie in der alten Vorstellungswelt der Astrologie: Glich doch auch hier der Kosmos einer gigantischen Maschinerie, in der jedwedes Rädchen genau nach Gottes Plan abspult.

Der vielseitig begabte Staatskünstler Le Brun arbeitete als Maler, Ornamentzeichner und Dekorateur. 1638 wurde er zum Peintre du Roi ernannt, 1642–45 studierte er mit Poussin, den er bewunderte, in Rom. Nach Paris zurückgekehrt, gehörte er 1648 zu den Begründern der Académie Royale, deren Direktor er 1668 wurde. Zum Ersten Hofmaler wurde er 1664 ernannt, nachdem er ein Jahr zuvor bereits Generalinspekteur der königlichen Sammlungen und Direktor der alle Zweige des Kunstgewerbes umfassenden Manufacture Royale des Tapisseries et des Meubles geworden war. Aufgrund dieser künstlerischen Machtfülle war Le Brun maßgeblich an der Herausbildung des Louis-quatorze-Stils und der pompös-dekorativen Physiognomie seiner Epoche beteiligt. Die königliche Akademie, in die die von den alten Gilden befreiten Künstler strömten, raubte diesen die neugewonnene Freiheit bald wieder. Unter der Leitung Le Bruns und durch die von ihm aufgestellten, streng klassischen künstlerischen Richtlinien entwickelte sich die Akademie zu einem Räderwerk im kleinen Kosmos der Staatsmaschinerie.

Der Philosoph der Welt als Maschine, der geniale Mathematiker und Naturwissenschaftler René Descartes, dessen Erkenntnistheorie eine Art Universalmathematik darstellt, war der geistige Leitstern im Leben Le Bruns. Im Jahre 1649 erschien Descartes' *Traité des passions de l'âme,* in dem er ausdrücklich betonte, daß er sich sowohl den Leidenschaften und ihrer Bedeutung als auch den physiologischen Ursachen ihres Ausdrucks auf Gesicht und Körper nicht

»als Redner, selbst nicht als Moralphilosoph, sondern allein als Physiker«[134] nähern wolle. Er unterteilte die menschlichen Emotionen in sechs Grundaffekte und 33 Kombinationen. Die Leidenschaften waren für Descartes berechenbar und damit voraussehbar, denn sie unterlagen seiner Auffassung nach ebenso strengen, rational faßbaren Gesetzmäßigkeiten wie alle übrigen Naturerscheinungen. Die Beherrschung der Emotionen galt ihm als eine menschliche Tugend, zeugte sie doch von der Stärke der Seele und der Willenskraft des einzelnen. Nur der Schwächling, der Willenlose, ergab sich unkontrolliert seinen Leidenschaften.

Descartes siedelte den Sitz der menschlichen Leidenschaften nicht im Herzen an, sondern in der Zirbeldrüse des Gehirns, was dem Studium der Gesichtszüge eine ganz neue Bedeutung verlieh. Aufbauend auf Descartes' Gedanken, folgerte Le Brun in seiner *Conférence sur l'expression générale et particulière des passions:* »Und wie wir gesagt haben, daß die Zirbeldrüse, die der Mittelpunkt des Gehirns ist, der Ort ist, wo die Seele die Bilder der Leidenschaften empfängt, so sind die Augenbrauen der Teil des Gesichts, wo sich die Leidenschaften am deutlichsten zu erkennen geben.«[135] Diese Aussage erklärt, warum in Le Bruns physiognomischen Zeichnungen die Augenbrauenbögen besonders plastisch und bewegt dargestellt sind (Abb. 36).

Mit Descartes und dem Kartesianismus erhielt die Physiognomik ihre erste ›wissenschaftliche‹ Weihe. Ein geistiger Schüler von Descartes und zugleich ein weiterer Lehrer Le Bruns war der Leibarzt Ludwigs XIV., Marin Cureau de la Chambre. Dieser beschreibt in seinen *Caractères des passions* (5 Bde., Paris 1640–62) die einzelnen Formen der Leidenschaften, wobei er kapitelweise ihrem physiologischen Ursprung und ihrer Auswirkung nachgeht. Am Ende eines jeden Kapitels findet sich der körperliche Ausdruck des jeweils besprochenen Seelenzustandes dargestellt.

Der in Selbstbeherrschung geübte Hofmann Le Brun studierte zeit seines Lebens die Leidenschaften wie ein ›Seeleningenieur‹. Ebenso wie Descartes in seinem *Traité des passions de l'âme* sympathisierte auch Le Brun in seinen Traktaten zur Physiognomik mehr mit einer Lehre, die sich auf eine naturwissen-

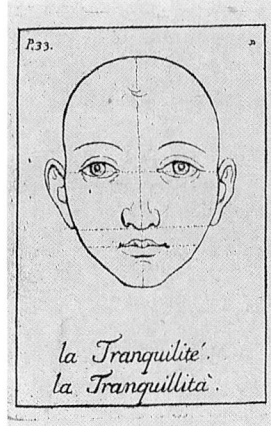

la Tranquilité.
la Tranquillità.

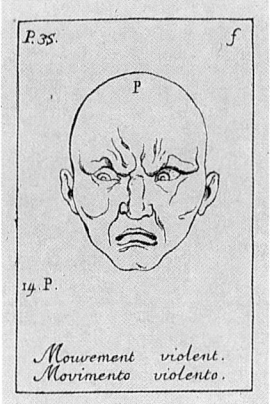

Mouvement violent.
Movimento violento.

la Colere.
la Collera.

le Desir.
il Desiderio.

l' Horreur.
l' Orrore.

Frayeur.
Spauento.

36 Charles Le Brun: *Conférence sur l'expression générale et particulière des passions,* Paris 1687. Nach Le Brun äußern sich die Leidenschaften besonders an den Augenbrauen. Diese Überzeugung erklärt, weshalb bei ihm die Augenbrauenbögen besonders plastisch und bewegt dargestellt sind

schaftliche oder mathematische Idee zurückführen läßt, als auf empirische Beobachtungen. Seine Doktrin der Leidenschaften, ihre Ordnung und Gliederung übernahm er bis ins Detail von Descartes, der die Leidenschaften in zwei Gattungen, in einfache und zusammengesetzte, eingeteilt hatte.

Le Brun beschränkte sich nicht etwa auf eine genaue Beschreibung der einzelnen Gesichtspartien, die sich bei jeder Leidenschaft in der einen oder anderen Form verändern, ihm ging es darum, aus seinen Erkenntnissen eine für die Kunst anwendbare Lehre zu formen. Als wichtiges Hilfsmittel dienten ihm die über 500 Zeichnungen, die er zu diesem Thema über Jahrzehnte hinweg schuf. Dabei zwängte er alle Arten von Gefühlsregungen in ein genau ablesbares Raster, aus dem Leiden und Lachen der Kreatur für den fleißigen Kunsteleven mit Zirkel und Lineal zu übernehmen sind. Seine

Systematisierung der Leidenschaften entwickelte der überzeugte Rationalist Le Brun nicht nur unter dem Einfluß der Traktate von Descartes und Cureau de la Chambre, sondern auch durch das intensive Studium der antiken Kunst. Die Büsten historischer Persönlichkeiten der Antike führten Le Brun zu dem Leitsatz, daß man die Menschen in drei Kategorien unterteilen könne. Zur ersten Gruppe zählt er den neutralen Charakter, der nur schwachen Gemütsbewegungen unterworfen ist, die keinerlei prägnante Veränderungen der Gesichtszüge zur Folge haben; zur zweiten die Menschen, die von edlen Gemütsbewegungen bestimmt werden, was zu einem erhabenen Ausdruck führt. Der dritten Gruppe ordnet er diejenigen Charaktere zu, die von verdammungswürdigen Leidenschaften beherrscht sind. Die unterschiedlichen Typen können Le Brun zufolge vor allem an der Augenbrauenpartie erkannt werden.

Bei den Vertretern der ersten Gruppe verläuft sie waagerecht, bei denen der zweiten zieht sie sich in der Mitte in die Höhe, bei denen der dritten in der Mitte nach unten, hinab ›zur Erde‹ (vgl. Abb. 36).

Mensch und Tier treten auch bei Le Brun in eine engere Verbindung. Das mag bei einem Schüler von Descartes verwundern, gilt in dessen philosophischem System das Tier doch lediglich als eine Maschine, da – »cogito ergo sum« – für ihn nur das Denken Beleg für die Existenz einer Seele ist. Doch werden andererseits die menschlichen Leidenschaften in Descartes' Weltbild ebenso mit einem mechanischen System gleichgesetzt. Von dort war der Weg zu den Materialisten des 18. Jahrhunderts und ihrem ›L'homme machine‹ nicht mehr weit.[136]

Offensichtlich kannte Le Brun Della Portas Physiognomik gut, denn auch er vergleicht bestimmte Menschentypen mit bestimmten Tieren, doch sind Le Bruns Zeichnungen feiner als die Abbildungen bei Della Porta; überdies belegen die seinen Demonstrationsköpfen beigegebenen feinmaschigen Liniennetze und geometrischen Figuren die präzise Konstruktion der Gestalten. Auch bei diesen Mensch-Tier-Vergleichen griff Le Brun gerne auf antike Büsten zurück. So vergleicht er den Gott Jupiter, der in antiken Bildwerken in der Regel mit einer breiten Stirn dargestellt wird, die von einem üppigen Haarkranz umgeben ist, der sich mähnenartig mit dem kräftigen Bart vereint, mit einem Löwen (Abb. 37). Damit wird eine Parallele zwischen dem König der Tiere und dem König der Götter gezogen. Doch der Konstrukteur Le Brun vermag noch weit mehr durch die den Köpfen beigelegte Geometrie von seinen ›Maschinen‹ abzulesen. Um zum Beispiel zu erfahren, ob ein Tier Pflanzen- oder Fleischfresser ist (vgl. Abb. 37), entwickelt Le Brun folgende Gesetzmäßigkeit: Als Ausgangspunkt nehme man eine vom Nasenloch (A) durch den inneren Augenwinkel (E) gezogene Gerade, die bis zum Punkt B in Höhe des Ohres oder Hornansatzes durchgeführt wird. Diese Strecke AB bildet die Basis eines gleichseitigen Dreiecks ABC, dessen Spitze (C) etwa im Halsbereich gelegen ist. In dieses Dreieck zeichne man eine Gerade ein, die parallel zur Linie BC verläuft, und zwar derart, daß sie dabei den Punkt E durchzieht und die Strecke AC im neuentstandenen Punkt G

37   Charles Le Brun: Der König der griechischen Götter, Jupiter, wird mit dem König der Tiere, dem Löwen, in Analogie gesetzt, aus: Louis-Jean-Marie Morel d'Arleux, *Dissertation sur un traité de Charles Le Brun concernant le rapport de la physiomie humaine avec celles des animaux,* Paris 1806

schneidet. Liegt dieser Punkt G nahe am Maul, wie beim Löwen, dann haben wir es mit einem Fleischfresser zu tun, wenn nicht, wie etwa beim Esel (Abb. 38), dann haben wir einen Pflanzenfresser vor uns. Doch Le Brun erläutert uns nicht nur die ›Maschinen‹, die er in der Natur vorfindet. Er ist so sehr Konstrukteur, daß er nicht von der Hybris lassen kann, seine eigenen Gebilde zu konstruieren. Er zeigt uns nicht nur an Della Porta erinnernde, an die Tierphysiognomik angepaßte Menschengesichter oder einfach – ähnlich wie bei Leonardo – in einer zeichnerischen Fabulierfreude entstandene Monstrositäten, er mischt bewußt die einzelnen Elemente miteinander (Abb. 39). So zeichnet er Löwen und Pferde mit Menschenaugen, und wie in Setzkästen präsentiert er uns die einzelnen Gesichtsteile, die man nach Belieben zusammenfügen mag (Abb. 40). Le Brun

39   Physiognomische Skizzen von Charles Le Brun (Fuchsmenschen), aus: ders., *Conférence sur la physionomie de l'homme dans ses rapports avec celles des animaux,* Paris 1671

38   Charles Le Brun: Analogie von Mensch und Esel. Der Punkt G beim Esel, der weit vom Maul des Tieres entfernt ist, gibt nach Le Brun an, daß es sich hier um einen Vegetarier handelt. Dagegen zeigt der am Maul liegende Punkt G des Löwen den Fleischfresser an (Abb. 37), aus: Louis-Jean-Marie Morel d'Arleux, *Dissertation sur un traité de Charles Le Brun . . .,* Paris 1806

40   Charles Le Brun: Augenpaare des Menschen, des Affen und des Kamels, aus: Louis-Jean-Marie Morel d'Arleux, *Dissertation sur un traité de Charles Le Brun . . .,* Paris 1806

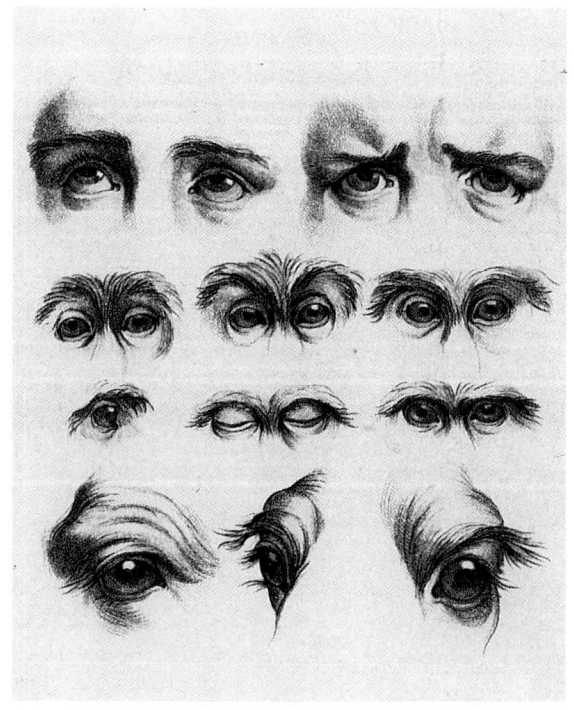

wird damit zum Beleg für die Phantastik der reinen Rationalität und zum Vater all jener künstlichen und zusammengesetzten Geschöpfe, die später mit Vorliebe die literarische Romantik aufgegriffen hat – und, wenn man so will, zum Großahnen der schauerlichen Möglichkeiten der Gentechnik.

Le Bruns Arbeiten über die Leidenschaften und die Physiognomik blieben keine Sandkastenspiele. Seine zeichnerischen Beispiele fanden bis weit in das 18. Jahrhundert hinein Eingang in die Kunst, oft als direkte Zitate (Abb. 41 a, b). William Hogarth zollte ihnen in seiner 1753 erschienenen *Analysis of Beauty* Anerkennung. Die Auffassung von der ›Kunst als Wissenschaft‹, für die Le Brun mit seinen physiognomischen Studien stand, kam nicht nur dem Geist des 17. Jahrhunderts, sondern auch dem darauffolgenden Jahrhundert der Aufklärung entgegen.[137] Vor allem aber war er, mit seinem Studium und der daraus abgeleiteten Inszenierung der Leidenschaften, Mitgestalter des barocken Lebensgefühls – und der barocken Physiognomie.

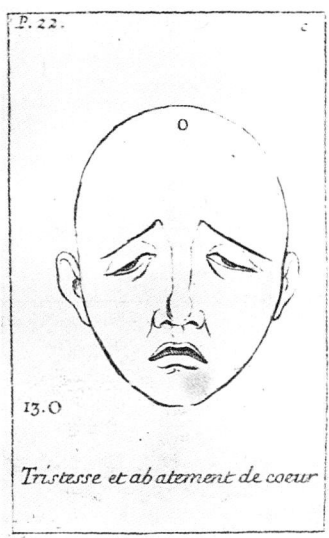

L'ARMOIRE

41 a, b   Das Gesicht des ertapp-
ten Liebhabers aus Jean Honoré
Fragonards Kupferstich *Der
Schrank* (1778) ist ein deutlich
erkennbares Zitat nach Le Brun

Die Entdeckung der barocken Physiognomie

»Wer würde bei einem Besuch in Ravenna mit seinen feierlichen Mosaiken so leicht daran denken,
daß es auch in Byzanz lärmende Kinder gab, und wer
denkt an die hageren Bauern von Flandern, wenn er
vor einem Rubens steht? Ich möchte diese Tendenz,
sich eine Zeit so vorzustellen wie ihren typischen Stil,
den ›physiognomischen Trugschluß‹ nennen.«[138]
Man wird dieser Aussage Ernst H. Gombrichs zu-
stimmen – ganz einfach weil sie richtig ist. Und doch
ist der Stil einer Epoche keineswegs so dünnblütig,
daß er sich nur in den Kunstwerken zu verkörpern
vermag und am Leben und somit am Menschen
sozusagen achtlos vorbeischreitet. Spätestens seit
der Erfindung der Fotografie läßt sich konkret beobachten, daß es ein Wechselspiel zwischen Mensch
und Stil gibt. Der Mensch paßt sich seinem Milieu
physiognomisch an. Am deutlichsten bringt er dies
durch seine Kleidung zum Ausdruck, in der Stil und

Physiognomie seiner Epoche enthalten sind. Sie ist
dem Menschen längst zur zweiten Haut geworden
und verbindet das wieder miteinander, was sich im
Prozeß der Zivilisation voneinander entfremdet hat:
Kopf und Körper. Während der nackte Leib und sein
Haupt durch die Naturentfremdung des Menschen
keine selbstverständliche physiognomische Einheit
mehr zu bilden vermögen, nähern sich Kopf und
bekleideter Körper wieder einander an. Mit dem
wechselnden Leitbild der Mode wechseln aber
zugleich Gebaren und Haltung des Menschen. Die
Form verlangt nach ihrem Inhalt. Etwas spöttisch
drückte das der Jurist und Dichter Friedrich von
Logau aus: »A la mode-Kleider, à la mode-Sinnen;/
Wie sich's wandelt außen, wandelt sich's auch
innen.«[139]

   Je fremder uns etwas ist, je mehr wir von etwas
durch Zeit oder Raum getrennt sind, desto leichter
erkennen wir das mit ihm Gemeinsame und das von
uns Trennende. Die Distanz hilft uns, das Wesentliche zu erfassen. Erst bei genauerem Hinschauen

bemerken wir das Trennende im Einheitlichen, und der einzelne Stil beginnt seine Facetten und Variationsfülle vor uns auszubreiten. Doch was kennzeichnet einen Zeitgeist oder einen Lebensstil? Nikolaus Pevsner definierte den Stil einer Epoche nicht in einem dogmatischen Begriff der Identität, sondern in einem gemeinsamen Lebensgefühl, »das wesensverschieden von dem Lebensgefühl der vorhergehenden wie der nachfolgenden Epoche ist und alle seine Träger durch gewisse leitende Ideen aneinander bindet, unbeschadet aller Gegensätzlichkeiten von Weltanschauung und künstlerischer Form.«[140] Der Begriff ist also weit gefaßt und spricht auch den Gegensätzlichkeiten einer Zeit nicht die übergeordnete Einheit ab, die vielleicht erst der historisch Fernerstehende zu erkennen vermag. Die ersten ›klassischen‹ Stilbeschreibungen des Barock hat Heinrich Wölfflin in seinen erstmals 1915 erschienenen *Kunsthistorischen Grundbegriffen* geliefert. Die ästhetische Entwicklung von der Epoche der Renaissance zum Barock kennzeichnet er als den Übergang vom Linearen zum Malerischen, von der oberflächlichen Darstellung zur Tiefenwirkung, von der geschlossenen Form zur offenen, von der Pluralität zur Einheit, von der absoluten Klarheit zur relativen Klarheit der Objekte. Aber Wölfflin verwies auch auf die Spannungsgeladenheit, auf die Dynamik, auf die gewaltigen Dimensionen und die Suggestion des Unendlichen, auf die malerischen Lichteffekte, in denen sich dieser auf Wirkung ausgerichtete Stil gefiel.

Das 17. Jahrhundert ist nicht etwa durch einen einheitlichen Barockstil gekennzeichnet, sondern wir finden im Gegenteil eine Vielzahl von Stilarten. Die Kunst Frankreichs, aber auch Englands und Hollands war rationalistisch und klassizistisch ausgerichtet, im Gegensatz zu der Italiens, Spaniens oder Süddeutschlands. Während die erste Hälfte des Jahrhunderts im Zeichen des Dreißigjährigen Krieges stand, wurde das Lebensgefühl in der zweiten entscheidend durch die Herrschaft Ludwigs XIV. geprägt. Auf den römischen Barock und die niederländische Malerei folgte nun die französische Kunst mit einem Glanz, der binnen kürzester Zeit ganz Europa in seinen Bann schlug. In ihr verzahnten sich politische Ansprüche und künstlerisches Anliegen, das ›wilde‹ barocke Lebensgefühl wurde vom absoluti-

stischen Reglement abgelöst. Doch zwischen dieser Vielschichtigkeit ist ein festes Band geknüpft, das alle barocke Pluralität eint und ihr ein festes Signum gibt: Der barocke Stil beinhaltet eine Kultur der Überredung, der Überwältigung, die versucht, auf den Menschen einzuwirken, ihn zu belehren, ihn zu entzücken und zu rühren. Der barocke Stil ist populär und verständlich, und der barocke Mensch, sein Schöpfer, ist zugleich auch sein Produkt. Auch er will beeindrucken, und zwar durch seine geschickte Selbsteinbringung. Er ist ein Mensch der Repräsentation, und repräsentativ ist auch sein Erscheinungsbild. Der barocke Mensch, wie wir ihn aus der Kunst kennen, setzt die tradierten Proportionsgesetze keineswegs außer Kraft. Die idealen Größenverhältnisse zwischen Kopf, Rumpf und Gliedmaßen bleiben weitgehend unangefochten. Nicht in seiner Größe, sondern in der Körperbreite unterscheidet sich der Mensch des 17. Jahrhunderts von denen anderer Zeiten. Die üppige barocke Figur, lebensbejahend, dem Irdischen zugewandt, erlangte ihre archetypische Ausprägung in der Kunst von Peter Paul Rubens. Nun ist es gewiß, daß die barocke Gestalt weder eine Erfindung von Rubens noch eine des 17. Jahrhunderts ist. Aber in dem Augenblick, wo eine Epoche einen neuen Gestaltentypus als ihr Ideal proklamiert, weil sie sich selbst in ihm entdeckt hat, beginnt sie auch, diesen zu fördern. Die Kunst propagiert das neue Ideal, macht es populär und allen sichtbar; seine Gegenwart formt zugleich den Menschen um: Er wird ›barock‹ in seinem Gestus, seiner Kleidung und – was die Porträts jener Zeit nahelegen – auch in seiner Gestalt.

Rubens, der humanistisch gebildete Maler, Diplomat, Kenner der Antike und Kunstsammler, wird mit Recht als typischer Vertreter der barocken Kultur beurteilt, und zwar nicht nur aufgrund seines künstlerischen Werks, sondern auch aufgrund seiner eigenen Person. Trotz aller Schicksalsschläge war sein Leben gekennzeichnet durch Vitalität und den Glauben an sich selbst und die eigene Leistung. 1621 schrieb er, ohne Überheblichkeit, aber in barocker Selbstbewertung: »Mein Talent ist so geartet, daß keine Unternehmung, sei sie auch noch so groß und mannigfaltig im Gegenstand, mein Selbstvertrauen jemals überstiegen hätte.«[141] Rubens' Kunst zeigt

42   Peter Paul Rubens: *Raub der Töchter des Leukippos,* um 1617, Öl auf Leinwand; München, Bayerische Staatsgemäldesammlungen

trotz aller Bewegtheit der Figuren und ihres Sensualismus eine mustergültige Naturtreue. Das Muskelspiel seiner üppigen Gestalten stellt Rubens durch genaueste Betonung aller Muskelansätze und Gelenkformen dar. Auch das Thema Mensch und Tier greift er in barocker Manier auf. So spielt das Tier z. B. in seinem Gemälde *Raub der Töchter des Leukippos* eine wichtige Rolle (Abb. 42). Das Bild, um 1617 entstanden, fand zahlreiche Bewunderer und gehört zu den Glanzpunkten der barocken Malerei; der barocke Mensch begegnet uns hier in Vollendung. Die sich aufbäumenden Pferde verleihen dem dargestellten Geschehen nicht nur zusätzliche Dynamik, sie verweisen zugleich auf die männliche Kraft, auf die Potenz der beiden Entführer Kastor und Pollux. Die Töchter des Leukippos, Hilaeria und Phoibe, fühlen sich ganz offensichtlich nicht bedroht, weshalb auch – ist doch der lächelnde Amor auf dem dunklen Roß deutlich zu erkennen. Der von Rubens

geschilderte Raub der beiden Königstöchter ist in Wahrheit gar kein Raub: Vielmehr sehen wir die barocke Inszenierung eines Raubes und damit vorrangig ein Fest der Lebensfreude.

Die üppigen Körperformen, die typisch für Rubens' Figurendarstellungen sind, stehen nicht nur im krassen Gegensatz zu dem weit spröderen Schönheitsideal des Industriezeitalters, sondern z. B. auch zu dem der Gotik, die in ihrem Hang zur Mystik und Askese schlanke, zerbrechlich wirkende Gestalten mit knochigen Gesichtsbildungen bevorzugte. Trotz dieses Wandels des Ideals von äußerer menschlicher Schönheit im Strom der Zeit und der damit verbundenen Veränderung der Physiognomien wird eine bestimmte Konstanz in den Grundannahmen von dem, was schön oder häßlich ist, erkennbar. Das trifft etwa für die Vorstellung von Wohlproportioniertheit zu und noch viel mehr für die Vorstellungen von dem, was der Schönheit widerspricht: Niemals wer-

75

43 a, b   Der ›wilde‹ Barock wurde in der zweiten Hälfte des 17. Jh.s vom ›reglementierten‹ Barock abgelöst. Abraham Bosse: Französischer Kavalier mit Schlapphut, aufliegendem Spitzenkragen, Wams, Hose mit verzierter Seitennaht und Stulpenstiefeln, 1629, Radierung; Andreas Matthäus Wolfgang: Höfische Männertracht mit Allongeperücke und Justaucorps, spätes 17. Jh., Kupferstich

den der ungeschlachte Riese, die teuflische Fratze, die bucklige Hexe als schön empfunden.

Von einer ›Entdeckung‹ der barocken Physiognomie darf man sprechen, weil sich die Aufmerksamkeit dieser Zeit auf einen bestimmten Körperbautypus richtete, der, nachdem er ins allgemeine Bewußtsein getreten war, angestrebt wurde. Ernst Kretschmer schrieb über derartige ›Entdeckungen‹: »Jeder gesunde Körpertypus findet bald heute, bald morgen seine ästhetische – und sagen wir gleichzeitig damit seine erotische und fortpflanzungsmäßige Konjunktur. Er wird von der Kunst und der Kleidermode des ihn begünstigenden Zeitalters mit größter Hingebung bis auf das äußerste seiner ästhetischen Wirkungsmöglichkeiten herausstilisiert und damit gleichzeitig auf den Höhepunkt seiner erotischen Anziehungsfähigkeit gebracht. Parallel damit schwingen sich die dem betreffenden Körperbautypus zugehörigen seelischen Werte: das Asketisch-Metaphysische, das Saftig-Realistische, das Kindlich-Spielerische auf die Höhe des Zeitgeistes.«[142] Die Herausbildung eines neuen Kollektiv- und Zeitgesichts wird neben der Kunst entscheidend von der Mode gefördert. Die Kleidung paßt sich dem herrschenden

Konstitutionstypus einer Epoche nicht nur an, sondern weiß diesen auch zu übersteigern. Dadurch hat z. B. auch derjenige, der von Natur aus keine barocke Konstitution besitzt, die Möglichkeit, ›barock‹ auszusehen. Mehr noch: Kunst, Kleidung und Lebensstil prägen auch Gestik und Mimik des Menschen. Die wiederholte Mimik gräbt sich dann als ›gefrorene Mimik‹ in die Physiognomie ein, wodurch jede Zeit ihr ›eigenes Gesicht‹ erhält. Die Physiognomie der Barockzeit hat zwei Gesichter: Während das barocke Lebensgefühl sich in der ersten Hälfte des Jahrhunderts – wohl mitbedingt durch den Dreißigjährigen Krieg – in abenteuerlichen Aufzügen und Draperien gefiel, gab in der Folgezeit die Herrschaft Ludwigs XIV. dem Pathos ein festes Reglement (Abb. 43 a, b). Ablesbar ist dieser Wandel z. B. im Militärwesen. Die wilden Haufen, in denen sich jeder Soldat nach Belieben kleiden konnte, verschwanden. Ab 1670 wurde der Überrock des Soldaten durch die Vereinheitlichung von Farbe, Schnitt und Besatz zum Uniformrock. Die einzelnen Regimenter erhielten ihre typischen Kennzeichnungen und waren nun deutlich voneinander zu unterscheiden. Die militärische Schlachtordnung, in der man die Soldaten zu Heer-

76

körpern von ornamentaler Pracht zusammenpreßte, wurde perfektioniert. Ein besonders markantes Glanzstück barocker Herrlichkeit erschuf ebenfalls um 1670 der Leibfriseur Ludwigs XIV., Binette: Die Allongeperücke, die zur Staatsperücke wurde. Die wilde barocke Löwenmähne wurde durch die genormte Lockenpracht der Allongeperücke zwar gebändigt, aber dafür zu einem Optimum von wahren Haarbergen und hoheitsvoller Potenz gesteigert.

Eine bedeutende Verkörperung barocken Lebensgefühls begegnet uns im Schaffen des italienischen Architekten und Bildhauers Giovanni Lorenzo Bernini. Jacob Burckhardt bezeichnete ihn als »den Mann des Schicksals« für die Plastik seines Jahrhunderts.[143] Bewegung, Widerstreit, Geschehen, Freude an der dekorativen Geste und am Theatralischen kennzeichnen sein Werk und sein Menschenbild. Das Geheimnis des Porträts lag für Bernini darin, »die vorhandene Schönheit zu unterstreichen, und ›Größe‹ zu geben, das Kleine und Schwächliche hingegen zu mindern, bzw. nach Möglichkeit zu unterdrücken«.[144] Als er diese Auffassung zum Ausdruck

44 Giovanni Lorenzo Bernini: *Ludwig XIV.,*
1665, Marmor; Château de Versailles

brachte, arbeitete er gerade an der Büste Ludwigs XIV., die seine These eindrucksvoll ›plastisch‹ belegt (Abb. 44). Bernini zeigt uns den noch jugendlichen König. Er geht von dessen tatsächlichen Gesichtszügen aus, doch werden sie idealisiert und ins Pathetische gesteigert. Porträts von Alexander dem Großen, dessen Gesichtsausdruck und Stirnbildung, hatte Bernini bei dieser Arbeit vor Augen.[145] Doch anders als bei den ruhigen Köpfen des Makedoniers ist das Haupt des Sonnenkönigs in ein bewegtes Szenario eingebunden. Das nach links gewandte, erhobene Haupt der Majestät steht in einem prägnanten Spannungsverhältnis zu der üppigen wehenden Draperie, die den König wie auf einer Wolke schweben läßt und ihn so gleichsam über seine Untertanen trägt. Doch mit der Büste Ludwigs XIV. haben wir uns bereits in das nächste Kapitel vorgewagt.

Gestalt und Mimik im Herrscherbild und Staatsporträt

›L'Etat c'est moi‹, so lauteten Herrschaftsverständnis und Herrschaftsbegehren des Sonnenkönigs. Da der Staat der König war, trug er auch das Antlitz seines Souveräns, wurde zu dessen Körper, den dieser beherrschte und formte, ja er bildete, gleich Zepter und Krone, die erweiterte Physiognomie des Königs. Es war daher nur folgerichtig, daß der junge Ludwig XIV. die alte Hauptstadt verließ und außerhalb von Paris seine eigene Residenz errichtete, deren Name untrennbar mit dem seinigen verbunden ist – Versailles. Doch die neue Residenz war eben nicht nur Schloß, sondern zugleich Stadt und Park. Versailles, das ist der Grundtyp, die Urform der barocken Residenzstadt. Das Schloß liegt auf der höchsten Erhebung, im Zentrum und am Übergang von Stadt und Garten. Straßen und Wege führen auf das Schloß hin und strahlen gleichzeitig von dort wieder zurück. Die raffiniert angelegten Perspektiven laufen scheinbar ins Unendliche, als wollten sie versinnbildlichen, daß dem Strahlenkranz des Sonnenkönigs keine Grenzen im Raum gesetzt sind. Im Schloß, dem Herzen der Residenzstadt und damit zugleich des Staates, ist der König, oder sein Symbol, die Sonne, dank der hilfreichen Künste überall präsent. Der Hof des Königs war der Olymp, der der Nation den Glanz verlieh, und der König liebte es, sich als Apoll oder Jupiter darstellen zu lassen. 1653, bei der Premiere des *Ballet royale de la nuit,* tanzte er sogar die Hauptrolle als Apoll. Staat, Kunst und König waren eins, bildeten die Trinität, in der sich, für alle sichtbar, die Physiognomie von Herrschaft und Macht verkörperte.

Repräsentierte der Staat den absoluten Souverän in beeindruckender Größe, so tat dies das Herrscherbild seit alters im kleinen, vertrauteren Rahmen. Das Bildnis des Herrschers hatte bereits in der Antike Stellvertretercharakter. Wo es zugegen war, war auch der Herrscher gegenwärtig. Noch 1813 beispielsweise sah das *Strafgesetzbuch für das Königreich Baiern* vor, daß im Fall von Majestätsbeleidigung der Delinquent – über die eigentliche Strafe hinaus – »eine öffentliche Abbitte vor dem Bildnisse des Souveräns« abzuleisten hatte.[146] Für die Vervielfältigung der großen Staatsporträts stand oft eine ganze Schule von Kopisten bereit, da der Herrscher an allen wichtigen Stellen seines Reiches, aber auch in den Prunkräumen ausländischer Höfe präsent sein sollte. Psychologisch liegt dem traditionellen Herrscherbild eine wichtige Prämisse zugrunde: Der Souverän ist nicht nur auserwählter Mensch kraft Gottesgnadentums, Abstammung und Geistes, sondern aufgrund seines bildhaften Wesens, seiner erhöhten ›Bildwertigkeit‹. Der Monarch muß daher, wenn er sich zeigt, der ›Bilderwartung‹ entsprechen, die ihm von seinen Untertanen entgegengebracht wird. »Nur weil er derart ein Sein im Sichzeigen hat«, bemerkt Hans-Georg Gadamer dazu, »wird er ja eigens im Bilde dargestellt.«[147] Die Legitimität der Herrschaft findet ihre sichtbare und einfachste Bestätigung in der ›physiognomischen Auserwähltheit‹ des Souveräns. Stirbt der Monarch, dann muß sein Bildnis dem seines Nachfolgers weichen. Doch verliert es damit nicht jegliche Funktion. In der Ahnengalerie reiht es sich als Glied in eine lange Kette ein, die die Bildwertigkeit einer ganzen Dynastie belegt und damit zugleich auch die Legitimität des neuen Herrschers stützt. Auch hier, in die Tiefe der Zeit, greift die erweiterte Physiognomie des Herrschers und des Herrschens hinein.

Wir finden das Herrscherbild als ganzfiguriges Staatsporträt, als Reiterbildnis, Kniestück oder als

45   Hyacinthe Rigaud: *Ludwig XIV.,* 1701/02, Öl auf Leinwand; Paris, Louvre

intimeres Halbfigurenbildnis und als Büste, je nach dem Ort, an dem es plaziert ist, und der Bedeutung, die es einnimmt. Alle diese Bildformen verbindet eine gemeinsame Tendenz: Der Herrscher, durch seinen Stand über das Volk erhoben, verlangt eine Darstellung, aus der ersichtlich wird, daß er seine Untertanen an Größe überragt. Die Augen des Souveräns müssen daher auf den Betrachter herabblicken – was rein technisch eine Hängung bzw. Plazierung über der Augenhöhe des Betrachters verlangt –, und der Kopf zeigt sich uns gerne im Gestus des erhobenen Hauptes (vgl. Abb. 44).

Um die Allgegenwart des Herrscherantlitzes zu erreichen, bedurfte es vor allem der technischen Reproduzierbarkeit der Bildnisse, was in erster Linie die Entwicklung der druckgrafischen Techniken ermöglichte. So begegnen uns solchermaßen ausgeführte Herrscherbildnisse, von wenigen Vorläufern im 15. Jahrhundert abgesehen, vornehmlich seit Beginn des 16. Jahrhunderts. Auch das berühmte Staatsporträt Ludwigs XIV. von Hyacinthe Rigaud (Abb. 45), das wie ein Paukenschlag den Höhepunkt in der Geschichte des europäischen Herrscherbildnisses markiert, wurde von Pierre Drevet, dem ›Graveur du Roi‹, für das Volk in Kupfer gestochen.

Eine neue Möglichkeit, die Physiognomie der Macht angemessen zu reproduzieren, hätten wir uns eigentlich von der Fotografie erwarten können. Doch fiel ihre Erfindung in eine Zeit, in der die Bildhaftigkeit der Macht schwand. Wo sich beides trotzdem miteinander verband, wirkt es – wie es z. B. Fotografien von Kaiser Wilhelm II. dokumentieren – nach Attrappe (Abb. 46). Welten und Weltanschauungen liegen zwischen den feudalen Herrscherbildnissen und den fotografierten Konterfeis unserer gewählten Potentaten. Es sind ›unbildliche Bilder‹, die, wo sie den Staat noch bildhaft repräsentieren, dies nur im Rahmen tradierter Konventionen, weniger aus innerer Wesenhaftigkeit tun. Jede physiognomische Auffälligkeit oder gar ›Auserwähltheit‹ ist hier zurückgenommen, was wir erblicken, ist gediegenes und konzentriertes Mittelmaß, allenfalls ›der diskrete Charme der Bourgeoisie‹. Auch die Ikonen der Diktatoren meiden im Regelfall zu kühnes Pathos. Sie sind lediglich der Erde, nicht mehr den Himmeln entstiegen. Wo sie ›Größe‹ zeigen, ist es meist Maßstabslosigkeit.

Das abendländische Herrscherporträt leitet sich von den Alexander-Darstellungen ab, in denen sich Realität und Idealität vereinen. Diese Synthese blieb auch für das neuzeitliche Herrscherbild verbindlich. Die Realität ermöglichte die individuelle Erkennbarkeit des Herrschers, die Idealität die Erkennbarkeit seiner gesellschaftlichen Funktion als oberstem Glied der ständisch gegliederten Gesellschaft: Alle Wege führen zum König, und alle Wege gehen vom König aus. Den Höhepunkt dieser hierarchisch gegliederten Ordnung bildete der absolutistische Staat Ludwigs XIV., doch die Grundkonstrukteure dieser ›Staatsmaschine‹ waren bereits Richelieu und Mazarin. Der Satz ›Princeps legibus solutus‹ ist alt. Daß er für Ludwig XIV. nicht Theorie oder bloße Annäherung blieb, verdankte er der rationalistischen Durchbildung seines Staates. »Der König des heutigen Frankreichs ist ein erhabener König, ein Herrscher

46   Wilhelm II. in der Uniform eines Generalfeldmarschalls, Fotografie, um 1910

von scharfem Verstand, hohem Sinn und großer Macht«,[148] so urteilte Bernini über Ludwig XIV. Doch in Wahrheit war auch der König nur ein Glied in der Staatsmaschinerie – wenngleich das erste und wichtigste.

Dieses wichtigste Glied angemessen zu präsentieren oblag dem Herrscherbildnis. Der Maler und Ästhetiker Roger de Piles bemerkte dazu: »Die Bildnisse müssen zu uns zu sprechen scheinen und uns etwa sagen: Halt! Beachte auch wohl, ich bin jener unbesiegbare König, erfüllt von meiner Majestät; oder: ich bin jener tapfere General, der überall Schrecken um sich verbreitet; oder: ich bin jener große Minister, der alle Schliche der Politik gekannt hat; oder: ich bin jener Magistrat von vollendeter Weisheit und Redlichkeit.«[149] Hyacinthe Rigaud hatte sich diesen Ratschlag zu eigen gemacht, als er bereits zu Beginn des neuen Jahrhunderts, 1701, das vollendetste Zeugnis absolutistischen Machtanspruchs schuf (vgl. Abb. 45). »Halt! – ich bin der König«, vermittelt uns das Bild augenblicklich. Die Gestalt des Monarchen ist mit beispiellosem Pomp in Szene gesetzt: Haltung und Kleidung, Ordensinsignien und Herrschaftszeichen, Mobiliar und Raum unterstreichen die einzigartige Stellung des Sonnenkönigs. Der König beherrscht das Bild, alles, was ihn umgibt, ist Teil seiner erweiterten Physiognomie: Seine linke Hand ist herrisch und zugleich graziös in die Hüfte gestemmt, seine ausgestreckte Rechte stützt sich entschlossen und dabei doch lässig auf das Zepter, das auf dem Tabouret mit den königlichen Insignien ruht. Ein Fuß ist vorgesetzt, der Kopf leicht erhoben zur Seite gedreht. Diese auftrumpfende Herrscherpose war damals in ihrer Grundform bereits bekannt. Wir begegnen ihr etwa in Anthonis van Dycks berühmtem Gemälde *Karl I. von England auf der Jagd* (um 1635). Der Gesichtsausdruck des Sonnenkönigs ist herablassend, doch zugleich milde gestimmt, der zahnlose Mund des dreiundsechzigjährigen ›Königs der Könige‹ bleibt dezent verborgen. Beeindruckend an dem Bild ist die virtuose Verschmelzung des Gegensätzlichen in Gestalt und Haltung des Souveräns. »Hier ist also das Motiv«, schrieb Julius Lange, »das früher als Charakteristik einer kekken, ein wenig kriegerisch herausfordernden Männlichkeit galt, zu einer Mischung der größten Prätentionen und der zahmsten Gesellschaftlichkeit erweitert, – es ist ein Löwe und ein Schaf, ein Donnergott und ein altes Weib in innigem Verein.«[150]

Das von Rigaud geschaffene Szenario blieb typenbildend für das Herrscherporträt des Ancien régime und der absolutistischen Monarchien Europas. Zur Zeit Kaiser Napoleons finden wir es im klassizistischen Sinn abgewandelt und später in neubarocker Manier übersteigert, etwa in den Bildnissen des unglücklichen Wittelsbachers Ludwig II. Kennzeichnend für das Herrscherbildnis, insbesondere des 16. bis 18. Jahrhunderts, ist, daß die dargestellte Person durch das ›physiognomische Beiwerk‹ oft weit über ihr ›physiognomisches Grundpotential‹ hinausgetragen wird. Die Formung der menschlichen Gestalt durch die höfische Mode, durch Fischbeine, Schnürleib und Perücken, der Pomp und das Pathos, bei gleichzeitiger Beherrschung der Leidenschaften, die in der bildlichen Darstellung des Monarchen am

deutlichsten ablesbar waren, trugen in sich natürlich bereits den Keim einer Gegenreaktion. Das Einfache, Ehrliche, Ungekünstelte meldete sich zu Wort. 1793 bemerkte der Ästhetiker Johann Georg Sulzer zu den Bildnissen Rigauds: »Ich gestehe, daß ich kaum ein Porträt von dem mit Recht berühmten Rigaud gesehen, wo mir nicht seine Bekleidung, so schön sie andern Absichten seyn mag, anstößig gewesen. Man ist gezwungen, ihr einen beträchtlichen Theil der Aufmerksamkeit zu widmen.«[151] William Makepeace Thackeray zerlegte Rigauds Porträt in seinem 1840 publizierten *Paris Sketch Book* in einer beißenden Satire: in das ›physiognomische Beiwerk‹ und in den weit weniger imponierenden ›physiognomischen Inhalt‹ (Abb. 47). Nach Entfernen der prachtvollen Herrscherrobe und der gewaltigen Perücke bleibt bei Thackeray nicht mehr viel von der Herrlichkeit des Monarchen. Wir erblicken ein glatzköpfiges, spitzbäuchiges Männchen auf dürren Beinen: einen Bourgeois, nicht aber einen Apoll. Doch wir besitzen vom alten Sonnenkönig ein plastisches Dokument, das selbst die unbestechliche Fotolinse an Wahrhaftigkeit übertreffen dürfte: Es handelt sich dabei um eine durch Abguß entstandene Keroplastik, besser bekannt unter der Bezeichnung Wachsbildnis (Abb. 48). Sie zeigt uns einen vom Alter gezeichneten Ludwig XIV., mit verächtlich vorgeschobener Unterlippe und fliehender Stirn. Und doch scheint das Feuer, das einst dieses Gesicht durchleuchtet haben muß, noch nicht ganz erloschen, noch strahlt durch die altersschlaffen Züge Wille und Majestät – die kräftige, raubvogelartige Nase geht in ihrem oberen Teil fast geradlinig in die Stirn über und verleiht auch noch dem Altersgesicht Halt und Imposanz. Kein Apoll, fürwahr – aber auch kein Männchen, dem allein die Allongeperücke die sichtbare Herrscherwürde verleiht. Ludwig XIV. erscheint hier so, wie er am Ende seines eigenen Zeitalters beschrieben wird: Mürrisch, unzufrieden – doch ein König.

Das anhebende bürgerliche Zeitalter begann das Pathos zu meiden bzw. zu entlarven. Man erblickte darin nur noch Schein, nicht *auch* Wirklichkeit. In einer zunehmend vom Intellekt bestimmten Welt wurde das Sinnlich-Sichtbare immer weniger als Bedeutungsträger akzeptiert. Sobald der Mensch in

47 William Makepeace Thackeray schrieb unter seine Karikatur auf Ludwig XIV.: ›Man sieht sofort, daß die Majestät aus der Perücke gemacht ist, den hochhackigen Schuhen und dem Mantel ... So stellen Barbiere und Flickschuster die Götter her, die wir anbeten.‹, aus: ders., *Paris Sketch Book,* 1840

seiner ›Bildhaftigkeit‹ zu stark in Erscheinung tritt, wird Maskerade vermutet. Dabei ist die Verschleierung der Macht durch betonte Unauffälligkeit und das Eintauchen in den Egalitarismus vielleicht ihre größte Täuschung. Der italienische Schriftsteller und Diplomat Graf Baldassare Castiglione, der lange Zeit in den Diensten der Renaissancehöfe in Urbino und Mantua stand, hatte sich in seinem Buch *Il libro del Cortegiano* (1528) mit der Erscheinung des Hofmannes befaßt. Castiglione wirkte damit maßgeblich auf das Ideal des ›honnête homme‹ in Frankreich ein. Eine der wichtigsten Aussagen Castigliones besteht darin, daß Form, Kleidung und Etikette, also Dinge, die leicht als oberflächliche ›Tünche‹ abgetan werden, von einer essentiellen Echtheit sein können. Konrad Lorenz griff diesen Gedanken Castigliones später auf und urteilte dazu: »Bei tieferer Betrachtung zeigt sich unter dieser Oberfläche eine Kategorie des Seins, die nicht mehr kulturelle Erscheinung, sondern echte Menschlichkeit ist, nicht mehr Anstand des äußeren Auftretens, sondern Anständigkeit des Herzens. Anstand und Anständigkeit bilden eine Einheit, zumindest was die Vorgänge ihrer Tradition und was die Gemeinsamkeit ihrer phyletischen Grundlagen betrifft. Bei beiden ist ein offenes Programm angeboren, das von der jeweiligen Kultur in Einzelheiten ausgefüllt wird. Bei beiden bildet die Empfindung für das Ästhetische und das Ethische, mit anderen Worten die Gestaltwahrnehmung, die angeborene Grundlage.«[152]

Das Herrscherbild des 19. Jahrhunderts paßte sich nach der Ära Napoleons den neuen, bürgerlich geprägten Verhältnissen an. Mit anderen Worten:

48 Antoine Benoist: Wachsbildnis Ludwigs XIV., 1706, farbiges Wachsrelief mit natürlichem Haar und verschiedenen Stoffen; Versailles, Musée National de Versailles et de Trianons

81

49 a, b   Auf den Bildern, die Friedrich von Amerling von Kaiser Franz I. malte, vermag der Herrscher nur noch als nobler Bürger zu überzeugen, nicht mehr als Monarch. *Kaiser Franz I. von Österreich,* 1832, Öl auf Leinwand; Wien, Kunsthistorisches Museum; *Kaiser Franz I. von Österreich am Schreibtisch,* 1833, Öl auf Leinwand; ehem. österreichischer Privatbesitz

Das traditionelle Herrscherbildnis geriet wie die Staatsform der Monarchie in eine Krise. Einen unbarmherzigen Eindruck davon vermittelt uns das Bildnis des österreichischen Kaisers Franz I., das Friedrich von Amerling 1832 malte (Abb. 49 a). Amerling umgibt den Souverän mit allen Attributen seiner imperialen Macht – Zepter, Krone, Reichsapfel, kostbare Stoffe, schwelgerische Draperien – nichts fehlt – bis auf die Gestalt des Kaisers. Obwohl die Person des Monarchen Noblesse ausstrahlt, fehlen ihr dennoch jene Kraft und Willensstärke, die ein König wie Ludwig XIV. noch überreich besaß. Der Kopf des Herrschers ist leicht vorgebeugt, so daß der Eindruck entsteht, als laste die Krone auf ihm, ein Verweis darauf, daß trotz politischer Restauration damals Europas Herrscherthrone zu wackeln begannen. Physiognomisches Umfeld und physiognomischer Kern klaffen auseinander. Der Monarch wirkt nicht glaubhaft in seiner Attitüde: Wie verkleidet sitzt er auf dem Thron. Damit tritt uns eine ganz neue

Physiognomie des Herrschers entgegen, der wir im Barockzeitalter nirgendwo begegnen. Wir finden sie in keinem der Bilder bzw. Statuen eines Rubens, Bernini, François Girardon, Antoine Coysevox, Andreas Schlüter, Velázquez oder des Klassizisten Nicolas Poussin. Wahrhaftiger empfinden wir Franz I. hingegen, wenn er der Physiognomie seiner Zeit entsprechend gekleidet ist, etwa in einer schlichten Generaluniform, oder wenn er als patriarchalisches Wohlwollen ausstrahlender Bürger am Schreibtisch sitzt (Abb. 49 b).

Nicht zuletzt aufgrund physiognomischer Theorien, etwa derjenigen Lavaters, zeigte das Herrscherbildnis bereits am Ende des 18. Jahrhunderts einen Wandel: Es fand eine Sublimierung statt. Die erweiterte Physiognomie, wie wir sie in Rigauds Porträt von Ludwig XIV. vorgefunden haben, wird zugunsten einer verstärkten Konzentration auf das Haupt zurückgenommen. Der Herrschaftsanspruch konnte nicht mehr allein durch die Geburt legitimiert werden. Man verlangte auch einen überragenden Geist, den das Abbild des Monarchen sichtbar machen sollte. Kaum ein anderer europäischer Herrscher erfüllte diesen Anspruch so wie der Preußenkönig Friedrich der Große. In diesem Sinne hat auch Anton Graff den Monarchen wiedergegeben (Abb. 50). Als Hoheitszeichen prangt allein der Stern des Schwarzen Adlerordens auf dem schlichten Uniformrock. Das Gesicht wird beherrscht von den großen und klugen Augen, durch die der König zum Betrachter spricht. Der absolutistische Herrschaftsanspruch ›L'Etat c'est moi‹ wird vom Bewußtsein des Souveräns, der ›erste Diener des Staates‹ zu sein, abgelöst.

»Erkenne Dich selbst«: Das Selbstbildnis am Beispiel Rembrandts

Lange bevor auf den Konterfeis der Majestäten das individuelle und psychologische Moment in den Vordergrund trat, begegnen uns diese Zeichen eines verstärkten Ich-Bewußtseins des Menschen in den Porträts von Bürgern, doch vor allem in den gemalten Dialogen der Künstler mit sich selbst. In Holland gab es keine Aristokratie, die der Gesellschaft ihr körperliches Ideal als Ziel der Nachahmung hätte vor Augen führen können, und so mag es nicht überraschen, daß gerade in diesem Land die Darstellung der Individualität ein neues Gewicht bekam. Eine einzigartige gemalte Biographie seines Lebens hat uns Rembrandt Harmensz. van Rijn hinterlassen.

Weshalb stellt ein Künstler sich selbst dar? Aus Eitelkeit, aus Mangel an anderen Modellen, aus Studienzwecken? Das alles mag bei der Entstehung eines Selbstbildnisses mit hineinspielen, doch liegt das Hauptmotiv – gerade beim bedeutenden Selbstporträt – woanders. Vincent van Gogh gab an, daß er durch das Malen seines Bildnisses u. a. seine »Persönlichkeit erweitern« wollte.[153] Doch bevor die Persönlichkeit erweitert werden konnte, mußte sie zunächst erst einmal entdeckt werden. Die Findung der eigenen Persönlichkeit, ihrer charakterlichen und physiognomischen Besonderheiten, ist das Urmotiv des Selbstbildnisses. Ohne die Kunst hätte sich das Ich des Menschen seiner selbst nie derart bewußt wer-

50   Anton Graff: *Friedrich II.,* um 1780, Öl auf Leinwand, Privatbesitz

den können. Die Kunst hat den Spiegel mitgeformt, in dem sich das Individuum erblicken kann. Das Kunstwerk besteht aus totem Stoff, aus Leinwand, Bronze oder Marmor, und doch spricht es mittels seiner Formen und Farben zu uns, als sei es etwas Lebendes. Je mehr es dem Kunstwerk gelingt, von seinem Gebundensein an diese Materialität ausgehend, Leben und Seele in die geschaffenen Formen und Körper zu ziehen, desto höher bewerten wir es.

Beim Porträt sprachen wir davon, daß in ihm drei physiognomische Elemente, oder, wenn man will, Seelen enthalten sind: die des Modells, die des Künstlers und die von Zeit und Gesellschaft. Beim Selbstporträt reduziert sich ihre Anzahl naturgemäß auf zwei Komponenten, da hier Künstler und Modell identisch sind. Der Betrachter erwartet daher vom Selbstbildnis zu Recht, und das mag seine Faszination erklären, eine besonders authentische Wiedergabe der dargestellten Person und ihres einzigartigen Wesens.

Die frühesten uns bekannten Selbstdarstellungen begegnen uns in der ägyptischen Kunst seit dem 3. Jahrtausend v. Chr.[154] Aus der griechisch-römischen Antike sind keine Selbstporträts auf uns gekommen, obgleich spärliche Literaturhinweise ihre Existenz in einem bescheidenen Umfang möglich erscheinen lassen.[155] Die mittelalterliche Kunst schloß das Persönliche aus. Kunst bedeutete Andacht, Erbauung, Dienst am Höchsten. Die Herausbildung der Individualität, sei es der eigenen oder einer fremden, galt vor diesem Hintergrund als unerwünschter Frevel. Wo uns in dieser Zeit Selbstbildnisse entgegentreten, erfüllen sie die Aufgaben eines Künstlersignets. Wir finden sie u. a. als Bestandteil des plastischen Schmucks in den gotischen Kathedralen, so etwa bei dem in Stein gemeißelten Selbstporträt von Peter Parler am Triforium des Prager Veitsdomes (um 1380), oder als Assistenzfigur, wenn sich der Künstler mit seinem Abbild in die Begleitschar eines Heiligen oder Herrschers einreiht. Handelt es sich bei diesen Selbstbildnissen auch weniger um individuelle Seelendeutungen, so markieren sie doch das zusehends erstarkende Ichgefühl des Menschen. Das reine Selbstporträt entstand um 1500 in der deutschen und italienischen Kunst, wobei Albrecht Dürer Bahnbrechendes geleistet hat. Seinem Beispiel folgten, wenn auch in bescheidenerem Maße, zahlreiche Künstler. Dürers Schüler Hans Burgkmair d. Ä. stellte sich 1529 zusammen mit seiner Frau in einem Porträt dar (Abb. 51), das auf die Vergänglichkeit alles Irdischen, vor allem der irdischen Physiognomie, verweist. In dem Spiegel, den die Gattin des Künstlers hält, erscheinen beide Gesichter als Totenschädel. Ein Spruch am rechten oberen Bildrand betont die Botschaft des Memento mori: »Solche Gestalt uns beide was/im Spiegel aber nix dann das«. Es ist die Epoche, in der die Schrecken der Pest noch gegenwärtig sind, in der Totentanz-Darstellungen in Wandgemälden, Holzschnittfolgen mit erläuternden Versen, als Buchinitialen und als Reliefs in Kirchen und auf Mauern von Kirchhöfen üblich sind. Die Physiognomien des Malers Burgkmair und seiner Frau entsprechen dem Bewußtsein der eigenen irdischen Vergänglichkeit, die Mienen sind grüblerisch mit einem resignativen Zug. Am Rand des Spiegels ist die Aufschrift »Erken dich

51 Hans Burgkmair d. Ä.: *Selbstbildnis mit seiner Frau,* Kopie von Lucas Furtenagel nach dem verlorenen Original von 1529, Öl auf Leinwand; Wien, Kunsthistorisches Museum

selbs« zu lesen; dieses »Erkenne Dich selbst« verweist nicht nur auf die Zukunft unserer Leiber, deren Schicksal ohnehin kollektiv ist und mit wirklicher Selbsterkenntnis wenig zu tun hat: Es impliziert zugleich die Aufforderung, sich die Frage zu stellen: ›Wer bin ich?‹ Damit kehren wir zur zentralen Aufgabenstellung des Selbstporträts zurück und auch zu Rembrandt, der sein Ich, sein inneres Wesen, in den Darstellungen seiner sterblichen, sich wandelnden körperlichen Erscheinung zum Ausdruck brachte.

»Rembrandt ist der eigentliche Meister der Selbstbildnisse unter den Malern aller Zeiten«, bemerkte Ludwig Goldscheider 1936.[156] Allein die Quantität seiner mehr als hundert gemalten, gezeichneten und radierten Selbstbildnisse kennzeichnet die Sonderstellung des Künstlers. Aber auch die physiognomische Vielfalt, in der der Maler dem Betrachter entgegentritt, ist einzigartig; so sehen wir immer einen anderen Rembrandt: Er erscheint uns als stolzer Jüngling, als Bettler, als grinsender Tölpel, als vornehmer Patrizier, als höhnischer Alter, der über allen irdischen Tand spottet, und als reicher Orientale, der sich in seinen prunkvollen Kleidern gefällt. Er schneidet Grimassen, als wolle er damit Vorlagen für Le Bruns Werk über die Leidenschaften liefern, gleichzeitig schreitet er auf seinem Weg der Verinnerlichung, der feinen Psychologisierung, die dem lauten Pathos des Barock zuwiderläuft, unbeirrbar fort. Er liebt es, sich zu verkleiden, mit seinen Schätzen, seinen Waffen, Schmuckgegenständen, Trachten und exotischen Kleidern zu posieren, die er als leidenschaftlicher Sammler zusammengetragen hat. Und doch leuchtet, über sämtliche gemalte Altersstufen hinweg, hinter all den Maskeraden und Fratzenschneidereien, immer wieder eines hervor: das Ich, die Psyche des Künstlers.

In den einzelnen Schaffensperioden Rembrandts ändern sich die künstlerischen Fragestellungen, die jeweils im Vordergrund seines Interesses im Bereich des Selbstbildnisses stehen. So drängt es ihn z. B. in der Frühzeit besonders danach, körperliche Reflexe und expressive Gefühlszustände vorzustellen. Uns begegnet der zornige, staunende oder skeptische Rembrandt (Abb. 52 a–c). Er spielt nicht nur alle Leidenschaften durch, sondern im Spiel scheint er sie zugleich an sich zu erleben. Die Macht der Form wirkt auf den empfänglichen Spieler zurück. Doch Rembrandt wechselt nicht nur seine Mimik, sondern in Entsprechung zu ihr, darauf hat Wilhelm Pinder verwiesen,[157] mitunter auch seine Gestalt. So nimmt er als lachender, weltzugewandter Mensch eine pyknische Konstitution an, als distanzierter Beobachter hingegen eine asthenische (Abb. 53 a, b), um mit den Kategorien der Konstitutionslehre Ernst Kretschmers zu sprechen. Besonders Rembrandts frühe Selbstbildnisse wirken spontan, fast abrupt. Wie anders erscheinen dagegen die Porträts seiner Zeitgenossen! Etwa das bekannte Selbstbildnis Poussins (1650; heute im Louvre), das klassische Kühle, Vernunft und akademische Würde ausstrahlt. Oder Charles Le Brun, der Kenner und Konstrukteur der Leidenschaften, wie präsentiert er sich uns auf seinem Selbstporträt (Abb. 54)? Der Spezialist für mimische Absonderlichkeiten riskiert keine Miene, er stellt sich uns als Respektsperson vor: als Premier Peintre du Roi und als Inhaber weiterer hoher Ämter.[158]

Die Fähigkeit zum Sich-selbst-Gegenübertreten und Auf-sich-Zurückblicken hat nur der Mensch.[159] Das Tier kann sein Ich weder denkend noch sehend erfassen, die Identität des eigenen Spiegelbildes nimmt es nicht wahr. Im Spiegel begegnet das geistige Ich des Menschen, das Selbstbewußtsein, dem körperlichen Ich, auf das es, wie etwa der junge Rembrandt mit seiner Freude am Grimassenschneiden, bewußt und kontrollierend einwirken kann. Ein Kennzeichen des Selbstbildnisses ist, daß es vor dem Spiegel entsteht und dadurch häufig – vor allem wegen des starr fixierenden Blickes der Augen – einen ›Spiegelbildcharakter‹ erhält, d. h., daß sich

52 a–c   Das Selbstbildnis als mimisches Experimentierfeld: Rembrandt mit offenem Mund, aufgerissenen Augen und gerunzelter Stirn. *Selbstbildnis mit offenem Mund,* 1630, Radierung; Amsterdam, Rijksmuseum, Rijksprentenkabinett; *Selbstbildnis mit aufgerissenen Augen,* 1630, Radierung, ebenda; *Selbstbildnis mit gerunzelter Stirn,* 1630, Radierung, ebenda

a

der Ausdruck des Beobachtens über den des inneren Erlebens schiebt. Bei den Selbstbildnissen Rembrandts entsteht der Eindruck, als sei das Sich-selbstim-Spiegel-Fixieren nur der erste Schritt, die Grundlage einer Suggestion gewesen, um sich dann tatsächlich selbst erlebend gegenüberzutreten. Das Ich wird zum Du, zum Doppelgänger.

Das Gesicht Rembrandts war rundlich, geprägt von breiten Wangen, sein Haar war kraus, die Nase, von der sich im Laufe der Zeit sein nicht geringer Alkoholkonsum ablesen läßt, derb und knollig. Meist mehr anrührend als schön begegnet uns der Künstler. In seiner mittleren Schaffensphase nimmt die Bandbreite seiner Mimik ab, obwohl er dem Betrachter auch jetzt hinter vielerlei Masken entgegentritt. Eine zunehmende Trauer, ein Schmerz über das Leben macht sich verstärkt bemerkbar. Rembrandts

Selbstbildnisse wirken nicht intellektuell, wie etwa die Dürers, sie sind naiver und zugleich umfassender. Charakteristisch für die Selbstporträts seiner letzten Schaffensphase ist, daß die Außenwelt mehr und mehr versinkt, alles überflüssige Beiwerk schwindet. Oft sind dabei selbst einzelne Gesichtszüge nicht genau erkennbar, bleiben unbestimmt und tauchen ins Dunkel, so daß der Betrachter gezwungen ist, das Bild in seiner Vorstellung zu vollenden. Für den auffälligen Braunton von Rembrandts spätem Werk, aus dem nur an den psychologisch wichtigsten Punkten noch ein strahlendes Hell aufblitzt, mag man vielleicht auch im Alkohol eine Ursache sehen und nicht nur in einer bewußten Konzentration auf Braun- und Rottöne. Der Alkoholiker nimmt im fortgeschrittenen Stadium seiner Krankheit oft »alles wie durch braune Farbschlieren« wahr.[160] Aber gerade den

86

b

eigenen Verfall zu studieren wird für Rembrandt zur Obsession. Die Auseinandersetzung mit der eigenen Physiognomie wird zugleich zur Auseinandersetzung mit dem eigenen Ich. Es fällt auf, daß gerade die problematischeren Naturen diese Beschäftigung mit dem eigenen Ich im Selbstporträt suchen und mit dem geschärften Augensinn des Künstlers nach jeder Änderung in ihrer Physiognomie spähen: Neben dem ›lebensuntüchtigen Säufer‹ Rembrandt schufen die großartigsten dieser Selbstbildnisreihen der ›Irre‹ van Gogh oder der psychisch überaus labile Edvard Munch. Damit erhalten die Selbstbildnisse Rembrandts aber zugleich eine Modernität, die weit über das 17. Jahrhundert hinausweist.

54   Charles Le Brun: *Selbstbildnis,* 1684, Öl auf Leinwand; Florenz, Uffizien

IV. Aufklärung und Sturm und Drang

Nietzsche nannte das 17. Jahrhundert aristokratisch, ordnend, streng gegen das Herz – männlich, das 18. hingegen vom Weibe beherrscht, schwärmerisch, flach.[161] Aber es ist keineswegs so, daß ein schroffer Bruch die beiden Jahrhunderte trennt. Im Gegenteil: Das 18. Jahrhundert kann als Ausläufer des 17. gesehen werden, fand doch die Aufklärung ihren Nährboden im Rationalismus des Grand Siècle und das ›feminine‹ Rokoko im ›männlichen‹ Barock. Pracht und Pathos des Absolutismus wandelten sich ins Höfisch-Zierliche und Intime; es entstand eine Kunst des Boudoirs, die gleichgültig gegenüber der Wirklichkeit war und in der sich der sterbende Adel frivol selbstbespiegelte. Die Kultur des Rokoko endete jedoch abrupt, als deren Träger weitgehend widerstandslos vor der ›Vernunft‹ der Guillotine kapitulierten.

Doch die Kunst des 18. Jahrhunderts ist nicht nur die Kunst des Hofes. Bereits vor 1789 traten, unter dem Einfluß der Aufklärung, Änderungen ein. Frühbürgerliches, eine Tendenz zur Nüchternheit, machte sich bemerkbar. Da fällt zunächst eine fortlaufende Verweltlichung auf. Die Produktion religiöser Kunst nahm ab, auch der Glaube an die Macht der Symbole oder die Sinnhaftigkeit allegorischer Darstellungen war im Schwinden begriffen. Als 1726 Joseph Addisons *Dialogue on the Usefulness of Ancient Medals* posthum erschien, wurde damit ein Wendepunkt in der Bewertung des Symbols gesetzt.[162] Addison erklärte den mystischen und geheimnisvollen Bedeutungsgehalt des Symbols für nichtig, er sah im Symbol nur noch eine illustrierte Metapher.

Machte sich auf der einen Seite ein Symbolverlust bemerkbar, so entwickelte sich andererseits von England aus ein physiognomischer Realismus, der in William Hogarth einen Meister fand und über die bildende Kunst hinaus auch Einzug in die zeitgenös-

sische Belletristik hielt.[163] Bei der Darstellung des Menschen spielte die Freilegung der inneren Werte eine immer größere Rolle, während das Äußerliche, die Kleidung, die Insignien der Macht, ja selbst die Konstitution an physiognomischer Bedeutsamkeit verloren. Mit dieser zunehmenden Psychologisierung gewann das Porträt zugleich einen höheren Stellenwert. Hatten die ›Gesichtsmaler‹ in England noch bis zum Ende des 17. Jahrhunderts zur Zunft der Wagen- und Hausmaler gezählt, so bekam die Porträtmalerei durch Künstler wie Hogarth, Reynolds, Gainsborough und Lawrence nun Rang und Ansehen. Für die rasche Ausbreitung der ›künstlichen Gesichter‹ im 18. Jahrhundert gab es zwei Gründe: zum einen die seit Anfang des Jahrhunderts in Europa besonders in bürgerlichen Kreisen gepflegte Kunst der Silhouette, auch Schattenbild oder Schattenriß genannt, die schnell und preiswert angefertigt werden konnte, zum anderen die Blüte der Porträtminiatur. Die Miniatur ermöglichte es, daß man überall und zu jeder Zeit ein künstliches Gesicht, sei es zur Verehrung oder zum Studium, bei sich tragen konnte. Ein idealer Nährboden für eine physiognomische Mode! Goethe z. B. verlangte von jedem, der näher in sein Gesichtsfeld getreten war, ein Bildnis; für ihn war »die Gestalt des Menschen der beste Text zu allem . . ., was sich über ihn empfinden und sagen läßt«.[164]

Der physiognomische Realismus, der uns in der Kunst des 18. Jahrhunderts verstärkt begegnet, ist durchaus ein Kind der Aufklärung, denn die Aufklärung wollte das enge Korsett, das das 17. Jahrhundert mit seinem ›Règlement‹ hinterlassen hatte, überwinden und neue, natürlichere Werte schaffen. Sie erstand gegen die höfische Adelskultur, gegen die höfischen ›cérémonies‹, gegen die ›Bildhaftigkeit‹ und physiognomische Exklusivität der aristokratischen Gesellschaft. Der Anspruch des Souveräns, Herrscher von Gottes Gnaden zu sein, wurde in Frage gestellt, seine physiognomische Auserwähltheit erhielt eine materialistische Begründung: Der majestätische Gesichtsausdruck des Monarchen galt nicht länger als angeboren, sondern als ein durch langjährige Amtsausübung erworbenes Merkmal.[165] Die bürgerliche Moral, die im Schoße der Aufklärung aufkeimte, trat für Werte wie Schlichtheit, Nützlichkeit, Zweckrationalität, Sparsamkeit und Fleiß ein. Diese verbürgerlichte Form der Aufklärung enthielt in sich die Gefahr, alles auszugrenzen und als ›Aberglauben‹ zu deklarieren, was ihrer wissenschaftlich orientierten, vor allem aber wirtschaftlichen Ausrichtung entgegengesetzt war. Die etwa zur Mitte der 1760er Jahre aufkommende Bewegung des Sturm und Drang zog dann gegen beides zu Felde: Gegen die höfische Kultur des Rokoko einerseits, aber auch gegen die Herrschaft des Verstandes und der reinen Zweckrationalität der Aufklärung. Schöpferische Kraft, leidenschaftliches Gefühl, Empfindsamkeit, das Selbstbewußtsein des einzelnen und die Betonung der Individualität standen im Zentrum der Forderungen der Stürmer und Dränger, ihr Menschheitsideal gipfelte im Begriff des Genies. Die epochengebende Bezeichnung ›Sturm und Drang‹ geht auf das gleichnamige Drama von Friedrich Maximilian Klinger (1776) zurück, wobei der Name nicht von Klinger selbst stammte, sondern von Christoph Kaufmann, den ein anderer Stürmer und Dränger zu Klinger geschickt hatte: Johann Caspar Lavater.[166] Es überrascht daher nicht, daß die *Physiognomischen Fragmente zur Beförderung der Menschenkenntnis und Menschenliebe,* die Lavater zwischen 1775 und 1778 veröffentlichte und von denen er sich erhoffte, daß sie den Grundstein für eine neue Wissenschaft der Physiognomik legen würden, keinerlei Züge trockener Gelehrsamkeit tragen. Dieser Bestseller eines ›wissenschaftlichen‹ Sturm und Drang ist geprägt vom Gedanken des Genies, vor allem des physiognomischen Genies. Es liegt nahe, daß die neue ›Lavatersche Wissenschaft‹, die vornehmlich auf den Begriffen Gefühl, Instinkt, Religion, Sinn, Anschauung, Genie beruhte, auf seiten der Aufklärer negative Reaktionen hervorrief. Und doch wäre eine Gleichung, die aus den Aufklärern Gegner und aus den

Stürmern und Drängern Anhänger der *Physiognomischen Fragmente* macht, zu einfach. So korrespondierten der Aufklärer Friedrich Nicolai und Lavater, die sich später überwarfen, häufig über physiognomische Fragen. Auf der anderen Seite war Lavater der rationalistische Geist der Aufklärung nicht fremd. So erweist er sich etwa mit seinen *Unveränderten Fragmenten aus dem Tagebuch eines Beobachters seiner Selbst* (1772) als ein Vorreiter in der Entwicklung des modernen Persönlichkeitsbewußtseins.[167]

Das 18. Jahrhundert brachte zwei revolutionäre physiognomische Ideale hervor, die auch auf Lavater nicht ohne Einwirkung blieben: Winckelmanns Gestalt des schönen Griechen und Jean-Jacques Rousseaus Gestalt des von allem Règlement befreiten edlen Naturmenschen. Beide Kulturideale orientieren sich an einer verklärten Vergangenheit, die für das 18. Jahrhundert zugleich Utopie ist. Wie eng beide Vorstellungen miteinander verwandt sind, belegt die folgende Bemerkung Winckelmanns: »Seht den schnellen Indianer an, der einem Hirsch zu Fuße nachsetzt: wie flüchtig werden seine Säfte, wie biegsam und schnell werden seine Nerven und Muskeln ... So bildet uns Homer seine Helden.«[168]

Daß mit einer Revolution bzw. Kulturrevolution nicht nur eine politische Umwälzung oder etwa eine Kleiderreform erfolgen soll, sondern damit instinktiv und oft vollkommen unbewußt immer auch die Vorstellung eines ›neuen Menschen‹ verbunden ist, zeigen uns zwei moralisierende Kupferstiche, die Daniel Chodowiecki für Georg Christoph Lichtenberg – den aufklärerischen Gegenspieler Lavaters – ausführte.[169] Wir sehen zwei Paare, die die Gegensätze »Natur« und »Afectation« verkörpern (Abb. 55 a, b) oder auch ›richtig‹ und ›falsch‹. Nun ist es keineswegs so, daß die aus dem Geist Rousseaus geborenen Naturmenschen statt mit spitzenverzierten Seidenkleidern lediglich schlicht gewandet daherkämen, nein – sie haben zugleich eine andere Physiognomie, eine ganz andere Konstitution. Das zeigt sich insbesondere an den männlichen Figuren. Ist der ›Naturmann‹ kräftig und breitschultrig gebaut, so weist sein ›affektiertes‹ Pendant unnatürlich schmale Schultern und breite Hüften auf, was im Verein mit der Körperhaltung und Kleidung dessen Verweiblichung akzentuiert – zugleich steht diese männliche

<table>
<tr><td>*Natur*</td><td>*Afectation*</td></tr>
</table>

55 a, b   Daniel Chodowiecki: *Natur* und *Afectation*. Das auf Rousseau verweisende ›Bild‹ des neuen, natürlichen Menschen beinhaltet zugleich eine neue Physiognomie. Aus der Kupferstichfolge *Natürliche und Affectirte Handlungen des Lebens*, 2. Folge, Blatt 1 und 2

Gestalt stellvertretend für die des Höflings im 18. Jahrhundert überhaupt.

Das 18. Jahrhundert ist von zahlreichen unterschiedlichen physiognomischen Strömungen und Ansätzen durchzogen, die dem Geiste des Sturm und Drangs bzw. der Aufklärung und einem damit verbundenen nüchternen Wissenschaftsbegriff verpflichtet sind. Neben Lavater befaßte sich auch Johann Gottfried Herder in seiner Schrift *Plastik, einige Wahrnehmungen über Form und Gestalt aus Pygmalions bildendem Traum* mit der Physiognomik der menschlichen Gestalt.[170] Der Theologe Antoine-Joseph Pernety trat für eine Erweiterung des Physiognomik-Begriffs im Hinblick auf seine kosmischen Bezüge ein, während der Anatom Petrus Camper den Begriff im Gegensatz dazu so weit eingrenzte, daß er tatsächlich in eine neue Wissenschaft hineinführen konnte: in die im Jahrhundert der Aufklärung geborene Anthropologie.[171]

Johann Joachim Winckelmann und der Wandel des Griechenbildes

Bei dem Gedanken an Griechenland steigen auch heute noch Bilder in uns auf, die Johann Joachim Winckelmann erweckt hat. Dabei sind die Griechenland-Bilder, die Winckelmann entwarf, zu einem nicht geringen Teil aus einer physiognomischen Rückdeutung entstanden: Erst über die eingehende Betrachtung der Formensprache der griechischen Kunst erschlossen sich ihm – neben der Gestalt – auch Geist und Wesen des antiken griechischen Menschen. Durch diese ›physiognomische‹ Vorgehensweise gelangte Winckelmann zu einer neuen Bewertung der antiken, insbesondere der griechischen Kunst, in der er den Ausdruck des edlen, an Körper und Seele vollkommenen Menschen entdeckte. Doch was an Winckelmanns Entdeckungen ist wahr, was ist physiognomischer Trugschluß? Gombrich merkt an, daß es den phantasiebegabten Historiker auszeichnet, den stummen Zeugen der

Vergangenheit ihre Geheimnisse zu entlocken und damit auch die Menschen, die sie geschaffen haben, zu neuem imaginärem Leben zu erwecken. Doch mahnend ergänzt er, daß der Historiker sich dessen bewußt sein solle, daß er mit seiner Methode Gefahr laufe, sich im Kreis zu bewegen: »Denn die physiognomische Einheitlichkeit vergangener Epochen, die er sucht, ist gleichzeitig auch die Hypothese, mit der er an sein Material herangeht. Er ist es, der seine Beweisstücke so ordnet, daß er ihnen einen einheitlichen, geschlossenen Sinn unterlegen kann.«[172]

Nun wäre es von vornherein falsch, Winckelmanns Werk ausschließlich mit dem Kriterienkatalog einer positivistischen Geschichtswissenschaft zu messen. Winckelmann ist beides: objektiv und verklärend. Zudem ist er ähnlich wie Rousseau ein Gesellschaftsreformer. Das antike Griechentum ist für ihn nicht nur Forschungsobjekt, sondern auch rückwärts gewandtes Ideal und Abbild einer höheren Vollkommenheit. Zur Vollkommenheit aber zählt neben der Schönheit an sich ebenso die Einheit von Inhalt und Form. Auch Johann Gottfried Herder hat sich ausführlich mit dem Problem dieser Einheit bei den Griechen beschäftigt. In seinem Aufsatz *Ist die Schönheit des Körpers ein Bote von der Schönheit der Seele?* kommt Herder allerdings zu dem Schluß, daß bei den Griechen der Körperbau nichts über den seelischen Gehalt aussagen könne. Winckelmann hingegen glaubte an eine Einheit von Seele und Körper beim antiken griechischen Menschen.

Schloß Winckelmann vom schönen auf den guten Menschen, so setzte er das schöne Kunstwerk in eine ähnliche Gleichung: Die griechische Kunst zeigt uns schöne Menschen, da der griechische Mensch Winckelmann zufolge selbst schön war. »Ganz erschaffen kann der Mensch überall nichts«, urteilte der Winckelmann-Leser Lavater, schöne Werke bildender Kunst deuteten auch für ihn auf schöne Urbilder, ja im Gegensatz zu Winckelmann sogar auf »schönere Urbilder«.[173] Der Verstand allein konnte nach Winckelmann nicht die Idealität hervorbringen, sie fand ihren Ausgangspunkt in der Wirklichkeit, etwa in den Gymnasien, wo die jungen Leute »ganz nakkend ihre Leibesübungen trieben«.[174] Das Ideale ist für ihn eine über sich selbst erhobene Wirklichkeit, und die Forderung, »die Personen ähnlich und zu

gleicher Zeit schöner zu machen, war allezeit das höchste Gesetz, welches die griechischen Künstler über sich erkannten und setzte notwendig eine Absicht des Meisters auf eine schönere und vollkommenere Natur voraus«.[175] Demzufolge spiegelt die antike griechische Kunst die Schönheit des damaligen Menschen, aber zugleich auch das Ideal, das dieser vollkommene Mensch von sich selbst entworfen hatte, wider. Winckelmanns Begriff vom Wesen der griechischen Kunst als »edle Einfalt und stille Größe« wurde bestimmend für das Bild des antiken Griechenland durch die Zeiten hindurch – mehr als etwa die Sichtweisen Lessings oder Herders, und zwar gerade weil diese Auffassung über das klassische Griechenland hinausführte, in einen physiognomischen ›Paradieszustand‹, in dem das innerlich Schöne sich in einem vollendet äußerlich Schönen verkörpern darf und soll.

Der bei weitem bedeutendste Gegenstand der künstlerischen Darstellung ist für Winckelmann der Mensch, genauer: der schöne Mensch. Daher lobt er alles, was seiner Auffassung nach zur Entstehung des bisher schönsten Menschenschlages, des griechischen, geführt hatte: das angenehme, warme Klima, das ihm zufolge einen vorteilhaften Einfluß auf Körper und Geist hat, eine vernünftige Erziehung und Regierungsform, sportliche Betätigung. Doch selbst die Schönheit des griechischen Menschen bildet nur den Grundstock der Kunst. Der vollendete Mensch, der sich im Kunstwerk zeigt, ist nach Winckelmann eine Zusammensetzung von Natur und Idee. Die griechischen Künstler beschritten den Weg vom Naturalismus zum Idealismus, da gerade ihre häufige Gelegenheit zur Beobachtung der menschlichen Natur sie dazu veranlaßte, über diese hinauszugehen. »Sie fingen an, sich gewisse allgemeine Begriffe von Schönheit sowohl einzelner Teile als ganzer Verhältnisse der Körper zu bilden, die sich über die Natur selbst erheben sollten; ihr Urbild war eine bloß im Verstande entworfene geistige Natur.«[176] Um zu der geistigen Natur zu gelangen, so Winckelmann, ›sammelten‹ die griechischen Künstler die Einzelteile der sichtbaren Natur wie geschickte Gärtner zusammen, hier Beine – dort Arme, um aus diesem Konstrukt die überindividuelle, vollendete Schönheit des Stils zu bilden.[177]

Winckelmann setzt Schönheit mit künstlerisch, Häßlichkeit mit unkünstlerisch gleich. Darüber hinaus hat die Schönheit für ihn den Charakter einer Religion, da die vollendetste Form den vollendetsten Gehalt in sich trägt, und, wie er als Platoniker weiß, »die höchste Schönheit in ... Gott [ist]«. So wird »der Begriff der menschlichen Schönheit ... vollkommen, je gemäßer und übereinstimmender derselbe mit dem höchsten Wesen kann gedacht werden.«[178] Da die Schönheit in Gott ist, gibt es für Winckelmann auch nur *eine* Schönheit, die er in den griechischen Statuen verkörpert sieht, in ihrer vollendetsten Form im Apoll vom Belvedere (Abb. 56). Die Schönheit ist Winckelmann Endzweck und Mittelpunkt der Kunst, und obwohl er Formeln und Regeln zu ihrer Erreichung aufstellt, geht er doch davon aus, daß der Mensch im Grunde nur ihre Wirkung, nie aber ihr innerstes Wesen erkennen kann. Schönheit äußert sich dabei nicht nur in der starren Form, sondern auch in der Bewegung, in der Grazie. Die Gedanken, die Winckelmann dazu in seiner Schrift *Von der Grazie in Werken der Kunst* entwickelte,[179] führte Schiller später in seiner Abhandlung *Über Anmut und Würde*[180] fort. Was bei Winckelmann Grazie ist, nennt Schiller Anmut. »Anmut«, so Schiller, »kann nur der Bewegung zukommen, denn eine Veränderung im Gemüt kann sich nur als Bewegung in der Sinnenwelt offenbaren.«[181] Allerdings geht Schiller davon aus, daß die Anmut durch Wiederholung entsprechender Gemütsregungen auch zu »verfesteter Bewegung« werden kann.[182] Alles seelische Leben bewirkt Bewegungen in seinem körperlichen Substrat und gestaltet es zu Formen, in welchen sich der seelische Gehalt kundgibt. »Es ist bekannt, daß alle bewegenden Kräfte im Menschen untereinander zusammenhängen, und so läßt sich einsehen, wie der Geist seine Wirkung durch das ganze System derselben fortpflanzen kann.«[183] Indem Schiller den Geist über die Materie setzt, kommt er zu dem etwas geheimnisvollen Schluß, daß »alle Schönheit zuletzt bloß eine Eigenschaft der wahren oder anscheinenden Bewegung« sei.[184] Demnach ließe sich jegliche Gestalt als ›geronnene Bewegung‹ deuten, der eine seelische Handlung zugrunde liegt, die wir nicht kennen müssen, da sie in eine uns unbekannte, dunkle Vergangenheit zurückführt.

56   Apoll vom Belvedere, römische Kopie nach griechischem Original; Vatikan

Winckelmann lehnt die heftige Bewegung, die starke Gestik in der Kunst ab, weil er darin nicht den Ausdruck der wirklichen Seele, sondern nur den eines momentanen Gemütszustandes erkennt. Nur die Ruhe erlaube es, die Seele zu versinnbildlichen; die Leidenschaften hingegen verdecken nicht nur die Seele, sondern auch die Schönheit. Folglich schätzt Winckelmann Le Bruns Abhandlung von den Leidenschaften nicht. Er sieht ihre Wirkung auf die Kunsteleven sogar als äußerst schädlich an, ist für ihn doch bei Le Brun in die Gesichter nicht nur der äußerste Grad der Leidenschaften gelegt, »sondern in etlichen sind dieselben bis zur Raserei vorgestellt«.[185] Aus dieser Haltung läßt sich auch Winckelmanns Ablehnung der höfischen Kunst erklären. Er klagt, ähnlich wie Rousseau, ihre Gefälligkeit an, die sich vor allem in einer übertriebenen Mimik äußere, die sie kindisch, kapriziös, willkürlich und oberflächlich werden lasse.

Das Bild, das Winckelmann von der Antike und vom griechischen Menschen entworfen hat, beruht zwar auf älteren physiognomischen Idealvorstellungen vom Menschen, prägte jedoch seinerseits die physiognomischen Ansätze im 18. Jahrhundert entscheidend mit. Johann Caspar Lavater z. B. kannte die Winckelmannschen Schriften genau; so zitiert er in seinen *Physiognomischen Fragmenten* ganze Abschnitte daraus und nennt sie eine Fundgrube physiognomischen Wissens.[186] Doch Winckelmann hatte nicht nur Einfluß auf das Griechenbild Lavaters. Auch in der Bevorzugung des Ruhigen, Statuarischen, des Physiognomischen vor dem Mimischen, das die *Fragmente* kennzeichnet, darf man den Einfluß Winckelmanns vermuten. Winckelmanns Schönheitsbegriff stieß bei der Mehrzahl der Physiognomen, Künstler und Kunsttheoretiker seiner Zeit auf Anerkennung. Selbst der Schriftsteller Wilhelm Heinse, einer der ersten, die sich gegen einige der Grundthesen Winckelmanns energisch aussprachen, schrieb, in Anlehnung an diesen: »Die Griechen waren die schönsten Menschen, weil sie die vollkommensten waren.«[187] Durch Winckelmann erlangte die Beschäftigung mit der Schönheit eine neue Stufe. In der Kunst nahmen seine Schönheitsvorstellungen auf den durch sein Werk mitausgelösten Klassizismus Einfluß, vor allem im Bereich der Plastik. Das Prinzip der Schönheit sah Winckelmann in Griechenland überall am Wirken. Selbst die griechischen Götter beeinflußten ihm zufolge die Menschen nicht nur durch ihre göttliche Macht, sondern auch durch ihre äußere Schönheit, von der man glaubte, daß sie magisch weitergegeben werden konnte. So beschreibt Winckelmann, wie etwa »die spartanischen Weiber einen Apollo oder Bacchus ... in ihren Schlafzimmern aufstellten um schöne Kinder zu haben«.[188] Die ›Bildsamkeit‹ der griechischen Religion, die Herder die höchste unter allen Völkern nannte,[189] verband Mensch und Gott miteinander und ließ den Geist über die Materie, die gestaltete Form über den bloßen Stoff triumphieren. Stefan George und sein Kreis griffen diese Weltschau im 20. Jahrhundert noch einmal auf, indem sie verlangten, man solle »den Gott verleiben und den Leib vergotten«.[190]

Kunst als Wegbereiter ›wissenschaftlicher‹ Physiognomik: Porträt, Silhouette, Karikatur

Neben Winckelmanns Werk bereitete das Kunstschaffen in der ersten Hälfte des 18. Jahrhunderts die ›physiognomische Raserei‹ der späten siebziger und achtziger Jahre vor. Sie schuf ein gesellschaftliches Klima, das die Entstehung von Lavaters *Physiognomischen Fragmenten* begünstigte. Die Porträtkunst erlebte eine einzigartige Blüte. Zum Bestandteil der Kleidung der privilegierten Stände gehörte z. B. neben dem Schmuck auch das Miniaturbildnis einer verehrten Person, das ebenso präsent war und wohl ebenso häufig den Blick auf sich gezogen haben dürfte wie die Taschenuhr. Die Porträtsilhouetten wurden in jedem bürgerlichen Haushalt gesammelt, auch Briefen fügte man sie gerne bei. Karikaturen fanden eine weite Verbreitung durch die höheren Auflagen von Flugblättern und Zeitschriften. Gipsabgüsse, die vornehmlich nach antiken Vorbildern geschaffen wurden, kamen ebenfalls in Mode. So lesen wir etwa in einem Verkaufsinserat von 1771 von »allerhand Sorten schön ausgearbeiteter Gips-Figuren, bestehend in römischen Köpfen, antiquen Bruststücken großer Helden, überhaupt Figuren allerhand Arten, so man als Aufsätze auf Spinden und Caminen gebraucht.«[191] Neben den Bildwerken aus Gips erlebte auch die Wachsbildnerei einen Aufschwung, obgleich sie dann mit dem Aufkommen des Klassizismus aus der hohen Kunst verdrängt wurde.[192] Die ersten Wachsfigurenkabinette, in denen wächserne Nachbildungen von Menschen aus nächster Nähe bestaunt werden konnten, hatten bereits im 17. Jahrhundert ihre Pforten geöffnet. Das Sammeln von Porträts wurde – durchaus mit einem aufklärerischen Impetus – zu einer Leidenschaft, bedeutete es doch einen Kampf gegen das Vergessen einzelner Personen und der mit ihnen verknüpften Ereignisse. Geschichte sollte durch das Porträt-Sammeln wieder lebendig werden. Sigmund Apin bemerkte 1728: »Ich gehe weiter, und setze unter die Nutzbarkeiten, welche aus Sammlung der Portraits entstehen, daß man aus dem Gesicht nach den Regeln der Physiognomie von eines Mannes Naturell ein ziemliches Urteil geben könne.«[193]

Im 18. Jahrhundert begegnen uns keine Malergenies wie im Jahrhundert zuvor, wir finden keinen Rembrandt, keinen Rubens, doch zeigt sich unverkennbar eine hohe Begabung für das Porträt. Selbst bei Künstlern, die sich auch auf andere Bildgattungen, etwa das große Historienbild, konzentrierten, schätzen wir heute vornehmlich ihre intimere Porträtkunst, so z. B. die eleganten Porträtminiaturen von Heinrich Friedrich Füger, die bedeutender sind als seine großformatigen Historiengemälde. Auch Johann Heinrich Wilhelm Tischbein ist uns vor allem durch sein Porträtschaffen ein Begriff, ebenso wie Anton Raphael Mengs, der hervorragende Selbstbildnisse schuf.[194]

In der Menschendarstellung tritt die theatralische höfische Pose zurück. So macht in der zweiten Hälfte des Jahrhunderts die ehemals prunkvolle Kleidung einer einfacheren Kostümierung Platz. Auch die erweiterte Physiognomie ist von dieser Entwicklung betroffen: Die bombastischen Bildhintergründe werden immer seltener, der sich langsam herausschälende ›neue Mensch‹ verzichtet auf Attribute wie die obligate Säule, die heroische Landschaft oder die schweren samtenen Draperien, die vormals seiner physiognomischen Ausstaffierung dienten. Künstler und Bürger unterstützten diese Entwicklung gleichermaßen: Der eine, weil er glaubte, auf diese Weise das Seelische besser freilegen zu können, der andere, weil sein Bürgerverlangen nach Nüchternheit strebte. »Man begnügt sich deshalb damit, so zu sein und so auszusehen, wie man ist«, kommentierte Wilhelm Waetzoldt diese auch ein wenig philiströse Tendenz, »weil jeder völlig zufrieden mit sich selbst ist.«[195]

Dabei waren es nicht nur Maler wie Reynolds, Hogarth, Graff oder bei den Miniaturisten Cosway, Plimer, Engleheart, Shelley, Smart, die diese Entwicklung förderten und dem Porträt damit zugleich seine herausragende Stellung in der Kunst des 18. Jahrhunderts verschafften. Auch die Porträtplastik jener Zeit erlebte einen Höhepunkt. Der deutsche Kunsthistoriker Anton Hekler bezeichnete sie gar als die einzige Kunstform, die mit der sprühenden Lebendigkeit und der Vielseitigkeit der physiognomischen und psychologischen Meisterschaft der griechisch-hellenistischen Bildniskunst vergleichbar sei.[196]

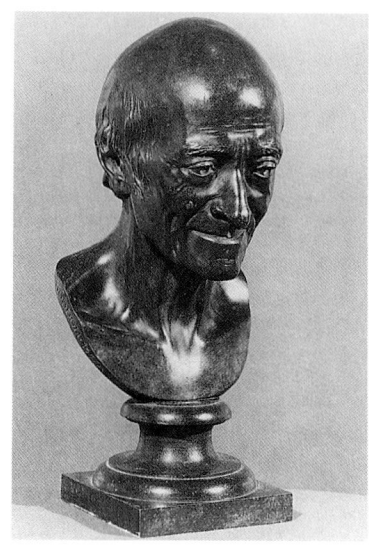

57 Jean-Antoine Houdon: *Voltaire,* 1778, Bronze; Paris, Musée du Louvre

Jean-Antoine Houdon hatte, allen anderen Bildhauern voran, die Porträtplastik in diese Position geführt; seine plastischen Bildwerke verzichten auf jede Posenhaftigkeit und zeichnen sich durch die physiognomische Belebung aus (Abb. 57). Von ebenso virtuosem technischem Können zeugt die einzigartige Reihe der »Charakterköpfe« von Franz Xaver Messerschmidt, in denen der Künstler seine physiognomisch-mimischen Studien umsetzte.

Die Porträtmalerei des 18. Jahrhunderts brachte großartige Selbstbildnisse hervor. Zu den bedeutendsten Vertretern dieses Genres gehören Maulbertsch, Tischbein, Chodowiecki, Angelika Kauffmann, Gainsborough, Romney, Raeburn, Constable. Auch an diesen Arbeiten ist abzulesen, daß die Standesrepräsentation, das Pathos der großen Form, zugunsten der Konzentration auf das Individuell-Seelische zurücktritt, was z. B. an der Gegenüberstellung der Jugend- und Altersselbstbildnisse von Joseph Vivien sichtbar wird (Abb. 58 a, b). Der Bürger tritt an die Stelle des Aristokraten, eine Umwälzung, die auch am Kunstschaffen der Zeit nicht vorbeigeht. Zu den eindrucksvollsten Beispielen der neuen, aller Unnatürlichkeit abgewandten bürgerlichen Bildniskunst gehören die Arbeiten des Schweizers Anton Graff. Seine zahlreichen Selbstporträts zeigen uns einen selbstbewußten, die Welt kritisch, aber zugleich wohlwollend betrachtenden Künstler.

Das Zeitalter Goethes, von dem uns insbesondere das Werk Graffs eine bildhafte Anschauung vermittelt (vgl. Abb. 50 u. 59 a), ist bei allen individuellen Unterschieden von einer einheitlichen physiognomischen Grundhaltung gekennzeichnet. Den Porträtkünstlern ging es darum, das Geistige im Menschen sichtbar zu machen, die Herrschaft des Geistes über die alten Standesgrenzen hinweg zu legitimieren. Doch wie wird der geistige Mensch, insonderheit das Genie, sichtbar gemacht? Gibt es eine Physiognomie des Genies? Schopenhauer entwirft in seinem Hauptwerk *Die Welt als Wille und Vorstellung* (1819) eine Skizze zur Physiognomie des Genies, zu der er auch durch die bildende Kunst angeregt worden war. Zweifelsohne dachte er zudem auch an seine eigene Erscheinung und daran, die Grundzüge seiner Philosophie in der Physiognomie außergewöhnlicher Menschen widergespiegelt zu sehen. Nachdem er vom »Stempel der Gewöhnlichkeit« gesprochen hat, der ihm zufolge die meisten Gesichter kennzeichnet, heißt es: »Hingegen liegt der Ausdruck des Genies, welcher die augenfällige Familienähnlichkeit

aller Hochbegabten ausmacht, darin, daß man das Losgesprochensein, die Manumission des Intellekts vom Dienste des Willens, das Vorherrschen des Erkennens über das Wollen, deutlich darauf liest; und weil alle Pein aus dem Wollen hervorgeht, das Erkennen hingegen an und für sich schmerzlos und heiter ist, so gibt dies ihren hohen Stirnen und ihrem klaren, schauenden Blick, als welche dem Dienste des Willens und seiner Not nicht untertan sind, jenen Anstrich großer, gleichsam überirdischer Heiterkeit, welcher zu Zeiten durchbricht und sehr wohl mit der Melancholie der übrigen Gesichtszüge, besonders des Mundes zusammen besteht, in dieser Beziehung aber treffend bezeichnet werden kann durch das Motto des Jordanus Brunus: ›in tristitia hilaris, in hilaritate tristis‹.«[197]

Betrachten wir nun zum Vergleich Graffs Porträts von Friedrich II. und Mendelssohn (Abb. 50 u. 59 a) und – um nicht den Verdacht aufkommen zu lassen, es handle sich hier um eine künstlerische Eigentümlichkeit Graffs – das Porträt Immanuel Kants (Abb. 59 b) von Gottlieb Doeppler. Gemeinsam ist diesen

58 a, b   Jugend- und Altersselbstbildnis (um 1685 und um 1720) von Joseph Vivien. Das Individuell-Seelische beginnt sich gegen das Pathos der großen Form durchzusetzen

59 a, b   Anton Graff: *Moses Mendessohn,* 1771, Öl auf Leinwand; Leipzig, Universitätsbibliothek; Gottlieb Doeppler: *Immanuel Kant,* 1786, Öl auf Leinwand; Verbleib unbekannt

Bildnissen die deutliche Dominanz des Kopfes gegenüber dem übrigen Körper, der Konstitution und Kleidung, die in den Hintergrund treten. In den Gesichtern der Dargestellten erfahren jene Bereiche eine Akzentuierung, die allgemein als physischer Ausdruck von Geist und Seele gelten: Augen und Stirnpartie. Die Stirnen sind hoch und licht, die Augen groß und teilnehmend gemalt, die Gesichter sind heiter, keineswegs grübelnd. Ein inneres Leuchten läßt sie vom Wollen und Müssen befreiter erscheinen als den Normalbürger. Die Physiognomie des Genies, wie sie hier im Bild erscheint, greift also bereits der Definition voraus, die Schopenhauer ihr dann im 19. Jahrhundert gibt, wobei die Dargestellten im 18. Jahrhundert noch jenen melancholischen Zug um den Mund vermissen lassen, auf dem der Philosoph des Pessimismus besteht.

Von Joshua Reynolds stammt der Satz: »Früher glaubte ich, die besten Beurteiler der Malerei seien die Maler selbst, aber jetzt weiß ich, daß dem nicht so ist.«[198] Johann Caspar Lavater teilte diese Auffas-

sung. Vor allem war er davon überzeugt, daß eine Abhandlung über die Porträtmalerei nicht von einem Maler, so geschickt er auch sein möge, sondern nur von einem »physiognomischen Freunde«, einem verständigen und beobachtenden Vertrauten des Künstlers, verfaßt werden könne. Lavater selbst hat seine Gedanken über die Porträtmalerei hauptsächlich im neunten *Fragment* des zweiten Bandes seiner *Physiognomischen Fragmente* dargelegt.[199] In späteren Jahren faßte er sie noch einmal in sieben Punkten zusammen:

»1.   Jedes Porträt soll richtig und zusammenstimmend gezeichnet seyn, so daß der ganz genaue und sichere Zeichner, auch ohne alle Hinsicht und Ähnlichkeit durchscheint. Es soll ein richtig proportioniertes harmonisches Ganzes seyn.

2.   Es soll bis zur Täuschung ähnlich seyn.

3.   Es soll neben der schlechterdings unverkennbaren Ähnlichkeit den Geist der Physiognomie, des individuellen Charakters – den spirituellsten, glücklichsten – oder meist charakteristischen Moment des

Urbildes, und zwar einen contumationsfähigen Moment darstellen.

4. Es soll sehr warm, sehr kräftig, sehr harmonisch und sehr natürlich koloriert seyn.

5. Es soll die natürlichste und würdigste Stellung seyn – womöglich die, welche dem Menschen ganz eigen ist.

6. Es sollen alle Nebensachen mit dem Ganzen völlig harmonisch seyn, und keine davon weder dem Haupt Effect des Gemähldes nachtheilig, noch mit dem Charakter des Urbildes in Disharmonie seyn.

7. Das Gemählde soll durch den Effect und die Täuschung, die von ihm unabtrennlich sind, sich selber als Gemählde vergessen machen, wie eine gute Predigt durch den Effect, den sie hervorbringt, sich als Predigt selbst vergessen macht; – obgleich die Hauptgedanken derselben unvergeßlich und die Eindrücke, die sie macht, unvertilgbar seyn müssen.«[200]

Gewiß keine einfache Vorgabe für den Künstler, und so mag es wenig überraschen, daß Lavater, dessen Konterfei häufig gemalt, in Kupfer gestochen, in Stein gehauen, in Ton geknetet, auf Münzen geprägt und sogar – in äußerst moderner Manier – auf Tüchern abgedruckt wurde, mit keinem dieser Porträts uneingeschränkt zufrieden war.[201] Trotzdem hielt er das Porträt für eine wichtige Ergänzung des ›Originals‹, da der leibhaftige Mensch beständig in irgendeiner Bewegung begriffen sei und erst das Kunstwerk die ungestörte Beobachtung ermögliche.[202] Auch Johann Heinrich Wilhelm Tischbein, der stark unter dem Einfluß Lavaters stand und in seiner Kunst eine Synthese aus Lavaterschem und Winckelmannschem Geist anstrebte, bestätigt in seiner Selbstbiographie *Aus meinem Leben,* daß Lavater zu sagen pflegte, »er lerne einen Menschen besser kennen, wenn er auch ein Porträt von ihm sehe. Die Kopie lehre im Original Sachen entdecken, welche er vorher nicht gekannt habe.«[203]

Das ausgeprägte Interesse des 18. Jahrhunderts an physiognomischen Fragen verhalf einer Kunstform erneut zu großer Popularität, die bereits im 16. Jahrhundert im Elisabethanischen England eine große Bedeutung hatte: die Bildnisminiatur. Förderlich für die weite Verbreitung der Porträtminiatur im 18. Jahrhundert wirkte sich die Schenkfreudigkeit des Rokoko aus; das kleine Format bot vielseitige Verwendungsmöglichkeiten: als Schmuckanhänger oder als Verzierung auf Broschen, Schnupftabakdosen und Uhren. Die Miniatur sollte die Menschen miteinander verbinden, sie war ein Mittel der angenehmen Erinnerung. Trotz einer Tendenz zur Idealisierung der Dargestellten luden die gegenseitig verschenkten Konterfeis ihre begünstigten Besitzer – meist waren die kostbar gefaßten Miniaturen nur für Wohlhabende erschwinglich – doch auch zur genaueren Betrachtung ein. Eine Ahnung davon vermittelt uns die Miniatur der Kaiserin Maria Luise von Heinrich Friedrich Füger (Abb. 60). Die Kaiserin hält dem Betrachter die an einer reichgeschmückten Halskette hängende Bildnisminiatur ihres Gemahls, des deutschrömischen Kaisers Leopold II., entgegen. Die Geste läßt vermuten, daß die Monarchin das Porträt ihres Gatten hier nicht nur als Ausdruck ihrer gegenseitigen Verbindung präsentiert, sondern auch selbst gerne einen Blick darauf zu werfen pflegte. Wir haben in der Miniatur allerdings nicht nur ein höfisches Relikt zu erblicken. In ihr begegnet uns

60 Heinrich Friedrich Füger: Porträtminiatur von Kaiserin Maria Luise, um 1870, Öl auf Elfenbein. Die Kaiserin zeigt ihrerseits eine Miniatur ihres Mannes, die sie um den Hals trägt

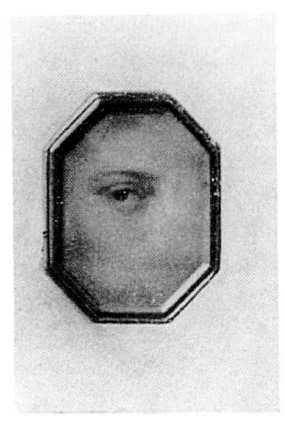

61 Richard Cosway:
Augenporträt vom Prince
of Wales, um 1800;
Besitzer unbekannt

chen Dilettanten gepflegte preiswerte Silhouette erhielt ihren Namen vom Finanzminister Ludwigs XIV., Etienne de Silhouette, der sich durch seine Sparmaßnahmen unbeliebt gemacht hatte. Zur großen Mode wurde sie um 1760, etwa 15 Jahre vor dem Erscheinen von Lavaters *Fragmenten,* die ihre Produktion dann nochmals hochschnellen ließ. Zur Herstellung einer Bildnissilhouette wurde der Darzustellende zwischen einer Lichtquelle (Kerze) und einem aufgespannten Papierbogen plaziert, worauf die Umrisse des erscheinenden Schattenbildes nachgezeichnet wurden. Die Zeichnung wurde dann mit dem Storchschnabel maßstabsgerecht verkleinert und mit schwarzer Tusche ausgefüllt oder, was sie lebendiger erscheinen läßt, auf schwarzes Papier übertragen, ausgeschnitten und auf einen hellen Untergrund geklebt. Vervollkommnet wurde diese Technik durch die Erfindung des mit durchsichtigem Papier bespannten Silhouettierrahmens, der fest mit dem sogenannten Silhouettierstuhl verbunden werden konnte (Abb. 62). Wer jedoch sehr geübt war, konnte auf dieses Beiwerk verzichten und schnitt die Profilansicht unmittelbar nach dem Naturbild aus – oder zeichnete, wie etwa Johann Caspar Lava-

erstmals das physiognomische Konzentrat des Menschen, das individuelle Augenporträt (Abb. 61). Zwar ist das anthropomorph aufgefaßte Gottesauge bereits seit dem 17. Jahrhundert in der Kunst nachweisbar, doch erst auf den Miniaturen des späten 18. Jahrhunderts begegnet uns der Mensch ›von Auge zu Auge‹. Diese Reduzierung des Menschen auf sein Auge, nach dem französischen Sprichwort ›L'œil est la face de la face‹, sollte später in der Kunst der Moderne noch an Bedeutung gewinnen.[204]

Mit dem Aufkommen der Fotografie verschwand die kostbare Bildnisminiatur, aber auch ihr preiswerteres Pendant, die Silhouette, wobei letztere durch ihre technische Erstellung allerdings auch als ein Vorläufer der Fotografie angesehen werden kann. Die Kunst der Silhouette ist nüchtern, vollkommen unbarock. Sie gibt – im Gegensatz zur Bildnisminiatur, die uns meistens en face begegnet – in klarer, einfacher Linienführung das Profil eines Menschen wieder. Während das Porträt zur Idealität neigt und die Karikatur darauf ausgerichtet ist, die Schwachstellen des Menschen dem Spott preiszugeben, will die Silhouette nichts weiter als das zeigen, was sie vorfindet. Dabei ist die Silhouette zugleich eine abstrahierende Darstellungsform, und zwar insofern, als alle charakterisierenden Details eines Gesichts im Schwarz verborgen bleiben, lediglich die Umrißlinie hebt sich scharf und deutlich vom hellen Untergrund ab.

Die neuzeitliche Silhouette entstand in Anlehnung an die im 17. Jahrhundert in Europa bekannt gewordenen ostasiatischen Schattenspiele. Die besonders in bürgerlichen Kreisen und von zahlrei-

62 Herstellung eines Schattenrisses mit dem Silhouettierstuhl, aus: Johann Caspar Lavater, *Physiognomische Fragmente,* Bd. II, Leipzig/Winterthur 1776

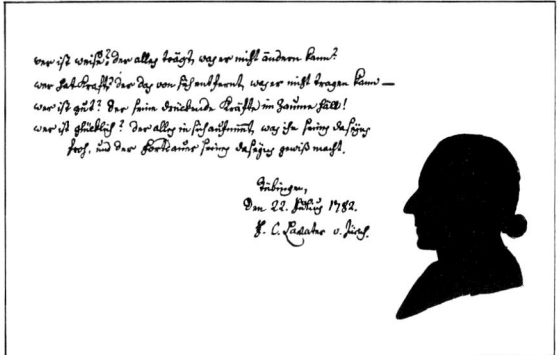

63 Getuschte Selbstsilhouette von Johann Caspar Lavater, 1782

ter, die eigene Silhouette frei aus dem Gedächtnis (Abb. 63).[205]

Die Namen der meisten Silhouettenkünstler versanken wörtlich im ›Schatten‹ ihrer Kunst, viele unter ihnen waren gleichzeitig als Miniaturisten tätig. Zu den bedeutenden Künstlern in diesem schwarzen Reich gehörte beispielsweise auch Daniel Chodowiecki (vgl. Abb. 94 a–d). Silhouettiert wurde beinahe jeder, Freunde und Feinde der Physiognomik, einfache Bürger und gekrönte Häupter. Silhouetteure zogen von Ort zu Ort und porträtierten jedermann gegen geringes Entgelt. Goethe hatte sich bereits in seinem Frankfurter Elternhaus in der Kunst der Silhouette geübt. In seiner späteren Korrespondenz mit Lavater spielen die »holden Finsternisse« und ihre physiognomische Deutung eine wichtige Rolle.[206] Johann Ehrenfried Schumanns Gemälde (Abb. 64) zeigt den noch jungen Olympier beim ›Physiognomieren‹ einer Silhouette.

Für Lavater kam der Schattenriß einem Gotteswort gleich.[207] Keine andere Kunstform reichte für ihn an dessen Wahrhaftigkeit heran. Im Gegensatz dazu bezeichnete er die Karikatur verächtlich als ein »Vergrößerungsglas für blödere Augen«.[208] In dieser abfälligen Äußerung Lavaters über die Karikatur ist durchaus ein Wesensmerkmal dieser Darstellungsform erfaßt. Die Karikatur stellt die hervorstechenden und auffallenden individuellen äußeren Merkmale eines Menschen, einen gesellschaftlichen Zustand oder eine Sache in überzogener Weise dar, damit auch »blödere Augen« sehend werden. Auf diese Eigenschaft der Karikatur verweist das italienische

Verb ›caricare‹, auf das die Bezeichnung Karikatur zurückgeht und das soviel wie ›beladen, übertrieben komisch darstellen‹ bedeutet. Die Karikatur übertreibt, sie verzerrt bis zur Lächerlichkeit, sie stellt das Komische, das Groteske, das Absonderliche heraus. Sie läßt uns lachen, aber sie beunruhigt uns zugleich auch in ihrer Vorliebe für das Verschrobene und Verrückte. Die Karikatur ist der Antipode des Idealen, sie verdeutlicht kraß alles vom Idealen Abweichende. Im Gegensatz zum Idealen in der Kunst ist sie Tendenzkunst. Sie richtet sich gegen den einzelnen oder gegen einen Typus, sie will entlarven, bewußt machen, aber auch herabsetzen. Sie will die Großen in ihrer Kleinheit zeigen, den Gegensatz von Ansehen und Gesinnung offenbaren. Die Karikatur ist eine dynamische Kunst, sie liebt die Schnelligkeit, die Skizze, und ist daher auch, wie Werner Hofmann schreibt, »ein bestimmtes zeichnerisches Abkürzungsverfahren«.[209] Andererseits enthält jede Re-

64 Johann Ehrenfried Schumann, *Goethe mit der Silhouette,* 1778, Öl auf Leinwand; Frankfurt/M., Freies Deutsches Hochstift, Frankfurter Goethe-Museum

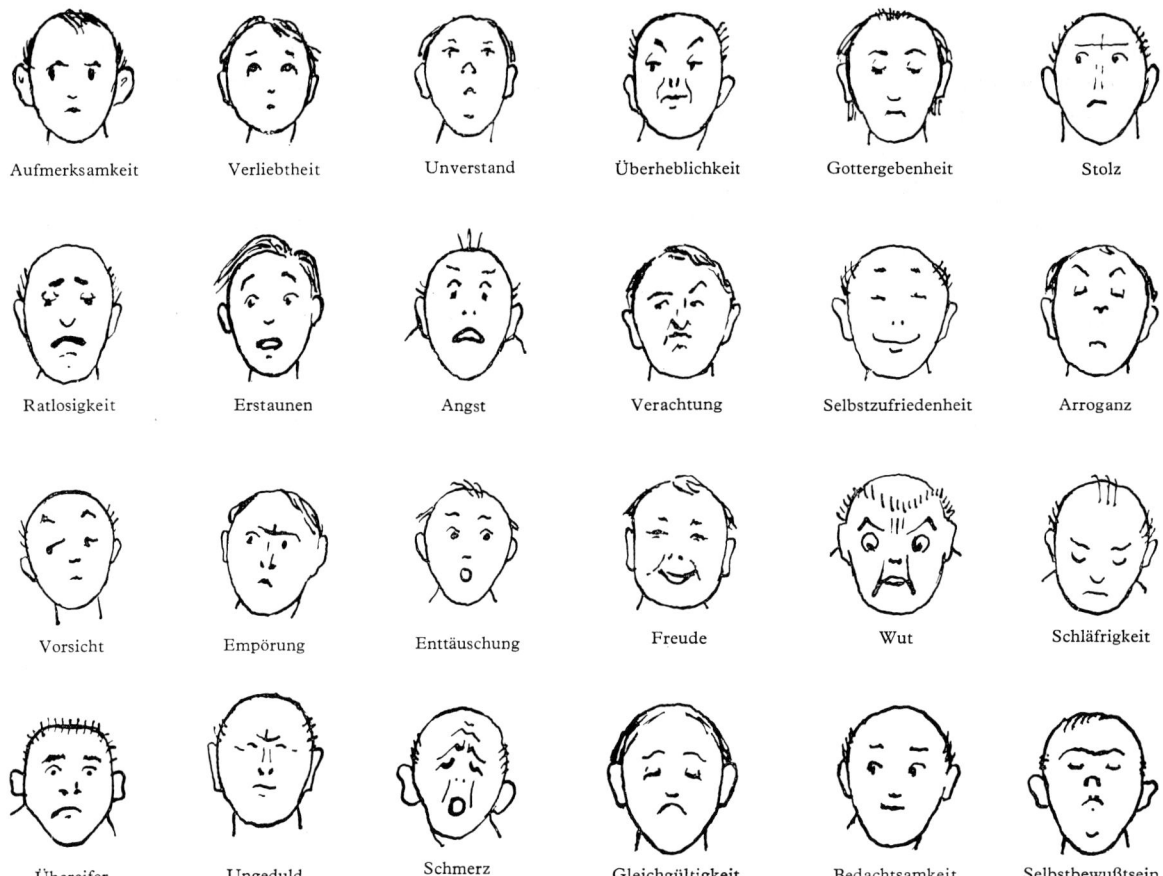

Aufmerksamkeit	Verliebtheit	Unverstand	Überheblichkeit	Gottergebenheit	Stolz
Ratlosigkeit	Erstaunen	Angst	Verachtung	Selbstzufriedenheit	Arroganz
Vorsicht	Empörung	Enttäuschung	Freude	Wut	Schläfrigkeit
Übereifer	Ungeduld	Schmerz	Gleichgültigkeit	Bedachtsamkeit	Selbstbewußtsein

65   Die Karikatur ist ein Abkürzungsverfahren. Die Reduzierung eines Gesichtes auf einen Gemütszustand birgt in sich bereits die Möglichkeit zur Komik, aus: Otto Croy, *Das Porträt,* Harzburg 1941

duktion in der bildlichen Darstellung die Tendenz zur Karikatur (Abb. 65): So werden z. B. bestimmte Gemütszustände durch eine ›abgekürzte‹ Gesichtsmimik zugleich ironisiert. Wer nur arrogant, wütend oder selbstzufrieden ist, wirkt komisch und damit karikaturhaft. Daher liebt es die Karikatur, mit Mimik zu arbeiten. Betrachten wir die letzte Abbildung jedoch genauer, so sehen wir, daß sich jede Mimik – wir dürfen annehmen, der Zeichner tat das vollkommen unbewußt – auch die entsprechende Physiognomie sucht. Der Selbstzufriedene hat eine andere Kopfform als der Erstaunte, der Verliebte eine andere als der Gleichgültige usw.

Die Karikatur war zu allen Zeiten vorhanden. Aus dem antiken Rom wird berichtet, daß auf Häuserwänden und Säulen Karikaturen angebracht wur-

den. Während der Reformationszeit erschien eine große Zahl von Karikaturen auf das Papsttum und die katholische Kirche. Die auf Leonardo da Vinci zurückgehende ausdifferenzierte Porträtkarikatur wurde zu Ende des 16. Jahrhunderts von den Gebrüdern Carracci weiterentwickelt. Auf ihren Studienblättern begegnet uns eine bunte Ansammlung von Jünglingen und Greisen, Weisen und Zerrbildern der Menschheit. Im 17. Jahrhundert haben besonders Jacques Callot und Bernini zur Entwicklung der Karikatur beigetragen. Doch ihre eigentlich große Zeit beginnt erst im 18. Jahrhundert, wobei ihr zum einen das zeitgenössische Interesse an charakteristischen Physiognomien zugute kam und zum anderen – was den modernen Charakter der Karikatur offenbart – die neuen Möglichkeiten der Vervielfältigung. Bereits während der Reformationskriege bediente sich die Karikatur der modernen ›Massenmedien‹, der Flugblätter und Bilderbogen. Die Karikatur braucht keine kostbaren Materialien, sie wird auf Papier gedruckt, sie ist ›Fabrikware‹. Es wundert daher nicht, daß die moderne Karikatur ihre erste Blüte in dem Land erlebte, das zugleich die erste Industrienation der Welt war: England. In England wurden auch erstmals ›Regeln zur Karikaturzeichnung‹ publiziert. Gemeint sind Francis Grose' *Rules for Drawing Caricaturas,* die 1788 auch in deutscher Sprache erschienen.[210] Die auf die geometrischen Grundformen konzentrierten Kopfstudien, die Grose seinem Werk beigab, zeigen Einflüsse von Dürers Proportionslehre, vor allem aber von Le Bruns absonderlichen Kopfkonstruktionen (Abb. 66).

Die Karikatur schätzt die Technik, da diese ihr ermöglicht, sich an die Masse zu wenden und blitzschnell zu erscheinen. Die Geschwindigkeit ist ein Teil der Karikatur: Ihr Inhalt ist augenblicksgebunden, was ihre Stärke und zugleich ihre Schwäche ausmacht. Als Kunst des Augenblicks zeigt sich die Karikatur ein weiteres Mal als Gegensatz des Idealen: Steht das Ideale über der Zeit und offenbart einen Schimmer der Ewigkeit, so steht die Karikatur ganz unter dem Joch des Tages. Das Erhabene ist in sich ruhend, das Komische, Absonderliche unruhig, beunruhigend, hektisch. Gerade in ihrer Gegensätzlich-

keit zum Idealen offenbart sich die Bedeutung der Karikatur: Sie ist die Opposition, die hinterfragt, provoziert, wenn nötig vom unverdienten oder manchmal auch verdienten Sockel stoßen will. Die Karikatur ist auch die Kunst der Verneinung. Schönheit, Grazie, Ebenmaß, der Traum aller Winckelmänner, sind ihr ein Greuel und Ansporn zur Denkmalschändung. In dieser ›diabolischen‹ Tendenz zeigt sich auch ein Traditionsstrang, der von der politischen Tageskarikatur des 18. Jahrhunderts zu den mittelalterlichen Wasserspeiern zurückführt, die die Menschen einst an die Nachtseiten des Lebens mahnten. Aber in ihrer Zerrbildhaftigkeit, in ihrer Mißgunst, ist die Karikatur ungemein kreativ: Joshua Reynolds sagte von der Schönheit, daß ihr Wesen nicht im Individuellen, sondern in der Gattung liege.[211] Die Erscheinungsformen des Schönen ähneln einander viel mehr als die des Häßlichen. Das Absonderliche, die Ästhetik des Häßlichen, verfügt über den größeren Formenschatz als der strenge Formenkanon klassischer Schönheit und zieht dadurch den Künstler immer wieder in den Bann. ›Le beau c'est le laid!‹; das Häßliche ist das Schöne – dies wurde zu einem Kampfruf der Ästhetik im 19. Jahrhundert. So bemächtigt sich auch die Karikatur des 18. Jahrhunderts erneut des Mensch-Tier-Vergleichs und zeigt sich fasziniert von allem Fratzenhaften. Von Johann Heinrich Wilhelm Tischbein, dem sonst so treuen

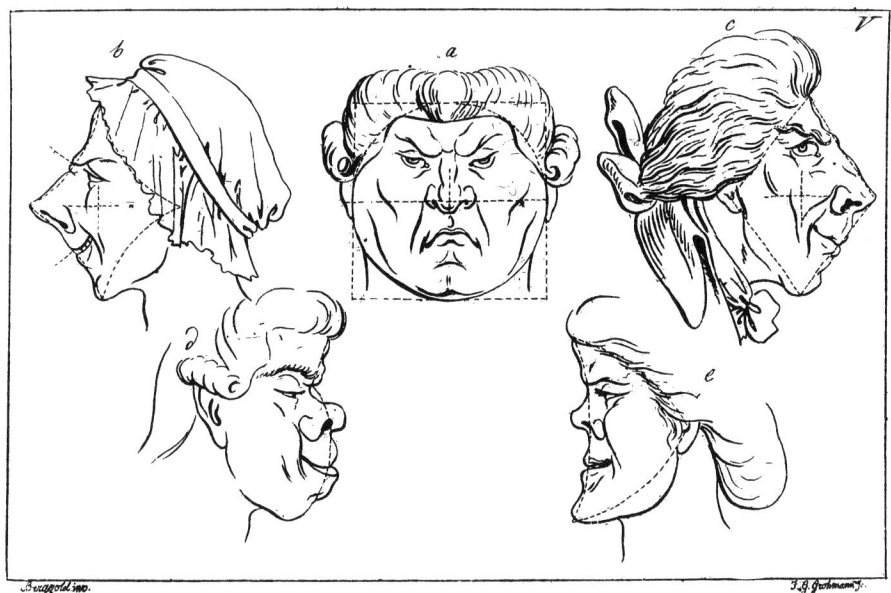

66 Francis Grose: Fünf Köpfe aus den *Regeln zur Karikaturzeichnung,* 1788

Adepten Lavaters, wird berichtet, daß er ganz im Gegensatz zu den Intentionen seines Meisters das Tierähnliche und Abgründige in den Gesichtern seiner Bekannten und Künstlerkollegen suchte.[212]

Im 18. Jahrhundert tritt die Karikatur in England aus dem Schatten der idealen Kunst heraus, sie wird sich ihrer gesellschaftlichen Funktion und ihres Einflusses bewußt. England war damals nicht nur die bedeutendste Industrienation, sondern auch die Nation, in der dieser fundamentale Einschnitt zum ersten Mal sichtbar wurde. Die aus einem zeitlosen Arkadien stammende ideale Kunst konnte ihrem Wesen nach nicht darauf reagieren, es sei denn, in einer bewußten Gegenreaktion. Das Lebenselixier der Karikatur der Gegenwart wurden die Dynamik und stete Veränderung, auch die Häßlichkeit des modernen Lebens, seine Verrücktheiten und Widersprüche. Der erste wahrhaft künstlerische Interpret, der die zeitgenössischen Zustände in satirisch-kritischer Weise darstellte, war William Hogarth. Er hob die Karikatur auf ein neues Fundament und bereitete der Kunst der Gillrays, Cruikshanks und Rowlandsons den Boden. Fasziniert blicken wir auf seine Gestalten des Lasters und der Verderbtheit, die er uns in seinen moralisierenden Bildfolgen mahnend, mit hoch erhobenem Zeigefinger, vorführt.

William Hogarth und die Physiognomie der Ausschweifung

Hogarth ist nicht nur der Wegbereiter der modernen Karikatur, er ist zugleich der erste große englische Maler und Graphiker der Neuzeit. Mit seiner nüchternen und scharfen Beobachtungsgabe hielt er das Leben in der werdenden Weltstadt London fest. Unbarmherzig setzt er sein Vergrößerungsglas an und zeigt dem neugierig staunenden Publikum die Laster der Metropole. Die englische Karikatur war vor Hogarth noch ein zartes Pflänzchen, ihr fehlte es an Biß und Schärfe. Die wenigen Karikaturisten, die es gab, ahmten die Niederländer nach. Hogarth selbst jedoch wollte gar kein Karikaturist sein, er verstand sich als psychologisierenden Maler und tragisch-komischen Geschichtenerzähler. Seine Kunst sollte die Zwischenstufe vom Erhabenen zum Gro-

tesken füllen, die, wie er glaubte, bis dahin sowohl von den Schriftstellern als auch von den Malern übergangen worden war.[213] Trotzdem mußte Hogarth es sich gefallen lassen, von der Kritik ein Leben lang dem niederen Bereich der Kunst zugeschlagen zu werden. Für die eigene Zeit war er ein unterhaltsamer Gossenmaler, ein ›Rinnsteinkünstler‹. Lichtenberg schätzte Hogarth sehr, Lavater stand ihm zwiespältig gegenüber.

Beeinflußt wurde Hogarth in seiner Kunst von den frühen italienischen Karikaturen, von den niederländischen Bauern- und Gesellschaftsmalern, von Pieter Breughel d. Ä. und Jan Steen, vom ›Bilderbogenstil‹ des Franzosen Jacques Callot, aber vor allem von dessen Landsmann Charles Le Brun. Mit Sicherheit kannte er auch Della Portas *De Humana Physiognomonia*. Außerdem nahm er an den Studien teil, die sein Freund, der Arzt James Parsons, auf dem Gebiet der Physiognomik machte. 1747 veröffentlichte Parsons, der auch Vorlesungen über Physiognomik hielt, in den Abhandlungen der Königlichen Gesellschaft seine *Human Physiognomy Explained*.[214] Eine von Parsons Grundüberzeugungen war, daß jeder Mensch physiognomisch denke bzw. reagiere und seine Mitmenschen danach einordne. Parsons untersuchte, ähnlich wie Le Brun, die Äußerungen der Gemütsbewegungen im Gesicht. Doch ging der Engländer dabei pragmatischer und weniger schematisch vor als der Franzose Le Brun. Sein Hauptanliegen war es zu zeigen, daß die Veränderungen der Gesichtsmuskeln, das Mienenspiel, den Ausdruck bestimmen. So erwarb er sich seine Verdienste in der Erforschung der Mimik und der ›gefrorenen Mimik‹. Hogarth blieb es vorbehalten, Parsons' Forschungsergebnisse unmittelbar in die künstlerische Praxis zu übertragen. Die englischen Kunstkritiker des 18. Jahrhunderts, so distanziert sie Hogarth auch sonst gegenüberstanden, sahen in dem Künstler denn auch übereinstimmend einen Meister in der Darstellung der menschlichen Leidenschaften und der Erfassung menschlicher Physiognomien, zumal der mimischen Bewegungen.[215]

In dem programmatischen Kupferstich *Characters and Caricaturas* von 1743 (Abb. 67) stellt Hogarth sich dem Thema der menschlichen Leidenschaften und der unterschiedlichen Art ihrer künstlerischen

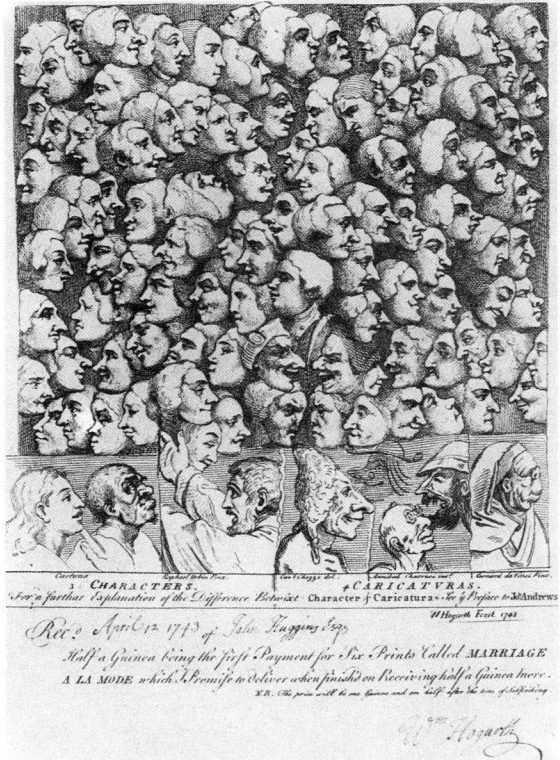

67   William Hogarth: *Charaktere und Karikaturen
(Characters and Caricaturas),* Subskriptionsblatt für *Die
Heirat nach der Mode (Marriage à la Mode),* 1743,
Radierung, 1. Zustand

Darstellung. In der unteren Zone des Blattes wird
durch Schrift und Bild in die Intention des Bildes eingeführt: Links sehen wir drei Charakterköpfe nach
Raffael, rechts begegnen uns vier Karikaturen nach
Pier Leone Ghezzi, Annibale Carracci und Leonardo.
Zwischen letzteren tummelt sich eine an Kinder-
zeichnungen erinnernde Darstellung eines menschlichen Gesichts, sie soll auf den infantilen Ursprung
und die kindliche Freude am Karikieren verweisen,
wie es die Hogarth-Literatur beschreibt. Damit ist
der Unterschied ausgemacht: In der Karikatur ist alles gestattet, sie übertreibt derart, bis wir zu Zerrbildern oder Witzblattfiguren mutiert sind. Die Charak-
terzeichnung hingegen will das Kennzeichnende im
Menschen, auch in seiner Widersprüchlichkeit und
Vielgestaltigkeit, herausarbeiten. So deutlich Hogarth die Grenze zwischen diesen Bereichen am
unteren Bildrand versinnbildlicht und dies in der
Theorie im allgemeinen auch geschehen kann, so oft

sind doch in der künstlerischen Praxis fließende
Übergänge zwischen Karikatur und Charakterzeich-
nung gegeben, was man auch aus dem oberen Teil
des Blattes entnehmen kann. Dort begegnen uns
dichtgedrängt etwa hundert, im Ausdruck äußerst
verschiedene Köpfe im Profil, unter denen wir
›Charaktere‹ entdecken, die ebenso ohne Schwierig-
keit als Karikaturen bezeichnet werden könnten.
Hogarth hat den Begriffen Charakter und Karikatur
noch einen dritten, von ihm selbst geschaffenen hinzugefügt: »outré«. Darunter versteht er einen in
allen Punkten übertrieben dargestellten Charakter,
der das Vorgegebene, im Gegensatz zur Karikatur,
jedoch nicht kraß verzerrt, sondern nur ›übersteigert‹ wiedergibt. Diese Definition ist nicht glücklich
zu nennen, da man in der Praxis häufig vor der Frage
stehen wird, wo nun die »outré«-Darstellung endet
und die Karikatur beginnt. Doch veranschaulicht dieser Terminus Hogarth' Bemühen, ein Bindeglied zwischen idealer und niederer Kunst zu finden.

Ernst H. Gombrich hebt hervor, Lichtenberg habe
seinen Angriff gegen Lavaters These, daß der Charakter, den wir in einem Gesicht wahrnehmen, nichts
mit dem Knochenbau zu tun habe, sondern lediglich auf den Muskelspuren häufig angenommener
Gesichtsausdrücke beruhe, u. a. auf Hogarth gestützt.[216] Hogarth selbst hat sich jedoch nie an eine
derartige Begrenzung gehalten. Der sichtbare Charakter des Menschen ergibt sich für ihn aus Mimik,
›gefrorener Mimik‹, Knochenbau, Konstitution.
Betrachten wir als Beispiel den Stich *Das lachende
Parterre (The Laughing Audience)* (Abb. 68) von
1733. Drei Menschengruppen begegnen uns hier: im
Vordergrund die Musiker, dahinter, im Parterre, das
bürgerliche Publikum, darüber in den Logen der
Adel, umringt von ›Orangenmädchen‹, die neben
dem Früchteverkauf vielfach der Prostitution nach-
gingen. Das lachende Publikum wird von der bürgerlichen Gruppe gebildet. Ihre Köpfe sind – abgesehen
von dem mißmutigen Kritiker, der neben seiner spit-
zen Feder eine ebensolche Nase besitzt – rund, derb,
beinahe bäuerlich, ihre Konstitution wirkt pyknisch.
Mimik und Gesichtsschnitt der drei Musiker kontra-
stieren mit diesen Physiognomien aufs schärfste,
ebenso das Aussehen der sich im Hintergrund tum-
melnden aristokratischen Lüstlinge, das sich eben-

68   William Hogarth: *Das lachende Parterre (The Laughing Audience),* 1733, Radierung, 1. Zustand

wenig puppenhaft, der Gesichtsausdruck ist blasiert-lüstern. Auffallend sind die fliehenden Stirnen – kennzeichnend für die Darstellung der Aristokraten im 18. Jahrhundert –, die mit der Nase zusammen eine große Linie führen. Hogarth versinnbildlicht also das Geschehen, indem er den dargestellten Ständen und Berufsgruppen eine eigene charakteristische und für den Betrachter leicht deutbare Physiognomie gibt.

Das lachende Parterre diente Hogarth als Subskriptionsblatt für den Kupferstich *Der Jahrmarkt zu Southwark (Southwark Fair,* 1733/34), der wiederum zur Bildfolge *Der Werdegang eines Wüstlings (The Rake's Progress,* 1735) gehört. Diese Bildfolgen, mit denen Hogarth zu seiner Berühmtheit gelangte, sind sozusagen gemalte bzw. gestochene ›Romane‹, in denen der Künstler auf moralisierende Weise an den zeitgenössischen Zuständen Kritik übt. Es mag daher nicht überraschen, daß kaum ein anderer Künstler mit so großer Bewunderung von bedeutenden Schriftstellern ›gelesen‹ wurde wie Hogarth. In England waren es Swift, Fielding, Smollet, später Hazlitt und Thackeray, in Deutschland neben Lichtenberg auch Kant, Lessing, Goethe, in Frankreich Diderot. Hogarth schildert in seinen Bildfolgen, die

falls deutlich von dem der Musiker unterscheidet. Sind letztere ernsthaft auf ihre Arbeit konzentriert, so gehen die adligen Herrschaften ihren frivolen Vergnügungen nach – ihre Bewegungen sind galant, ein

69   William Hogarth: *Fleiß und Faulheit (Industry and Idleness),* Blatt 1: *Die beiden Lehrlinge an ihren Webstühlen (The Fellow Prentices at their Looms),* 1747, Radierung mit Kupferstich

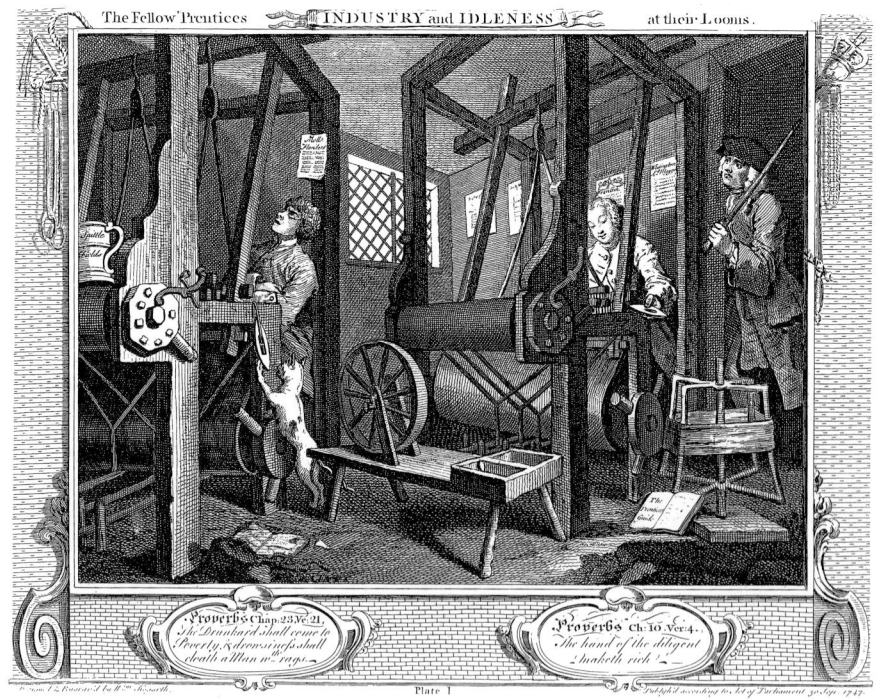

u. a. als Kupferstiche weite Verbreitung fanden, das Schicksal einer Hure, den Werdegang eines reichgewordenen Wüstlings oder die verhängnisvollen Folgen einer Modeheirat. Alle diese Bildergeschichten folgen pädagogischen Ambitionen – Hogarth wollte die Menschen damit verbessern oder zumindest belehren. Um sein hochgestecktes Ziel zu erreichen, hat er in diesen Arbeiten ein einzigartiges physiognomisch-mimisches Universum geschaffen. Uns begegnen die unterschiedlichsten Menschentypen, mit Vorliebe den Niederungen des Lebens entsprungen. Wir erleben den physiognomischen Verfall der Hauptakteure, wir sehen die Gegenüberstellung von Gut und Böse, von Vorbildlichkeit und Lasterhaftigkeit; letzteres etwa an dem Zyklus *Fleiß und Faulheit (Industry and Idleness,* 1747), der uns vom Fleiß und der Faulheit zweier Lehrlinge berichtet. Dabei unterscheiden sich die beiden Hauptakteure, von denen es der eine bis zum Bürgermeister von London bringt, der andere lediglich zum Galgen von Tyburn, von Beginn an durch Haltung, Mimik und Physiognomie (Abb. 69).

Lavater hat uns in seinen *Fragmenten* einige – künstlerisch fragwürdige, physiognomisch jedoch interessante – Zusammenschnitte der Hogarthschen Negativcharaktere geliefert (Abb. 70). Der Physiognom kann nach Lavaters Auffassung in Hogarths' Figuren nur wenig schöne und edle Züge entdecken, dafür aber einen ungeheuerlichen Reichtum an Zügen »der niedrigsten Niedrigkeit, der ekelhaftesten Pöbelhaftigkeit, der lächerlichsten Lächerlichkeit, und der unmenschlichsten Laster«.[217] Die Werke von Hogarth bestätigen Lavater in seiner Auffassung, daß die Menschen nichts so sehr verunstalte wie das Laster und sie nichts so verschöne wie die Tugend. Aus diesem Grund sind die Arbeiten des Engländers für Lavater von hohem pädagogischem Wert: »Ein Staat, wo man alle Jahre einmal die vertrunkenen Mißgestalten von Menschen in Prozession mit einem Gemälde nach Hogarth ... herumführte – sollte dies nicht mehr als alle Predigten gegen die Trunksucht wirken?«[218] – Der Prediger Lavater mußte wissen, wovon er sprach. Daß das Böse mit dem Häßlichen verwandter ist als mit dem Schönen, davon ging auch Hogarth aus – Häßlichkeit und Laster stehen in seinen Werken wie Ursache und Wirkung zueinander. Der Erfolg seiner Arbeiten belegt, daß diese Aussage vom Publikum verstanden wurde.

Der Maler der Säufer, Huren und Halsabschneider hat sich in seiner kunsttheoretischen Schrift *Analysis of Beauty* (1753) gleichwohl intensiv mit dem Thema Schönheitsbegriff beschäftigt. Seine Schönheitsvorstellung ist modern, funktionalistisch:

70 Zusammenstellung Hogarthscher Negativfiguren, aus: Johann Caspar Lavater: *Physiognomische Fragmente,* Bd. I, Leipzig/Winterthur 1775

»Wenn ein Schiff gut segelt, so nennen es die Matrosen allezeit schön.«[219] Im Grunde genommen ist dies ein sehr physiognomischer Ansatz, betont er doch den Zusammenhang von Inhalt und Form, obgleich nach dieser Definition auch der Häßlichkeit Schönheit gebührt, wenn sie eben den adäquaten Ausdruck eines entsprechenden Inhaltes darstellt. Um eine solche Einheit von Gestalt und Gehalt ging es Hogarth auch in der Darstellung des Menschen.

Hogarth schuf zahlreiche Porträts. Zu seinen Auftraggebern zählten Mitglieder der bedeutendsten Familien des Landes, später selbst des königlichen Hofes. Doch in der Kunst des Repräsentationsporträts

71 a–c   William Hogarth: Die Mörderin Sarah Malcolm (1733, Radierung mit Kupferstich), der Hochverräter Simon Lord Lovat (1746, Radierung) und der vermeintliche Verschwörer John Wilkes (1763, Radierung). Die Bildnisse wandeln sich vom Charakterbild zur ›outré‹-Darstellung bis hin zur Karikatur

72   Daniel Chodowiecki: *Der Fortgang der Tugend und des Lasters,* Kupferstichfolge, Blatt 1–6, zuerst erschienen im *Göttinger Taschen Calender,* 1778; Staatliche Museen zu Berlin – Preußischer Kulturbesitz, Kupferstichkabinett

wurde er bald von seinen Nachfolgern übertroffen, von Gainsborough, Reynolds, Hoppner, Romney und dem Schotten Henry Raeburn. Überzeugender gerieten ihm die einfühlsamen Porträts seiner Freunde und Angehörigen oder die Bildnisse von Außenseitern der Gesellschaft, kleinen Leuten und Schauspielern. Am meisten Aufsehen erregte er mit den Porträts, die lasterhafte oder kriminelle Personen darstellen: die Mörderin Sarah Malcolm, den Hochverräter Simon Lord Lovat und den angeblichen Verschwörer John Wilkes (Abb. 71a−c). Der hier abgebildete Stich von Sarah Malcolm, die ihre ehemalige Herrschaft und deren Gesellschafterin erdrosselt und einer Hausangestellten die Kehle durchgeschnitten hatte, zeigt uns kein gezeichnetes Monstrum. Hogarth hatte die Täterin wenige Tage vor ihrer Hinrichtung im Gefängnis besuchen können. Sie war noch jung und nicht ohne eine gewisse Attraktivität. Ihr Abbild läßt jedoch in den kleinen Augen, der unschönen Nase und dem gepreßten Mund die Gefühlskälte erahnen, die die blutige Tat ermöglichte. Hogarth äußerte über die Mörderin: »Ich

kann an den Zügen dieser Frau sehen, daß sie zu jeder Schlechtigkeit fähig ist.«[220] Dürfte das Porträt der Sarah Malcolm eine realistische Wiedergabe ihrer Physiognomie sein, so ist dasjenige von Lord Lovat bereits ›outré‹. Lovat, Intrigant, Führer des schottischen Adelsaufstandes von 1745 und Chef eines damals berüchtigten Clans aus dem Hochland, ist als Mensch voller List und Bosheit dargestellt. Hogarth hat es meisterhaft verstanden, nicht nur die charakteristische Physiognomie von Lovats Gesicht widerzuspiegeln, sondern auch, wie Julius Meier-Graefe schrieb, des ganzen Körpers, dessen Massigkeit man unter den Falten des Rockes erahnt und die sich bis in die fleischigen Hände mit den zählenden Fingern erstreckt.[221] Vollends zur Karikatur geriet das Porträt von John Wilkes, und das, obwohl er von den drei Missetätern der einzig Unschuldige ist. Wilkes, Herausgeber einer oppositionellen Zeitschrift, war der Verschwörung angeklagt, mußte aber freigesprochen werden, da sich die Anklage gegen ihn als absolut haltlos erwies. Hogarth stand jedoch mit Wilkes auf Kriegsfuß, seine Zeichnung kann daher

als Akt der Vergeltung angesehen werden – sie ist nicht ›Charakter‹, sondern Karikatur: Bei dem diabolisch grinsenden Intimfeind von Hogarth gerät selbst die Perücke zu einem Teufelsattribut, unter dem die Hörner des Leibhaftigen zu stecken scheinen.

Der Impuls, den Hogarth der Kunstwelt vermittelte, lebte fort – sei es in der Karikatur oder der moralisierenden Bildergeschichte. Seine Werke wurden von eifrigen Kopisten häufig nachgestochen. Hogarth' kunsttheoretische Schrift *Analysis of Beauty* erlebte kurz nach ihrem Erscheinen eine deutsche Ausgabe.[222] Lichtenberg schuf umfangreiche Erläuterungen zu Hogarth' Bilderfolgen und lieferte damit gleichsam den Text zu dessen Romanen.[223] Lichtenberg war es auch, der den »deutschen Hogarth« mitkreierte, obgleich der eigentlich polnischer Abstammung war: Daniel Chodowiecki. Dieser wurde von Lichtenberg in den 1770er Jahren beauftragt, für ihn Werke im Hogarthschen Geiste zu schaffen. Trotz einer gewissen Biederkeit war Chodowiecki damals sicherlich der bekannteste und fähigste deutsche Grafiker und Illustrator. Die Themen zu den Auftragsarbeiten gab Lichtenberg vor, ebenso schrieb er dazu begleitende Texte. Chodowieckis erster Kupferstich-Zyklus *Der Fortgang der Tugend und des Lasters* (1778) (Abb. 72), erinnert an Hogarth' *Industry and Idleness,* doch bleibt ein grundsätzlicher Unterschied: Auf dem ersten Blatt der Chodowiecki-Serie ist nur ein Kopf abgebildet – ein Hinweis darauf, daß Lichtenberg, der Gegner Lavaters, nicht – wie etwa Hogarth in seiner Folge – angeborene physiognomische Unterschiede anerkennt, die von sich aus bereits auf Gutes und Böses, Tugend und Laster deuten könnten. Es ist ein und dieselbe Person, an der er durch die grundverschiedenen Lebensläufe die physiognomischen Auswirkungen von Tugend und Laster exemplifiziert. Erst die frei gewählten Handlungen des einzelnen im Laufe seines Lebens sind entscheidend für die physiognomische Entwicklung. In Lichtenbergs Bilderläuterung findet sich ein Satz, der auch aus Lavaters Feder stammen könnte: »Was auch sophistische Sinnlichkeit eine Zeitlang dagegen einwenden mag, so ist … gewiß: Es ist kein dauernder Reiz ohne Tugend möglich, und die auffallendste Häßlichkeit vermag sich Reitze durch sie zu geben, die irgend jemand unwiderstehlich sind.«[224]

Neben Chodowiecki gab es noch einen anderen Künstler im deutschen Raum, der mit Hogarth verglichen wurde: Franz Xaver Messerschmidt, der ›Hogarth der Plastik‹, – doch wir werden sehen, daß dieser Vergleich problematisch ist.

Der Kampf mit dem Wahn: Franz Xaver Messerschmidt und die Zauberkraft seiner Grimassen

Ein Rätsel liegt über dem Werk des Bildhauers Franz Xaver Messerschmidt: Welche Verbindung besteht zwischen seinen Arbeiten als Hofbildhauer in München und Wien und seinen »Charakterköpfen«? Tatsächlich erscheint es fast unmöglich, eine Beziehung herzustellen zwischen seinem spätbarocken Werk und den seltsamen Köpfen, die er zwischen 1770 und seinem Todesjahr 1783 schuf (Abb. 73). Messerschmidts frühe Werke knüpfen an die Tradition der bayerisch-österreichischen Barockkunst an. Später kommen italienische und französische Einflüsse hinzu. Die in den 1760er Jahren entstandenen Statuen von Maria Theresia und ihrem Gemahl, Franz I., gehören zu den Höhepunkten der spätbarocken deutschen Kunst. Doch bereits gegen Ende des Jahrzehnts zählt Messerschmidt zu den ersten deutschen Bildhauern, die den Weg zum Klassizismus beschreiten. Schwung und Pathos des Barock treten nun in seinem Werk zurück und machen einer kühlen Strenge Platz. Messerschmidt konzentriert sich fortan immer mehr auf den Kopf des Menschen. Das mit knappsten Mitteln gestaltete menschliche Porträt, das die physiognomische Substanz freilegen soll, ist ihm nun oberstes Ziel. Die Porträts des Franz von Scheyb von 1769 (Abb. 74) und des Gerard von Swieten, das 1772 entstand, also bereits in die erste Entstehungszeit der »Charakterköpfe« fällt, verdeutlichen diese Entwicklung. Beide Büsten blicken den Betrachter in strenger Frontalität an. Stand, Kleidung, Orden – all dieser Äußerlichkeiten sind die Dargestellten entledigt. Die Gesichtszüge der Porträtierten werden schonungslos und mit einer Leidenschaft zur Präzision wiedergegeben. Messerschmidt entblößt die Menschen geradezu, legt ihre physiognomischen Grundstrukturen dar und zeigt uns

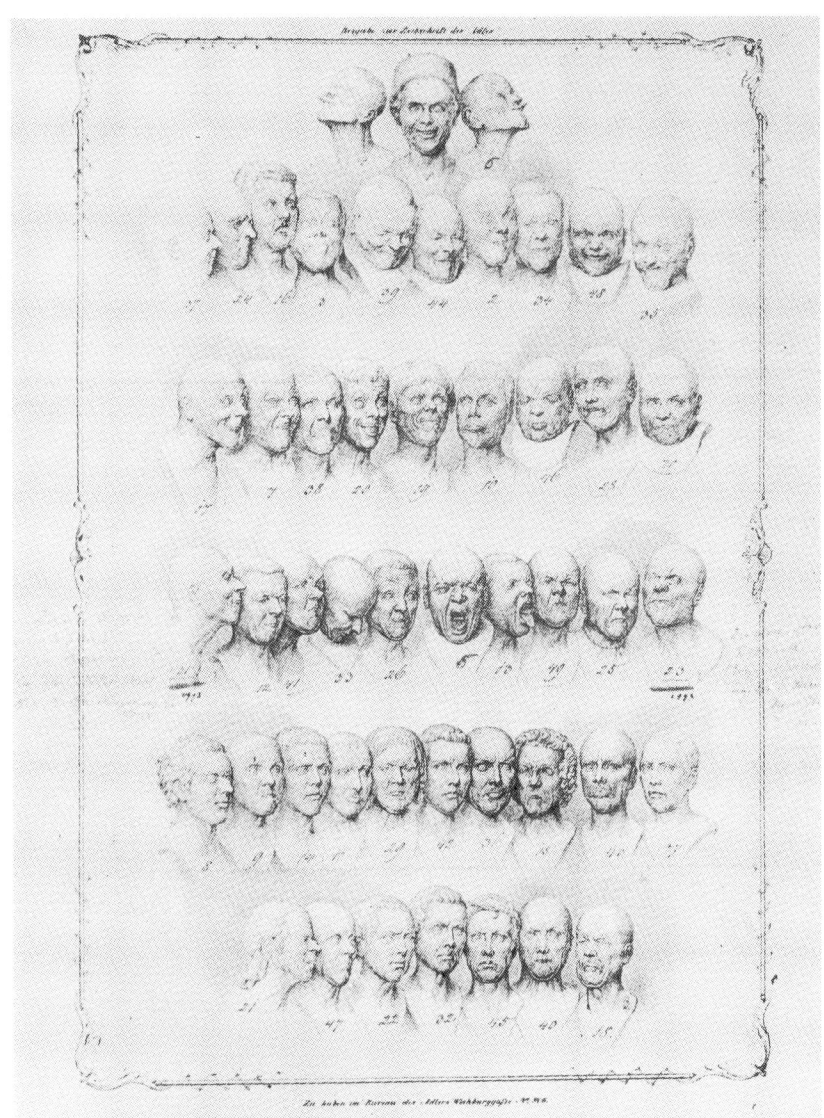

73 Lithographie von Matthias
Rudolph Thoma mit den 49
»Charakterköpfen« von Franz
Xaver Messerschmidt, um 1839

dann nichts als kalt funkelnde Larven. Ihre blick-
leeren Augen verschließen sich dem Kontakt mit
dem Betrachter, Fremdheit und Abgeschlossenheit
ist ihr kennzeichnender Ausdruck. Von diesen Köpfen führt, wenn auch kein breiter Weg, so doch ein
Verbindungsstrang zu Messerschmidts bestaunten
Charakterköpfen.

Messerschmidt hat seinen »Charakterköpfen« die
eigene Physiognomie und das eigene zwanghafte
Grimassieren zugrunde gelegt. Die Arbeit an den
Köpfen, die ohne Auftraggeber entstanden, hat ihn in
seinem letzten Lebensjahrzehnt ganz gebunden. Als

Messerschmidt starb, fand man 69 Köpfe, davon 20
unvollendet. Von den 49 fertigen Köpfen waren 32
aus Blei, 16 aus Stein und einer aus Holz. Heute sind
insgesamt 54, zum Teil nur Abgüsse, bekannt. Messerschmidts manische Arbeit an diesen persönlichen
und gleichzeitig so fremden physiognomischen
Experimenten fiel in dasselbe Jahrzehnt, in dem
auch Lavater seine *Physiognomischen Fragmente* verfaßte. Doch ein noch stärkeres ›Fluidum‹ verband
Messerschmidt mit dem Arzt Franz Anton Mesmer,
dem Begründer der Lehre des von ihm so bezeich-
neten ›Magnetismus animalis‹, der als universelle

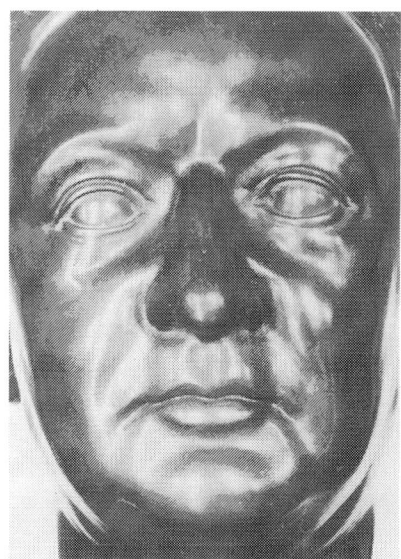

74 Franz Xaver Messerschmidt: *Franz von Scheyb,* 1769, Blei; Historisches Museum der Stadt Wien

Naturkraft alle Wesenheiten durchströmen und verbinden soll. Beider Lebenswege kreuzten sich auf seltsame Weise: In ihrer Kindheit besuchten sie dieselbe Schule, und einige Jahrzehnte später lebte Messerschmidt in Wien im Haus von Mesmer. Der erste Biograph Messerschmidts, Albert Ilg, wollte hierin sogar einen entscheidenden Einfluß auf die Entstehung der »Charakterköpfe« erblicken.[225]

Betrachtet man die Köpfe, bemerkt man bald, so unterschiedlich die einzelnen Grimassen sein mögen, Gemeinsamkeiten. Größe, strenge Frontalität und Achsensymmetrie lassen sie ähnlich erscheinen. Die Augen blicken leer oder sind geschlossen, die Lippen sind fest aufeinandergepreßt (Abb. 75). Selbst eine Figur wie *Ein alter fröhlicher Lächler* weist eine Pressung der Lippen auf (Abb. 76). Viele Köpfe variieren fast denselben Ausdruck (vgl. Abb. 73). Diese Ähnlichkeit resultiert daraus, daß die Büsten die Gesichtszüge des Künstlers tragen. Als Betrachter kommt man zu dem Schluß, daß der einzelne Charakterkopf für sich genommen unvollständig erscheint, er ist jeweils Teil einer Serie, und nur in diese Gesamtheit eingebunden, vermögen die einzelnen Köpfe etwas von ihrem Gehalt preiszugeben. In die kunstwissenschaftliche Literatur sind sie als »Charakterköpfe« eingegangen, so als ob es sich bei

ihnen lediglich um mimische Studien handele. Eine Ursache hierfür liegt sicherlich in den Bezeichnungen, die an den einzelnen Köpfen angebracht wurden. Sie stammen jedoch nicht von Messerschmidt selbst, sondern von einem wenig fachkundigen anonymen Autor, der sie anläßlich einer Ausstellung 1794 im Prater erfand. Die früheste Einteilung der Köpfe nach Themen erfolgte durch den Schriftsteller und Verleger Friedrich Nicolai. Er unterschied drei Gruppen: »die simplen der Natur gemäßen Köpfe«, als die eigentlichen »Charakterköpfe«, die 54 Köpfe umfassende Hauptgruppe, »welche, um den übernatürlichen Sinn der Thiere nachzuahmen, mit zusammengekniffenen Lippen und in angespannten Konvulsionen vorgestellt waren«, und die dritte und kleinste Gruppe, zu der er nur zwei Köpfe »von einer ganz seltsamen, schwer zu beschreibenden Gestalt« zählte.[226] Es handelt sich hierbei um die sogenannten Schnabelköpfe (Abb. 77).

75 Franz Xaver Messerschmidt: *Der Schaafkopf,* Nr. 17, aus der Folge der »Charakterköpfe«, um 1780, Gipsalabaster; Wien, Österreichische Galerie

110

Legt man die Nicolaische Unterteilung zugrunde, die so einleuchtend wie simpel ist, so ist die Anzahl der Charakterköpfe unter den »Charakterköpfen« nicht eben groß zu nennen, zum Zeitpunkt von Nicolais Kategorisierung können es gerade fünf gewesen sein, da Messerschmidt damals an seinem 61. Kopf arbeitete. Aber auch in diese ›normalste‹ Gruppe von Porträts mit den vergleichsweise am wenigsten angespannten Gesichtsmuskeln hat sich etwas Starres, Grimassenhaftes eingeschlichen. Gemeinsam ist dieser ersten Gruppe eine lockige Haartracht, während die Köpfe der beiden übrigen Gruppen kahl- oder kurzgeschoren sind (vgl. Abb. 73). Zwischen den einzelnen Gruppen, aber auch innerhalb derselben, variiert das dargestellte Alter, es reicht vom kindlich Weinenden bis zu ausgezehrten Greisenhäuptern. Auch innerhalb der Konstitution finden sich Schwankungen: Läßt der Kopf des *Alten fröhlichen Lächlers* auf einen Pykniker schließen (Abb. 76), so der *Schaaf-*

kopf auf einen Astheniker (Abb. 75). Die größte Abweichung vom herkömmlichen Menschengesicht innerhalb der »Charakterköpfe« zeigen die beiden Schnabelköpfe. Nicolai beschrieb diese seltsamen Gestalten wie folgt: »Man stelle sich vor, daß alle Knochen und Muskeln eines menschlichen Gesichtes so zusammengedrückt und vorwärts gezogen wären, daß die äußerste Spitze der zurückgeschobenen Stirn und der zurückgeschobenen Kinnlade einen Winkel von 20 Grad macht, daß also das Gesicht beinahe in die Form eines Schnabels gezogen ist, obgleich doch immer die menschliche Gestalt bleibt.«[227]

An den Schnabelköpfen wird eklatant deutlich, was auch die meisten anderen »Charakterköpfe« auszeichnet: Die Mimik dieser Köpfe ist nicht realistisch. Wer sie nachzuahmen versucht, wird schnell feststellen, daß dies unmöglich ist. Bei näherer Betrachtung bemerkt man, daß den Köpfen der Aus-

76 Franz Xaver Messerschmidt: *Ein alter fröhlicher Lächler,* Nr. 48, aus der Folge der »Charakterköpfe«, um 1780, Holz mit Wachsauflage; Wien, Österreichische Galerie

77 Franz Xaver Messerschmidt: *Zweiter Schnabelkopf,* aus der Folge der »Charakterköpfe«, um 1780, Marmor; Wien, Österreichische Galerie

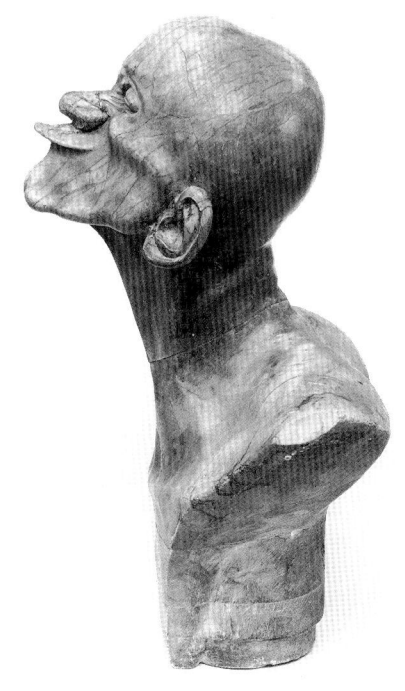

druck des inneren Mitschwingens fehlt – das Mienenspiel, das Lachen und Weinen, wirkt daher unnatürlich, zwanghaft gepreßt. Diese Köpfe sind mehr als nur Darstellungen individueller Charaktere in unterschiedlichen Launen und Altersstufen: Es sind Grimassen, es sind – Masken. Nicht die Verbildlichung allgemeinmenschlicher Affekte war Messerschmidts Anliegen, sondern ihm ging es um die Sichtbarmachung von Verborgenerem: Er wußte, hinter der Grimasse lauert die Maske – und zwar nicht nur die Maske der Verstellung, sondern auch die Maske in ihrem ursprünglichen Sinn, als erstarrte Materialisation einer fremden, jenseitigen Welt. Der Dichter Nicolaus Lenau schrieb über Messerschmidts Köpfe: »In den Köpfen spielen Dämonen ..., es muß etwas in diesem Bildhauer gewesen sein, das ihn leicht zum Narren hätte werden lassen, glücklicherweise lagerte es sich als Kunst in ihm ab.«[228]

Wenden wir uns noch einmal Friedrich Nicolai zu: Seinem Bericht zufolge ging es Messerschmidt darum, mit Hilfe seiner grimassierenden Köpfe Macht über den ›Geist der Proportion‹ zu erlangen. Messerschmidt teilte Nicolai mit, daß »alles in der Welt durch die Proportionen regiert [werde], und wer diejenigen Proportionen an sich erwecke, welche der Proportion des andern entsprächen oder ihr überlegen wären, müsse Wirkungen hervorbringen, welche der Wirkung des andern entsprechen, oder ihr überlegen sein müßten.« So, fährt Nicolai fort, »dichtete [er] sich, weil seine Phantasie mit Geistern ausgefüllt war, einen besonderen Geist der Proportion«[229] Dieser Geist, so glaubte Messerschmidt, plagte ihn, da er der vollkommenen Kenntnis der Proportionen so nahe gekommen sei. Um sich von diesem Plagegeist, der ihn »zwickte«, wie Messerschmidt gegenüber Nicolai äußerte, zu befreien, wandte der Künstler nun eine alte Heilmethode an sich an, die besagt: Gleiches muß mit Gleichem bekämpft werden. Messerschmidt war der Überzeugung, daß alle Körperteile untereinander in Beziehung stehen, so daß die Verursachung von Schmerz in einem bestimmten Teil des Körpers demnach ihre Auswirkung in einer entsprechenden mimischen Reaktion finden müsse. Da der ›Geist der Porportion‹ den Künstler nur an bestimmten Stellen des Körpers peinigte, standen für Messerschmidt auch die Gri-

massen, die dieser Schmerz zur Folge hatte, in einem physiognomischen Zusammenhang mit dem Geist und gaben Aufschluß über dessen Wesen und Erscheinung. Seine Grimassen schnitt Messerschmidt vor einem Spiegel, wobei er sich zur Erzielung des spezifischen Ausdrucks selbst zwickte, und die so erreichte Mimik wahrscheinlich auf seine Büsten übertrug; dadurch glaubte er den ›Geist der Proportion‹ nicht nur zu bannen, sondern sogar beherrschen zu können, und zwar, indem die von ihm geschaffenen Proportionen denen seines ›Widersachers‹ überlegen waren. – Messerschmidts Vorstellungen, die vielen als reine Wahnideen erscheinen mögen, erinnern an uralten Bildzauber, der als archaisches Erbe in ihm wiederauflebte. Seine »Charakterköpfe« haben, wie die Masken in den primitiven Kulturen, eine apotropäische Funktion, das heißt, sie sollen die bösen Dämonen abwehren.

Die Vorstellungswelt, in der Messerschmidt lebte, wird von der modernen Medizin als paranoide Psychose bezeichnet.[230] Erklärungsversuche für Messerschmidts Weltsicht setzten früh ein. Nicolai vermutete, Messerschmidts sitzende Tätigkeit, der Mangel an Bewegung, seine nicht ausgelebte Sexualität bei gleichzeitig starken körperlichen Kräften hätten sich ungünstig auf sein Geistesleben ausgewirkt.[231] Besonders die letztere Annahme wurde von Ernst Kris in seiner auf psychoanalytischem Gedankengut basierenden Studie *Ein geisteskranker Bildhauer. Die Charakterköpfe des Franz Xaver Messerschmidt* fortgeführt.[232] Der Medizinhistoriker Otto Glandien ist der Ansicht, Messerschmidt sei wahrscheinlich einer der ganz wenigen, die den Fortgang ihrer geistigen Erkrankung aufhalten konnten: »Ihm ist es meines Erachtens durch die Arbeit an seinen Charakterköpfen in einem einzigartigen fortwährenden Kraftakt gelungen, das Abgleiten in den Realitätsverlust der Schizophrenie zu verhindern.«[233] Die Zauberkräfte seiner Grimassen, die Kenntnis der Proportion hatten ihm dabei geholfen.[234]

Vor diesem Hintergrund wird deutlich, daß die für Messerschmidt geprägte Bezeichnung ›Hogarth der Plastik‹ nicht stimmig ist.[235] Hogarth war ein nach außen gerichteter, gesellschaftsbezogener Künstler mit moralischem Anspruch. Das physiognomische Ringen Messerschmidts hingegen, sein Kampf mit dem ›Geist der Proportion‹, ist vorrangig Ausdruck der Auseinandersetzung mit dem inneren Kosmos und dem eigenen Dämon. Seine grimassierenden Köpfe sollten dem Künstler selbst nützen, nicht der Gesellschaft. Messerschmidt verweist auf das tief Abgründige, aber auch auf das nervös Moderne der sich ankündigenden Romantik, der er ein Wegbereiter war.

Zwerge, Bucklige und Genies

»Die wenigsten Menschen sind aus dem klassischen Skizzenbuch des lieben Gottes ohne Verzeichnung vorgegangen.«[236] Der Schönheit mag das abträglich sein, der Vielfalt des Lebens nicht. Auch die Kunst, und hier insbesondere die Karikatur, hat gern das Absonderliche im Menschen zu ihrem Thema gemacht. Bis in das späte 18. Jahrhundert haftete dem Umgang mit bizarren Physiognomien etwas Naiv-Selbstverständliches an. Monstrositäten und Mißbildungen gehörten zu den Kuriositäten, die mit derber Belustigung bestaunt oder ›wissenschaftlich‹ betrachtet wurden. Das neugierige Begaffen der Haarmenschen, Bartfrauen, Rumpf- und Halbmenschen, der Zwerge, Riesen, ›Vogelköpfe‹, der Haut- und Knochenmenschen, der ganzen Vielheit der Abnormitäten, war im Zirkus und auf den Jahrmärkten noch bis in das erste Drittel des 20. Jahrhunderts möglich.[237] Noch im 17. und 18. Jahrhundert, bis zur Französischen Revolution, hatten die physiognomischen Außenseiter die Fürstenhöfe bevölkert. Die physiognomisch Erwählten schmückten sich mit den physiognomisch Abnormen. Zwerge waren besonders begehrt. Prunkvolle Zwergenhochzeiten wurden an den europäischen Höfen abgehalten: So 1622 am Kaiserlichen Hof in Wien oder 1713 unter der Federführung der Schwester Peters des Großen, Natalia, im damals neugegründeten St. Petersburg.

Der Zwerg bildet eine, wenn nicht *die* Zentralgestalt des Bizarren in der menschlichen Geschichte. Physiologisch betrachtet weist der echte Zwerg, der Liliputaner, abgesehen von der Kleinheit sämtlicher Körperteile, keine Abnormitäten auf. Sein Knochenbau ist, in einer geringeren Größe, die durch Wachstumsstörungen des Skeletts entsteht, normal propor-

tioniert. Physiognomisch ›groß‹ wird der Zwerg durch die Vielzahl der Charakteristika, für die er zu stehen vermag. Neben dem ›guten‹ Typus, wie ihn etwa die sieben Zwerge aus dem Märchenland und ihre Nachfolger, die harmlosen Gartenzwerge, verkörpern, begegnen uns vor allem in der germanischen Mythologie die dämonenhaften Zwerge. Sie hausen im Erdinnern und haben Gewalt über die Naturkräfte. So vermögen sie das Wachstum der Pflanzen zu fördern oder sind Erzeuger und Bearbeiter der edlen Metalle; zumeist sind sie mißgestaltet – im Gegensatz zu den Vertretern der ersten Gruppe. Volkssagen erzählen, wie Zwerge durch Berührung, Anhauchen oder einen Blick Krankheiten und Tod bringen. Ihnen geleistete Dienste vermögen sie hingegen durch heilbringende Kleinode zu belohnen. Gemeinsam zeichnen sie sich durch Fleiß, Flinkheit und Intelligenz aus, wobei letztere häufig mit dem Grad der Bosheit zu steigen scheint.

Der Zwerg ist ein ›komprimierter‹ Mensch, und auch sein Bruder aus dem Mythos war von Anbeginn an ein Begleiter des Menschen, ihm ähnlich und doch zugleich geheimnisvoll. Die weltweite Verbreitung des Zwergenmotivs bestätigte für C. G. Jung, daß es sich hierbei um einen Archetypus handelt. Auch die bildende Kunst konnte sich diesem kleinen Faszinosum nicht entziehen. In der antiken Kunst taucht der Zwerg häufig unter dem Thema der Abwehr, der Apotropäie, auf. Auch sonst sind Zwerge im Mythos oder Märchen der Antike vertreten. Ihr Angriff auf den schlafenden Herakles, den Philostrat beschreibt, fand in der Renaissance eine häufigere Darstellung, unter anderem bei Lucas Cranach d. J. und Dosso Dossi. Im Mittelalter traten Zwerge in illustrierten Handschriften als Bergleute auf. Aus dem 17. Jahrhundert ist die Vorliebe Philipps IV. von Spanien für seine Zwerge bekannt, der wir die großartigen Zwergendarstellungen von Velázquez verdanken. Carl Justi schreibt in seiner Velázquez-Biographie über die höfische Zwergenkultur: »Die Sitte, Zwerge zu halten war vom Orient auf den römischen Kaiserhof, von da auf das Mittelalter übergegangen und bestand bis zur Zeit der Revolution. Man suchte sie in ganz Europa zusammen. Sie wurden in kostbare Stoffe gekleidet und mit Gold und Geschmeide behängt ... Oft waren sie von ihrem fürstlichen

Herrn unzertrennlich, wie Hunde, und ebenso beliebt und behandelt. Wie die Gesellschaft des Hundes dem Herrn schmeichelt durch das Gefühl schlechthinniger Abhängigkeit, so empfindet der normale Mensch neben dem Zwerg seine Größe und Kraft, und das entsprach der Sinnesweise jener aristokratischen Gesellschaft. Man schätzte Exemplare von auffallender Häßlichkeit: Für das zarte Gebilde eines fürstlichen Knaben oder Mädchens diente der begleitende Kobold als Folie. Endlich der komische Kontrast: ein alter grämlicher Mannskopf auf einem Kinderleibchen; eine Kindergestalt mit Altersstimme, Altersregungen und -einfällen, die Komik der unschädlichen Bosheit.«[238]

Den Zeichner und Radierer Jacques Callot kann man als den eigentlichen Initiator einer regelrechten ›Zwergenmode‹ in der bildenden Kunst bezeichnen. 1616 veröffentlichte er in Florenz die 24 Blätter umfassende Radierfolge *Varie figure gobbi di Jacopo Callot* mit verkrüppelten und buckligen Zwergen, die sich, trotz oder gerade wegen ihrer Gebrechlichkeit, als Komödianten, Musikanten und Tänzer darstellen (Abb. 78). Das war die Geburtsstunde des ›Callot-Zwergs‹, der zum festen Begriff der spätbarocken Ikonographie wurde. In dieser Tradition steht auch das 1716 in Amsterdam erschienene Buch *Il Callotto resuscitato oder Neueingerichtes Zwerchen Cabinet.* Obwohl der Titel ausdrücklich den gut 80 Jahre zuvor verstorbenen Callot nennt und damit vorgibt, es handle sich um Blätter aus dessen Werk, findet sich keines der originalen ›Gobbi‹-Motive darin. Auch der Charakter der vorgestellten Zwerge ist ein anderer. Der Akzent liegt, im Gegensatz zum echten Callot-Zwerg, ausschließlich auf dem Komischen, was durch überladene Kostümierung noch betont wird. Die insgesamt 50 Blätter zeigen Zwerge, die in eine Groteskumrahmung gestellt sind. Die physiognomisch-mimischen Besonderheiten der dargestellten Figuren sind karikaturhaft unterstrichen. Doch die Laster, über die unser anonymer Zeichner spottet, betreffen klein und groß. Die beigegebenen Namen und Texte erhöhen die physiognomische Aussage in Kontraposition, so beispielsweise wenn »Mademoiselle Poupone« als Pariser Schönheit eingeführt wird (Abb. 79).

Verschwand der Zwerg 1789 aus seiner hohen ›Staatsstellung‹, so konnte sich sein Pendant, der Riese, länger in dieser Position halten. Gilt der Zwerg als aufgeweckt, so der Riese als geistig schwerfällig, beeindruckte der Zwerg mit seiner Häßlichkeit und seinem Witz, so der Riese mit seiner Statur. Seine Größe machte ihn als Narren untauglich, er eignete sich dadurch aber als Parade- und Vorführsoldat. Und in dieser Stellung überdauerte er bis zum Ersten Weltkrieg.[239] Als das Ende des Krieges die Reste der Adelsherrschaft und mit ihr die physiognomisch mitbedingten Herrschaftsstrukturen wegfegte, verschwand auch er aus seiner ›Staatsposition‹.

78   Jacques Callot: Titelblatt aus der Radierfolge *Varie figure gobbi di Jacopo Callot,* 1616

79 »Mademoiselle Poupone, die Pariser Schönheit«, aus: *Il Callotto resuscitato oder Neueingerichtes Zwerchen Cabinet,* Amsterdam 1716, Kupferstich

überschäumenden Vitalität an Zahl die sterile Schönheit übertrifft, so die Krankheit die Gesundheit – zählt die erstere Legionen, so ist die zweite ein Unikat. Das Häßliche ist das Unvollendetere, Einseitigere und eben deshalb häufig das Produktivere, Ehrgeizigere. Das Schöne mag erfolgreich und großherzig sein, die Genialität sucht sich dennoch gerne eine andere Gestalt. Alfred Adler lieferte im 20. Jahrhundert ein psychologisches Erklärungsmodell für dieses Phänomen: Die Kompensationstheorie. Nach Adler korrespondiert die körperliche Minderwertigkeit mit dem Trieb, sie durch Leistungen auf anderen Gebieten psychisch zu kompensieren. Bei Lavater ist das Genie »das allererkennbarste und unbeschreiblichste Ding« zugleich.[241] Auf die Konstitution des Genies läßt er sich jedoch nicht näher ein. Er beschreibt es vornehmlich an der Linie und Höhe der Stirn, am Feuer und Licht der Augen – eine grundsätzliche Auffassung, die wir bei den meisten Künstlern und Physiognomikern des 18. Jahrhunderts wiederfinden, was sich auch in den Porträts der Zeit spiegelt (vgl. Abb. 50, 59 a, b). Im 19. Jahrhundert hat dieses Bild des Genies durch die Arbeiten von Franz Joseph Gall noch weitere Verbreitung gefunden und wirkt bis in die Gegenwart nach.[242] Wilhelm Lange-Eichbaum hat in seiner Untersuchung über *Genie, Irrsinn und Ruhm* die Aussagen, die die moderne Forschung über die Konstitution des Genies macht, zusammengetragen.[243] Zahlenmäßig tritt die Gruppe mit schizothymem Temperament hervor, die vornehmlich von Leptosomen gebildet wird. Dabei haben zahlreiche berühmte Genies die Durchschnittsgröße überragt, aber noch auffälliger ist die Tendenz zur Kleinwüchsigkeit. Lange-Eichbaum zitiert in diesem Kontext den lapidaren Satz von J. Popper: »Große Genies, kleine Körper.«[244] Die Augen sollen meist grau, blau oder graublau sein, die Haare von der Tendenz dunkel. Eine Neigung zur Linkshändigkeit fällt ebenfalls auf, wobei diesbezüglich besonders die bildenden Künstler hervortreten, so etwa Leonardo, Michelangelo oder Hans Holbein d. J.

Neben Cesare Lombrosos bekannter Verbindung von »Genie und Irrsinn«[245] wurden in den einzelnen Epochen auch »Genie und Mißgestalt« in Zusammenhang gebracht. In der Renaissance und

Das physiognomisch Absonderliche muß nicht kranker an Leib und Seele sein als das scheinbar Gesunde, und doch wird es gerne dorthin beordert. Zweifelsohne sind hier die Grenzverschiebungen häufiger. Der schonungslos beobachtende Lichtenberg vermerkte über die von Blatternarben verheerten Gesichter seiner Zeitgenossen in seinen *Sudelbüchern:* »Wenn die Pockeninokulation allgemeiner wird, so werden wir um eine ganze Klasse von Gesichtern kommen. Überhaupt, wenn Krankheiten ausstürben, so würden viele Gesichtsgeschlechter untergehen.«[240] Lichtenberg macht hier auf einen wunden Punkt der Gesundheit aufmerksam, den sie mit der Schönheit teilt: Wie das Häßliche in seiner im Barock trugen italienische und niederländische Künstler ihre Gebrechen mitunter sogar wie Adelsprädikate im Beinamen: Etwa der Buckelgnom Pieter van Laer, der sich »Il Bamboccio«, Knirps, rufen ließ, oder auch der Stillebenmaler Hendrick Andriesz, der sich »Manke Heyn«, der Hinkende, nannte. Der weitgereiste Weltmann Casanova faßte seine Erfahrungen über körperliche Sonderheiten in der These zusammen: »Da nicht alle klugen Leute bucklig sind, aber alle Buckligen klug, habe ich seit langem erkannt, daß nicht die Rachitis von der Klugheit, sondern die Klugheit von der Rachitis kommt.«[246] Ein Jahrhundert später bemerkte Nietzsche sarkastisch: »Wenn man dem Buckligen seinen Buckel nimmt, nimmt man ihm seinen Geist.«[247] Und noch später schrieb Gottfried Benn: »... der größte Teil der Kunst des vergangenen Halbjahrtausends ist Steigerungskunst von Psychopathen, von Alkoholikern, Abnormen, Vagabunden, Armenhäuslern, Neurotikern, Degenerierten, Henkelohren, Hustern.«[248] Das 18. Jahrhundert besaß eine großartige Reihe körperlich Gezeichneter und Deformierter: darunter Voltaire, Watteau, Moses Mendelssohn, Kant, oder die Buckelzwerge Lichtenberg und Fernando Galiani. Nicht eigentlich deformiert, aber

gezeichnet war auch das französische Revolutionstriumvirat, das das Signal setzte, die Herrschaft der ›physiognomisch Auserwählten‹, des Adels, zu beenden. So schildert Eugen Skasa-Weiß es in Anlehnung an Victor Hugo: »Robespierre bleich, mit kaltem Blick, dünnen Lippen und um den Mund ein nervöses Zucken, das ihm das Lächeln erschwerte, Danton schweren Leibes, verwahrlost, blatternarbig, mit der Faust eines Hausknechts, dicken Lippen und großen Zähnen, der unappetitliche Marat, fast ein Zwerg, mit gelbem Teint und fast verwachsen, das Auge blutunterlaufen, die Hand voll grünlicher Flecken, keine Stirne unter dem fettigen, borstigen Haar, mit ›einem ungeheuren, schrecklichen Mund‹.«[249]

Die zweite Trennung von Mensch und Tier

Auf einem Gemälde von Agostino Carracci, das um 1596 entstand, präsentieren sich uns *Arrigo der Haarige, Pietro der Narr und Amon der Zwerg* (Abb. 80), umgeben von einer Schar Tiere. Mensch und Tier sind noch traulich miteinander verbunden. Das Miteinander von Mensch und Tier begann sich in der

80   Agostino Carracci: *Arrigo der Haarige, Pietro der Narr und Amon der Zwerg* (Ausschnitt), um 1596, Öl auf Leinwand; Neapel, Galleria Nazionale

Folge zu lösen. Auch hier bewirkte das Jahr 1789 eine Zäsur: Die neue aufstrebende bürgerliche Klasse war nicht mehr so eng mit dem Tier verbunden, wie der Adel es war, sei es durch Zuneigung zu Hund und Pferd oder durch den instinkthaften Rausch bei der Jagd. Noch stärker voneinander getrennt wurden Mensch und Tier später im Gefolge der einsetzenden Industrialisierung. Auch die Physiognomik und mit ihr die Kunst nahmen diesen Wandel zur Kenntnis.

Der Mensch-Tier-Vergleich bildete bis in die Neuzeit hinein ein Leitmotiv der Physiognomik. Sowohl in der pseudoaristotelischen Schrift als auch bei Della Porta ist er von zentraler Bedeutung. In den alten Religionen, Kulten und Kulturen begegnen Mensch und Tier einander immer wieder. Tiere oder seltsame Mischwesen aus Mensch und Tier konnten bis zu den Göttern aufsteigen, so etwa in Babylon oder Ägypten. Und selbst bei den auf die Schönheit des menschlichen Leibes bedachten Griechen kam der Gestalt des Tieres eine entscheidende Bedeutung zu, z. B. in Form der Schlange als ein Attribut des Heilgottes Äskulap. Auch mit der Christianisierung verschwand das Tier keineswegs aus seiner wichtigen Position, aber es wurde seither häufig dem feindlichen und fremden Reich der Dämonen zugeordnet. Damit wurde das Tier dem Menschen verstärkt *gegenüber*gestellt. Der erste Schritt einer erneuten Trennung vom Tier seit der Menschwerdung war damit gelegt.

Nirgendwo wird die Ausstoßung des Menschen aus dem reinen Naturreich und die damit verbundene Entzweiung vom Tier eindringlicher geschildert als im 1. Buch Mose des Alten Testaments.[250] Der Mensch wird aus dem Paradies vertrieben, da er vom Baum der Erkenntnis gegessen hat. Damit beginnt seine Wandlung zum Homo sapiens. Sein Erkenntnisdrang schließt ihn fortan aus dem umgrenzten Raum des Paradieses aus, doch bekommt er dafür das Wissen von der Zeit, vom Werden, Sein und Vergehen geschenkt. Dem Tier blieb dieser Bruch mit der Unmittelbarkeit des Lebens erspart. Aber alle Erkenntnis der Welt und alles geistige Wirken auf dieser Erde erfordern, daß das erkennende Wesen die Welt, den es umgebenden Raum von sich abrücken kann und sich in seiner Zeitlichkeit emp-

findet. Der erste Schritt zur Erkenntnis ist die Distanzierung. Das Tier kennt diese Distanz nicht. Es lebt in seiner Umwelt, in seinem ›Paradies‹, es kann sich der Welt nicht gegenüberstellen und bleibt in seinem Revier gefangen.

Da das Tier nichts von der Zeit weiß, ist auch die Zeit in seiner Physiognomie weitgehend ausgeschlossen. Das gibt seinem Gesicht etwas Starres, Maskenhaftes. Nicht ohne Grund hat die Kunst der Maske im Tierreich ihre stärkste Inspiration gesucht und gefunden. Die Physiognomie des Tieres erschließt sich uns fast nur über die festen Formen. Das Mienenspiel ist bei ihm im Vergleich zum Menschen relativ gering. Damit ist ihm auch die Möglichkeit zur Befreiung aus seiner vorgegebenen Physiognomie nicht gegeben. Hatte Max Picard über die Gestalt des Menschen gesagt: »Der Mensch kann so sein wie er aussieht, er braucht es aber nicht, er hat die Freiheit anders zu sein als sein Gesicht«, so äußerte er ergänzend dazu über das Tier: »Der Tier [hingegen] muß so sein, wie es aussieht, es ist vor keine Wahl gestellt.«[251] Das unterschiedliche Raum-Zeit-Verhältnis von Mensch und Tier findet auch in dem so symbolträchtigen aufrechten Gang des Menschen seinen Ausdruck, der nicht nur seinen geistbestimmten Sonderrang innerhalb der Natur betont, sondern auch seine erhöhte Beweglichkeit: Die Vertikale reißt den Menschen aus der engen Verflechtung mit dem Boden, an die das Tier weitgehend gebunden ist, und macht ihn frei dafür, sich in Eigenverantwortung seiner Umwelt zu stellen. Der Mensch wurde damit zugleich zum Bürger zweier Welten: Sein Instinkt führt ihn zurück in die Sicherheit und Geborgenheit des Naturreiches, sein Intellekt löst ihn davon und ermöglicht ihm, sich fragend und zugleich objektiv erkennend der Welt zu nähern.

Der physiognomische Unterschied zwischen Mensch und Tier zeigt sich auf vielfache Weise: in der Mimik – sowohl in der spontanen als auch in der ›gefrorenen‹ –, in der Andersartigkeit des Körperbaus, aber auch im festen Aufbau des Kopfes. Der Gegensatz ist dabei im unbewegten Profil stärker zu sehen als in der Frontalansicht, da von der Seite nicht nur die Abstände der einzelnen Gesichtsteile untereinander zu erblicken sind, sondern auch, wie stark sie jeweils ausgebildet sind. Darüber hinaus tut sich noch ein weiterer Gegensatz auf: Wie *der* Schönheit eine Vielzahl von Häßlichkeiten gegenübertreten, *der* Gesundheit eine Vielzahl von Krankheiten, so *dem* Menschen eine Vielzahl von Tieren. Der Mensch ist in seiner Gattung einzigartig, das Tier beinahe unendlich.

Trotzdem finden sich in der Kunst Mensch und Tier immer wieder zueinander in Beziehung gesetzt. Am deutlichsten ist ihr dies sicherlich in den Kreationen der Mischwesen gelungen. Umberto Eco beschreibt in seinem Roman *Der Name der Rose* die Entstehung eines jener kostbaren mittelalterlichen Bücher, deren Seiten mit phantastischen Illustrationen geschmückt sind. Diese Buchmalereien führen uns in eine sonderbare und verkehrte Welt ein, in der Mensch und Tier auf rätselhafte Weise miteinander verschlungen sind: »... Affen mit Bockshörnern, Sirenen mit Vogelleibern und Libellenflügeln auf dem Rücken, Menschen ohne Arme, denen andere Menschengestalten buckelförmig aus den Schultern wuchsen, Wesen mit Mäulern voller Zähne am Bauch, Menschenleiber mit Pferdeköpfen und Pferdeleiber mit Menschenbeinen, Fische mit Vogelschwingen und Vögel mit Fischschwänzen, Mißwüchsige mit einem Leibe und zwei Köpfen oder mit einem Kopf und zwei Leibern, Kühe mit Hahnenschwänzen und Schmetterlingsflügeln, Frauen mit Fischschuppen auf dem Kopf, zweiköpfige Chimären, verschlungen mit eidechsenköpfigen Wasserjungfern, Zentauren, Lindwürmer, Elefanten, einbeinige Schattenfüßler, die sich auf Baumästen wanden, Greife mit Schwänzen in Form von gerüsteten Bogenschützen, teuflische Kreaturen mit endlosen Hälsen und ähnliche Monster in großer Zahl ... Gruppen von menschenförmigen Tieren oder tierförmigen Zwergen formten sich zu Szenen des ländlichen Lebens ... daneben erstürmten armbrustbewehrte Füchse und Marder eine Stadt, auf deren Zinnen und Türmen Affen saßen.«[252]

Das Mittelalter sah – trotz oder vielleicht gerade wegen seiner Dämonisierung – das Tier noch als ›Person‹ an, gegen das z. B. auch Strafprozesse geführt werden konnten. In den darauffolgenden Jahrhunderten mutierte das Tier jedoch – zumindest juristisch betrachtet – zu einem bloßen Ding. Ein Meilenstein in dieser Entwicklung war gewiß René

Descartes' Behauptung, daß das Tier keine Seele besitze, sondern lediglich einen besonders komplexen Mechanismus darstelle. Im gleichen Jahrhundert äußerte André Félibien, ein Freund Nicolas Poussins, die Bezeichnung ›Porträt‹ sei für die bildliche Wiedergabe von Tieren nicht angebracht. Ein Porträt könne nur einen Menschen darstellen, da dieser allein die Möglichkeit einer Individualisierung in sich trage. Das Tier belegt Félibien für die bildende Kunst aufgrund seines Gattungscharakters mit dem Begriff »figure«. Allerdings differenziert er weiter und siedelt unter dem Reich der Tiere auch die vegetabilen und anorganischen Elemente an, also Pflanzen und Steine, die er mit dem Terminus »représentation« belegt.[253] Die moderne, anthropozentrische Welt des Menschen schält sich damit heraus: Nachdem das Mittelalter das Tier zunächst auf die Nachtseite des Lebens verbannt hat, wird es in der Neuzeit nun mehr und mehr aus bestimmten Lebensbereichen ausgeschlossen.

Natürlich gab es Gegenströmungen. Charles Le Brun – obgleich von Descartes kommend – hatte Mensch und Tier im 17. Jahrhundert wieder in Analogie gesetzt. Im gleichen Jahrhundert erlebte auch die Fabel durch das Werk von Jean de La Fontaine eine neue Blüte. Doch gilt es hier zu differenzieren: Die Fabel beruht nicht auf einer tatsächlichen Bildanalogie, sondern sie benutzt den Mensch-Tier-Vergleich als Metapher. Wenn sie in ihren Erzählungen etwa den Fuchs als schlau und listig darstellt, so bildet ihr Ausgangspunkt dafür weniger der leibhaftige Fuchs als vielmehr die Eigenschaften schlau und listig, die dann bildhaft auf den Fuchs übertragen werden. Die Karikatur verfährt in ihrem Mensch-Tier-Vergleich oft ähnlich. Im Jahre 1748 veröffentlichte der französische Arzt und Philosoph Julien Offray de La Mettrie seine Schrift *L'homme machine,* in der er die These vertritt, daß Mensch und Tier nicht grundsätzlich verschieden seien: Für den Materialisten La Mettrie war auch der Mensch das, was für Descartes das Tier war: Eine komplex ausgebildete Maschine, die nach mechanischen Prinzipien funktioniert. Doch währte diese Gleichsetzung nicht lange, denn im Jahrhundert der Vernunft wußte man wohl zu differenzieren zwischen einer ›Maschine mit Vernunft‹ und einer ohne. Im gleichen Jahrhundert fanden auch die ersten großen Versuche statt, die Tierwelt neben der der Pflanzen genau zu klassifizieren. Der Botaniker Carl von Linné, der französische Zoologe Buffon und der Anatom Petrus Camper schufen hierfür entscheidende Grundlagen. Doch indem das Tier immer mehr zum Objekt des Menschen, seiner Nutzanwendung und Forschung wurde, weitete sich auch der hierarchische Abstand. Zudem verlor das Tier unter dem analytischen Auge der Wissenschaft seinen Zauber, seine Dämonie und poetische Kraft. In dieser Entwicklung finden wir auch mit eine Ursache, warum etwa in dem dreibändigen Werk *Versuch einer Physiognomik* (1784–85) des Abtes Antoine-Joseph Pernety, das sich doch gerade um die kosmische Dimension der Physiognomik bemühte, der Mensch-Tier-Vergleich ausgespart bleibt. Auch in der Kunst zeigten sich Änderungen: So gingen die Darstellungen von Tieren im Verhältnis zu den vorangehenden Jahrhunderten deutlich zurück. Nicht einmal das Reiterbildnis spielte noch eine nennenswerte Rolle. Und trotzdem gab es vereinzelte Künstler, die immer wieder hinabtauchten in das dunkle Reich der Mensch-Tier-Analogie. Die Karikaturisten taten das ohnehin – auch über die bloße Metapher hinaus –, und selbst ein Hofkünstler wie Goya war

fasziniert von den fließenden Übergängen zwischen Mensch und Tier, was sich besonders an seinen *Caprichos (Launen)* und seinen Spiegelbildern zeigt, die zwischen 1797 und 1799 entstanden (Abb. 81). Johann Heinrich Wilhelm Tischbein, der zu Lavater mindestens im gleichen geistigen Abhängigkeitsverhältnis stand wie Charles Le Brun zu Descartes, besaß den Eifer, in jedem menschlichen Gesicht das darin steckende Tier entdecken zu wollen. Tischbein beschäftigte sich nicht nur in der künstlerischen Praxis mit dem Mensch-Tier-Verhältnis, sondern auch als Theoretiker. Er glaubte, daß das Tier entwicklungsgeschichtlich im Menschen enthalten sei und dadurch in ihm immer wieder durchschimmere. So schrieb er: »Das Menschengeschlecht bestehet aus vielerlei Arten, in denen sind viele Urgeschlechter, die sich aber mit einander vermischen, daraus entstehet eine Art, die unzählig sind, doch sind sie abzusondern ... Denn sind die Hauptracen der Thiere in dem Menschengeschlecht vereint und es scheint, als dienten die Thiere dem Schöpfer nur zum Modell um den Menschen hiernach zu machen. Alles, was in den Thierarten einzeln liegt, liegt im Menschengeschlecht vereint.«[254] Im Gegensatz zu Tischbein entdeckten jedoch insbesondere die modernen Karika-

81 Francisco de Goya: Sechzehn karikierte Köpfe, 1798, Feder und Sepia

82 Eric Gurney:
»Herr und Hund«,
Zeichnung, um 1960

turisten neben dem Tier im Menschen auch den Menschen im Tier. Um noch eine physiognomische Verbindung zwischen dem zunehmend naturentfremdeten Menschen und dem Tier schaffen zu können, wurde das Tier vermenschlicht dargestellt (Abb. 82).

Johann Caspar Lavater kam es in seinen *Physiognomischen Fragmenten* vor allem darauf an, das Mensch und Tier Trennende hervorzuheben. Der Mensch in seiner Erhabenheit war für ihn auch dem edelsten Tier weit überlegen.[255] Von einer vergleichenden Physiognomik, wie sie in der *Physiognomika* und bei Della Porta sichtbar wird, hielt er daher nicht viel. Er fand ihre Vergleiche oft schlecht gewählt und die angeführten Ähnlichkeiten mitunter gewollt.[256] So stammen die Mensch-Tier-Vergleiche in Lavaters *Fragmenten* denn auch weniger aus seiner Feder als vielmehr aus der seines ›Assistenten‹ Goethe.[257] Goethe legte dabei insbesondere Wert auf den Schädel, der für ihn den Unterschied zwischen Mensch und Tier am deutlichsten aufzeigt: »Wie unser Haupt auf Rückenmark und Lebenskraft aufsitzt! Wie die ganze Gestalt als Grundpfeiler des Gewölbes dasteht, in dem sich der Himmel bespiegeln soll! Wie unser

Schädel sich wölbet, gleich dem Himmel über uns, damit das reine Bild der ewigen Sphären drinnen kreisen könne . . . Und wie nun der Thierbau gerade das Gegentheil davon ist.«[258] Das Tier ist für Goethe alles reinen Ausdrucks unfähig. Seine Konstitution drängt es danach, sich ganz dem einen oder anderen Gegenstand der Außenwelt hinzugeben. Es ist ganz seinem Zweck unterworfen und von der höheren geistigen Erkenntnis, zu der der Mensch berufen ist, ausgeschlossen. Lavater und Goethe stellen den Menschen eindeutig über das Tier, da sie beide auf ihre Art an den göttlichen Auftrag im Menschen glaubten – der eine als überzeugter Christ, der andere als dogmenferner Christ und Heide. Doch die verstärkte Trennung von Mensch und Tier erfolgte auch ohne diesen hehren Anspruch. Die Industriegesellschaft, in deren Morgenröte Lavater und Goethe lebten, riß den Menschen bald so stark aus seinem angestammten Lebenszusammenhang, daß er sich der Natur und mit ihr auch dem Tier gänzlich entfremdete. Insofern ging die in den *Fragmenten* angestrebte Trennung von Mensch und Tier auf eine Weise in Erfüllung, an die gerade Lavater wohl am wenigsten gedacht haben dürfte.

V. Johann Caspar Lavater

»Gott schuf den Menschen sich zum Bilde«: Der Theologe als Physiognom

»Schon durch die Feinheit seiner äußeren Gestalt zeichnete sich Lavater vor der Menge aus. Lang und wohl gewachsen, aufrecht, leise und leichtschwebend in Gang und Bewegung, dabei eine unverkennbare geistliche Haltung ohne alle Ziererey. Auffallender noch seine Gesichtsbildung, deren richtiges Verhältnis und Ebenmaß selbst von der vorspringenden Nase wenig gestört wurde.«[259] Mit diesen verklärenden Worten beschrieb Ulrich Hegner mehr als 30 Jahre nach dem Tod Lavaters die Gestalt seines verstorbenen Freundes (Abb. 83). Johann Caspar Lavater wurde 1741 in Zürich geboren. Er studierte Theologie und war bis zu seinem Tod 1801, als Folge einer Schußverletzung durch einen französischen Soldaten, als Pfarrer in seiner Heimatstadt tätig. Lavater war ein herausragender Prediger. Oft mußten sich seine Zuhörer Stunden vor der Kirche anstellen, um einen Platz zu bekommen. Seiner leidenschaftlichen, bekennenden Religiosität verdanken wir u. a. eine Fülle von religiösen Schriften, Flugblättern und Zeitpredigten. Sie konnte sich aber auch in einem unduldsamen und aufdringlichen Bekehrungseifer zeigen.[260] Lavater ging es, und darin war er ein typischer Vertreter des religiösen Sturm und Drang, weniger um Theologie – verstanden als eine abstrakte Lehre von Gott –, sondern vielmehr um Religion, im Sinne von ›religio‹, einer emotionalen Rückbindung zu den Wurzeln des Seins und einer daraus sich ergebenden ›gelebten Religion‹ für den Alltag. Mit den Augen des religiösen Menschen näherte sich Lavater auch der sichtbaren Welt um sich. »Gott schuf den Menschen sich zum Bilde!« lautete daher nicht von ungefähr das Motto seiner *Physiognomischen Fragmente* (Abb. 84). Das Bibelzitat belegt

sowohl die Sinnenverhaftung des Lavaterschen Glaubens als auch die Spiritualität seiner Physiognomik. Die Religiosität ist die eine Wurzel der physiognomischen Lehre Lavaters, die andere liegt in dem Beobachter und Künstlerdilettanten Lavater begründet. Beim Porträtzeichnen seines Freundes Felix Heß war ihm aufgefallen, daß dessen Nase ihn an die Nase eines anderen Freundes erinnerte: »Dies Zusammentreffen verschiedener Gesichter«, schreibt er, »die ich zufälliger Weise oft in Einem Tage zeichnete, und die sich mir gleichsam aufdringende Ähnlichkeit wenigstens gewisser Seiten des Charakters der Urbilder – ward mir immer wichtiger, machte mich immer aufmerksamer.«[261] Die Schärfe seines Auges, die Witterung seiner ›neugierigen‹ Nase, sein visuelles Gedächtnis, das in der Folge einsetzende Studium physiognomischer Literatur[262] machten Lavater bald zum ›physiognomischen Genie‹. Goethe sagte, und das lange nach seinem Bruch mit Lavater, daß dieser im höchsten Maße dazu befähigt war, »die Besonderheiten einzelner Menschen zu gewahren, zu kennen, zu unterscheiden, ja auszusprechen. Wirklich ging seine Einsicht in die einzelnen Menschen über alle Begriffe; man erstaunte, ihn zu hören, wenn man über diesen oder jenen vertraulich sprach, ja es war furchtbar, in der Nähe des Mannes zu leben, dem jede Grenze deutlich erschien, in welche die Natur uns Individuen einzuschränken beliebt hat.«[263]

Ebenso wie die Religion Lavaters Physiognomik prägt, prägt die Physiognomik umgekehrt seine religiösen Schriften. So treten in seinen *Aussichten in die Ewigkeit* bereits Jahre vor der Entstehung der *Fragmente* seine physiognomischen Grundannahmen zutage.[264] In diesem Werk beschreibt Lavater in einer Reihe von beeindruckenden Bildern das Leben des Menschen nach dem Tode, im Zustand der Verklä-

83 August Friedrich Oelenhainz: *Johann Caspar Lavater,* um 1780, Öl auf Leinwand

Bereiche, Himmel und Erde, durch die Gottesebenbildlichkeit des Menschen miteinander verbunden, die unsichtbare Welt greift damit in die sichtbare hinein. Das Diesseits ist Lavater ein Abbild des jenseitigen Urbildes. Damit übersteigt seine Physiognomik die rein menschliche, irdisch-verhaftete Dimension weit und öffnet sich zu einer kosmischen und transzendenten Physiognomik. »Ist nicht die gesamte Natur Physiognomie? Ist nicht alles Oberfläche und Inhalt?« fragt er und gibt darauf selbst die Antwort: »Das Äußerliche ist nichts als die Endung, die Grenzen des Innern, und das Innere eine unmittelbare Fortsetzung des Äußeren.«[266] Der Physiognom studiert überall die »Sprache des Himmels«, finden sich doch selbst in der Gestalt des ärgsten Sünders noch Spuren von Gottes Hand. Damit ist das Leitmotiv Lavaters genannt: »Religion ist mir Physiognomie, und Physiognomie Religion.«[267]

Lavaters *Aussichten in die Ewigkeit* sind in Form von Briefen verfaßt, die an seinen Freund, den Arzt

84 Johann Caspar Lavater: *Physiognomische Fragmente,* Bd. I, Leipzig/Winterthur 1775, Titelblatt mit dem Motto »Gott schuf den Menschen sich zum Bilde!«

rung und Erhöhung. Das Reich Gottes ist für ihn dabei kein abstraktes Reich von Ideen, sondern eine bildhafte Wirklichkeit, zu der notwendig und unzertrennlich eine bestimmte Leiblichkeit gehört. Der neue, feinstoffliche Menschenleib soll dort, wenn er den Grad der Vollkommenheit erreicht hat, von allen Verstellungen und maskenhaften Verzerrungen des Irdischen befreit sein. Sprache und Wort werden abgelöst von einer physiognomischen Kommunikation, in der alles Innere unverfälscht und simultan zum Ausdruck kommt. Der Leib hat damit seine Starrheit und Härte verloren und wird nun unmittelbarer Ausdruck der Seele und reinster Spiegel, selbst ihrer zartesten Schwingungen. Die Lüge wird in dieser Gemeinschaft der Seligen keinen Schlupfwinkel mehr finden. An die Übereinstimmung von Innen und Außen glaubte Lavater auch schon für den irdischen Bereich. Allerdings ist für ihn hier die Möglichkeit der Verstellung nicht ausgeschlossen, und anders als im himmlischen Zustand sind die irdischen Zeichen nie mit letzter Sicherheit zu entschlüsseln.[265] Jedoch sind in seiner Vorstellung beide

Johann Georg Zimmermann, gerichtet sind. Zimmermann war es, der als erster Lavaters mitunter an Hellsichtigkeit grenzende Einfühlungsgabe bemerkt und sein »physiognomisches Genie« erkannt hatte. Er war es auch, der 1772 einen Vortrag Lavaters über Physiognomik ohne dessen Wissen für das *Hannoversche Magazin* in Druck gab. Damit war ein Stein ins Rollen gekommen. Lavater fühlte sich jetzt in der Rolle eines Verteidigers der Physiognomik in die Öffentlichkeit gestellt. Notgedrungen ergänzte er daraufhin seine noch unfertigen Gedanken zur Physiognomik durch eine noch im selben Jahr erfolgende Buchpublikation. Diese schmale Schrift *Von der Physiognomik* kommt noch ohne Bebilderung aus, aber sie birgt in sich den gedanklichen Kern zu einem Werk, das Lavater bald in ganz Europa bekannt machen sollte.[268] Drei Jahre später konnte der vielbeschäftigte Lavater, unter Mithilfe zahlreicher Freunde und Künstler, den ersten Band seiner *Physiognomischen Fragmente zur Beförderung der Menschenkenntnis und Menschenliebe* vorlegen. Die damals gebildete Welt horchte auf.

Die *Physiognomischen Fragmente*

»Du hast populär sein wollen und bist's, unnennbar weit geworden«, schrieb Johann Gottfried Herder an Lavater, nachdem 1775 der erste Band der *Fragmente* erschienen war.[269] Der Fragmentcharakter des Werkes, der bereits im Titel ausgedrückt wird, stand seinem Einfluß dabei nicht im Wege. Im Gegenteil: Das Unvollendete, Sprunghafte, Unsystematische galt den meisten Zeitgenossen Lavaters als Ausdruck von Unmittelbarkeit, Wahrhaftigkeit und ›Genie‹. Die *Physiognomischen Fragmente* bilden nicht nur einen Höhepunkt des religiösen und philosophischen Sturm und Drang, sondern wurden vom damaligen Publikum selbst mit der Sichtweise des Sturm und Drang aufgenommen. Zum Genialischen der *Fragmente* gehört auch, daß vieles bei ihrer Niederschrift noch ungewiß war, etwa so entscheidende Dinge wie Umfang und inhaltlicher Aufbau. Der Inhalt ist nicht streng strukturiert. Immer wieder gleitet Lavater vom eigentlichen Thema ab und flicht allgemeine Betrachtungen und Lebensweisheiten ein.

Seine Sprache, die nicht selten in einem bloßen Wortschwall gipfelt, ist gekennzeichnet durch unzählige Ausrufe und Superlative. Die inhaltliche Bandbreite der vier, zwischen 1775 und 1778 erschienenen Bände ist groß: Neben den grundsätzlichen Bemerkungen zur Physiognomik in den Einführungskapiteln erfahren wir etwas über die Physiognomie der tiefsten menschlichen Lasterhaftigkeit sowie von der idealischer Köpfe. Wir erfahren von der Dummheit und Selbstlosigkeit, von Judas und Christus, von Affen, Ziegen, Schafen genauso wie von Fürsten, Helden und Sehern. Wir bekommen Theorien zur bildenden Kunst wie auch Gedichte präsentiert, und zwischen all den pathetischen Worten und dem angehäuften Material begegnen uns Hunderte von Kupferstichen. Uns erscheint Alltägliches und Außerordentliches, doch vor allem Unordentliches – Lavaters System heißt schöpferisches Chaos. Aber das Übersteigerte, der »Wirrwarr«[270], war Ausdruck der Zeit, entsprach der Welt der Empfindsamkeit.

Doch wie versteht Lavater die Physiognomik, wie definiert er sie? Physiognomik ist ihm die »Fertigkeit, durch das Äußere eines Menschen sein Inneres zu erkennen, das, was nicht unmittelbar in die Sinne fällt, vermittelst irgend eines natürlichen Ausdrucks wahrzunehmen«.[271] Gegenstand einer wissenschaftlichen Physiognomik sind für ihn »alle *unmittelbaren* Äußerungen des Menschen. Alle Züge, Umrisse, alle passive[n] und active[n] Bewegungen, alle Lagen und Stellungen des menschlichen Körpers; alles, wodurch der leidende und handelnde Mensch unmittelbar bemerkt werden kann, wodurch er seine Person zeigt«.[272] Den Nutzen, den diese neue »Wissenschaft« erbringen sollte, sah Lavater in der Befriedigung des menschlichen Erkenntnisdranges – und das um so mehr, da die Physiognomik für ihn eine Wissenschaft der Menschenkenntnis ist, sie also der menschlichen Selbsterkenntnis dient. Für die Anwendung der Physiognomik wußte der Stürmer und Dränger Lavater auch recht praktische Gesichtspunkte anzuführen: »Man denke sich in die Sphären eines Staatsmannes, Seelsorgers, Predigers, Hofmeisters, Arztes, Kaufmanns, Freundes, Hausvaters, Ehegenossen – hinein, und schnell wird man empfinden, wie mannichfaltigen, wichtigen Gebrauch jeder in seine Sphäre von physiognomischen Kenntnissen machen kann.«[273] Vor allem aber entlarve die Physiognomik das Laster.[274] Das Diffamierungspotential, das in einer derart angewandten Physiognomik enthalten sein kann, übersieht Lavater weitgehend. Zwar wird er nicht müde, stets von neuem zu betonen, daß die Physiognomik sich darum bemühen solle, den Menschen zu erkennen und nicht abzuurteilen, doch wie man das eine tun soll, ohne das andere gleich mitzutun, verrät er nicht. Er setzt hier eine Menschenliebe voraus, die nicht zwangsläufig beim Physiognomieren entsteht – im Gegenteil: Auch der Physiognom, selbst wenn er davon ausgeht, daß die Züge des eigenen Gesichts von seinen guten und schlechten Handlungen abhängen, kann der Neigung verfallen, stets nur das Negative bzw. das vermeintlich Negative im anderen zu sehen. Dieser Aspekt muß Lavater uneingestanden bewußt gewesen sein, sonst hätte er nicht immer wieder betont, daß gerade der Physiognom danach streben solle, im Gegenüber das Gute zu erkennen und damit Menschenliebe zu beweisen: »– O Mensch – sieh auf das, was da ist – und nicht auf das, was mangelt. – Menschheit in allen Verzerrungen ist immer noch bewunderungswürdige Menschheit.«[275] Überzeugender erscheint hier ein anderes Argument Lavaters für die Physiognomik: Jeder Mensch physiognomiere ohnehin, wenn nicht klar und bewußt, dann eben dumpf und unbewußt, und es sei zu bezweifeln, ob die letztere Methode die bessere sei.[276]

Lavater beschäftigte sich mit der Physiognomik unter dem Anspruch der Wissenschaftlichkeit. Daran können wir erkennen, daß er nicht nur ein Streiter des Sturm und Drang war, sondern zugleich ein Kind der Aufklärung. Neben dem zukünftigen Typus des »wissenschaftlichen« Physiognomen, den er mitschöpfen wollte, gab es für ihn bereits den Typus des »natürlichen« Physiognomen, der mehr als nur ein vorwissenschaftlicher und tumber Physiognom war. Ein natürlicher Physiognom war nach Lavater der, »wer bloss nach den ersten Eindrücken, welche das Aeussere eines Menschen auf uns macht, richtig von seinem Charakter urteilt«.[277] Dabei geht Lavater davon aus, daß alle Menschen mehr oder weniger dieses physiognomische Gefühl besitzen. Selbst für den geschulten Physiognomen bleibe die Wichtigkeit der Eingebung und der ersten Empfindung

bestehen. Auch die wissenschaftliche Physiognomik hat für Lavater wenig mit Abstraktion, dafür viel mit täglicher Erfahrung und lebendiger Beobachtung zu tun. Bildlich gesprochen: Sie will nicht die Augen, sondern nur die Brille für die Augen liefern. Lavater ist der Ansicht, daß die Physiognomik, soweit dies bei einer unmathematischen Wissenschaft möglich ist, auf bestimmte Regeln gebracht werden kann, die sich lehren und lernen lassen. Er ist denn auch bemüht, das theoretische Fundament der Physiognomik herauszuarbeiten. Zu diesem Zweck holt er weit aus. Er geht zunächst von dem Grundsatz aus, daß in der Welt nichts ohne hinreichenden Grund geschieht, daß jede, auch die geringste Wirkung in der Natur eine Folge der allgemeinen Gesetze ist, die in ihr ruhen bzw. ihr von ihrem Schöpfer verliehen wurden. Überall in der Natur herrscht Ordnung, entsprechen sich die Gesetze von Ursache und Wirkung. Auch den Menschen sieht Lavater in diesen großen zusammenwirkenden Kosmos hineingestellt. Die Gesetzmäßigkeiten und Kausalzusammenhänge gelten überall. Lavater betont, daß jedes Ding in der Welt zwei Seiten hat, eine innere und eine äußere, so auch der Mensch. Aussehen und Beschaffenheit aller lebenden und toten Dinge stehen dabei für ihn in einem Wechselverhältnis zueinander. Auch hier herrscht ihm zufolge das Gesetz der Kausalität. Darauf aufbauend, betont Lavater – wobei er sich auf die Philosophie von Leibniz und Wolff berufen kann –, daß jedes Ding, eben weil es *das* und kein anderes Ding ist, etwas an sich haben muß, wodurch es sich sichtbar von jedem anderen unterscheidet, denn »alle Gesichter der Menschen, alle Gestalten, alle Geschöpfe sind nicht nur nach ihren Klassen, Geschlechtern, Arten, sondern auch nach ihrer Individualität verschieden. Jede Einzelheit ist von jeder Einzelheit ihrer Art verschieden. Es ist die bekannteste, aber für unsere Absicht die wichtigste, die entscheidendste Sache, die gesagt werden kann: ›Es ist keine Rose einer Rose, kein Ey einem Ey, kein Aal einem Aale, kein Löwe einem Löwen, kein Adler einem Adler, kein Mensch einem andern Menschen vollkommen ähnlich‹ – Es ist dieß ... der erste, tiefste, sicherste, unzerstörbarste Grundstein der Physiognomik, daß bey aller Analogie und Gleichförmigkeit der unzähligen menschlichen Gestalten, nicht zwo gefunden werden können, die, neben einander gestellt und genau verglichen, nicht merkbar unterschieden waren.«[278]

Lavaters physiognomische Vorgehensweise ist, wie es das obige Zitat bereits andeutet, die altbewährte Analogiebildung – das Gesetz der Entsprechung. Er vergleicht gleiche bzw. ähnliche Formen und untersucht dann, inwieweit diese mit bestimmten seelischen Inhalten korrespondieren, und ebenso, wie Äußerungen der Seele die angestammten Formen umgestalten. »Ein jeder vielmals wiederholter Zug, eine jede oftmalige Lage, Veränderung des Gesichts, macht endlich einen bleibenden Eindruck auf den weichen Theilen des Angesichts.«[279] Die Gemütsbewegungen, ja alle Regungen der Seele sind somit als Kräfte aufzufassen, die imstande sind, auf eine bestimmte Materie, die ›weichen Teile‹ und – so Lavater – selbst auf die Knochen des Gesichts, einen Einfluß auszuüben. Das aufzuspüren – Ursache und Wirkung in der sichtbaren Welt zu entdecken – ist für Lavater die Aufgabe des Physiognomen. Dazu bedarf es neben intuitiven Fähigkeiten einer scharfen Beobachtung und eines reichen Erfahrungsschatzes. Lavater selbst beobachtete und deutete alles, was sich seinen Augen bot. Beim Menschen nahm er keineswegs nur dessen feste und bewegte Form zur Kenntnis, sondern auch die dazugehörige ›erweiterte Physiognomie‹ – also Kleidung, Wohnung und Lebensart. Das Studium der bewegten und flüchtigen Form bezeichnete Lavater unter Einfluß von Lichtenberg als »Pathognomik«. Sie ist ihm die »Wissenschaft der Zeichen der Leidenschaften«, während er die Beschäftigung mit der festen Form, die Physiognomik, als die »Kraftdeutung, oder Wissenschaft der Zeichen der Kräfte« definiert.[280] Zweifelsohne war für Lavater die feste Form, das Knochensystem, der wichtigste Teil der Physiognomik. »Das Knochensystem«, so urteilt er, »ist immer Fundament der Physiognomik, mag man dasselbe bloß als *bestimmend* in Ansehung der weicheren Theile, oder als *bestimmend* und *bestimmt* zugleich ansehen. *Prägend* oder *geprägt* – immer – *fester, bestimmter, dauerhafter, merkbarer; prägend* und *geprägt* – immer *Charakter des Festern, Dauerhaftern* im Menschen.«[281] Im ruhenden Antlitz erblickte Lavater sowohl die ins Leben mitgebrachten Eigenschaften

als auch den Lebensweg des jetzigen Erdendaseins – während die Pathognomik die äußere Erscheinung allein in ihrer Augenblicklichkeit interpretiert.

Bei seinen physiognomischen Studien widmete sich Lavater vorrangig dem menschlichen Schädel, denn er glaubte, »je genauer sich die Umrisse des menschlichen Kopfes bestimmen lassen, desto wissenschaftlicher und sicherer« werde die Physiognomik.[282] In den *Fragmenten* findet sich ein Blatt mit sechs verschiedenen Kopfumrissen im Profil, die in die Bereiche Stirn, Übergang zur Nase, Nase, Übergang zur Oberlippe, Lippen, obere und untere Kinnhälfte untergliedert sind (Abb. 85). Mit diesen Linien und Abschnitten des menschlichen Gesichts experimentierte Lavater, weniger um das Absonderliche zu suchen als vielmehr die ideale Proportion, denn gleich Winckelmann war auch Lavater ein Apostel der Schönheit, mehr noch: In seiner physiognomischen Lehre erhob er das Postulat von der Einheit körperlicher und moralischer Schönheit, das in folgender These mündete: »Je moralisch besser; desto

85   Sechs Kopfumrisse mit punktierten Linien, aus: Johann Caspar Lavater: *Physiognomische Fragmente,* Bd. IV, Leipzig/Winterthur 1778

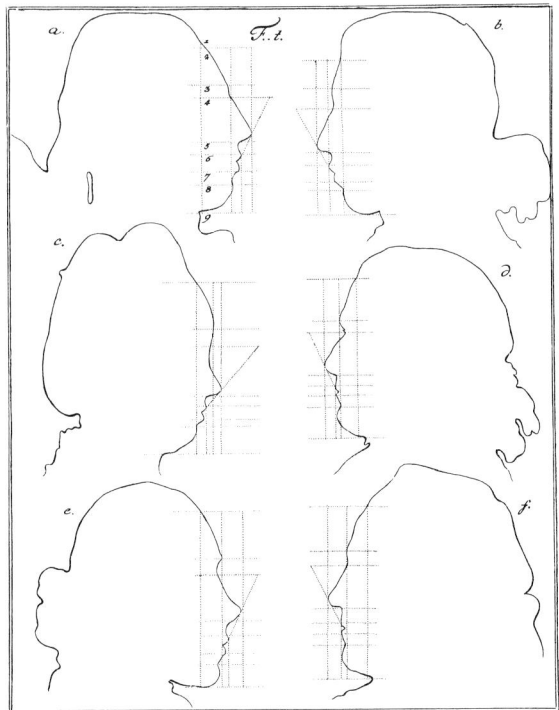

schöner. Je moralisch schlimmer; desto häßlicher.«[283]
Diese Aussage bildet einen Zentralpunkt seiner Physiognomik, der von vielen seiner Gegner als un-
haltbar abgelehnt, von Lavater selbst aber mit aller
Entschiedenheit verteidigt wurde, lagen diesem
doch seine religiösen Maximen zugrunde. Als Beleg
für die Richtigkeit seiner Behauptung führt Lavater
an, daß gerade »die häßlichsten Ausdrücke auch die
häßlichsten Gemütszustände bezeichnen« und daß
hingegen der Ausdruck der moralischen Güte als
schön erscheine.[284] Gegen den Einwand, nicht alle
tugendhaften Menschen seien schön und nicht alle
lasterhaften häßlich, argumentierte er, daß ein
Mensch mit guten Anlagen »stürzen«, ebenso wie
ein Mensch mit schlechten Anlagen sich zum Guten
emporarbeiten könne. Daher komme es auch vor,
daß die Schönheit eines Lasterhaften antipathisch
wirkt, die Häßlichkeit eines Tugendhaften hingegen
sympathisch.[285] »Die Natur«, so Lavater, »ist *scharf*
und *frey.*«[286] Sie legt Gesetze fest, aber sie umgibt
sie auch mit einem Spielraum. Eine bestimmte Form
kann etwas Bestimmtes bedeuten, *muß* es aber nicht
zwangsläufig. Sie hat auch die – begrenzte – Freiheit,
etwas anderes zu sein.

Lavater zufolge soll der gute Physiognom über
eine scharfe Beobachtungsgabe, ein gutes visuelles
Gedächtnis, Intuition und Zeichentalent verfügen,
Eigenschaften, die ihn mit dem Künstler verbinden.
Man könnte demgemäß auch folgern, der bildende
Künstler sei dazu prädestiniert, ein guter Physiognom zu werden. So werden Kunst und Physiognomik von Lavater immer wieder zueinander in Beziehung gesetzt, und gerade dem Künstler liefert er zahlreiche Maximen für seine Tätigkeit, ist doch seiner
Auffassung nach die »Mahlerkunst die Mutter und
Tochter der Physiognomik«.[287] Was Lavater für die
Kunst erstrebte, war eine vollständige, unanfecht-
bare Theorie mimisch-physiognomischen Ausdrucks für den praktischen Gebrauch.[288] Aber die
Physiognomik zeigt nicht nur Nähe zur Kunst, sondern auch zur Kunstwissenschaft: Fällt es doch in
das Aufgabengebiet beider Disziplinen, vorgegebene Formen sowohl zu beschreiben als auch zu deuten. Die lebendigen Kommentare, die Lavater seinen
Abbildungen beigibt, sprechen den Leser direkt an
und verstärken dessen Beschäftigung mit den Sti-

86 »Welcher dieser vier Männer ist der Gelehrte? der
Offizier? der Mediziner? der Fürst?«, vier Profilumrisse
aus: Johann Caspar Lavater, *Physiognomische Fragmente,*
Bd. I, Leipzig/Winterthur 1775

chen. Auch hier stand Lavater in der Tradition Winckelmanns; mit seinen Kunstbeschreibungen lieferte
er einen wichtigen Beitrag zu der sich damals neu
konstituierenden Kunstgeschichte.

Das Bildmaterial in Lavaters *Fragmenten* ist umfangreich und vielgestaltig. Es zeigt Einzelporträts
und Anhäufungen von ganzen Kopfreihen, Kopien
nach alten Meistern, aber auch physiognomische
Rätselspiele. Bei letzteren handelt es sich um jene
zeitgenössischen Salonspiele, bei denen der Betrachter beispielsweise erraten soll, welche der dargestellten Personen einen Gelehrten, einen Offizier, einen
Mediziner oder einen Fürsten verkörpert (Abb. 86).
Daneben treten uns auch häufiger Darstellungen
der Temperamente entgegen, die als wichtige ›Denkbilder‹ physiognomischer Weltwahrnehmung zu begreifen sind. Sie begegnen uns sowohl in Ruheposi-
tionen (vgl. Abb. 1) als auch in Aktion; letzteres etwa
bei einer Szene, in der vier Personen bzw. Temperamente zu sehen sind, die das Bild *Abschied des Jean
Calas von seiner Familie* betrachten (Abb. 87). Der

126

Protestant Calas war angeklagt worden, seinen zum Katholizismus neigenden Sohn aus Religionshaß ermordet zu haben. Obwohl diese Anklage unbegründet war, wurde Calas 1762 hingerichtet. Die unterschiedlichen Reaktionen der Betrachter auf das Bild unterstreichen das jeweilige Temperament des einzelnen, da Mimik und Gestik zu einer Verstärkung des Grundeindrucks der Physiognomie führen. Den Phlegmatiker sehen wir als einzigen sitzend, er ist wohlbeleibt und nimmt das dargestellte Geschehen ohne besondere Anteilnahme auf. Anders der Choleriker: Gestalt und die Physiognomie des Gesichts sind bei ihm ›eckiger‹, voller Zorn weist er auf das Bild und damit auf das begangene Fehlurteil. Auch der hochgewachsene Sanguiniker läßt seinen Emotionen freien Lauf: Sein schnell Anteil nehmendes Gemüt ist von der Tragik der Handlung überwältigt, er schluchzt in sein Taschentuch. Der Melancholiker endlich, ohnehin überzeugt von der Schlechtigkeit der Welt, steht mit gesenktem Kopf und düsterer Miene vor dem Bild.

Mit der Illustration seiner *Fragmente* hatte Lavater zahlreiche Künstler beauftragt. Daniel Chodowiecki war, sieht man von den zahlenmäßig geringen Beiträgen Johann Heinrich Füßlis ab, der bedeutendste unter ihnen (vgl. Abb. 86 u. 87). Doch neben ihm stehen viele andere, darunter Johann Pfenninger, Johann Rudolf Schellenberg, Ludwig Heß, Georg Friedrich Schmoll und vor allem Johann Heinrich Lips. Die engen Beziehungen, die Lavater durch seine physiognomischen Aktivitäten zur bildenden Kunst hatte, führten dazu, daß er in seiner Heimatstadt in künstlerischen Fragen zur Autorität wurde. Junge Talente wurden zu ihm mit der Zeichenmappe unter dem Arm geschickt, damit er ihnen Ratschläge für ihre weitere Ausbildung erteilte. Darüber hinaus war er ein großer Kunstsammler. So legte er ein gewaltiges *Physiognomisches Kabinett* von über 22 000 Blättern an, das Figurendarstellungen, physiognomische Detailstudien, Bildnisse berühmter Männer und Frauen aus Politik, Kunst und Wissenschaft, Reproduktionen und Nachahmungen von Kunstwerken umfaßte. Lavater ließ die Blätter auf festes Papier aufziehen und versah sie mit handschriftlichen, fast durchweg in Hexametern verfaßten Kommentaren (Abb. 88). Das *Physiognomische Kabinett* wurde zu einer beeindruckenden Sammlung,[289] bei deren Erstellung er zahlreiche Künstler durch Aufträge finanziell förderte.[290]

Es muß nicht besonders betont werden, daß die Hoffnungen, die Lavater in die Zukunft der Physiognomik setzte, nicht in Erfüllung gingen. Sie wurde

87   Die unterschiedlichen Reaktionen der einzelnen Temperamente bei der Betrachtung eines Bildes. Titelblatt der *Physiognomischen Fragmente,* Bd. IV, Leipzig/Winterthur 1778, von Daniel Chodowiecki

88　Johann Heinrich Lips: *Johann Wolfgang von Goethe*, 1791, Kupferstich

weder zu einer anerkannten Wissenschaft, noch errichtete man ihr Lehrstühle. Sein eigenes Vorhaben, sie in eine Systematik zu bringen, hat er auch mit seinem *Physiognomischen Kabinett* nicht realisiert. Auch die *Hundert physiognomischen Regeln*, die er schon zu Lebzeiten handschriftlich an seine Freunde verteilt hatte und die nach seinem Tod gedruckt wurden, liefern kein wirkliches System zur Physiognomik, denn sie bilden nur eine Auflistung von losen Regeln und Beobachtungen, die gedanklich nicht miteinander verbunden sind.[291] Bereits die Sprunghaftigkeit von Lavaters *Fragmenten* deutet an, daß er kein Systematiker war. Der Aufgabe, eine Systematik für ein derart komplexes Gebiet wie die Physiognomik zu schaffen, war er wohl einfach nicht gewachsen – und es fragt sich, ob ein solches Unternehmen überhaupt möglich ist.

Assistent Goethe

Lavater hatte einen ausgedehnten Freundeskreis, zu dem einige bedeutende ›Köpfe‹ zählten. So korrespondierte er mit Herder, Wieland, Jung-Stilling und Hamann. Viele seiner Freunde versuchte er als Mitstreiter für die Arbeit an den *Fragmenten* zu gewinnen. Es unterstützten ihn Zimmermann, Gessner, Sturz, Herder, Wagler, Merck, Nuscheler, Lenz, Kaufmann, Füßli, Klockenbring, Sulzer, Chodowiecki, Pfenninger, Lips, Hirzel, Schmoll, Schellenberg – und Goethe. Goethe war, ähnlich wie Herder, durch Lavaters *Aussichten in die Ewigkeit* in dessen Gedankenkreis gezogen worden. Nachdem er Lavater durch seinen Verlagsbuchhändler ein Exemplar seines *Götz* übersandt hatte, entstand ein reger Briefwechsel zwischen beiden, der von 1773 bis 1792 bestehen blieb. Bereits ein paar Monate nach Aufnahme ihres Briefwechsels bat Lavater Goethe, ihn bei seinen physiognomischen Studien zu unterstützen, zunächst nur mit Schattenrissen und Namen von guten Zeichnern und Kupferstechern. Goethe begann bald, seine Briefe an Lavater mit zahlreichen eigenen physiognomischen Zeichnungen zu versehen (Abb. 89). Die Zusammenarbeit intensivierte sich, als Lavater Goethe im Sommer 1774 in Frankfurt besuchte und sie anschließend eine gemeinsame Lahn-Rhein-Reise unternahmen, an der u. a. auch der Porträtmaler Georg Friedrich Schmoll teilnahm, der im Auftrag Lavaters jede diesem interessant erscheinende Person im Bild festhalten mußte. Goethe schreibt zu dieser Zeit sehr schwärmerisch und in bester Sturm-und-Drang-Manier über Lavater: »Er ist der beste größte weiseste innigste aller sterblichen und unsterblichen Menschen die ich kenne.«[292] Ab Januar 1775 unterstützte Goethe Lavater nicht nur gelegentlich bei der Arbeit an den *Fragmenten*, sondern erklärte sich zur umfassenderen Mitarbeit bereit. Lavater und Goethe vereinbarten, daß die gesamten *Fragmente* über Goethes Hände zum Verleger wandern sollten und Goethe die Texte nach eigenem Gutdünken korrigieren sollte, wovon er jedoch nur mäßig Gebrauch machte – vielmehr bemühte er sich, sowohl bei seinen Korrekturen als auch bei den eigenen Beiträgen, um eine stilistische Anpassung an Lavater. Es kam sogar einmal vor, daß der ›Heide‹ Goethe eine von Lavater gerade zu einem Drittel vollendete Predigt fertigschrieb, die der ›Herr Pastor‹ am darauffolgenden Tag ohne jede Änderung hielt.[293] Begeistert war Lavater offensichtlich von der folgenden Stelle im 2. Akt von Goethes *Stella*:

».. . O, mich dünkt immer, die Gestalt des Menschen ist der beste Text zu allem, was sich über ihn empfinden und sagen läßt.« Insgesamt siebenmal beglückt er seine Leser in den *Fragmenten* damit in jeweils leicht abgeänderter Form. Im 3. Band ist Goethe überdies ein eigener Abschnitt gewidmet, bei dem Lavater den Dichter anhand mehrerer Bildnisse physiognomiert.[294]

Goethes Anteil an den *Physiognomischen Fragmenten* zeigt sich insbesondere in den beiden ersten Bänden. Hier finden sich allgemeine Beiträge Goethes zur Physiognomik und zahlreiche Personencharakteristika. So lieferte er etwa physiognomische Beschreibungen von Homer, Charlotte von Stein, Klopstock sowie der Grafen Christian und Friedrich Leopold Stolberg. Der 2. Band enthält seinen wichtigen Beitrag über den Tierschädel. Mit dem 3. Band verringerte sich Goethes Interesse an den *Fragmenten,* der 4. Band enthält als seine einzige Beigabe einen Stich, der nach einer Zeichnung von ihm angefertigt wurde.[295] Im Alter stellte Goethe seinen Anteil an den *Physiognomischen Fragmenten* absichtlich als äußerst gering dar.[296] Eduard von der Hellen vermutete den Grund dieser Verleugnung darin, daß Goethe, der in der Folgezeit zu einer Autorität auf dem Gebiet der Osteologie und der vergleichenden Anatomie geworden war, sich von der mittlerweile in Mißkredit geratenen Lavaterschen Physiognomik distanzieren wollte.[297] Explizit verurteilt hat Goethe die *Fragmente* jedoch nie. Seine Entfremdung von

Lavater und ihre Entzweiung rührte auch nicht etwa von gegensätzlichen Auffassungen in der Physiognomik her, sondern wurde bedingt durch Lavaters religiösen Bekehrungseifer. Zu einem weitgehenden Bruch kam es zwischen ihnen anläßlich der Veröffentlichung von Lavaters *Nathanael* (1786), in dessen Vorwort Lavater seine Zuversicht zum Ausdruck bringt, daß Goethe doch noch zum Lavaterschen Gott finden möge.[298] Goethe reagierte voll Zorn darauf, und in den folgenden Jahren ließ er sich immer wieder zu abfälligen Äußerungen über den einstigen Busenfreund hinreißen. So schrieb er 1796 in einem Brief an Schiller: »Es kostet dem Propheten nichts sich bis zur niederträchtigsten Schmeicheley erst zu assimiliren, um seine herrschsüchtigen Klauen nachher desto sicherer einschlagen zu können.«[299] Später jedoch, in *Dichtung und Wahrheit,* urteilt Goethe entschieden milder über Lavater, mitunter kehrt er sogar zum überschwenglichen Ton der Jugend zurück: »Ein Individuum, einzig, durchgezeichnet, wie man es nicht gesehen hat und nicht wieder sehen wird, sah ich lebendig und wirksam vor mir.«[300]

In *Dichtung und Wahrheit* bezieht Goethe überdies eingehend zu den *Physiognomischen Fragmenten* Stellung. Was er an ihnen bemängelt, ist gerade ihr Fragmentcharakter. So wirft er Lavater vor, Einzelheiten zwar erkannt, aber nicht in ein übergeordnetes methodisches System gefaßt zu haben. Treffend schreibt er über Lavaters Schwächen: »Er war weder Denker noch Dichter ... Keineswegs imstande, etwas

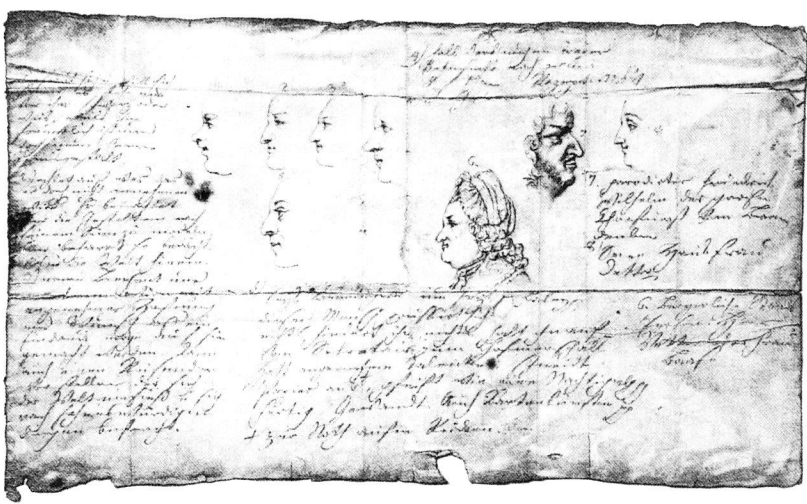

89   Ein Blatt physiognomischer Handzeichnungen Goethes aus seinem Briefwechsel mit Lavater, um 1775; Berlin, Archiv für Kunst und Geschichte

methodisch anzufassen, griff er das Einzelne sicher auf, und so stellte er es auch kühn nebeneinander.«[301] Es sei Lavater dabei jedoch nie gelungen, Resultate mitzuteilen, die über eine Anhäufung von Einzelheiten hinausgingen. »Die Art«, fährt Goethe fort, »womit Lavater die Physiognomien zergliederte, [war] nicht in meinem Wesen ... und so mußt' ich mir denn gefallen lassen, Stirn und Nase, Augen und Mund einzeln zu betrachten, und ebenso ihre Verhältnisse und Bezüge zu erwägen.«[302] Dennoch vertrat Goethe die Ansicht, daß das Durchblättern oder Durchlesen der *Fragmente* niemanden reuen dürfte. Gerade für den bildenden Künstler hatte er die *Fragmente* einst als unentbehrlich bezeichnet.[303] Dazu paßt auch eine Äußerung, die Goethe in einem anderen Zusammenhang einmal machte: »Ja, das Äußere soll der Künstler darstellen! Aber was ist das Äußere einer organischen Natur anderes als die wenig veränderte Erscheinung des Inneren? Dieses Äußere, diese Oberfläche ist einem mannigfaltigen, verwickelten, zarten, inneren Bau so genau angepaßt, daß sie dadurch selbst ein Inneres wird, indem beide Bestimmungen, die äußere und die innere, im ruhigsten Dasein sowie in der stärksten Bewegung stets im unmittelbaren Verhältnisse stehen.«[304]

Als Goethe an Lavaters *Physiognomischen Fragmenten* mitarbeitete, war er in anatomischen Fragen bereits kein Laie mehr. Während seiner Studentenzeit hatte er Anatomievorlesungen bei dem seinerzeit berühmten Johann Friedrich Lobstein gehört. Triumphierend berichtete er Lavater 1778: »Der Herzog [August von Sachsen-Weimar] hat mir sechs Schädel kommen lassen, habe herrliche Bemerkungen gemacht, die Eu. Hochwürden zu Diensten stehen, wenn dieselben sie nicht ohne mich finden.«[305] 1787, als er Lavater wegen dessen *Nathanael* verfluchte, schrieb er: »Ich bin nun recht im Studium der Menschengestalt, welche das Non plus ultra alles menschlichen Wissens und Tuns ist.«[306] Sechs Jahre zuvor hatte er Privatunterricht bei dem Jenaer Anatomen Professor Loder genommen, 1783 studierte er mit seinem Freund Sömmering in Kassel Anatomie. Im Jahr darauf entdeckte er den Zwischenkieferknochen beim Menschen. Und 1792, also zu einem Zeitpunkt, als er sich bereits seit längerem von Lavater entfremdet hatte, sagte er, daß er die allgemeine Knochenlehre der Physiognomik wegen studiere.[307]

Besonderes Interesse zeigte Goethe auch für die vergleichende Hirnanatomie von Franz Joseph Gall, der neben Lavater eine der bekanntesten Gestalten in der Geschichte der Physiognomik ist. 1805 hörte Goethe Galls Vorlesungen in Halle. Dieser Bekanntschaft verdanken wir auch die Lebendmaske von

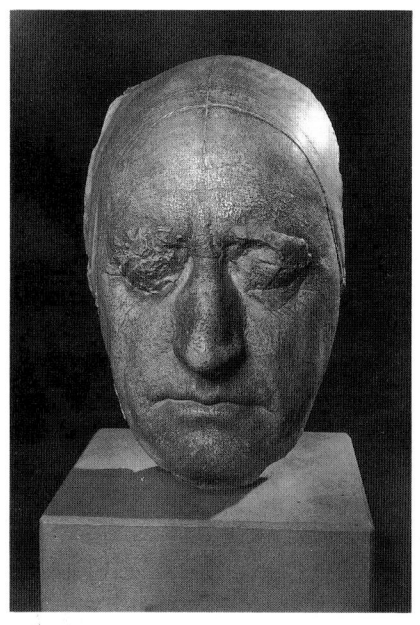 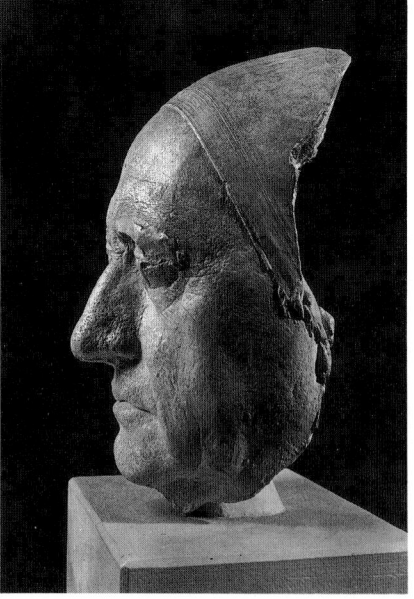

90   Karl Gottlieb Weißer: Gesichtsmaske Goethes, Gips, 1807; Weimar, Stiftung Weimarer Klassik, Museen. Sie wurde auf Anregung von Franz Joseph Gall abgenommen

Goethes Gesicht und Vorderschädel, die 1807 auf Galls Initiative abgenommen wurde (Abb. 90). Daß die Natur ›spreche‹ und es einen Zusammenhang zwischen Form und Inhalt beim Menschen gibt, hier also kein blinder Zufall waltet, daran hat Goethe, trotz seiner kritischen Anmerkungen zu Lavaters *Fragmenten,* nie gezweifelt. Als ein Ergebnis der physiognomischen Interessen Goethes darf auch seine Morphologie, seine ›Entwicklungsphysiognomik‹ betrachtet werden – als eine Lehre von der Gestalt und ihrer Entwicklung. Die Goethesche Morphologie ist dabei weniger darum bemüht, kausale Zusammenhänge herzustellen, als die Organismen in ihrer lebendigen Entwicklung aufzuzeigen. Ein Hauptanliegen Goethes ist hier, das Hervorgehen der höheren aus den niederen Arten darzustellen, wobei es ihm um die Rückverfolgung der Entwicklungslinien bis zum »Urphänomen« bzw. in der Botanik bis zur »Urpflanze« geht, als der Gestaltform, die alle weiteren bereits in sich trägt und deren Entwicklung einst durch einen »Urtick« ausgelöst worden sein mußte.

Georg Christoph Lichtenberg und die Stimme der Aufklärung

Es ist ein Ausdruck von Goethes Vielseitigkeit, daß er auch bei Lavaters schärfstem Kritiker ›in die Lehre‹ ging. 1783 besuchte er in Göttingen ein physikalisches Kolleg, wo er von einer Persönlichkeit unterrichtet wurde, die Goethe auch als Schriftsteller zu schätzen wußte – es war der dortige Professor für Physik und Astronomie Georg Christoph Lichtenberg.

Lichtenbergs Stellungnahme zu Lavaters *Physiognomischen Fragmenten* gilt als so gewichtig, daß sein Name häufig noch vor dem des berühmteren Mitarbeiters Goethe mit den *Fragmenten* in Verbindung gebracht wird. Aber auch andere große Gegner der Lavaterschen Physiognomik, wie Lessing, Musäus, Nicolai, Merck, Moses Mendelssohn, treten hinter Lichtenberg zurück. Der emphatischen Aufnahme der *Fragmente* auf der einen Seite: »Ich will mich aufhängen lassen«, so Johann Georg Zimmermann in einem Brief an Lavater, »wenn jehmals ein Buch (Newtons und Leibnizens Werke eingerechnet)

herausgekommen, das so viel Neues enthalten habe«[308], stehen auf der anderen Seite Spott und Ablehnung der Zeitgenossen gegenüber: »Seine Einbildungskraft fliegt gar zu oft mit seinem Verstande davon«, setzte Friedrich Nicolai z. B. entgegen.[309] Aber Kritik an Lavater bedeutete nicht unbedingt Ablehnung der Physiognomik. Gerade der Aufklärer Nicolai betonte, seine Zeit verlange nach einer nüchternen, ja wissenschaftlichen Physiognomik, der »Schwärmer Lavater« sorge jedoch dafür, daß sie »wieder auf hundert oder zweyhundert Jahre lang verachtet« werde.[310] Was den Spott auf Lavaters himmelstürmende Physiognomik betraf, so verstand sich zweifelsohne keiner besser darauf als Georg Christoph Lichtenberg.

Lichtenberg, 1742 geboren, wurde 1769 Professor für Physik in Göttingen. Bekannt machten ihn seine Vorlesungen zur Experimentalphysik und die Entdeckung der nach ihm benannten »Lichtenberg-Figuren«. Von 1778 bis 1799 gab er den *Göttinger Taschen Calender* heraus. In seinen dort veröffentlichten satirischen Aufsätzen bekämpfte er als Aufklärer u. a. den Aberglauben, aber auch den Geniekult und die Empfindsamkeit des Sturm und Drang. Bereits in seiner frühesten Jugend hatte Lichtenberg damit begonnen, Konterfeis von sich und anderen anzufertigen. Das menschliche Gesicht galt ihm zeitlebens als die »unterhaltsamste Fläche auf der Erde«. Der Kritiker Lavaters war also kein ungeübter Beobachter. Lichtenberg war es schließlich auch gewesen, der die besten Erläuterungen zu Hogarths Bildfolgen lieferte. Darüber hinaus trieb er eigene physiognomische Experimente. Da war z. B. ein Nachtwächter, der ihn jahrelang aus dem Schlaf riß durch seine laute Stimme, mit der er die Uhrzeit ausrief. Lichtenberg versuchte, auf die Physiognomie des Nachtwächters vom Ton der Stimme zu schließen, und hielt seine Vorstellung auch zeichnerisch fest. Zu seiner Überraschung mußte er jedoch, als der Mann in Person vor ihm stand, feststellen, daß der lautstarke Rufer die Statur eines kleinen Männchens besaß (Abb. 91).

Öffentlich hatte Lichtenberg das Thema Physiognomik bereits 1765 und 1766, also vor Lavater, in drei Vorträgen berührt. Und so kam es – Ironie der Geschichte –, daß Lavaters kleine, 1772 zunächst anonym erschienene Schrift *Von der Physiognomik* zuerst ihm, Lavaters späterem Kritiker, zugeschrieben wurde. Lichtenberg erinnerte sich noch 1778 daran als eine »unbegründete, aber für mich allemal schmeichelhafte Mutmaßung«.[311] So war Lichtenberg auch keineswegs von der ersten Stunde an ein Gegner der physiognomischen Bestrebungen Lavaters. Im Gegenteil: Die Entstehung der *Physiognomischen Fragmente* hatte er zunächst sogar zu unterstützen versucht, indem er Lavater unaufgefordert Abbildungen zusandte.[312] Daß ihm schließlich Lavaters großes Werk zur Physiognomik, im Gegensatz zu der kleinen anonymen Schrift, in der sich Lavater mit einem schlichten Stil begnügt hatte, so sehr mißfiel, hat mehrere Ursachen. Da sind zunächst der pathetische Ton und die religiöse Inbrunst, mit der Lavater seine ›Wissenschaft‹ vorträgt. Bereits das Eingangsmotto »Gott schuf den Menschen sich zum Bilde!« der *Fragmente* kehrt Lichtenberg ironisch um, indem er behauptet: »d.h. vermutlich der Mensch schuf Gott nach dem seinigen«.[313] Vor allem aber erfüllte ihn die bis nach Norddeutschland vorgedrungene ›physiognomische Raserei‹, die Lavaters Werk ausgelöst hatte, mit Sorge. Als körperlich Gezeichneter – Lichtenberg war als Folge einer rachitischen Erkrankung seit seiner Kindheit bucklig – fürchtete er vielleicht nicht ganz zu Unrecht, daß eine ›verpöbelte‹ Physiognomik trotz aller laut deklarierten »Menschenliebe« in das Gegenteil umschlagen könnte; denn – so seine Befürchtung – »wenn die Physiognomik das wird, was Lavater von ihr erwartet, so wird man die Kinder aufhängen, ehe sie die Taten getan haben, die den Galgen verdienen.«[314] Um dem entgegenzuwirken, nannte Lichtenberg seine 1778 zunächst im *Göttinger Taschen Calender* erschienene Schrift *Ueber Physiognomik wider die Physiognomen* im Untertitel, in Anlehnung an Lavaters *Fragmente,* »zur Beförderung der Menschenkenntnis und Menschenliebe«, damit man nämlich nicht »zur Beförderung von Menschenliebe physiognomiert, so wie man ehemals zur Beförderung der Liebe Gottes sengte und brannte«.[315]

Neben den Gefahren einer irrationalen ›physiognomischen Raserei‹ kritisierte Lichtenberg an der Lavaterschen Physiognomik vor allem die Analogiesetzung von körperlichen und moralischen Anlagen.

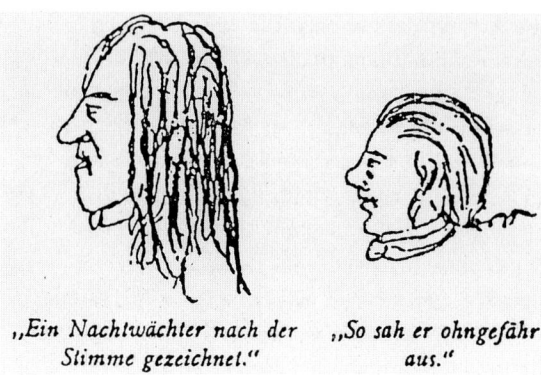

»*Ein Nachtwächter nach der Stimme gezeichnet.*«   »*So sah er ohngefähr aus.*«

91   Georg Christoph Lichtenberg: Nachtwächter nach der Stimme und nach dem Leben gezeichnet, um 1775

Lichtenberg lehnte sich gegen die These auf, daß eine von der Natur mitgegebene körperliche Schönheit bzw. Häßlichkeit auf eine entsprechende Seele schließen lasse. Dabei zweifelte er jedoch nicht daran, daß die Tugend den Menschen verschönere, das Laster ihn dagegen verunstalte, wofür seine mit Daniel Chodowiecki erarbeiteten moralisierenden Bildergeschichten den besten Beleg liefern (vgl. Abb. 72). Seiner Ansicht, daß alle physiognomischen Analogiebildungen auf schwankendem Boden stehen, verleiht er mit folgenden Worten Ausdruck: »Nun betrachte man einmal den Physiognomen, wie hilflos und doch wie verwegen er dasteht. Er schließt nicht etwa von langem Unterkinn auf Form der Schienbeine, oder aus schönen Armen auf schöne Waden, oder wie der Arzt aus Puls, Gesichts- und Zungenfarbe auf Krankheit, sondern er springt und stolpert von gleichen Nasen auf gleiche Anlage des Geistes und, welches unverzeihliche Vermessenheit ist, aus gewissen Abweichungen der äußeren Form von der Regel auf analogische Veränderung der Seele. Ein Sprung, der, meines Erachtens, nicht kleiner ist als der von Kometenschwänzen auf Krieg.«[316] Dabei bestreitet Lichtenberg nicht grundsätzlich, daß es derartige Beziehungen geben könnte. Er bezweifelt jedoch, daß es dem Menschen gegeben ist, dieses Wechselspiel zwischen äußerer Gestalt und innerem Gehalt, das er für weitaus komplexer hält, als es die Physiognomen annehmen, aufzudecken, und vor allem gibt er zu bedenken, ob derartige tatsächliche oder vermeintliche Erkenntnisse dem friedlichen Zusammenleben der Menschen nützlich seien. Trotz allem stellt Lichtenberg die Frage: »Ist denn aber Physiognomik ganz unsicher? Wir schließen ja täglich aus den Gesichtern, jedermann tut es, selbst die, die wider Physiognomik streiten, tun es in der nächsten Minute und strafen ihre eigenen Grundsätze Lügen.«[317] Von dort aus gelangt er zur Pathognomik, der Lehre der Gemütsbewegungen, die er aus der Physiognomik herauslöst. Ihr und der ›gefrorenen Mimik‹ räumt er ein Daseinsrecht ein. Sie lassen sich seiner Meinung nach mit den begrenzten Sinnen des Menschen erschließen. Doch auch hier gilt es vorsichtig zu sein: Ob sich ein bestimmtes Mienenspiel in unser Gesicht eingräbt – so Lichtenberg –, hängt nicht nur von seiner Heftigkeit und Häufigkeit ab, sondern auch von biologischen Faktoren, etwa von der Beschaffenheit unserer Haut.

Im 4. Band seiner *Fragmente* stellt sich Lavater Lichtenbergs Kritik.[318] Er billigt dabei Lichtenbergs sorgfältige Scheidung in Pathognomik und Physiognomik, jedoch beharrt er auf seiner Überzeugung von der Deutbarkeit und dem Vorrang der festen Form gegenüber der beweglichen. Die Beurteilung der beiden Kontrahenten hat sich in der Folgezeit immer mehr zugunsten Lichtenbergs verlagert. Die Relevanz der festen Formen wurde weitgehend abgelehnt. Parallel dazu setzte sich die Auffassung durch, daß der Mensch von Natur aus charakterlich nicht festgelegt sei und schon deshalb seine Gestalt nichts über sein Wesen aussagen könne. Doch ganz hatte Lavater sich in diesem Punkt nicht geirrt: Allein ein Blick auf Kretschmers Konstitutionslehre zeigt uns, daß es einen Zusammenhang zwischen fester Form und Charakter gibt. Wenngleich wir davon ausgehen können, daß die Verbindung von fester Form und Charakter wohl weniger bestimmend ist, als Lavater dies angenommen hat, zeigt uns z. B. Kretschmers Konstitutionslehre, daß es eine solche Verbindung gibt. Selbst ein Kritiker wie Johann Carl August Musäus, der das Lavatersche Werk in seinen *Physiognomischen Reisen* kräftig dem Spott preisgab,[319] kommt in der Kunstwelt seiner Erzählungen auf einen Zusammenhang von Gestalt und Wesen zurück. So schildert er etwa in seiner *Legende von Rübezahl,* wie sich der Berggeist Rübezahl in einen Kolkraben verwandelte, um so eine Badende besser beobachten zu können. Doch seine neue Gestalt kam seiner Lust nicht zugute, denn nach der Verwandlung mußte er feststellen, daß er nun alles mit Rabenaugen sah und auch als Rabe empfand: »Ein Nest Waldmäuse hatte jetzt für ihn mehr Anziehendes als die badende Nymphe; denn die Seele wirkt in ihrem Denken und Wollen nie anders als in Gemäßheit des Körpers, der sie umgibt.«[320] Das literarische Beispiel versinnbildlicht, daß die Seele nicht nur den Körper formt, sondern umgekehrt sich auch in Abhängigkeit von ihm befindet. Man muß sich nicht eigens in einen Raben verwandeln, um diese Beobachtung an sich selbst feststellen zu können. Ein Blick in die Realität genügt. Die Kleidung ist zu einem Teil der menschlichen Physiognomie geworden. Tauscht man die eigene gegen eine stilistisch andere ein, so reagieren auch unsere Empfindungen und Bewegungen darauf. Für den Schauspieler geht der Rollenwechsel, sein ›Charakterwechsel‹, meist mit einer physiognomischen Änderung einher. Aber auch der alte Zauber der Masken beruht auf diesen Wirkungskräften der Gestalt.

Lichtenbergs Kritik an Lavater entsprang nicht nur den Höhen der reinen Vernunft, sondern auch der persönlichen Betroffenheit. Seine körperliche Mißbildung machte ihn besonders verletzlich. Und wie sehr physiognomische Schlüsse verletzen können, belegt eine Äußerung Goethes, in der er behauptete, Lichtenbergs Vorliebe für Hogarth und sein Wohlgefallen an Karikaturen resultiere aus seiner unglücklichen Körperkonstitution, denn es habe ihn eben gefreut, »etwas noch unter sich zu erblicken«. Diese taktlose Äußerung des Olympiers traf Lichtenberg tief.[321] Lavaters Physiognomik rührte an eine stets offene Wunde, und selbst Lichtenbergs Spott über die Schwärmerei und die Liebeständelei seiner Zeitgenossen mag darin eine Ursache haben. Richard Loewenberg bemerkte zu dieser Problematik: »Seine Ausfälle gegen das ›rasende Odengeschnaube‹ beweisen durchaus nicht, daß er so unempfindlich gegen die Gefühlswelt des Sturm und Drang war, wie er selbst und alle seine Biographen uns glauben machen wollen. Er vergoß Tränen beim Anblick des Gewitters und des stürmischen Meeres, selbst über das gute Herz seines Töchterchens, ganz im Stil seiner von ihm verspotteten Zeitgenossen.«[322] Trotz oder gerade wegen dieser persönlichen Gesichtspunkte – die bei der Auseinandersetzung Lavater/Lichtenberg nicht übergangen werden sollten – hat Lichtenbergs scharfer Verstand wie kein anderer die Ungereimtheiten der Lavaterschen Physiognomik aufgedeckt. Seine Abneigung gegen alles ›geistig Krumme‹ und ›Verkrüppelte‹ hatte schnell erkannt, daß aus Lavaters Thesen keine exakte Wissenschaft zu machen ist. Er wies darauf hin, daß die menschliche Natur weit komplexer strukturiert sei, als die Physiognomen glauben machen, und die Vielfalt ihrer Formen nicht in ein enges Schema zu pressen sei; versuche man es trotzdem, so werde die Ausnahme von der Regel oft zur Regel. Auf diesen Punkt hatte auch Schiller aufmerksam gemacht, als er äußerte: »Wer die launichten Spiele der Natur, die Bildungen, mit denen sie stiefmütterlich bestraft und mütterlich beschenkt hat, unter Classen bringen wollte, würde mehr wagen als Linné, und dürfte sich sehr in Acht nehmen, daß er über die ungeheuer kurzweiligen Mannichfaltigkeiten der ihm vorkommenden Originale nicht selbst eins werde.«[323] Gerade auch Lavaters Herumdeuteln an körperlichen Details wird von Lichtenberg in seinem 1783 erschienenen *Fragment von Schwänzen* überzeugend karikiert. Äußerst amüsant kopiert er hier Lavaters Stil, dessen physiognomische Methodik er auch übernimmt und an Silhouetten von »Hunde-, Schweine- und Purschenschwänzen« erprobt. Die übermütige Parodie schließt für den physiognomischen Schüler mit einer Reihe von Fragen, etwa zu den verschiedenen Zopfformen: »Welcher Schwanz wird schwänzen? Welcher ist der Jurist? der Mediziner? der Theologe? der Weltweise? der Taugenichts? der Taugewas? ... Welchen könnte Goethe getragen haben? Welchen würde Homer wählen, wenn er wiederkäme?«[324]

Daniel Chodowieckis vermittelnde Kunst

Es war eine merkwürdige und zugleich lehrreiche Überschneidung, daß sich Lavater und Lichtenberg, um ihre unterschiedlichen physiognomischen Auffassungen im Bild darzustellen, an ein und denselben Künstler wandten – Daniel Chodowiecki. Kaum

hatte Chodowiecki seine Mitarbeit an den *Fragmenten* beendet, warb ihn Lichtenberg für seinen *Göttinger Taschen Calender* an. Daniel Chodowiecki verdankte seinen Erfolg vor allem auch der kleinformatigen Illustration, so daß alle bedeutenden Verleger der Epoche bestrebt waren, ihre Produkte mit Stichen von Chodowiecki zu bereichern. Carl Brinitzer bezeichnete den Künstler sogar als eine »Art Kupferstich-Inkarnation der Aufklärung«[325], aber Chodowiecki war zugleich der bedeutendste Künstler, der in Diensten des Stürmers und Drängers Lavater stand. Chodowiecki schuf für Lavater Radierungen, vor allem aber eine Vielzahl von Originalzeichnungen, die Lavater dann – nicht immer vorteilhaft – von seinen Stechern radieren ließ.[326] Lavater beauftragte Chodowiecki in erster Linie mit Zeichnungen von typischen Charakteren sowie mit physiognomischen Kopfstudien (Abb. 92), ferner mit historischen Porträts und Zeichnungen besonders ungewöhnlicher Kopfformen. Die Zusammenarbeit gestaltete sich dabei folgendermaßen: Entweder verfaßte Lavater sehr präzise physiognomische Beschreibungen, die er Chodowiecki dann zur Illustrierung sandte, oder Chodowiecki lieferte seinerseits »Charakterfiguren«, die Lavater mit Kommentaren versah. Die Arbeiten Chodowieckis boten Lavater zahlreiche physiognomische Anregungen, wie er selbst sagte.[327] Er hielt Chodowiecki für einen der treuesten und aufmerksamsten Schüler der Natur, der es verstand, seinen Figuren Leben einzuhauchen, obgleich ihm dessen künstlerische Schwächen nicht verborgen blieben[328], etwa das Unvermögen, Figuren überzeugend darzustellen, die zeitlich oder wesensmäßig zu weit von der bürgerlichen Lebenswelt entfernt waren, in die sich Chodowiecki eingebunden fühlte. Chodowieckis Kontakt zu Lavater endete keineswegs mit dem Abschluß der *Fragmente*. So läßt sich die Korrespondenz zwischen beiden bis in das Jahr 1797 nachweisen, obgleich zu diesem Zeitpunkt der Zenit ihrer Beziehung längst überschritten war.

In seiner 1778 veröffentlichten Schrift *Ueber Physiognomik wider die Physiognomen* bezeichnete Lichtenberg Chodowiecki neben Hogarth als großartigen Menschendarsteller und Menschenkenner.[329] Im Dezember 1778, kurz nach dem Erscheinen des letz-

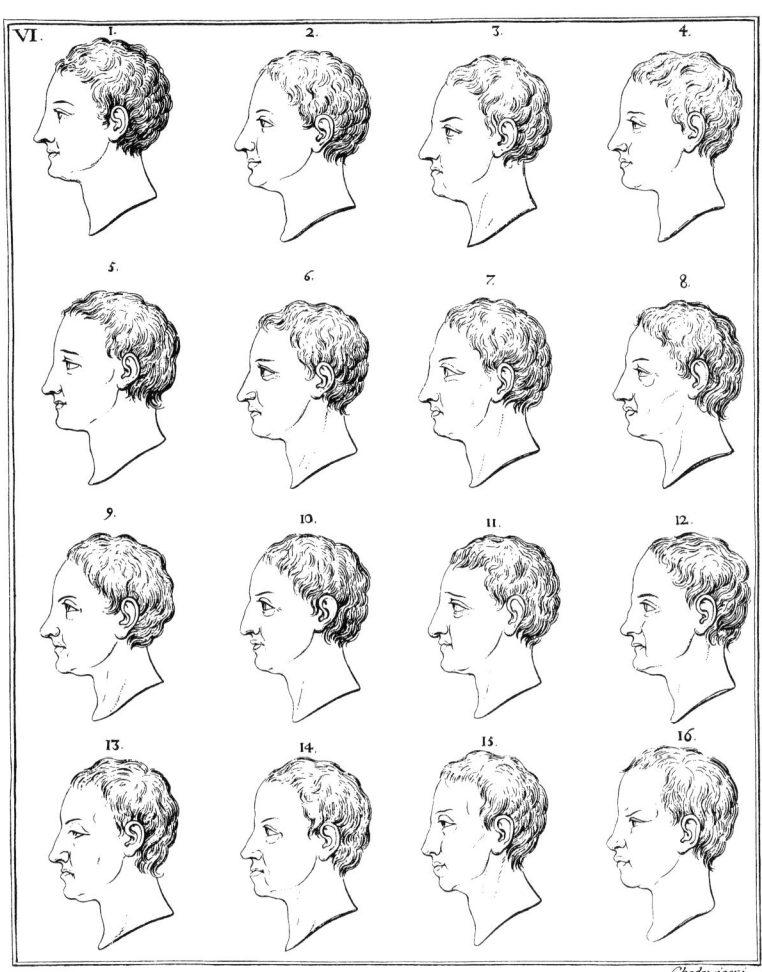

92 Daniel Chodowiecki: Sechzehn
Köpfe, aus: Johann Caspar Lavater,
Physiognomische Fragmente, Bd. II,
Leipzig/Winterthur 1776

ten Bandes von Lavaters *Fragmenten,* unterrichtete
Lichtenberg Chodowiecki davon, daß er die Redaktion des *Göttinger Taschen Calenders* übernehmen
werde und ihn dafür gern als Illustrator gewinnen
würde. Auch auf seine darin geplanten physiognomischen Belehrungen, die mit geeigneten Illustrationen den Charakter von Bildergeschichten erhalten
sollten, kam Lichtenberg in seinem Brief zu sprechen: »Da ich mich schon eine geraume Zeit vor
H. E. Lavater mit physiognomischen Betrachtungen
abgegeben, so wünsche ich gerne in dem Kalender
einige Gedanken mit den besten aus Lavater anzubringen, und allerdings sollten die Kupferstiche wiewohl nur eine entfernte Beziehung haben.«[330] Lichtenberg wollte von Chodowiecki selbstverständlich
keine Ansammlung von statuarisch unbewegten Lei

bern und Köpfen, wie Lavater sie bevorzugte, sondern Bilder von agierenden Menschen, die aufzeigen,
wie Mienenspiel und Handlungen miteinander korrespondieren. Sein großes Vorbild war hier natürlich
Hogarth. Daß Chodowiecki kurz zuvor noch bei den
Physiognomischen Fragmenten des Kontrahenten
Lavater mitgearbeitet hatte, störte Lichtenberg
offensichtlich nicht, den Künstler im übrigen genausowenig. Der scharfe Beobachter Lichtenberg
schätzte Chodowieckis Kunst, ebenso wie Lavater,
vor allem deshalb, weil er durch sie die eigene Men

93 Daniel Chodowiecki: *Heirathsanträge,* 1. Folge, ▷
Blatt 1–12, 1781, Kupferstiche, zuerst erschienen
im *Göttinger Taschen Calender*

135

Heiraths Antrag des Landmanns
Proposition de Mariage du Vilageois.

Heiraths Antrag des Schulmeisters
Proposition de Mariage du Maître décole.

Heiraths Antrag des Predigers
Proposition de Mariage du Ministre

Heiraths Antrag des Alterthum Kenners
Proposition de Mariage de l'Antiquaire.

Heiraths Antrag des Geitzigen
Proposition de Mariage de l'auare.

Heiraths Antrag des Krancken
Proposition de Mariage du Malade

Heiraths Antrag des Arzts
Proposition de Mariage du Medecin.

Heiraths Antrag des Pedanten
Proposition de Mariage du Pedant.

Heiraths Antrag des Oden Dichters
Proposition de Mariage du Poëte.

Heiraths Antrag des Windbeutels
Proposition de Mariage du Sac a vent.

Heiraths Antrag des Officiers
Proposition de Mariage de L'officier.

Heiraths Antrag des entführers
Proposition de Mariage du ravisseur.

schenkenntnis verfeinern konnte.[331] Die Fähigkeit, das bunte Treiben um sich herum in seiner Vielfalt zu sehen, es zu analysieren und gleichzeitig in sich aufzunehmen, mußte Lichtenberg beeindrucken, erinnert Chodowiecki darin doch tatsächlich an Hogarth. Dieser Beobachtungsdrang verleitete den sonst braveren ›deutschen Hogarth‹ sogar zu einigen kleinen Schlüpfrigkeiten. So gestand er: »Ich habe stehend, gehend, reisend gezeichnet, ich habe Mädchen in allerliebsten, sich selbst überlassenen Stellungen durchs Schlüsselloch gezeichnet ... Ich habe nach Gemälden wenig, nach Gips etwas, viel mehr nach der Natur gezeichnet.«[332]

Von 1778 bis 1783 arbeitete Chodowiecki für Lichtenberg und den *Göttinger Taschen Calender.* Dabei entstanden mehrere physiognomisch-pathognomische Bilderreihen. Den Anfang bildete *Der Fortgang der Tugend und des Lasters,* dessen Konzept Lichtenberg bereits in seiner gegen Lavater gerichteten Schrift *Ueber Physiognomik wider die Physio-*

94 a–d Silhouetten von Daniel Chodowiecki: »Der Hochmuth«; »Der verwegene Kerl«; »Der Fresser«; »Die kleinstädtische Neugierde«, um 1780

138

gnomen vorgestellt hatte[333] (vgl. Abb. 72). Danach erschienen in zwei Folgen die *Natürlichen und affectirten Handlungen des Lebens* (vgl. Abb. 55 a, b). Gerade diese beiden Reihen leben von einer krassen Gegenüberstellung von gut und böse, von richtig und falsch. Als weitere Bildergeschichten entstanden die *Heirathsanträge,* wiederum in zwei Folgen, und darauf, als letzte Geschichte, *Centifolium Stultorum. Narrheiten.* Besonders in den *Heirathsanträgen* führt uns Chodowiecki die Vielfalt menschlichen Mienenspiels und der unterschiedlichen Körperbewegungen vor Augen (Abb. 93). Jeder Heiratskandidat agiert seinem Charakter, seinem Temperament, seinem Berufsstand gemäß. Doch wir sehen daran auch noch etwas anderes: Der Künstler Chodowiecki begnügt sich nicht damit, die menschlichen Unterschiede nur durch die Pathognomik sichtbar zu machen. Er nimmt immer auch die Physiognomik, also die festen Körperformen, zu Hilfe, um die verschiedenen Charaktere darzustellen; so unterscheiden sich etwa Konstitution und Kopfform des Predigers deutlich von der des ›Windbeutels‹ und deren beider wiederum von derjenigen des Offiziers. Diese Neigung der Kunst zum ›Zwangsphysiognomieren‹ wird noch deutlicher, wenn wir den *Göttinger Taschen Calender* hinter uns lassen und die Charaktersilhouetten betrachten, die Chodowiecki privat für Lichtenberg anfertigte. Wir erinnern uns: Die Silhouette zeigt das Profil eines Menschen im ruhenden Zustand. Gerade Lavater legte Wert darauf, daß diese ›Seelenruhe‹ durch nichts gestört wurde. Anders verhält es sich bei den Silhouetten, die im Nachlaß des Pathognomikers Lichtenberg gefunden wurden. Sie haben einen ›bewegteren‹ Charakter: Mienenspiel, Gestik und Kopfhaltung sollen das Wesen des jeweils Dargestellten ausdrücken. Selbst Details wie die Augenwimpern, die in der Regel bei der Silhouette fortgelassen werden, sind hier als pathognomische Indizien eingesetzt (Abb. 94 a–d). Hans Timotheus Kroeber, der diese insgesamt 39 Silhouetten 1920 erstmals veröffentlichte, bemerkte, »daß sie eine mit viel Humor gewürzte Antiphysiognomik abgeben«.[334] Doch tun sie das wirklich, oder steht Kroebers Urteil hier einfach zu sehr unter dem Einfluß von Lichtenbergs Intentionen? Berücksichtigt man die Silhouetten selbst, dann wird doch mehr

als deutlich, daß sich die einzelnen Figuren nicht nur pathognomisch, sondern auch physiognomisch unterscheiden und diese physiognomischen Unterschiede sehr genau dem einzelnen Typus angepaßt sind. So wird etwa »Der Fresser« nicht nur beim Essen gezeigt, seine Schädelform und sein Oberkörper lassen eine pyknische Konstitution erkennen, die das Charaktermerkmal des »Fressers«, die Eßlust, unterstreicht. Auch ist sein Mund groß und breit, nicht etwa klein und spitz. Die Kunst gehorcht keinen anderen Gesetzen als das Leben – sie ändert sie wohl etwas ab, um zu verdeutlichen, aber sie kann nur das verdeutlichen bzw. verständlicher machen, was ohnehin tendenziell vorhanden ist. Chodowieckis für Lichtenberg geschaffene ›pathognomische‹ Kunst belegt eines: Kunst ist immer zugleich Physiognomik, eine unphysiognomische Kunst dürfte es nur schwerlich geben. Was wir in Chodowieckis Kunst verbildlicht sehen, ist eine Synthese aus Lichtenbergs Pathognomik und Lavaters Physiognomik.

Der schönste Menschensohn: Jesus Christus

Jesus Christus bildet die Zentralgestalt im Weltbild des Theologen und Physiognomen Lavater, ist doch in ihm das Wort Gottes Fleisch geworden und damit das Unsichtbare sichtbar. Gott ist nach Lavater in der Gestalt Christi Mensch geworden und hat sich damit aus der eigenen Unsichtbarkeit befreit. Diese Doppelnatur Christi – wahrer Gott und wahrer Mensch zu sein – veranlaßte Lavater sogar zu dem ›blasphemischen‹ Ausruf: »Ich habe keinen Gott als Jesus Christus; – Sein Vater! Grosser Gedanke – ist mir nur in ihm.«[335] Da Lavater in der Gestalt Jesu Christi, dem ›Menschensohn‹[336], die sichtbare Verkörperung des Gottessohnes sah, durchzog sein Leben eine stete ›Sehsucht‹ nach Christus, für deren Erfüllung er alles geopfert hätte. Jesus Christus war für ihn sowohl in moralischer als auch in körperlicher Hinsicht der ›schönste‹ Mensch. Das Gesicht Christi stellte er sich als einen so reinen Ausdruck innerer Vollkommenheit vor, daß er überzeugt war, allein aus einem wirklichen Anschauen dieses Gesichtes hätte der Glaube folgen müssen. Nur ein Mangel an echtem physiognomischen Sinn konnte für Lavater der Grund sein, daß Christus verkannt wurde.

Doch wie definiert sich Lavaters Schönheitsbegriff, und wo mögen die Wurzeln des menschlichen Schönheitsverlangens im allgemeinen liegen? Einige Soziobiologen erblicken im menschlichen Schönheitsideal lediglich ein Verhaltensrelikt aus vorgeschichtlichen Zeiten, da das durchschnittliche, prototypische Aussehen den gesunden und genetisch ›einwandfreien‹ Partner versprach.[337] Eine solche Antwort vermag jedoch nicht zu befriedigen, denn sie erklärt beispielsweise nicht, warum das menschliche Schönheitsverlangen dann nicht auf den Geschlechtssektor beschränkt bleibt, sondern in seinem Wesen allumfassend ist. Abgesehen davon ist die sexuelle Anziehung und Ausstrahlung häufig gar nicht auf die Schönheit angewiesen, und selbst ein gesunder und kräftiger Körper muß nicht zwangsläufig schön sein. Dem Ressentiment gegenüber der Schönheit, das in solchen Antworten mitschwingt, begegnen wir im 20. Jahrhundert verstärkt. Rudolf zur Lippe bemerkte dazu: »Das Wort Schönheit ist für sich allein fremd oder verdächtig genug geworden, um in aller Regel von den Zeitgenossen vermieden oder gar zurückgewiesen zu werden.«[338] Als Ursachen hierfür nennt er die allgemeine Verweltlichung und die Veräußerlichung der Schönheit durch die Werbung. Beides habe die Schönheit entleert und ihrer kosmischen Dimension beraubt.

Platon hatte die Schönheit neben die Wahrheit und die Gutheit gestellt. Die Urideen, die unserer Welt zugrunde liegen, sollen in sich gut, wahr und schön sein. Die Schönheit selbst sieht Platon als Teil einer Kosmologie, aber ebenso als Teil der Moralität und des Erkenntnisstrebens. Der Christ Lavater steht dem großen griechischen Philosophen also nicht fern. Lavaters Schönheitsbegriff beinhaltet die Vorstellung eines organischen Ganzen. »Schön ist ... was uns durch sich selbst anzieht. – Schönheit ist sanftleuchtende Übereinstimmung mannigfaltiger Gleichartigkeiten. Ein Gesicht ist schön, das einfach, wohlproportioniert, zusammenstimmend, gleichartig ist ... Das nichts Fremdes, Überflüssiges, Mangelndes, Schiefes hat; wo alles ganz, alles an seinem Platze, alles in sanfter Verbindung, alles in reiner, freier Harmonie steht. –«[339] Die Harmonie, die in dieser wah-

ren Schönheit herrscht, ist Lavater zufolge jedoch nicht nur ein Ergebnis von Regelmäßigkeit und Proportion, sondern rührt ebenso von dem Guten, das in der Seele lebt. Menschliche Schönheit äußere sich daher gleichermaßen in der Vollkommenheit der körperlichen Proportion wie in der »Anmut und Würde« unserer Bewegungen und Handlungen. Die Schönheit Christi war demgemäß für Lavater eine innere und äußere, die seine Gestalt durchstrahlten.

Das Abendland hat zwei Ursprünge, die es zu verbinden versuchte und denen es seine Schöpferkraft verdankt: Die biblisch-jüdische Wortwelt und die griechisch-heidnische Bildwelt. Beide Elemente begegnen uns auch in Lavaters ›Sehsucht‹ nach der Christusgestalt wieder, die biblisch kaum ableitbar ist. Dem Bibelspruch »Gott schuf den Menschen sich zum Bilde!« steht das Gebot »Du sollst dir kein Bildnis machen von deinem Gott!« gegenüber. Auf die Gestalt des Mensch gewordenen Gottessohnes wird daher im Neuen Testament auch nicht eingegangen. Wir erfahren dort zwar von den Taten und Worten Jesu Christi, aber nichts von seinem äußeren Erscheinungsbild. Die älteren Kirchenväter legten Wert auf den leidenden, duldenden Christus, ausgestattet mit einem eher unscheinbaren Körper, nicht auf einen strahlenden Helden. Lavater läßt in seine Vorstellung von der Christusgestalt, unter Einfluß Winckelmanns, unausgesprochen mit hineinfließen, was Dürer bereits ganz bewußt getan hatte: Er verbindet Christus mit Apollo.[340] Wohlgemerkt – Lavater sucht nach einer *Verbindung*, nicht nach einer *Gleichsetzung*: Was er an den antiken Göttern bewundert, ist ihre Schönheit, was er als Christ bei ihnen vermißt, ist der Ausdruck der Demut und Nächstenliebe. Das Mitleidende und Strahlende soll sich für ihn in Christi Erscheinung vereinigen.

Die antiken Quellen, die etwas über die Gestalt Jesu Christi aussagen, sind spärlich und zweifelhaft. Der römische Platoniker Celsus, der im 2. Jahrhundert n. Chr. ein scharfer Kritiker der christlichen Sekte innerhalb des römischen Imperiums war, vertrat als Heide die Auffassung, daß der Sohn Gottes in einem vollkommenen Körper ›wohnen‹ müsse: »Wenn der höchste Gott Wohnung in einem irdischen Körper gehabt haben sollte, so mußte sich dieser doch jedenfalls von anderen durch Größe oder

Schönheit oder Kraft oder Stimme oder durch großartiges und gewinnendes Auftreten auszeichnen. Denn der, dem etwas Göttliches in höherem Grad oder Maß als den übrigen zuteil geworden war, konnte unmöglich nach allen Richtungen hin wie ein alltäglicher Mensch sein. Aber Jesu Äußeres unterschied sich in keiner Hinsicht von dem eines anderen Menschen; im Gegenteil war er, wie man sagt, klein, häßlich und mißgestaltet.«[341] Celsus zog daraus die Schlußfolgerung, daß nichts Göttliches an Jesus gewesen sein konnte. Lange-Eichbaum erwähnt, daß diesem Bericht aus dem 2. Jahrhundert nie widersprochen worden sei, und fügt hinzu, daß Aussagen über die Schönheit Jesu Christi sicherlich überliefert worden wären.[342] Celsus' Behauptung ist möglicherweise aus der bloßen Abneigung gegen das Christentum zu erklären. Daß ihm von christlicher Seite offenbar nichts entgegnet wurde, kann auch auf der Gleichgültigkeit der frühen Christen derartigen Fragen gegenüber beruhen. – Im 18. Jahrhundert verweist Georg Gustav Fülleborn in seiner Geschichte der Physiognomik auf eine antike Fälschung, in der die Gestalt Jesu Christi verklärt wird, woraus wir erkennen, wie auf heidnischem Boden das *Bild* Christi langsam an Bedeutung gewann. »Endlich mag die Beschreibung hier stehen, die in dem erdichteten Schreiben des Proconsul Publius Lentulus an den Römischen Senat von der Gestalt Christi vorkommt. Er ist, heisst es, von einer mittleren und geraden Statur und angenehmer Bildung. – Die Haupthaare sind Nussgelb: bis an den Ohren sind sie einerley: von den Ohren aber bis an die Schultern sind sie so gelb, wie Wachs, und schimmern. – Seine Stirn ist platt, aber sehr heiter. Das Gesicht ist ohne Runzeln und Flecken, und von mässiger Röthe: die Nase und der Mund untadelhaft: der Bart dicht und den Haupthaaren gleich nicht lang, in der Mitte aber getheilt. Sein Blick ist unschuldig und gesetzt: seine Augen blau und hell. – Niemals hat man ihn lachen, wohl aber weinen gesehen. Seine Arme und Hände sind fein. In Gesellschaften ist er sehr angenehm, er findet sich aber selten dabei ein und ist gewöhnlich still. Kurz, seiner äusern Gestalt nach ist er der schönste Mensch, den man sich denken kann.«[343]

Genaue Angaben über die Gestalt Jesu Christi sind also nicht historisch überliefert. Sein Erscheinungsbild ist vorrangig eine Schöpfung der Künstler, ihrer Zeit und ihrer Gesellschaft. Da gerade auch die Bibel keine Ableitung ermöglicht, sorgte der übermäßige Bilderkult um Jesus Christus – und auch um andere Heilige – immer wieder für heftige Auseinandersetzungen, etwa im byzantinischen Bilderstreit (762–842) oder in der Bilderstürmerei im Gefolge der Reformation. Die Art der Darstellung Jesu Christi selbst unterlag Wandlungen. Die Spätantike stellte ihn vorrangig unter Beibehaltung des überlieferten Schönheitsideals als bartlosen, gelockten Jüngling dar. Ab dem Ende des 5. Jahrhunderts begann sich ein männlicherer, bärtiger Typus durchzusetzen, der bis in die Gegenwart prägend blieb. Das Mittelalter betonte den leidenden, gekreuzigten Christus, den Schmerzensmann, während in der Renaissance das Ideal des schönen und vollkommenen Menschen in den Vordergrund trat. Doch hinter allen Wandlungen steckte auch immer die Sehnsucht nach dem ›Vera Icon‹, dem wahren Bild Christi. Rembrandt war vermutlich der erste Künstler, der das Antlitz Christi ›nach dem Leben‹ gestaltete, indem er sich einen jungen Juden zum Modell nahm. Daneben unterlagen viele Künstler der Neuzeit der Versuchung, sich selbst als Christus darzustellen.[344]

Lavater war davon überzeugt, daß kein Sterblicher ein würdiges Bild Jesu Christi zeichnen könne[345], wohingegen er es als leicht ansah, die Unwürdigkeit und Unrichtigkeit so vieler Darstellungen des Heilands zu fühlen. Trotzdem beauftragte Lavater selbst mehrere Künstler, ihm ein Bild Jesu Christi nach seinen Vorstellungen zu liefern. Neben der Schönheit sind es vor allem vier Komponenten, die für Lavater im vollendeten Christusbild miteinander verschmelzen sollten: das Menschliche und das Göttliche, das Israelische und das Messianische. Doch den vollkommenen Einklang dieser vier ›Charaktere‹ konnte Lavater nirgendwo realisiert finden. Und so wußte er auch an allen in den *Fragmenten* gezeigten Christusdarstellungen etwas auszusetzen – selbst der von ihm so hochgeschätzte Raffael entging nicht der Kritik. Am meisten schätzte Lavater einen von Lips gestochenen Christuskopf, den dieser nach dem Gemälde eines unbekannten Meisters geschaffen hatte, das sich in Lavaters Privatbesitz befand (Abb. 95). »Nicht der schönste aller Men-

95 Johann Heinrich Lips: *Christuskopf,* Kupferstich,
aus: Johann Caspar Lavater: *Physiognomische Fragmente,*
Bd. IV, Leipzig/Winterthur 1778

schensöhne«, urteilte Lavater, »aber dennoch ist
Wahrheit und Gnade in seinen Lefzen ausgegos-
sen.«[346] Obgleich Lavater den historischen Christus
natürlich nie gesehen hatte, glaubte er, ein annähern-

des Bild von dessen Erscheinung in sich zu tragen;
kannte er doch den »Christuscharakter«. Und wie
der Physiognom vom Äußeren auf das Innere
schließt, so glaubte Lavater wohl auch, sich durch die
Kenntnis des Inneren ein Bild des Äußeren machen
zu können. Ihm zufolge trug auch jeder ernsthafte
Christ Züge von Jesus Christus im Gesicht.[347]

Ist das Gute schön, so ist das Böse häßlich. Ist
Christus die große Lichtgestalt, gekrönt und umgeben von Heiligenschein und Strahlenkranz, so wird
in der Kunst bei seinen Widersachern das Nieder-
trächtige, Kleinliche und Verneinende hervorgehoben. Zum Vergleich bringt Lavater in den *Fragmenten* hintereinander Beispiele von Judas- und Christusdarstellungen nach Holbein, die ihm wieder Beweis
sind für die Einheit von körperlicher und moralischer Schönheit (Abb. 96 a, b). Ist die Physiognomie
des Judas von Geiz, Niedertracht und Neid zerfres-
sen, so offenbart uns das Antlitz Christi Würde, Ruhe
und Liebe. Dennoch findet Lavater auch in Holbeins
Werk die Vollkommenheit Christi nur unvollkom-
men wiedergegeben. Darüber hinaus bemerkt er:
»Ich würde den für den größten Mahler halten, der
den *Kuß des Judas,* die beiden Gesichter, in ihrem
wahren Kontraste, ohne Uebertriebenheit und Affek-
tation, aber doch jedes in seiner unvergleichbaren
Individualität, zeichnen und mahlen könnte.«[348] Ein
beeindruckendes Beispiel für dieses Sujet hat uns
Giotto mit seinem Fresko in der Arena-Kapelle in

96 a, b Christus und
Judas nach Holbein,
aus: Johann Caspar
Lavater, *Physiognomi-
sche Fragmente,* Bd. I,
Leipzig/Winterthur
1775

97   Giotto: *Der Judaskuß* (Ausschnitt), um 1305,
Fresko; Arenakapelle, Padua

Padua geliefert, das nicht von Lavater, aber von einem anderen Physiognomen, dem Schriftsteller Rudolf Kassner, beschrieben wurde (Abb. 97).[349] Die Physiognomik gliedert das menschliche Gesicht häufig in drei Teile: Im unteren Drittel sollen die Willenskräfte ausgebildet sein, im mittleren die Empfindungskräfte und im oberen Teil die Verstandeskräfte. Giotto hat in diesem Sinne sehr physiognomisch gemalt, indem er dem einheitlichen Schwung, der das Profil Christi kennzeichnet und der auf harmonische Weise Denken, Fühlen und Wollen verbinden soll, das Profil des Judas gegenüberstellt. Dieses zeigt beim Übergang Stirn/Nase eine scharfe Einbuchtung, was auf einen Bruch zwischen Denken und Fühlen hinweist. Kassner urteilt hier: »Dieser böse Winkel [Übergang Stirn/Nase] bedeutet in der Tat Ungeheures: daß der Verstand oder die Verstandeskräfte von den seelischen geschieden sind.«[350] Das Denken wird nach Kassner damit hart und materialistisch ausgerichtet, Gier und Geiz dominieren, feinere Empfindungen dringen durch den ›bösen Winkel‹ nicht mehr in die Stirnzone vor.

Wir begegnen der Auseinandersetzung um das Erscheinungsbild Jesu Christi in den verschiedensten physiognomischen Richtungen wieder, etwa in der Populärphysiognomik eines Carl Huter oder in der literarisch geprägten Physiognomik von Kassner und Max Picard.[351] Die Beschäftigung mit Jesus Christus bedeutet aber auch hier immer wieder ein Zurückkommen auf Lavaters physiognomische Grundaussage von der Analogie moralischer und körperlicher Schönheit.

Physiognomik zur Zeit Lavaters: Antoine-Joseph Pernety und Petrus Camper

So sehr die Gestalt Lavaters die Physiognomik des 18. Jahrhunderts überstrahlt, so einseitig wäre es, sie auf seinen Namen beschränken zu wollen. Während in der ersten Hälfte des Jahrhunderts die physiognomische Literatur eine eher untergeordnete Rolle spielte, trat ab der Jahrhundertmitte ein Wandel ein. Folgende Gründe mögen hier eine Rolle gespielt haben: Da war zunächst einmal die Kunst, die – wie wir ja gesehen haben – sich intensiv mit dem Porträt des Menschen auseinanderzusetzen begann, da gab es natürlich die Arbeiten Winckelmanns, die die Gestalt des Menschen und die Frage nach der Schönheit ganz neu ins Bewußtsein rückten. Hinzu kam, daß sich seit Beginn des Jahrhunderts eine neue Wissenschaft herauskristallisierte: die Wissenschaft vom Menschen – die Anthropologie. Ihre ›klassische‹ Zeit fiel fast mit der Blütezeit der Physiognomik zusammen, was sicher kein Zufall ist, da beide ›Wissenschaften‹ sich in der Praxis mitunter überschnitten. Gegen Ende des Jahrhunderts erschien dann, im Gefolge des neuerlichen Anwachsens physiognomischer Literatur, die erste wissenschaftliche Aufarbeitung der Geschichte der Physiognomik: Georg Gustav Fülleborns *Abriss einer Geschichte und Litteratur der Physiognomik*,[352] die auch heute noch in vielem der beste Leitfaden ist durch die Geschichte der Physiognomik von ihren historischen Anfängen bis hin zu Lavater und Goethe.

Bedeutend für die Entwicklung der Physiognomik im 18. Jahrhundert wurde neben Lavater noch ein anderer Geistlicher: Der französische Abt Antoine-Joseph Pernety. Seine liberalen Auffassungen brachten ihn in Konflikt mit seinem Orden, so daß er eine Stelle als Bibliothekar am Hofe Friedrichs des Großen annahm. Von 1769 an war er Mitglied der Königlich Preußischen Akademie der Wissenschaften zu Berlin. 1746 erschien seine erste physiognomische Schrift *Lettres philosophiques sur les physiognomies* und 1776/77 sein physiognomisches Hauptwerk, das einige Jahre später, mittlerweile von zwei auf drei Bände erweitert, auch auf Deutsch unter dem Titel *Versuch einer Physiognomik, oder Erklärung des moralischen Menschen durch die Kenntnis des physischen* veröffentlicht wurde.[353] Das Werk basiert z.T. auf einem Streitgespräch, das Pernety in den Jahren 1768/69 mit Henry de Catt über Methodik und Wissenschaftlichkeit der Physiognomik vor der Akademie der Wissenschaften ausgefochten hatte. De Catt vertrat die Auffassung, daß die Physiognomik schwach fundiert und in ihren Regeln z.T. widersprüchlich sei, weshalb sie in der Praxis mehr Schaden als Nutzen bringe. In seiner Antwort stritt Pernety die Irrtümer, die beim Physiognomieren entstehen können, nicht ab, betonte aber, daß deswegen nicht die ganze Physiognomik als Irrtum bezeichnet werden dürfe. Um die Berechtigung und Wissenschaftlichkeit der Physiognomik zu belegen, holt Pernety weit aus. Er erklärt: »Unter allen Wissenschaften ist die Physiognomik die weitläufigste; sie ist die Grundlage aller übrigen, und eigentlich die allgemeine Wissenschaft, wenn man es nach dem strengen Wortverstand nimmt.«[354] Dadurch, daß alle Kenntnisse sich auf Beobachtungen gründen und daraus ihre Urteilsbildungen abgeleitet werden, jede Wissenschaft somit aus der Anschauung lebt, werde die Physiognomik zur Grundwissenschaft. Aus ihr sind nach Pernety alle Wissenschaften erwachsen, sie ist das einigende Band, das alle Einzelteile unter einem gemeinsamen großen Dach zusammenbringt. Pernetys Nähe zur pansophischen Signaturenlehre ist frappant.[355] Und so verwundert es auch nicht, daß Pernety sich nicht nur der Untersuchung und Deutung der einzelnen menschlichen Gestalt widmet, sondern sie überdies in Verbindung setzt mit der Gestalt und Eigenart der Umwelt, in die sie eingebunden ist. Einzelne Kapiteltitel aus seinem

Hauptwerk wie *Von dem Einfluß der verschiedenen Lage der Oerter* oder *Der Himmelsstrich ist eine der vornehmsten Ursachen von der Verschiedenheit des Karakters und Geistes* mögen das verdeutlichen. Andererseits weist der Mensch nach Pernety aber auch über sich hinaus, da er ein Teil des großen Weltganzen ist. Ihn kennenzulernen heiße soviel wie sich Kenntnisse zu erwerben, die sich auf das ganze Weltall beziehen,[356] da der Mikrokosmos im Makrokosmos steckt und umgekehrt. Alle Dinge stehen für Pernety miteinander in Verbindung, sind Teile eines Ganzen, aus dem sie sich einst herausgelöst haben. »Pernetys grundsätzlicher Ausgangspunkt war die Darstellung des Universums als einer unzertrennlichen Totalität, an der alle Erscheinungen teilhaben, ohne isoliert werden zu können«, stellt Isa Lohmann-Siems fest.[357] Für die Physiognomik bedeutete diese Auffassung, über die vergleichende Einzelbeobachtung hinauszugehen und die Erscheinungsweisen der Dinge als nicht isolierbare Teile eines Ganzen zu begreifen. Durch diese kosmische Sicht stößt die Physiognomik ein Tor zur Metaphysik auf.[358]

Die Geschichte der Physiognomik kennt, wie wir ja wissen, zwei große Konzeptionen: Eine ›kosmische‹ oder auch metaphysische und eine praktische, auf die Empirie ausgerichtete. Die eine ist ganzheitlich und somit deduktiv in ihrer Vorgehensweise, die andere induktiv, sie geht vom Detail aus. Im 18. Jahrhundert begegnet uns die erste dieser beiden Richtungen etwa bei Pernety, die zweite, wie wir noch sehen werden, bei dem Holländer Petrus Camper. In der Praxis überschneiden sich oft beide Konzeptionen, so etwa bei Lavater: Durch die Detailbeobachtung beim Porträtzeichnen war er zur Physiognomik gelangt, doch gleichzeitig bemühte er sich darum, seine physiognomischen Entdeckungen mit seinem christlichen Weltbild in Übereinstimmung zu bringen. Eine Überschneidung beider Ansätze finden wir auch in Johann Christian August Grohmanns Schrift über *Ideen zu einer Physiognomischen Anthropologie* aus dem Jahre 1791.[359] Die damalige Modernität von Grohmanns Werk kündigt sich bereits in seinem Titel an, der die Physiognomik mit der Anthropologie verknüpft. Dieser Eindruck verstärkt sich, wenn man die Abhandlung mit der nicht wesentlich älteren *Abhandlung der Physiognomie, Metoposcopie und*

Chiromantie von Christian Adam Peuschel vergleicht, die sowohl vom Titel als auch Inhalt wie ein Überbleibsel aus dem 17. Jahrhundert wirkt.[360] Grohmann verknüpft seine Ideen mit der alten Temperamentenlehre und mit Auffassungen Lavaters, um von dort einen Bogen zur neu entstehenden Wissenschaft der Anthropologie zu schlagen, die er im Sinne einer physiognomischen Anthropologie erweitern möchte. Diese besteht für ihn aus drei Bausteinen: Zuerst aus dem naturwissenschaftlichen Forschergeist des Anatomen, dann aus der intuitiven »Schau« der Physiognomen mit »seiner reizbaren Lebhaftigkeit des Sehnervens, seiner allempfänglichen Empfindlichkeit für Aehnlich- und Unaehnlichkeit« und drittens der Empfindung für Kunst, »Kenntnis der Ton- Dicht- Bildhauerkunst und Malerey«, welche den »vollendeten Beobachter« befähige, der Einseitigkeit seines anthropologischen Systems zu entkommen.[361] Grohmann versuchte also, mit seinen in vielen Aspekten auf die Frühromantik verweisenden Gedanken Kunst und Wissenschaft noch einmal zu verbinden.[362] Er definierte einerseits die Physiognomik neu, andererseits rebellierte er gegen die sich langsam konstituierende Anthropologie, deren rationalistische und historisierende Haltung seiner musischen und spirituellen Veranlagung zu einseitig erschien.

Als die ›klassische‹ Epoche der Anthropologie gilt der Zeitabschnitt von 1755 bis 1810. Philosophen, Naturwissenschaftler, Mediziner veröffentlichten damals Grundlagenwerke zur Kraniologie, zu den Menschenrassen und zur Menschheitsgeschichte. Zum Kreis der bekanntesten Autoren zählen Kant und Herder, Johann Reinhold und Georg Forster, Samuel Thomas von Sömmering, Johann Friedrich Blumenbach, Christoph Meiners, Wilhelm von Humboldt und Petrus (Pieter) Camper.[363] Der Anatom Camper war Professor am Athenaeum in Amsterdam und an den Universitäten in Franeker und Groningen. Obgleich seine ›physiognomische Anthropologie‹ oder vielleicht besser gesagt ›anatomische Physiognomik‹ im Gegensatz zu Grohmanns Ansatz streng positivistisch begründet ist und ihr die philosophische und kosmische Dimension fehlt, sah er doch selbst sein Werk immer in enger Beziehung zur bildenden Kunst, denn genau wie der Schwärmer Lava-

ter war auch der weit nüchternere Camper über die eigene künstlerische Praxis zur Physiognomik gekommen. So schreibt er: »Bei der besonderen Neigung, welche ich von der frühesten Jugend an zur Zeichenkunst und allen ihr nachahmenden Theilen hatte, musste ich mehr, als ein Anderer, meine Betrachtungen auf die eigenthümlichen Züge der Menschen und Thiere richten, welche mir, als die erhabensten Gegenstände der Natur, am meisten gefielen.«[364] Seinen wissenschaftlichen Ruf erlangte Camper durch seine Arbeiten über den »Gesichtswinkel«, der als Begriff in die anatomische Wissenschaft eingegangen ist. Er ist das Resultat systematischer Vermessungen der Schädel verschiedener Tier- und Menschenrassen. Der Gesichtswinkel wird am Profil des Schädels von zwei Linien gebildet, wobei die eine (Horizontallinie) vom Nasenboden zum äußeren Gehörgang und die andere (Gesichtslinie), meist geneigt, von den oberen Schneidezahnwurzeln zum vorragenden Teil der Stirnfläche verläuft (Abb. 98). Die Größe des Winkels nimmt nach Camper mit dem Grad der Entwicklung und den intellektuellen Fähigkeiten zu. Er ist bei Vögeln kleiner als beim Menschenaffen, steigt über die verschiedenen Menschenrassen an, um seine Krönung – damit begegnet uns Winckelmann auch in der Anatomie – in den Gestalten griechischer Kunst zu finden. Die Apollon-Köpfe weisen einen Winkel von fast 100 Grad auf und offenbaren damit ihre ›göttliche Dimension‹. Neben seinen Winkelmessungen untersuchte Camper außerdem »den eigenthümlichen Unterschied der Gesichtszüge in den vornehmsten Völkern des Erdbodens« und »die Ursachen von den verschiedenen Gestalten der Menschenköpfe und Gesichter«.[365] Damit umfassen Campers Arbeiten zwei große anthropologische Themenkreise: den Gedanken der Evolution, angefangen bei den einzelnen Entwicklungsstufen der Tiere bis hin zum ›Gottmenschen‹, und die unterschiedlichen Physiognomien der verschiedenen Nationen und Rassen.

Der Künstlerdilettant Petrus Camper sah seine Forschungen von Anbeginn an als nicht nur für die Wissenschaft, sondern auch für die Kunst bestimmt. 1774, 1778 und 1782 hielt er vor den Kunststudenten an der Amsterdamer Akademie Vorlesungen über die Schönheit der Form. Er beschäftigte sich,

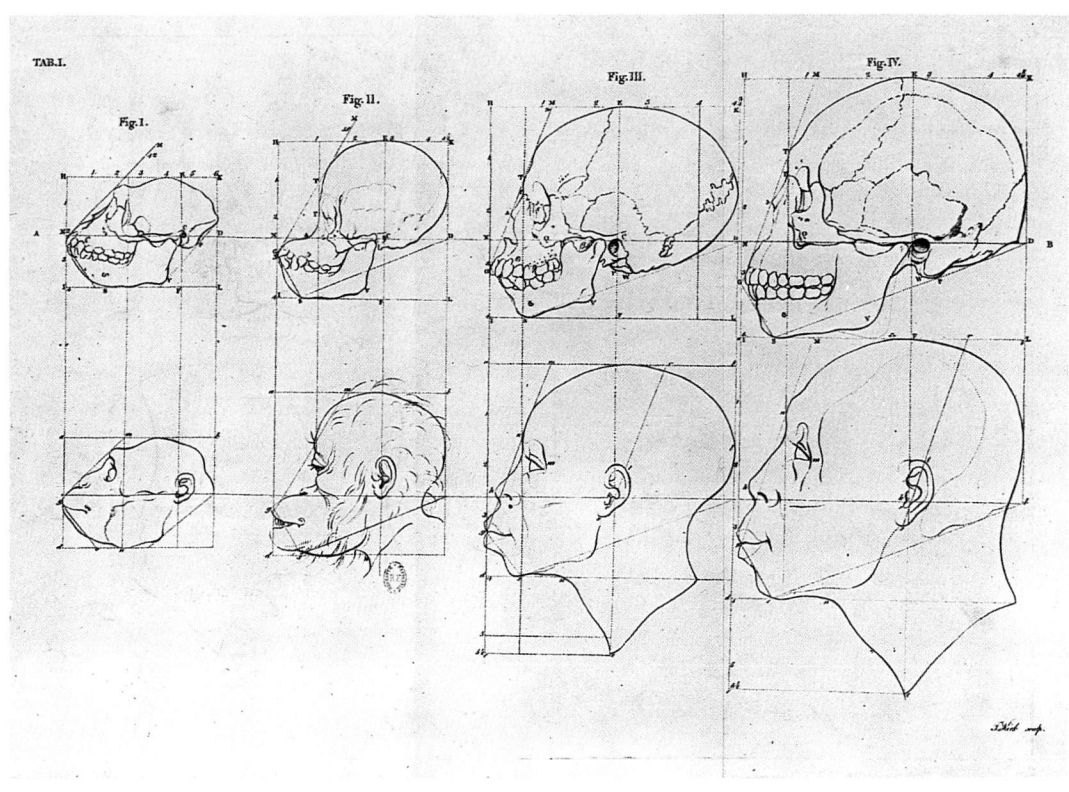

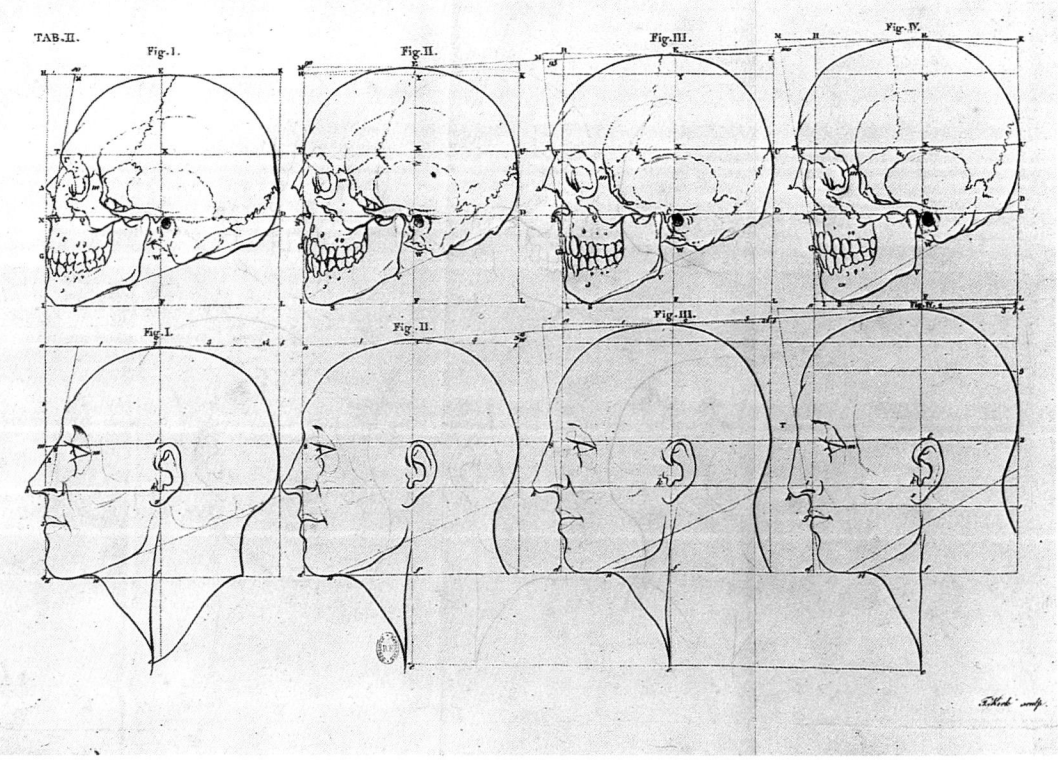

146

ausgehend von Le Brun, intensiv mit der Gesichts-mimik, den menschlichen Affekten und deren Darstellung. Von den Künstlern verlangte er bei der Wiedergabe der Leidenschaften »genauere Vorstellungen von dem menschlichen Bau, und zwar nicht bloß von dem Knochengerüste, sondern auch von den Nerven und Muskeln«.[366] An Le Brun übte er insofern Kritik, als er ihm vorwarf, daß er »die Wirkung der Seele metaphysisch behandelt [habe], ohne an das Physische, das heißt, an das wahrhaft Natürliche, zu denken«.[367] Campers Äußerung läßt ahnen, daß bei der Erforschung des Menschen der Materialismus an Boden gewinnt. Seine Zeichnungen zu den Mensch-Tier-Vergleichen erinnern vordergründig an Le Brun, doch dominiert in ihnen nicht die bizarre Phantasie des Künstlers, sondern wichtig ist für Camper, an diesen Nebeneinanderstellungen die fort-schreitende Entwicklung des Menschen sowohl in physischer als in psychischer Hinsicht aufzuzeigen (vgl. Abb. 37, 38 u. 98). Sein posthumes Hauptwerk *Über den natürlichen Unterschied der Gesichtszüge in Menschen verschiedener Gegenden und verschiedenen Alters; über das Schöne antiker Bildsäulen und geschnittener Steine, nebbst einer neuen Art, allerlei Menschenköpfe mit Sicherheit zu zeichnen* schließt er mit dem Wunsch, »dass die Künstler sich befleissigen [sollten], die wahre Bildung unseres Körpers zu erforschen«.[368] Obgleich Camper für eine ›kosmische‹ Physiognomik zu praktisch ausgerichtet war, hat er es doch verstanden, Kunst und Anatomie noch einmal eng miteinander zu verbinden – Bereiche, die seit dem 19. Jahrhundert im Zuge der allgemeinen Atomisierung des Lebens und Wissens weitgehend getrennt voneinander existieren.

◁　98　Petrus Camper: Gesichtswinkel vom Affen bis zum Apollonkopf, aus: ders., *Über den natürlichen Unterschied der Gesichtszüge…,* Berlin 1792

VI. Das 19. Jahrhundert

Die Kunst im ersten Jahrhundert nach der Französischen Revolution ist wechselhaft, kurzlebig, vielgestaltig. Klassizismus, Romantik, Biedermeier, Neubarock, Impressionismus, Symbolismus überschneiden sich oder lösen einander ab. Aber in dem aufkommenden Stilwirrwarr entdecken wir nicht nur Gegensätzliches. Sucht man in diesen Kunstrichtungen insbesondere im Bereich der Menschendarstellung nach Typischem und Übergreifendem, so begegnen uns als hervorstechende Charakteristika das Psychologische und Ausdruckshafte, das Handlungshafte und Historische. Sie ziehen sich wie ein roter Faden durch die künstlerische Unstetigkeit und Orientierungslosigkeit des Jahrhunderts. Diese Merkmale kamen der individuellen Wiedergabe des Menschen zugute, und so nimmt das Porträt im Kunstschaffen des 19. Jahrhunderts eine bedeutende Stellung ein. Die Kunst hatte sich aus ihrer engen Verbindung zu Staat und Kirche gelöst und wurde dadurch privater und vielfach menschlich wahrhaftiger. Die Suche nach dem wahren Bildnis, nach der feinen psychologischen Studie ging z.T. auf den physiognomischen ›Boom‹ des ausgehenden 18. Jahrhunderts zurück.

Der Name Lavater war den im 19. Jahrhundert tätigen Künstlern nicht unbekannt. Das Interesse am Psychologischen und Wahrhaftigen drang weit vor und prägte auch die Darstellung der Vertreter der höfischen Gesellschaft. So charakterisierte Goya die Angehörigen des spanischen Herrscherhauses mit aller Offenheit, wobei er sich hier auf die spanische Tradition im Gefolge von Velázquez berufen konnte. Bei Goya begegnen uns die gekrönten Häupter nicht so, wie sie nach ihrer Propaganda eigentlich hätten ausschauen müssen, sondern so, wie sie tatsächlich ausgesehen haben.[369] Die starren Posen treten in der Kunst fast überall zurück, die dargestellten Personen werden oft bei einer Handlung oder in ein Geschehen eingebunden gezeigt. Das Momentane gewinnt an Bedeutung. Hatte die Kunst in ihren Ursprüngen einst die menschliche Gestalt rein räumlich und von ihrer allgemein-gattungstypischen Seite aufgefaßt, so galt ihr Interesse jetzt vor allem dem vom Augenblicklichen geprägten, persönlich-subjektiven Leben in seiner Zeitfolge. Die Dynamik der anbrechenden Industriegesellschaft brachte nicht nur einen Stilverschleiß mit sich, sondern prägte auch das einzelne Kunstwerk, selbst wenn der Künstler sich mit seiner Arbeit gegen die aufkommende kapitalistische Gesellschaft stemmte. Unterdrückung, Widerstand, Utopie wurden Themen der Kunst. Das Leidenschaftliche, ja Maßlose und Extreme bestimmte besonders die Kunst der Romantik. Das sehen wir etwa bei Goya, aber auch beim Lavater-Freund Johann Heinrich Füßli, bei dem sich die Welt ins Phantastische öffnet. Die Physiognomie des Irrsinns begann zu faszinieren. Wilhelm von Kaulbach trieb Studien im ›Narrenhaus‹, Théodore Géricault malte die eindrucksvollsten, vielleicht ›schönsten‹ Bilder Geisteskranker, die die Kunst kennt.

Obgleich Lavater dem Absonderlichen und Abwegigen der Romantik fernstand, war er doch in vielerlei Hinsicht einer ihrer Wegbereiter, so etwa in der Betonung des Genialischen, das nicht nur einen der Zentralbegriffe der Kunstauffassung des Sturm und Drang, sondern auch der Romantik darstellte. Danach sollen in allen Menschen göttliche Kräfte schlummern, aber nur das Genie ist dazu imstande, sie zu entsiegeln und zu schöpferischer Wirksamkeit zu erwecken. Auch das Fragmentarische ist ein romantisches Prinzip. Das Bemühen Lavaters und der Romantiker, ein umfassendes Weltbild zu entwerfen, bedeutete zugleich einen Verzicht auf die geschlossene Form, da sie nur im Fragment, in der bruchstückhaften Darstellung, Raum für die das

Unendliche einschließende Ganzheit sahen. So ragen Werk und Gestalt Lavaters, auch lange nach dem Abflauen der physiognomischen Mode, weit in das 19. Jahrhundert hinein. Besonders in Frankreich machte sich der Einfluß Lavaters, auch auf die Karikatur, bemerkbar. Anne Louis Girodet de Roucy-Trioson, ein Schüler Davids, begeisterte sich für Lavaters Ideen und empfahl den Künstlern, seine Physiognomik zu studieren. Zudem hatte eine 1797 in Paris stattfindende Ausstellung, die die Zeichnungen der Mensch-Tier-Vergleiche von Charles Le Brun präsentierte und ein enormer Erfolg war, der Beschäftigung mit der Physiognomik in Frankreich erneuten Auftrieb gegeben.[370] Doch Lavater hat nicht nur auf die bildende Kunst gewirkt, auch sein Einfluß auf die Literatur – und hier steht Frankreich wieder an erster Stelle – war beträchtlich. So setzte sich an der Wende vom 18. zum 19. Jahrhundert eine neue Einstellung zur literarischen Personenbeschreibung durch. Porträts von Romanfiguren nehmen jetzt nicht nur einen breiteren Raum ein als vorher, sie gewinnen auch insofern eine neue Qualität, als die äußere Erscheinung, Körper, Gesicht, Kleidung, Bewegung, in ihren individuellen Details beschrieben und im Sinne der Physiognomik als Ausdruck geistig-seelischer Eigenschaften gedeutet wird.[371] So fließt der Geist Lavaters z. B. auch in Balzacs großangelegte *Comédie Humaine* ein. George Sand äußerte sich über Lavaters Physiognomik: ». . . persönlich bin ich überzeugt, daß . . . [Lavaters Physiognomik] gut ist und Lavater ein nahezu unfehlbarer Physiognom gewesen sein muß«.[372] Auch Baudelaire schätzte Lavaters Physiognomik sehr. Er bezeichnete Lavater als einen »engelhaften Menschen«.[373] Physiognomische Darstellungselemente finden sich neben den genannten Autoren bei Stendhal, Victor Hugo, Jane Austen, Scott, Dickens, Emily Brontë, George Eliot, Tolstoi, Turgenjew, Keller, Stifter und E. T. A. Hoffmann.[374] Ludwig Tieck schob in seiner Novelle *Der Aufruhr in den Cevennen* den Bericht eines Pfarrers über die verschiedene Bedeutung der Beine ein. Überaus humorvoll ist Johann Nestroys Posse *Das Haus der Temperamente*. Dort begegnen uns die einzelnen Temperamente u. a. in Gestalt von vier Herren mit den beziehungsreichen Namen von Braus, von Fad, von Trüb und von Froh.

Der Dichter, Maler und Mystiker William Blake bemerkte: »Der Mensch hat keinen von seiner Seele verschiedenen Körper.«[375] Arthur Schopenhauer folgte ihm in dieser Auffassung. Ihm zufolge sind das Ich und der Leib nicht zwei verschiedene Zustände, die durch das Band der Kausalität verknüpft werden, sondern ein und dasselbe. Der Leib bedeutet für Schopenhauer die Objektivität des Willens selbst.[376] Über das menschliche Gesicht und die Kunst des Physiognomierens äußerte er: ». . . jedes Menschengesicht [ist] eine Hieroglyphe, die sich allerdings entziffern läßt, ja deren Alphabet wir fertig in uns tragen . . . Denn das Gesicht eines Menschen sagt gerade aus, WAS ER IST; und täuscht es uns, so ist dies nicht seine, sondern unsere Schuld. Die Worte eines Menschen hingegen sagen bloß, was er denkt, öfter nur, was er gelernt hat, oder gar, was er zu denken bloß vorgibt . . . Allerdings ist die Entzifferung des Gesichts eine große und schwere Kunst. Ihre Prinzipien sind nie in abstracto zu erlernen.«[377] Schopenhauers eigene Gestalt ist ein anschauliches Beispiel dafür, welchem ausgeprägten physiognomischen Wandel der Mensch in seinem Leben unterliegen kann (Abb. 99 a, b). Auf dem Bild von Ludwig Sigismund Ruhl von 1818 begegnet uns ein leidenschaftlicher Schopenhauer, der Mund ist sinnlich, kaltes Feuer und eine elementare Willenskraft durchziehen das Gesicht des Philosophen. Das Altersbild von Julius Lunteschütz, das 1855 entstand, zeigt uns einen heiteren, spöttisch zufriedenen Greis. Der volle Mund ist einer schmalen Lippenlinie gewichen. Die Schädelform ist in die Breite gegangen und wirkt dadurch gesetzter. Von dem blinden Willen, der nach Schopenhauers Philosophie alles Weltliche bestimmt und fortwährend Leid erzeugt, scheint das Altersgesicht weitgehend befreit.

Doch nicht nur Schopenhauer, sondern ganz allgemein der Mensch des 19. Jahrhunderts wandelte sich physiognomisch – und das vor allem in seiner Kleidung. Die Kleidung ist ein Teil der Physiognomie des Menschen, sie ist ein Kunstprodukt, das sich der Mensch physiognomisch aneignet. Nicht von ungefähr hatte Lavater der »zweiten menschlichen Haut« ein eigenes Kapitel in den *Fragmenten* gewidmet.[378] Honoré de Balzac, der vielleicht bedeutendste ›Physiognomiker‹ der Weltliteratur, ergänzte die Physio-

99 a, b Die ›Formidee‹
Schopenhauers hat sich
im Laufe seines Lebens
deutlich gewandelt (vgl.
auch Abb. 2 a, b).
Ludwig Sigismund Ruhl:
Arthur Schopenhauer,
1818, Öl auf Leinwand;
Julius Lunteschütz:
Arthur Schopenhauer,
1855, Öl auf Leinwand

gnomik und Pathognomik eigens durch die »Vestignomik«, die Charakterdeutung des Menschen durch seine Kleidung.[379] Bis zur Französischen Revolution hatte sich die Macht immer auch physiognomisch legitimieren müssen, und die Kleidung diente ihr dazu als ein wichtiges Hilfsmittel. Im Zuge der Verbürgerlichung und der einsetzenden Industrialisierung trat ein Wandel ein: Die Macht und mit ihr die Kleidung wurden zusehends grauer, sie begannen sich der Bildhaftigkeit zu entziehen. Diese Entwicklung erfaßte mehr oder weniger alle Stände, die durch die industrielle Revolution aus ihrem festen Gefüge gelöst wurden. Doch machte sich dieser physiognomische Wandel als erstes beim Mann bemerkbar, während die Kleidung der Frau das gesamte 19. Jahrhundert hindurch weitgehend vorrevolutionär blieb. Die schlichte Kleidung des Mannes bildete nun einen stilistischen Kontrast zu der kostbareren der Frau, was noch durch Kurzhaarschnitt und Bartmode verstärkt wurde, so daß sich ein ›physiognomischer Riß‹ zwischen den Geschlechtern auftat. Dabei war es bis dahin der Mann gewesen, der physiognomisch zuerst die Blicke auf sich gezogen hatte, eben weil die Macht in ihrer Hierarchie zugleich physiognomisch aufgebaut war: nach Stand und Geschlecht. Der König war sichtbarer und imposanter als die Königin, und im Vergleich zu einer festlich geschmückten und berittenen Truppe bildeten etwa die Hofdamen nur ein unscheinbares Grüppchen. Aber auch in einem anderen Bereich bewirkte die

Kleidung einen physiognomischen Wandel: Die Trachtenkleidung trat zurück, auch das einfache Volk begann sich, bedingt durch das Aufkommen der modernen Textilindustrie, vorrangig nach der Mode zu kleiden. Damit verlor die Kleidung ihre Regionalität, ihre Raumgebundenheit und unterlag jetzt ganz dem Gesetz der Zeit und der Dynamik einer Industriegesellschaft.

Das 19. Jahrhundert brachte auch eine neue Technik mit sich, durch die die menschliche Physiognomie reproduziert und vervielfältigt werden konnte. 1839 war das von dem Theatermaler Louis J. Mandé Daguerre entwickelte fotografische Verfahren in einer feierlichen Sitzung der Pariser Akademie der Wissenschaften offiziell vorgestellt worden. Die Fotografie mochte auch für die Physiognomen ein einzigartiges Hilfsmittel darstellen, denn schon Lavater hatte einst von der Kunst gefordert, was die neuartige Technik nun zu leisten vermochte: »Kunst ist Nachahmung; Künstler Nachahmer der Natur; je mehr der Künstler die Natur bis zur Täuschung nachahmen kann, desto größer ... seine Kunst.«[380] Zweifelsohne hat die Fotografie das genaue Sehen zunächst geschärft. Das geht z. B. aus einem Brief Alexander von Humboldts an Carl Gustav Carus hervor, in dem er von einem Besuch bei Daguerre berichtet und sich begeistert über die große ›Wahrheit‹ der Fotografie bei der Wiedergabe alles Sichtbaren äußert. Fasziniert hatte er die ihm vorgelegten Daguerreotypien z. T. mit einer Lupe nach Details abgetastet.[381] Die Fotografie spielte seit den 1840er Jahren in der Funktion als ›Bildnis‹ eines Menschen eine eminente Rolle. Viele Porträtmaler, durch diese Entwicklung brotlos geworden, wandten sich daher ebenfalls der Fotografie zu.

In der Physiognomik des 19. Jahrhunderts begegnen uns zwei große Strömungen: Die symbolische Deutung der Menschengestalt durch die Romantiker und eine naturwissenschaftlich geprägte Richtung, die sich auf die physiologisch-anatomische Untersuchung der Körperkonstitution konzentrierte und andererseits die Mimik durch die Muskelreaktionen erklären wollte. Die Erforschung der menschlichen Anatomie, an der die Künstler der Renaissance voll Eifer mitgearbeitet hatten, um sich ein genaues Bild des Menschen erstellen zu können, entzog sich allerdings im Laufe des Jahrhunderts mehr und mehr dem lebendigen Kontakt zu den Künsten. Die immer weiter voranschreitenden und komplexer werdenden Erkenntnisse der wissenschaftlichen Anatomie brachten für die Künstler die Gefahr, sich im Punktuellen zu verlieren. Andererseits begannen sich die Künstler, im Gefolge der Entdeckung der Fotografie, zunehmend von einer allzu naturalistischen Wiedergabe ihrer Umwelt zu emanzipieren. Um Detailforschung ging es im 19. Jahrhundert jedoch nicht nur

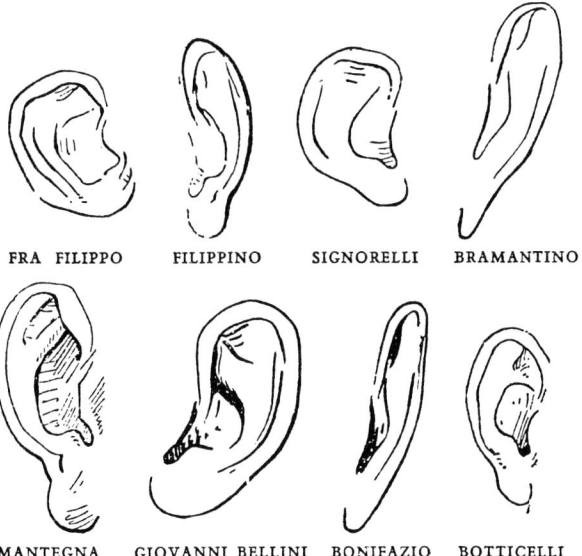

100   Ohren als Erkennungszeichen nach Giovanni Morelli, um 1870

den Naturwissenschaften, sondern auch anderen Wissenschaften, wie etwa der damals jungen Kunstwissenschaft. So stellte der naturwissenschaftlich geschulte Kunsthistoriker Giovanni Morelli mit scharfer Beobachtungsgabe die physiognomisch-anatomischen Eigenheiten fest, mit denen die großen Meister unbewußt ihre Figuren gekennzeichnet haben. Dank Morellis präzisen Formanalysen läßt sich auch die Frage nach Original oder Kopie bei einem Kunstwerk ganz neu beantworten, da sein achtsames Auge auf die formalen Detailunterschiede aufmerksam gemacht hat, die die Werke der einzelnen Künstler voneinander trennen.[382] So entdeckte er z. B., daß bestimmte Ohrformen bei bestimmten Künstlern immer wiederkehren (Abb. 100). Es ist wohl nicht zu gewagt, wenn wir aus diesen ›physiognomischen Signaturen‹ Rückschlüsse auf die Ohrform der Künstler ziehen, wissen wir doch, daß in jedes Kunstwerk auch ein Teil des Künstlers und seiner Physiognomie einfließt.

Carl Gustav Carus und die Symbolik der menschlichen Gestalt

Es bleibt ein Verdienst von Ludwig Klages und Theodor Lessing, die vielseitige Persönlichkeit des Romantikers Carl Gustav Carus wiederentdeckt zu haben. Carus war Arzt, Naturforscher, Philosoph und Maler. Lessing nannte ihn einen »Dichterphilosophen« und »Künstlernaturforscher«.[383] 1814 wurde Carus Professor an der medizinischen Akademie und Entbindungsanstalt in Dresden, ab 1827 war er königlicher Leibarzt. Zu Carus' Freundeskreis zählten Alexander von Humboldt, Caspar David Friedrich und der Romantikerkreis um Ludwig Tieck. In seiner romantischen Naturphilosophie, in der er den Kosmos als lebendig durchwaltete Ganzheit zu erfassen sucht, zeigt Carus sich von Schelling beeinflußt. Doch in seinem Werk offenbaren sich, neben dem romantischen Geist, auch der Beginn einer exakten naturwissenschaftlichen und medizinischen Forschung sowie die Geisteswelt der Weimarer Klassik in der Gestalt Goethes. Besonders dessen Betrachtungen zur Naturwissenschaft und Morphologie blieben nicht ohne Einfluß auf Carus. Paul Stöcklein

151

bemerkte dazu: ›Der Forscher Carus mutet uns oft an wie die Manifestation des Forschers Goethe in einem neuen, zweiten Menschen.‹[384] Beide näherten sich der Natur nicht als Analytiker, mittels einer kausal-mechanistischen Methodik, sondern mit einem ›denkenden‹ Anschauen, bei dem sich der Beobachter soweit mit dem vor ihm befindlichen Objekt verbindet und in es eindringt, bis er gewissermaßen selbst ein Teil von ihm geworden ist. Es ist eine Vereinigung von Metaphysik und Empirie, von Makrokosmos und Mikrokosmos, von künstlerischer Versenkung und naturwissenschaftlicher Forschung. Die Vorgehensweise ist deduktiv, sie strebt vom Ganzen in die Teile, also umgekehrt zur neuzeitlichen Naturwissenschaft. Ersten Kontakt nahm Carus mit Goethe 1818 auf, als er diesem sein *Lehrbuch der Zootomie* übersandte. Die darin enthaltenen Kupfertafeln hatte Carus, wie auch in allen seinen anderen Werken, selbst radiert.[385] Das Weimarer Dankschreiben leitete dann einen bis zu Goethes Tod bestehenden Briefwechsel ein. Goethe schätzte die Forschungen des Jüngeren hoch ein,[386] während umgekehrt Carus sein Leben lang der Gestalt Goethes verpflichtet blieb, drei Bücher verfaßte der unermüdliche Carus allein über ihn.[387] Carus' physiognomisches Hauptwerk, seine *Symbolik der menschlichen Gestalt,* ist durchdrungen vom Goethischen Geist.[388] Karl Bühler bemerkte über diesen Zusammenhang: »Die Idee einer Morphologie oder Symbolik der menschlichen Gestalt blieb unausgeführt von Goethe und befruchtete als Torso nur unbestimmt und schwer faßbar die morphologischen Einzelwissenschaften. Planmäßig und bewußt genau wie Goethe aber denkt und sucht die Skizzen seines Meisters zu vollenden Carl Gustav Carus mit dem Buche ›Symbolik der menschlichen Gestalt‹.«[389] Doch bevor wir uns diesem Werk, einer der wichtigsten Schriften zur Physiognomik überhaupt, zuwenden, müssen wir ein früheres Werk aus Carus' reichhaltigem schriftstellerischen Œuvre betrachten, das als sein bedeutsamstes gilt: *Psyche. Zur Entwicklungsgeschichte der Seele.*[390]

Das Grundthema der *Psyche,* die 1846, also sieben Jahre vor der *Symbolik* erschienen ist, bildet das Unbewußte. Carus entwickelt darin eine vollständige Psychologie des Unbewußtseins und seiner Wechselwirkungen mit dem Bewußtsein. Die sehr modern anmutende Lehre vom Unbewußten deutet auf Freud, vor allem aber auf die Analytische Psychologie C. G. Jungs voraus.[391] Einer der Kernsätze der *Psyche* lautet: »Der Schlüssel zur Erkenntnis vom Wesen des bewußten Seelenlebens liegt in der Region des Unbewußtseins.«[392] Carus möchte »unser Dasein geistig rekonstruieren von dem bewußten Sein ins Unbewußte zurück«, er sucht nach den metaphysischen Tiefen in uns und bemüht sich, mit geistig schauenden Augen »die Wesenheit unserer Entwicklung als Mensch, als Seele« zu finden.[393] In der Betrachtung des Wechselspiels von Bewußtsein und Unbewußtsein begegnet Carus der »Idee des Menschen« so, wie er in seiner durch die Romantik und durch Goethe geprägten Naturanschauung in allem Werden und Walten der Natur – wie wir es bereits bei Platon finden – das Bilden und Schaffen der Ideen sieht. Sie sind das unbewußte Leben in allem. Ursprung all dieser Ideen ist Gott. Das Deutlichmachen der Ideen ist für Carus Aufgabe der Physiognomik oder, wie er sie synonym nennt, der Symbolik. Damit leitet die *Psyche* über zur *Symbolik.* Das Wechselspiel, das sich in der *Psyche* im Verhältnis vom Unbewußten zum Bewußten zeigt, kehrt in der *Symbolik* im Wechselspiel von Seele und Gestalt wieder. Beides, Bewußtsein und Unbewußtsein, Gestalt und Seele bilden nach Carus nur zwei Aspekte ein und derselben Sache, der Idee vom Menschen. Dabei ist Carus' Symbolik nicht auf den Menschen begrenzt. Ihr Ziel ist es, die in allen Dingen enthaltenen Ideen offenzulegen. Damit führt auch Carus zu einer kosmischen Physiognomik, er will »die Welt überhaupt als das Symbol des höchsten ewigen Mysteriums der Gottheit und den Menschen als das Symbol der göttlichen Idee der Seele anschauen und verstehen lernen, und indem in diesem Sinne hier in Wahrheit unermeßliche und unendliche Aufgaben sich herausstellen, zieht die Symbolik eigentlich das ganze Gebiet des Kosmos einerseits wie andererseits das Gebiet der Morphologie und Physiologie in ihren Bereich.«[394]

Symbol bedeutet dem Wortsinn nach Zusammengeworfenes (von griech. ›symbállein‹, zusammenwerfen), in Teilen Zusammengehöriges oder Kennzeichen, Merkmal, Zeichen. Der Mensch der Urzeit deutete mit den bildhaften Zeichen der Symbole die

Welt. Rad, Kreis oder Strahlenkranz waren ihm z. B. Symbole für die Sonne, das Licht oder ähnliches. Es gibt eine Symbolik der Formen, Farben und Zahlen, der Pflanzen, Tiere und Menschen. So gut wie alles kann als Symbol fungieren: Naturgegenstände ebenso wie abstrakte Dinge. Symbole finden sich in der Sprache, in der Kunst, im Mythos, sie sind Bausteine der Welt, sie verbinden das Äußere mit dem Inneren, das Bewußte mit dem Unbewußten, das Diesseitige mit dem Jenseitigen, das Ferne mit dem Naheliegenden. Die Faszination des Symbols beruht auf dem Spannungsverhältnis, das zwischen dem ihm innewohnenden Sinn und seinem sichtbaren Bild besteht und ihm die Rätselhaftigkeit gibt. Symbole können kultisch oder bildmagisch genutzt werden, ihre Kenntnis gibt Einfluß und Macht. Das symbolische Denken ist weniger abstrakt-kausal als vielmehr intuitiv-bildhaft. Vorstellungen von Symbolen, von Formen und Farben, ruhen in den Tiefenschichten unseres Unbewußten und lösen neben der künstlerischen Schöpferkraft auch das Physiognomieren mit aus, das daher auch keine bildfremde ›Aufklärung‹ wirklich zu unterbinden vermag. Die Symbolik war die ›Wissenschaft‹ der Urgesellschaft und der frühen Kulturen, aber auch die der Romantik, sie ist die ›Wissenschaft‹ der Kinder und Künstler, und im weitesten Sinne die der Tiere. Die Übergänge von der Symbolik zur Physiognomik sind fließend. Die Romantik verwendete gern das Wort Symbolik, wenn sie Physiognomik meinte, ist der Bedeutungsgehalt dieses Begriffes doch sowohl umfassender als auch geheimnisvoller. »Die Philosophie der Romantik«, schrieb Ludwig Klages 1910, »ist völlig, wenn nicht vom Begriff des Symbols, so doch von der Sache beherrscht. Man nimmt die Welt als eine unermeßliche Zeichensprache, die es durch spekulative Versenkung zu enträtseln gelte, man beobachtet nicht sowohl die Dinge als vielmehr man blickt in das Antlitz der Dinge und fragt, welcher Pulsschlag des Lebens, welcher heimliche Bautrieb, welche Evolution der Seele aus diesen Zügen zu sprechen scheine. Man behandelt die Lehre vom Wachstum der Pflanze, von den Kristallen, von den kosmischen Bewegungen in der Art einer Physiognomik des Universums . . .«.[395] Friedrich von Schelling, der Philosoph der Romantik, hat in seiner Kunstphilosophie

die »symbolische Bedeutung der menschlichen Gestalt« dargelegt.[396] 1829 erschien W. Sihlers *Die Symbolik des Antlitzes,* in der u. a. auch auf die Lautsymbolik eingegangen wird.[397] Insbesondere in der späten Romantik wurde die Symbolik zu einer universalen physiognomischen Naturanschauung erweitert, so etwa bei Lorenz Oken, Gotthilf Heinrich Schubert und Joseph Ennemoser.[398]

Als ein Ausläufer der Romantik ist Carus' *Symbolik der menschlichen Gestalt* anzusehen. 1853 veröffentlicht, ragte das Werk bereits in eine Epoche, die den romantischen und goethischen Geist aus der Naturwissenschaft verbannt hatte. Das Streben der Romantik nach Vereinheitlichung und Ganzheitlichkeit erstarb in der Atomisierung der Wissenschaften. Der geistige Hintergrund, vor dem Carus' *Symbolik* erschien, kam dem Werk – anders als bei Lavaters Physiognomik – nicht zugute. Symbolik bedeutete für Carus das Wahrnehmen der in den Erscheinungen waltenden Ideen. Und »je tiefer«, so Carus, »die Natur und Sinnesweise eines Menschen ist, desto mehr wird alles was er erkennt und erlebt zur Bedeutung eines Symbols.«[399] Die Aufgabe der Symbolik sieht Carus darin, alle besonderen Zeichen oder Symbole, durch die sich die Idee eines jeden Menschen in seiner äußeren Erscheinung manifestiert, geordnet darzustellen. Dabei ist für Carus jede »Mensch-Idee« individuell und einmalig. Der Mensch kann ihm zufolge jedoch nicht erkannt werden, wenn man lediglich auf die Einzelteile blickt, sondern nur, wenn im lebendigen Organismus »a l l e Teile auf das Ganze und j e d e r Teil auf den anderen sich beziehen«.[400] In der *Symbolik* nähert sich Carus der menschlichen Gestalt in drei Schritten: zuerst in der sogenannten Organoskopie, die die von Natur gegebenen Verhältnisse der äußeren Gestalt, insofern sie wäg- oder meßbar sind, genau bestimmt, dann in der Physiognomik, die die äußere Gestaltung und Modellierung der gesamten Körperoberfläche ihrem Charakter nach beschreiben soll, und endlich in der Pathognomik, die das Alleräußerlichste und Augenblickliche unserer Erscheinung, die ›gefrorene Mimik‹ und die Bewegungen schildern soll. Das Leitthema der *Psyche,* das Wechselspiel von Unbewußtem und Bewußtem, prägt Carus zufolge auch die menschliche Gestalt. »Das . . ., worin sich in Jedem

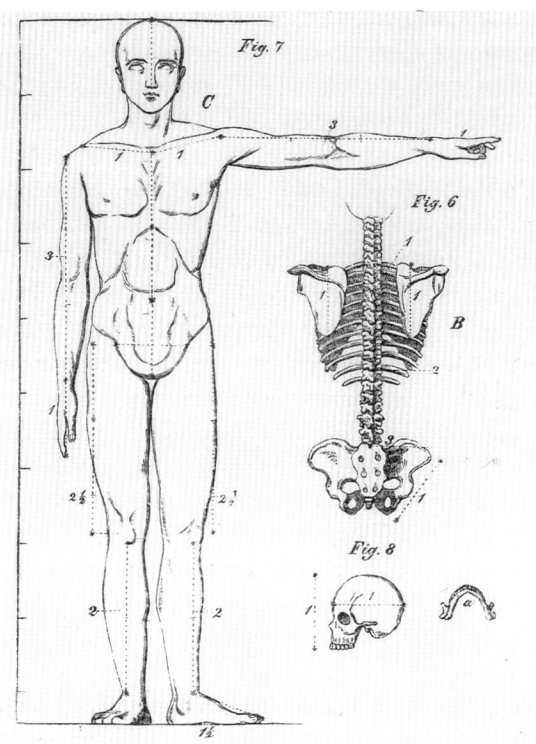

101   Carl Gustav Carus: Idealfigur, aus: ders., *Symbolik der menschlichen Gestalt,* Leipzig 1853

sich Carus mit den Bestimmungen des Körperbaus insgesamt durch einen von ihm entwickelten Modul. Im 2. oder »besonderen Teil« widmet er sich zunächst der Symbolik des menschlichen Hauptes, dann der Symbolik des »menschlichen Stammes«, wo er detailliert auf den Rumpf und die einzelnen Gliedmaßen eingeht. Im letzten Teil der Schrift zeigt Carus die Anwendungsgebiete seiner Physiognomik auf – dazu zählen die Pädagogik, die Medizin und nicht zuletzt die Kunst. Das Modulsystem, das Carus im 1. Teil seiner Symbolik entwirft, ist ein Mittelwert aus dem 3. Teil der aus 24 Wirbeln bestehenden Wirbelsäule. Dieser »organische Modul« dient ihm als Proportionsmaß zur Erschaffung der Idealgestalt (Abb. 101).[402] Sie wiederum beruht auf dem Gedanken der »reinen Mitte«, den Carus als Mittelwert aus zahlreichen Körpermessungen errechnet und der sich nach ihm anschaulich in den griechischen Plastiken zeigt. Die aus der »reinen Mitte« gewonnene Idealgestalt ist dabei nicht nur für den Künstler bedeutsam, um daraus die vollkommene Schönheit abzuleiten; in ihr soll vielmehr auch das Symbol der Idee des reinen menschlichen Daseins enthalten sein. Die individuellen Abweichungen von dieser idealen Mitte drücken zugleich die persönliche Idee jedes einzelnen Menschen aus; auch hier kann Harmonie walten, wenn die einzelnen Teile in einer wohlproportionierten Ordnung zueinander stehen. Damit spannt Carus' Theorie einen Bogen zu Dürer, der bereits auf verschiedene harmonische Körperbildungen beim Menschen verwiesen hatte.[403]

Daß der Künstler Carus, abgesehen von den Illustrationen, die er zu seinen Werken schuf, Landschafts- und nicht Porträtmaler war, erscheint nur auf den ersten Blick überraschend, denn ihm ist ja alles Symbol, alle Gestalten deuten auf eine ihnen innewohnende Idee. Deshalb setzt Carus den Menschen in den Naturzusammenhang, er begreift ihn als in den ihn umgebenden Kosmos eingebundenes Wesen. Andererseits hat Carus, da für ihn alles Symbol der in den Erscheinungen liegenden Ideen ist, als Künstler versucht, die Landschaft zu ›porträtieren‹, was sich auch darin ausdrückt, daß er für dieses Genre gerne das Wort »Erdlebenbildner« verwendet. Stark beeinflußt wurde Carus in seiner ›Erdlebenbildnerei‹ von seinem Freund und Lehrer

auf eine besondere Weise die Idee als Unbewußtes äußert, nennen wir die K o n s t i t u t i o n , das, worin sie als ein Bewußtes seine Existenz begründet, nennen wir die g e i s t i g e n A n l a g e n , und das endlich, worin Bewußtes und Unbewußtes sich überall durchdringen und verbunden offenbaren, nennen wir das Te m p e r a m e n t .«[401] Die Konstitution wird nach Carus' Vorstellung im wesentlichen durch den Rumpf und die Gliedmaßen bestimmt; der ›unbewußte‹ Charakter unserer Konstitutionseigentümlichkeiten rührt daher, daß dem Menschen das Zusammenwirken seiner eigenen Organsysteme verborgen bleibt. Unser Temperament zeigt sich, so Carus, mehr in den Zügen des Antlitzes, während die geistigen Anlagen aus der Form des Schädels deutlich werden.

Im Gegensatz zu Lavaters Physiognomik ist Carus' Werk streng und folgerichtig aufgebaut. Neben der Einführung, die sich dem Begriff der Symbolik widmet, enthält das Werk drei große inhaltliche Abschnitte. Im 1. oder »allgemeinen Teil« beschäftigt

Caspar David Friedrich.[404] Als Kunstschriftsteller und Kunstphilosoph begegnet uns Carus in den *Neun Briefen über Landschaftsmalerei,* die ein Brief Goethes einleitet, und in seinen *Betrachtungen und Gedanken vor auserwählten Bildern der Dresdner Galerie.*[405] In der Schrift über Landschaftsmalerei betont Carus das Verwobensein des Menschen mit der Natur, indem er z. B. darlegt, daß deren physiognomische Eigentümlichkeiten sich auf die Stimmung des sie betrachtenden oder in ihr lebenden Menschen übertragen. So behauptet er, daß z. B. nackter Fels »das Gemüt verhärtet«, Ansätze von Vegetation »mildere Empfindungen« auslösen und sich verflüchtigende Wolken »die innere Trübheit verlöschen« lassen.[406] Den Kern seiner Kunstansichten enthält sein folgender Rat, den er den Künstlern gab: »Mit eigenen Augen sollst Du sehen, wie Dir die Gegenstände erscheinen, sie treulich wiedergeben; wie alles auf Dich wirkt, so gib es im Bilde wieder! Der Maler soll jedoch nicht bloß malen, was er vor sich sieht; sondern, was er in sich sieht. Sieht er aber nichts in sich, so unterlasse er auch zu malen, was er vor sich sieht.«[407]

Auf der Suche nach der physiognomischen Wissenschaft: Die Phrenologie Franz Joseph Galls

Carl Gustav Carus betätigte sich auch auf dem Gebiet der Phrenologie. Er hatte sich eine stattliche Sammlung von Totenmasken, Menschen- und Tierschädeln aufgebaut, und zwischen 1843 und 1845 veröffentlichte er seinen zweibändigen *Atlas der Cranioskopie.*[408] Zweifelsohne war er auf dem Gebiet der Schädelforschung durch die Arbeiten des 31 Jahre älteren Franz Gall beeinflußt, mit denen er sich auch in seiner *Symbolik* – durchaus kritisch – auseinandergesetzt hat. Die physiognomische Lehre Galls ist im Gegensatz zu derjenigen von Carus nicht ›kosmisch‹ ausgerichtet, sondern beschränkt sich streng auf den menschlichen Gehirnschädel. Wir haben es hier also mit einer eng begrenzten Physiognomik zu tun. Gall war auch kein ›Künstlernaturforscher‹, musische Fähigkeiten treten bei ihm nicht hervor. Trotzdem ist sein Werk, wie wir noch genauer

sehen werden, nicht ohne Einfluß auf die Kunst geblieben.

Ähnlich wie Lavater löste auch der 1758 in Tiefenbronn bei Pforzheim geborene und 1828 in Montrouge bei Paris gestorbene Franz Joseph Gall eine physiognomische bzw. phrenologische Mode aus. Bereits als Knabe wollte Gall an seinen Mitschülern bemerkt haben, daß deren unterschiedliche Kopfformen oft mit unterschiedlichen Begabungen korrespondierten. 1777 begann Gall in Straßburg ein Medizinstudium, in dem er sich vor allem mit der vergleichenden Anatomie beschäftigte. 1781 setzte er seine Studien in Wien fort. Seine Forschungen konzentrierten sich insbesondere auf die Gehirnanatomie und die Kephaloskopie (Schädelnachbildung). Im Jahre 1796 waren seine Erkenntnisse zur »Schedellehre« so weit fortgeschritten, daß er begann, sie in privaten Vorlesungen vorzutragen. In einem Artikel im *Neuen Teutschen Merkur* von 1798 legte Gall die Grundsätze seiner Schädellehre zum ersten Mal schriftlich vor.[409] Da seine Thesen eine Verbindung aus einer Gehirntheorie und einer Charakterologie darstellen, verstand er sich auch als Psychologe. Im wesentlichen sagen sie folgendes aus:

1. Die Fähigkeiten und Neigungen eines Menschen haben ihren Sitz im Gehirn und sind ebenso angeboren wie beim Tier.

2. Das Gehirn ist nicht eine geschlossene Einheit, sondern eine Gesamtheit verschiedener geistiger Organe mit je verschiedenen Funktionen.

3. Diese einzelnen »Gehirnorgane« sind topographisch lokalisiert.

4. Die relative Größe der einzelnen »Gehirnorgane« gibt Aufschluß über ihre Leistungsstärke. Je größer sie ist, desto größer soll auch die entsprechende Begabung sein.

5. Da die im Laufe der Kindesentwicklung stattfindende Verknöcherung des Schädels sich nach der Form des Hirns ausbildet, ist es möglich, durch kraniologische, d.h. am Schädelbau ansetzende Forschung, diagnostische Rückschlüsse auf geistige Fähigkeiten zu ziehen.

Durch vergleichende Beobachtung will Gall im Laufe seines Lebens insgesamt 27 verschiedene »Gehirnorgane« ausgemacht haben, wovon ihm zufolge allein 15 im Bereich der Stirn liegen. Damit

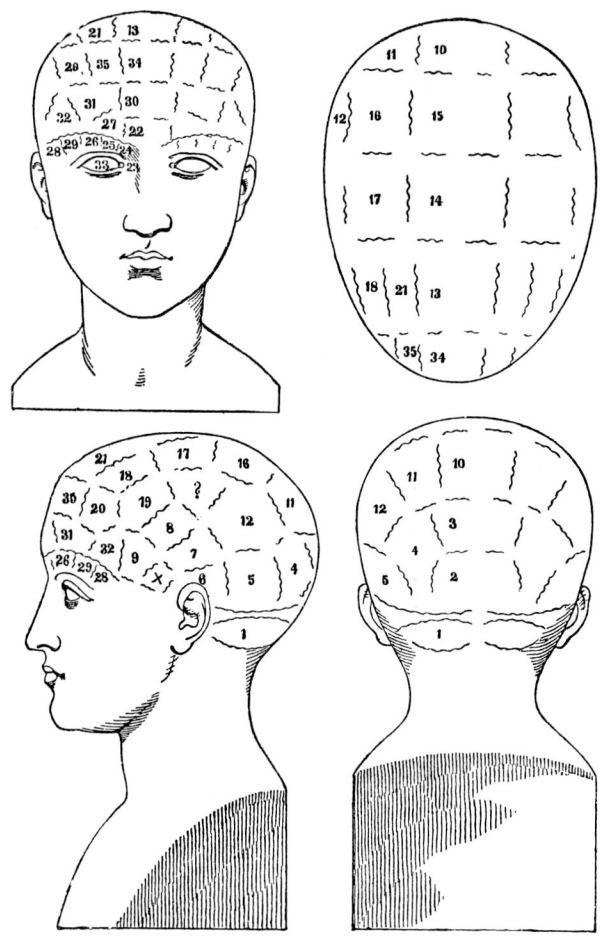

I. Niedere Sinne.

× Nutrital[1], Nahrungssinn,
1. Generatal, Sinn der Geschlechtsliebe,
2. Infantal, Sinn der Kinderliebe,
3. Conzentral, Einheitssinn,
4. Amicatal, Sinn der Anhänglichkeit,
5. Opposital, Kampfsinn,
6. Actital, Zerstörungssinn,
7. Secretal, Verheimlichungssinn,
8. Acquisatal, Erwerbssinn,
12. Cautal, Sinn der Vorsicht.

II. Gemütssinne.

10. Ipsotal, Sinn des Selbstgefühls,
11. Ambital, Sinn der Beifallsliebe,
15. Firmital, Sinn der Festigkeit,
16. Consciental, Sinn der Gewissenhaftigkeit,
14. Veneratal, Sinn der Verehrung,
17. Speratal, Sinn der Hoffnung,
13. Bonital, Sinn des Wohlwollens,
21. Imitatal, Sinn der Nachahmung,
18. Miraculital, Sinn für Wunderbares,
19. Idealital, Sinn für Ideales,
20. Comicatal, Sinn für Scherz.

III. Niedere Verstandessinne.

22. Realital, Gegenstandssinn,
23. Formital, Formensinn,
24. Amplital, Raum- oder Fernsinn,
25. Ponderital, Gewicht- oder Wägesinn,
26. Colorital, Farbensinn,
29. Ordital, Ordnungssinn,
28. Numeratal, Zahlensinn,
27. Locatal, Ortssinn,
30. Factital, Tatsachensinn,
31. Tempital, Zeitsinn,
32. Musicatal, Tonsinn,
9. Constructal, Kunst- oder Bausinn,
33. Verbotal, Wortsinn.

IV. Höhere Verstandessinne oder Denkkräfte.

34. Comparital, Vergleichungsvermögen,
35. Causalital, Schlußvermögen.

156

hat er die Stirn zum Zentrum des Geistes gemacht. Galls Adept Gustav Scheve, ebenfalls Mediziner, erweiterte das phrenologische System später auf 35 Gehirnorgane (Abb. 102).

Gall verstand sich als nüchternen Wissenschaftler. Seine Phrenologie bricht entschieden mit jedem spiritualistischen Denken. In seiner ›Physiognomik‹ konzentriert er sich ganz auf den Gehirn-Schädel, die übrige Gestalt des Menschen, die Weichteile, die Mimik beachtet er nicht. Ihn interessiert das menschliche Hirn, das er durchaus im Sinne der Evolution und im Anschluß an Herders *Ideen zur Philosophie einer Geschichte der Menschheit* als die Krone eines sprossenden Baumes betrachtet, zu dem die Entwicklung des Lebens stufenweise geführt hat.[410] Dennoch wurde Galls Name oft im Zusammenhang mit dem Lavaters genannt, so z. B. bei Balzac, der in Gall den direkten Nachfolger Lavaters sah. Er erwartete von Galls und Lavaters Lehren sogar Aufschlüsse über schicksalhafte Zusammenhänge. So schreibt er: »Die Gesetze der Physiognomik treffen nicht nur in ihrer Anwendung auf den Charakter zu, sondern auch auf die Schicksalshaftigkeit des Daseins. Es gibt prophetische Physiognomien. Wäre es möglich, und diese lebende Statistik ist für die Gesellschaft bedeutsam, genaue Zeichnungen jener zu erlangen, die auf dem Schafott sterben, würde die Wissenschaft Lavaters und jene Galls unumstößlich beweisen, daß die Köpfe all dieser Menschen, auch der unschuldigen, seltsame Merkmale aufweisen. Ja, die Fatalität drückt den Gesichtern derer, die auf irgendeine Weise gewaltsam zu Tode kommen sollen, ihr Siegel auf.«[411]

Trotz Galls Erfolgen und der Protektion, die seine Lehre durch einflußreiche Persönlichkeiten erfuhr, wurden seine Vorlesungen im Dezember 1801 auf Betreiben einer klerikalen Gruppe am Wiener Hof, die ihm Materialismus vorwarf, per kaiserlichen Erlaß verboten. Im März 1805 begab sich Gall zusammen mit seinem Schüler Johann Gaspar Spurzheim auf eine mehrjährige Vortragsreise durch

einige europäische Länder. Sie gestaltete sich zu einem wahren Triumphzug – Fürsten, Gelehrte, Minister unterstützten Galls Bestrebungen. Goethe verließ eigens Weimar, um in Halle die Vorlesungen Galls hören zu können. In Berlin wurden ihm zu Ehren zwei Medaillen geprägt. Dort soll sich auch die folgende Begebenheit abgespielt haben: »Der berühmte Dr. Gall wurde eines Tages vom König von Preußen zu einer Herrengesellschaft zur Tafel befohlen. Nach dem Essen forderte ihn der König auf, die geladenen Herren auf ihre Charaktereigenschaften hin zu untersuchen. Gall begann sofort, den Gästen die Schädel abzutasten. Bald stutzte er und wollte nicht mit der Sprache heraus. Erst auf wiederholte Aufforderung des Königs, ohne jede Scheu seine Befunde mitzuteilen, gestand er, daß bei einem der Herren der Würgesinn besonders stark entwickelt sei, bei einem anderen fand er das Organ des Diebessinnes, bei einem dritten des Raufsinnes usw. übermäßig ausgebildet. Am Schluß der peinlichen Untersuchung klärte der König Gall lächelnd über die Persönlichkeiten der Gäste auf, ihm mitteilend, daß er, um ihn auf die Probe zu stellen, eine Elite von Verbrechern aus dem Gefängnis hatte holen lassen, deren Charakter Gall richtig erkannt hatte.«[412]

Als Gall sich Ende 1807 mit Spurzheim in Paris niederließ, war ihm sein Ruf bereits vorausgeeilt, und seine Lehre fand viele Anhänger. Anfang 1808 legte er zusammen mit seinem Assistenten dem Institut de France eine Denkschrift seiner anatomischen Anschauungen vor, wobei er seine umstrittene Schädellehre ausklammerte. Obgleich die Denkschrift die entscheidenden anatomischen Entdeckungen Galls enthielt, die ihm später einen ehrenvollen Platz in der Geschichte der Anatomie sichern sollten, wurde sie von der zur Prüfung eingesetzten Kommission – unter Druck Napoleons – abgelehnt. Dennoch blieb Gall in Paris, wo er zusammen mit Spurzheim auch sein vierbändiges Hauptwerk *Anatomie et physiologie du système nerveux en général, et du cerveau en particulier…* herausgab, in dem er seine Theorien umfassend darlegte.[413] Ein Kritiker der Lehre Galls war auch Wilhelm von Humboldt, der, obwohl physiognomischen Forschungen nicht abgeneigt, Gall kein Wort glaubte, als er dessen Vorlesungen 1797 in Wien hörte.[414] Mit Spott und Kritik beurteilte auch

◁　102　Phrenologischer Kopf nach Gustav Scheve. Die von Franz Joseph Gall ermittelten 27 Gehirnorgane wurden von seinem Schüler Scheve auf 35 erweitert

Hegel Galls Theorien zur Schädellehre.[415] Selbst Goethe, der Galls Lehre im großen und ganzen nicht ablehnte – er hat sogar einige Schädel nach dessen Methodik gedeutet –, bedauerte, daß Galls Scharfblick ihn dazu verführt habe, zu sehr ins Spezifische zu gehen. Er wollte Galls strenge Lokalisation von Charaktereigenschaften allgemeiner und freier fassen.[416] Als sachlicher Einwand gegen Galls Lehre wurde angeführt, daß das Hirn von seiner Masse her nur zum kleineren Teil unmittelbar unter der Schädeldecke sitzt und daher die Form der Schädeldecke nur von einem Teilbereich des Hirns gebildet wird. Außerdem reicht das Hirn an die Stirn – wo Gall besonders viele Charaktereigenschaften entdeckt haben will – gar nicht überall vor, da Hohlräume, wie z. B. die Stirnhöhle, dazwischenliegen. Von physiognomischer Seite wurde hingegen immer wieder kritisiert, daß Gall die Deutung des Sichtbaren auf den Gehirn-Schädel reduziert hat.

Johann Caspar Lavater hatte noch Anlaß, sich darüber zu beklagen, daß neben den Physiognomen auch die Künstler den Fehler machten, zu flüchtig über das Eigentümliche des Schädels »hinwegzuhüpfen« und das Besondere zu sehr zu verallgemeinern.[417] Das änderte sich durch Galls Phrenologie. Die Künstler begannen nun – bewußt – den Gehirn-Schädel zu entdecken. Dazu trugen, neben Galls Lehre selbst, vor allem die phrenologischen Köpfe bei. Sie dienten der Illustration von Galls Theorien wie auch derjenigen seines Schülers Gustav Scheve und sind jeweils mit erläuterndem Text versehen (vgl. Abb. 102) oder waren als Porzellanköpfe erhältlich, auf deren Oberfläche die vermuteten Charaktereigenschaften eingebrannt waren. Den wenigsten Künstlern dürften diese Köpfe unbekannt gewesen sein. Theodor Piderit schrieb 1867: »Es liesse sich leicht nachweisen, dass seit der Erfindung der Phrenologie die Künstler mit besonderer Vorliebe auf ihren Portraits die Stirn behandelt und idealisiert haben.«[418] So erreichte im 19. Jahrhundert die Akzentuierung der Stirn in der Porträtdarstellung ihren Höhepunkt, nachdem sie bereits in der zweiten Hälfte des 18. Jahrhunderts an Bedeutung gewonnen hatte. Dies wird auch an der Schillerbüste von Johann Heinrich von Dannecker ablesbar. Danneckers Schillerbüste entstand 1794, also zu einem Zeit-

punkt, als Gall sich bereits intensiv mit seinen phrenologischen Theorien beschäftigte, mit ihnen aber noch nicht an die Öffentlichkeit getreten war. Die Büste (Abb. 103a) zeigt ein gewaltiges Haupt mit einer übersteigert breiten Stirn; sie geht bemerkenswerterweise gerade an dem Punkt außerordentlich in die Breite, an dem Gall und Scheve den Sinn für Idealität bzw. den Dichtersinn entdeckt haben wollten (vgl. Abb. 102). Nun besaß Schiller in der Tat einen großen Kopf – der greise Goethe stand einst ehrfurchtsvoll vor dem ausgegrabenen Schädel seines 21 Jahre zuvor verstorbenen Freundes –, doch weist die abgenommene Totenmaske eine weit weniger ausladende Stirnbildung auf (Abb. 103b). Dannecker hat also durch die künstlerische Formensprache, d. h. durch die extreme Herausarbeitung der Schillerschen Stirn, seinerseits genau das akzentuiert, was das Wesen des Dichters auszeichnet: die dichterische Genialität. Damit befindet er sich in – freilich unbewußter – Übereinstimmung mit den Lehren Galls. An Danneckers Schillerbüste wird uns also nicht nur das Wechselspiel von Kunst und Physiognomik deutlich, sondern auch, wie bestimmte Ideen gleichzeitig und unabhängig voneinander auftreten können und, im besonderen, wie die Kunst sich von selbst auf die Theorien Galls zubewegt hat.

Die menschliche Stirn wurde in der Kunst beileibe nicht immer hoch und gewaltig ausgebildet. Bekannt sind gerade die mitunter niedrigen Stirnen bei den Griechen. Winckelmann klärt uns darüber näher auf: »Eine schöne Stirn soll nach den Anzeigen einiger alten Skribenten kurz sein, und gleichwohl ist eine freie große Stirn nicht so häßlich, sondern vielmehr das Gegenteil. Die Erklärung dieses scheinbaren Widerspruchs ist leicht zu geben: Kurz soll sie sein an der Jugend, wie sie ist in der Blüte der Jahre, ehe der kurze Haarwuchs auf der Stirn ausgeht und dieselbe bloß läßt. Es würde also wider die Eigenschaft der Jugend sein, ihr eine freie hohe Stirn zu geben, welche aber dem männlichen Alter eigen ist.«[419] Die niedrige Stirn symbolisiert demzufolge Jugend, Kraft, sinnliche Frische. Nun wäre es freilich zu einfach, den Gegensatz hohe und niedrige Stirn auf den Gegensatz Alter und Jugend zu reduzieren. Die Stirn ist auch Kultur- und Klassenfrage! Das wird

103 a, b Johann Heinrich von Dannecker: *Friedrich von Schiller,* 1794; Totenmaske Schillers, abgenommen am 10. Mai 1805 von Johann Christian Ludwig Klauer; Marbach, Schiller-Nationalmuseum, Deutsches Literaturarchiv

besonders deutlich, wenn wir die europäischen Grenzen verlassen. Im alten Japan versuchte man, seine Stirn nach Ranges- und Bildungsgraden künstlich zu vergrößern. Insbesondere die Gelehrten und Ärzte gingen so weit, sich ihren Kopf beinahe ganz zu scheren, um ihr ›Weisheitsorgan‹ dadurch besonders zu betonen. Tendenzen dazu finden wir auch in der europäischen Geschichte, etwa in der Renaissance – wie bei der künstlich erhöhten Stirn der Mona Lisa – oder in den straff zurückgezogenen Haaren der Perückenmode des 18. Jahrhunderts. Einige Phrenologen behaupteten sogar, Stirn und Gehirn-Schädel würden mit der geistigen Tätigkeit wachsen bzw. bei geistigem Verfall zurücktreten. So behauptete etwa A. Desmoulins, der Kopf Napoleons sei während seiner Amtszeit größer geworden. Eine ähnliche Beobachtung soll auch an dem Kopf von Alexander von Humboldt gemacht worden sein. Galls Assistent Spurzheim will bei einem Manne, den er vier Jahre beobachtete und der während dieser Zeit seine geistigen Tätigkeiten stark bildete, eine Ausdehnung des Kopfumfanges von einem ganzen Zoll bemerkt haben.[420] Daß diese phrenologischen Vorstellungen auch in die Literatur des 19. Jahrhunderts Eingang fanden, belegt Adalbert Stifters Erzählung *Turmalin,* in der ein Mädchen, das von seinem Vater ein Übermaß an Wissen eingetrichtert be-

kommt, mit einem riesigen Schädel ausgestattet ist. Später, nach dem Tod des Vaters, nimmt der Schädelumfang des Mädchens eine normale Größe an. In der *Zeitschrift für Menschenkunde* von 1928 steht in einem Artikel aus Anlaß des 100. Todestages von Franz Gall folgendes zu lesen: »Tatsächlich ist aber im letzten Jahrzehnt durch zahlreiche eingehende Messungen mit einem Apparat, genannt Plastometer, die Veränderungsfähigkeit des Kopfes exakt bestätigt worden. Mit diesem Kopfummesser ist ein wissenschaftlicher Maßstab geschaffen.«[421]

Gall beeinflußte die Porträtkunst dahingehend, daß sich die Künstler verstärkt mit der menschlichen Stirn auseinandersetzten, wobei sie mitunter so weit gingen, daß sie die Stirnbildung verfälschten, um dadurch die Geistesgaben des Dargestellten zu verdeutlichen – ein Vorgang, auf den bereits Theodor Piderit und Hermann Krukenberg verwiesen haben.[422] Doch Gall wirkte – wenn man so will – noch in anderer Hinsicht auf die Kunst ein, und zwar indem er mit seiner Lehre ein beliebtes Motiv für die Karikatur abgab (Abb. 104). Eugen Holländer hat in seinem Werk *Die Karikatur und die Satire in der Medizin* eine Reihe von Karikaturen über Gall zusammengestellt.[423] Galls herausragende Stellung als Witzblattfigur läßt jedoch zugleich erahnen, welch bedeutende Rolle seine Lehre gespielt hat.

Nicht zu Unrecht ist Galls Einfluß in der ersten Hälfte des 19. Jahrhunderts mit dem Freuds im 20. Jahrhundert verglichen worden. Zu den Forschern, die in seine Fußstapfen traten, gehörten neben Spurzheim u. a. Noël, Seiler, Struwe, Scheve und George Combe. Um 1900 setzte sich in Deutschland der seinerzeit bekannte Arzt, Neurologe und Verfasser pathologischer Lebensbeschreibungen Paul Julius Möbius noch einmal vehement für die Lehren Galls ein. Möbius' Werke sind z.T. ›phrenologische Biographien‹. Auch glaubte er, aufgrund der Untersuchung von Abbildungen hervorragender Mathematiker, das Gallsche ›Gehirnorgan‹ für den Zahlensinn bestätigen zu können,[424] nachdem bereits 1861 Paul Broca das Sprachzentrum an genau derselben Stelle geortet hatte, wo es Galls Lokalisationstheorie zufolge liegt. Im Rückgriff auf Gall hat Möbius sich in seinem Werk *Über Kunst und Künstler* auch um die phrenologischen Eigenarten von Künstlerköpfen, gegliedert nach den einzelnen Bereichen Dichtung, Musik etc., bemüht. Die phrenologische Eigenart der bildenden Künstler führte ihn zu der Erkenntnis: »Man kann also sagen, daß die starke Entwicklung des mittleren unteren Theiles der Stirn sowohl in der Richtung von hinten nach vorn, als in der von rechts nach links das äußere Abzeichen des Bildkünstlers darstelle«[425] (Abb. 105).

104 Daniel Heß: Kranioskopische Handgriffe, Radierung, 1795

105 Paul Julius Möbius: »Man kann also sagen, daß die starke Entwicklung des mittleren unteren Theiles der Stirn sowohl in der Richtung von hinten nach vorn, als in der von rechts nach links das äußere Abzeichen des Bildkünstlers darstelle.«
Selbstbildnis von Anselm Feuerbach mit ergänzender Profilzeichnung, aus: Paul Julius Möbius, *Über Kunst und Künstler,* Leipzig 1901

Die Mimik unter dem Mikroskop der Naturwissenschaft: Duchenne, Darwin, Piderit

Gegen Ende des 19. Jahrhunderts erregte der Kriminalanthropologe Cesare Lombroso mit seiner Lehre vom »delinquente nato« Aufsehen.[426] Mit Gall verband ihn sein Bemühen, auf naturwissenschaftlicher Basis eine Beziehung zwischen bestimmten äußeren, weitgehend unveränderlichen Kennzeichen und bestimmten inneren Merkmalen zu ermitteln. Während Gall sich dabei auf die Ausprägungen des menschlichen Hirns beschränkte, versuchte Lombroso durch statistische Reihenuntersuchungen das ›Gesicht des Verbrechens‹ zu zeigen. Damit standen beide gegen eine Richtung, die sich im 19. Jahrhundert bei der naturwissenschaftlichen Erforschung der Menschengestalt herausgebildet hatte und die das Zusammenspiel von Psyche und Physis weitgehend auf die beweglichen Teile begrenzte. Für diese Richtung stehen die Namen des Franzosen Guillaume Benjamin Armand Duchenne, des Deutschen Theodor Piderit und des Engländers Charles Darwin. Doch bevor wir uns diesen zuwenden, müssen wir noch einen Blick auf einen wichtigen Wegbereiter neurophysiologischer Forschung werfen, den Engländer Charles Bell. Im Jahre 1806 erschien in London die 1. Auflage seiner Schrift *The Anatomy and Philosophy of Expression as connected with the fine arts.* Durch seine experimentell gewonnenen neurophysiologischen Erkenntnisse brachte Bell Licht in die bis dahin uneindeutige Darstellung des zentralen und peripheren Nervensystems beim Menschen. Die Funktion der Gesichtsmuskulatur wird detailliert von ihm aufgezeigt, und zwar bei Mensch und Tier. Die Beobachtung paralleler Ausdrucksformen bei Tieren ermöglicht es seiner Ansicht nach, den entsprechenden Ausdruck beim Menschen besser erkennen zu können. Dieser neuartige, mimische Mensch-Tier-Vergleich wird auch bei Darwin eine wichtige Rolle spielen. Neben den rein naturwissenschaftlichen Studien stand bei Bell die ästhetisch-künstlerische Auseinandersetzung: Er nutzte die reichhaltigen Schätze, die ihm die Kunst für das Studium des Ausdrucks bot, und stellte sich verwundert die Frage, woher die Künstler eine derart vollkommene Kenntnis von den komplexen Ausdrucksbewegungen erlangen konnten.

Die Kunst blieb auch für die mimischen Untersuchungen des Arztes und Neurophysiologen Guillaume Benjamin Armand Duchenne nicht ohne Bedeutung. Ganz besonders setzte er sich mit der Gestalt des Laokoon auseinander, da diese Marmorskulptur des späten Hellenismus den Ausdruck des Schmerzes in großer Bewegtheit wiedergibt. Das Neuartige an Duchennes Ansatz ist, daß er als erster die Fotografie zur Demonstration physiognomischer bzw. mimischer Wirkungen nutzte. 1862 legte er seine Forschungen erstmals in Wort und Bild vor.[427] Mit Hilfe von am Kopf angesetzten Elektroden hatte er die Kontraktion bestimmter Gesichtsmuskeln hervorgerufen und im Foto festgehalten, welcher Gesichtsausdruck dadurch jeweils entstand (Abb. 106). Den jeweils untersuchten Gesichtsmuskeln gab

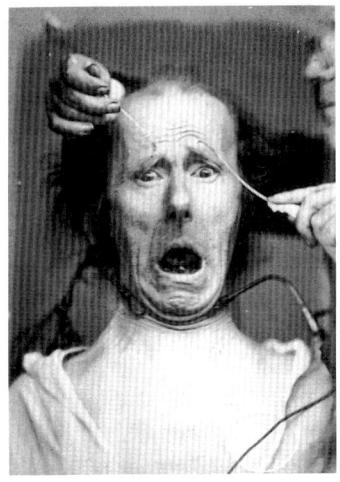

106 Elektrische Muskelreizung zu mimischen Studienzwecken, aus: Guillaume Benjamin Armand Duchenne, *Mécanisme de la physionomie humaine ou analyse électrophysiologique de l'expression des passions,* Paris 1862

er ihrer mimischen Wirkung nach entsprechende Namen. So sprach er etwa vom »Muskel der Freude«, dem »Muskel der Aufmerksamkeit« oder dem »Muskel des Leidens«. Besondere Aufmerksamkeit wandte Duchenne dem »Muskel des übersteigerten tragischen Schmerzes« zu. Es handelt sich hierbei um jene Fasern des Stirnmuskels, die im senkrechten Verlauf bis in den mittleren Augenbrauenabschnitt reichen und durch ihre Verkürzung die Augenbraue anheben. Seine Wirkung hatte die Künstler und Kunstgelehrten schon seit der Renaissance beschäf-

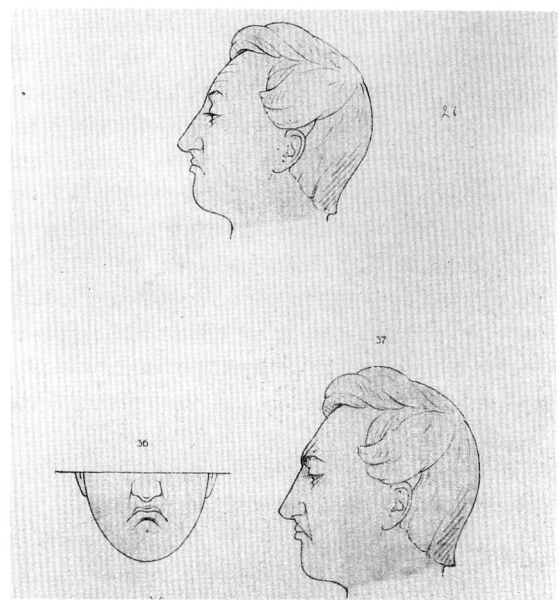

E. Der verachtende Zug.

Der mimische Ausdruck der Verachtung, der Geringschätzung äussert sich teils in den A u g e n, teils im M u n d e.

Wer seine Verachtung zu erkennen geben will, h e b t d e n K o p f, um auf den Gegenstand seiner Geringschätzung herab-zublicken; er drückt dadurch aus, dass er sich selbst erhaben fühlt über das, was ihm niedrig scheint. Er blickt aber das Objekt seiner Verachtung nicht gerade an, sondern von der S e i t e, als hielte er es nicht der Mühe wert, seinen Kopf zu wenden, um es ins Auge zu fassen; zu gleicher Zeit s e n k e n s i c h d i e A u g e n - d e c k e l wie im Zustande der Schläfrigkeit (vergl. S. 85) und als Zeichen äusserster Gleichgültigkeit gegen die (sichtbare oder imaginäre) Ursache der Missachtung; doch gibt sich noch ein ge-wisser Grad nachlässiger und widerwilliger Aufmerksamkeit durch die Spannung der Stirnmuskeln zu erkennen, wodurch die sinken-den Augendeckel festgehalten, d i e A u g e n b r a u e n i n d i e H ö h e g e z o g e n, u n d a u f d e r S t i r n h a u t h o r i z o n-t a l e F a l t e n g e b i l d e t w e r d e n. Fig. 35.

107 *Der verachtende Zug,* aus: Theodor Piderit, *Wissenschaftliches System der Mimik und Physiognomik,* Detmold 1867

tigt, handelt es sich doch hier um den Muskel, der bei entsprechender Reizung die sogenannte Laokoon-Braue zeigt. In der Anspannung dieses Muskels erblickte Duchenne die Ursache für den Ausdruck des starken Schmerzes, den die Gestalt des Laokoon in dieser Gesichtspartie aufweist.[428]

Nicht mit elektrophysiologischen Experimenten, aber an einer umfassenden Theorie und Beschrei-bung der Ausdrucksbewegung beim Menschen ar-beitete auch der deutsche Arzt und Schriftsteller Theodor Piderit. Sein 1867 erstmals erschienenes *Wissenschaftliches System der Mimik und Physiogno-mik* erlebte bis in das 20. Jahrhundert hinein meh-rere Auflagen.[429] Die dem Buch beigegebenen Zeichnungen stammen von Piderit selbst (Abb. 107). Piderit betont in seiner Lehre, über die rein neuro-physiologischen Betrachtungsphänomene hinausge-hend, die enge Koppelung von Ausdruck und seeli-schen Vorgängen. Doch sah er als Kind seiner Zeit das Leib-Seele-Problem aus materialistisch-mecha-nistischer Perspektive. Gleich Lichtenberg stand er der Physiognomik im engeren Sinne skeptisch gegen-über; so lehnte er etwa die These vom Ausdrucksge-halt des Knochenbaus ab. Seine Lehre begrenzt sich auf die Mimik und die ›gefrorene Mimik‹ als Deu-tungsmuster. Piderit hat zwei »Fundamentalsätze

der Mimik« aufgestellt, als Schlüssel zum Verständ-nis aller mimischen Muskelbewegungen:

1. »Da jede Vorstellung dem Geiste gegenständlich erscheint, so beziehen sich die durch Vorstellungen veranlaßten mimischen Muskelbewegungen auf ima-ginaere Gegenstände.«

2. »Die durch angenehme oder unangenehme Vor-stellungen verursachten mimischen Muskelbewe-gungen beziehen sich auf imaginaere harmonische (angenehme) oder disharmonische (unangenehme) Sinneseindrücke.«[430]

Fünf Jahre nach der 1. Auflage von Piderits Haupt-werk, im Jahre 1872, erschien Darwins Schrift *Der Ausdruck der Gefühle bei Mensch und Tier.*[431] Darwins mimische Untersuchungen sind im Gegensatz zu denen Piderits nicht psychologisch ausgerichtet. Sie sind von seinem Evolutionsgedanken geprägt, den er auch auf seine vergleichende Ausdrucksforschung übertrug. Von Bell übernahm er den mimischen Mensch-Tier-Vergleich. Darwin zufolge vollziehen sich die Ausdrucksbewegungen und Gebärden nach drei Prinzipien:

1. Das ihm wichtigste Prinzip ist das der zweck-mäßig assoziierten Gewohnheiten. Darunter sind die Bewegungen zu verstehen, die ursprünglich zu einem bestimmten Zweck ausgeführt wurden und

beibehalten worden sind, auch wenn sie keinen Nutzen mehr haben. So zeigt z. B. der Mensch im Zustand der Wut seine Zähne, ohne, wie es das Tier tut, diese in einer Auseinandersetzung einzusetzen.

2. Das Prinzip des Gegensatzes. Darwin belegt hier, daß entgegengesetzte Seelenzustände entgegengesetzte Ausdrucksbewegungen hervorrufen. Der Zustand der Zuneigung äußert sich diametral zu dem des Zorns. So nimmt ein liebkosender Hund eine gekrümmte Stellung ein, senkt den Schwanz und glättet sein Fell. Sein verstimmter Artgenosse hingegen zeigt einen steifen Rumpf, trägt den Schwanz aufrecht, die Ohren werden nach vorne aufgerichtet, und sein Fell sträubt sich.

3. Das Prinzip der direkten Wirkung des Nervensystems auf den Körper. Darwin versteht darunter Bewegungen, die unabhängig vom Willen und z. T. unabhängig vom Bewußtsein vor sich gehen. Es sind Reaktionen, die durch Reizung der Gefühlsnerven hervorgerufen werden, so z. B. der Ausbruch von Schweiß, das Erröten oder Muskelzittern.

Darüber hinaus verdanken wir Darwin die Erkenntnis, daß die einfachen mimischen Bewegungen aller Völker, wie z. B. Lachen und Weinen, im wesentlichen übereinstimmen, während die Gebärden wechseln, d. h. gesellschaftlich bedingt sind.

Das 19. Jahrhundert kennt noch eine Reihe weiterer Autoren, die sich mit der naturwissenschaftlichen Erforschung der Mimik befaßt haben. Zu ihnen zählen Louis-Pierre Gratiolet, Birsch-Hirschfeld, Henry Hughes, Paolo Mantegazza und Wilhelm Wundt.[432] All diesen Forschern ist ein ganz neuer Blick auf das Detail gemein. Hans Pollnow äußerte 1928 dazu: »Die im 19. Jahrhundert zunehmende Orientierung des wissenschaftlichen Denkens an der Logik der Naturwissenschaft erlaubte nicht mehr, Kategorien der Ganzheit festzuhalten; vielmehr ging nun die Analyse alles Gegenständlichen, somit auch die des Ausdrucks, auf elementare Bestandteile und mechanische Abläufe. Man hatte nicht mehr die Möglichkeit, Symbole zu erleben – aus Mangel an Glauben –, man reduzierte alle Physiognomie auf erstarrten, durch Wiederholungen gefestigten Mimus, weil nur das Veränderliche der Gesichtszüge einer naturwissenschaftlichen und – vornehmlich – der experimentellen Unterstützung zugänglich war; man reflek-

tierte schließlich nicht mehr auf Sinngebilde, sondern auf anatomische und physiologische Gegebenheiten, da die sinnliche Materie statt des sinnhaften Gehalts die empirische Forschung allein interessierte.«[433] Damit trat in der physiognomisch-mimischen Forschung jene moralisch-sittliche Verbindlichkeit zurück, die für Lavater noch selbstverständlich gewesen war. Die Wissenschaft wurde ›wertfrei‹. Was die Erforschung der menschlichen Mimik betraf, so nahmen einige Forscher auch sie nicht mehr als Ganzheit wahr, sondern konzentrierten sich auf bestimmte Teilaspekte, wie z. B. der Italiener Sante de Sanctis mit seiner *Mimik des Denkens.*[434]

Trotz der zunehmenden Verengung der physiognomisch-mimischen Forschung im Laufe des 19. Jahrhunderts blieb ein deutlicher Bezug der meisten Autoren zur bildenden Kunst gewahrt. Entweder glaubten sie, mit ihren Forschungen der Kunst als ›Hilfswissenschaft‹ dienen zu können, oder sie erwarteten umgekehrt von den Kunstwerken Anregungen für ihre Arbeit. So verfaßte Piderit z. B. sein Werk ausdrücklich auch für die Künstler, die ihm die praktische Nutzbarkeit seiner Arbeit bestätigen.[435] Selbst ein ›Teilmimiker‹ wie Sante de Sanctis hatte sein Werk für den Künstler gedacht.[436]

Fast ausschließlich an die Künstler richtete sich J. J. Naues Schrift *Mimisch-Phrenologisches,* die dieser dem Gall-Schüler Gustav Scheve widmete[437] und die den Untertitel *Die Phrenologie im Verhältnis zur bildenden Kunst des Alterthums und der Jetztzeit* trägt. Naue stellt sich die Aufgabe, die Mimik der phrenologischen Organe aufzuzeigen. Dabei will er nicht nur im Sinne Galls wiedergeben, wo bestimmte Eigenschaften im Hirn bzw. an der Schädeloberfläche ihren Sitz haben sollen, sondern gleichzeitig, welche mimischen und gestischen Reaktionen sie bewirken. Ist z. B. das Lokalisationsfeld des Stolzes am Kopf stärker ausgeprägt, so soll sich das durch einen nach hinten geworfenen Kopf und eine geschwellte Brust äußern. Die Künstler lernten aber nicht nur aus den Schriften zur Physiognomik und Mimik, sondern auch aus den eigenen Experimenten: Vor dem Spiegel versuchten sie, bestimmte Gesichtsausdrücke hervorzurufen, um sich dann entweder selbst abzukonterfeien oder dazu die moderne Technik der Fotografie zu benutzen. Ihre Ergebnisse veröffent-

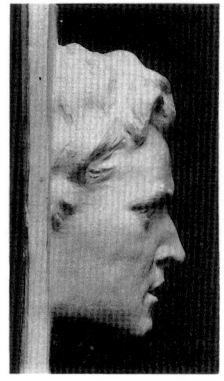

108   Hermann Vincenz Heller: »Das Horchen. Der
Mund zur Steigerung der Schallwahrnehmung geöffnet.
Hiermit vereint die Spannung des LIDHEBERS und
des NASENMUSKELS. (Kopf- und Blickrichtung indiffe-
rent.)«, aus: ders., *Grundformen der Mimik des menschlichen Antlitzes,* Wien 1902

lichten sie dann in physiognomisch-mimischen Tafel-
werken. Hierzu gehört der bereits erwähnte Hermann Vincenz Heller, der Piderits Schrift zum Anlaß

genommen hatte, die darin beschriebenen Ausdrucksmöglichkeiten selbst nachzustellen, abzufotografieren und nach diesen Vorlagen Masken anzufertigen (Abb. 108).[438] An Hellers ›Kunst‹ wird etwas
deutlich, vor dem schon Karl Bühler in seiner »Ausdruckstheorie« gewarnt hatte, und zwar, daß der
Ausdruck im Laboratorium leicht schwindsüchtig
werden könne.[439] Lebendiger sind hier die mimischen Studien von Heinrich Rudolph geraten, auch
wenn ihnen das ›Grimassenschneiden‹ ebenfalls
anzumerken ist (Abb. 109).[440] Daneben gab es auch
mimische Serien, die die traditionellen Künste aus-
klammerten und sich ganz auf die Fotografie konzentrierten. Dazu zählen die Ausdrucksstudien von Fritz
Möller und Albert Borée.[441] An diesen fotografischen Arbeiten ist besonders gut ablesbar, daß die
mimischen Darsteller, wollen sie nur annähernd
überzeugend wirken, über eine virtuose Beherrschung ihrer Gesichtsmuskulatur verfügen müssen
(Abb. 110), eine Fähigkeit, die man weniger vom
bildenden Künstler erwartet als vielmehr vom
Schauspieler. Borée war in der Tat Schauspieler; mit
seinen *Physiognomischen Studien* wollte er in erster
Linie seinen Bühnenkollegen einen mimischen Leitfaden liefern.

Mime, Mimik, Maske: Der Schauspieler
und die Kunst der Verwandlung

Aus der Tatsache, daß geistige Eigenschaften und
Seelenzustände des Menschen sich äußerlich wahr-
nehmbar artikulieren, schöpft die Schauspielkunst
ihre Grundlagen. Ihre Aufgabe besteht darin, durch
Simulation dieser Kundgebungen eine täuschend
echte Wirklichkeit zu evozieren. Natürlich schau-
spielert nicht nur der Schauspieler. Jeder Mensch
spielt seine Rolle – weil eben auch jeder physiognomiert. Unser Rollenspiel ist unser physiognomischer
›Abwehrschleier‹. Die Grundlagen der Mimik sind

109   Heinrich Rudolph: Ausdrucksstudien, aus: ders.,
Der Ausdruck der Gemütsbewegungen des Menschen, Dresden 1903

164

I. Gruppe: Bosheit.

Tafel 1.

1. Bosheit, die nach Befriedigung trachtet. Brauen zusammengezogen; Blick seitwärts, versteckt und düster; Zähne aufeinandergedrückt; Lippen schmal, gekniffen; Mundwinkel nach unten.
2. Neid, Missgunst. Brauen zusammengezogen; Augen halb geschlossen; Blick seitwärts, hämisch; Oberlippe hochgezogen, viel Rot zeigend.
3. Ironie, Hohn. Stirn und Brauen glatt; Augen halb geschlossen; Mund einseitig hochgezogen (Neigung, den Eckzahn raubtierartig zu entblössen, cf. 4.), lächelnd. —

„Die Räuber", Akt I, Sc. 1. Franz: „Ihr seht, ich kann auch witzig sein, aber mein Witz ist Skorpionenstich!" —

4. Schadenfreude. Stirn und Brauen hochgezogen; Augen halb geschlossen, Krähenfüsse; Mund einseitig hochgezogen (cf. 3.), lachend.

„Die Räuber", Akt II, Sc. 1. (Schluss) Franz: „Dir eine Stallmagd und keine Amalia!" —

110 Albert Borée: Ausdrucksstudien, aus: ders., *Physiognomische Studien,* Stuttgart 1899

dem Menschen angeboren – daher ihre Universalität –, der Säugling zieht seine Grimassen der Freude und des Leides instinktiv. Dennoch tritt unsere Mimik ab frühester Kindheit mit der Umwelt in Kommunikation und hört bald auf, lediglich elementarer Ausdruck unseres unmittelbaren inneren Empfindens zu sein. Am Anfang unseres Lernens steht der Nachahmungstrieb, das physiognomisch-mimische Eingehen auf unsere Umwelt: Bewegungen, Mienen werden aufgenommen und kopiert, aber auch anerzogen. Das elementar Angeborene wird gesellschaftlich überformt. Der ›Prozeß der Zivilisation‹ zwingt uns zur Kontrolle der Gesichtszüge – macht uns gegebenenfalls zu pathognomischen Lügnern –, verfeinert aber auch unsere Mimik. Wir lernen ganz selbstverständlich, oft vollkommen unbewußt, mit ihr umzugehen und sie einzusetzen, sei es aus Anpassung, aus Berechnung, aus Lust an der Selbstinszenierung oder aus Freude an der Nachahmung. Der Schauspieler hat aus dem Nachahmungstrieb des Menschen seinen Beruf gemacht. Er übertreibt das Mienenspiel – gelegentlich bis zur Karikatur, die hier Komödie heißt – und löst es gleichzeitig von allem störenden, nicht eindeutigen Beiwerk, er präsentiert gleichsam den physiognomisch-mimischen Extrakt. Die Mimik, diese einzige und universale Sprache der Menschheit, die nicht durch die babylonische Sprachverwirrung unverständlich wurde, ist nicht die alleinige Sprache, die der Schauspieler beherrschen muß: Zur Sprache der Mimik tritt die Sprache der Worte. Indem der Schauspieler das abstrakte Wort ausspricht, es hörbar macht, ›betont‹, erlöst er es aus seiner Abstraktheit und verleiht ihm eine plastisch-physiognomische Wirkung.

Das vollkommene Zusammenspiel von Wort, Ton, Bewegung, Mimik und Maske, das den guten Schauspieler auszeichnet, muß an Ort, Zeit und Thema angepaßt sein. Auf der Kleinkunstbühne wird anders gespielt als in der Arena, der Absolutismus läßt die Menschen anders auftreten als die Industriegesellschaft, die Mimik der Komödie ist eine andere als die der Tragödie. Doch überall vertraut der Schauspieler auf die Kraft der Mimik, die Macht der Form. Sie gaukelt nicht nur dem Publikum etwas vor, sondern dem Gaukler selbst. Die Schminke, die Maske, das Spiel lassen den Schauspieler äußerlich *und* innerlich einen anderen werden. Daß die Mimik nicht nur äußerer Ausdruck von etwas Innerem ist, sondern – auch wenn sie gestellt ist – zurückwirken kann, also von außen nach innen wirkt, ist eine alte Beobachtung. Kant hebt dies in seiner Schrift *Von der Macht des Gemüths* hervor, und auch Darwin schrieb, daß selbst das Heucheln einer Gemütsbewegung dieselbe in uns anklingen lasse.[442] Edgar Allan Poe hat mit dieser Methode sogar versucht, den Charakter anderer Menschen zu entschlüsseln. »Wenn ich wissen möchte«, schreibt Poe, »ob jemand umsichtig oder stumpfsinnig, gut oder böse ist, und wie seine Gedanken augenblicklich aussehen, dann nehme ich so genau seine Züge an und warte darauf, was für Gedanken und Gefühle sich in meinem Geist oder in meinem Herzen einstellen, um sich mit meiner Physiognomie zu paaren und ihr zu entsprechen.«[443] Baudelaire, der in seiner Kindheit davon geträumt hatte, Schauspieler zu werden, äußerte sich über die Verwandlungskunst des Mimen: »Wenn der große Schauspieler von seiner Rolle erfüllt, umgekleidet und geschminkt, sich entsetzlich oder entzückend, verführerisch oder abstoßend im Spiegel sieht und dort die neue Persönlichkeit betrachtet, die für die Dauer von einigen Stunden seine eigene werden soll, dann verschafft er sich mit dieser Analyse eine neue Vollendung, eine Art rücklaufenden Magnetismusses. Der magische Vorgang ist dann beendet. ... Ob ein Typ der Liebe oder des Grausens, er kann die Bühne betreten.«[444] Wie weit eine solche Wandlung gehen und wie sehr sie sich von Rolle zu Rolle verändern kann, hat Ernst H. Gombrich an zwei Fotografien der englischen Schauspielerin Ruth Draper demonstriert, die sie einmal in der Rolle als Gattin und einmal als Sekretärin ein und desselben Geschäftsmannes zeigen.[445] Wir glauben in den bei-

111 a, b   Die Schauspielerin Ruth Draper als Gattin und als Sekretärin ein und desselben Geschäftsmannes, Fotografien, Ende der zwanziger Jahre

den Aufnahmen zwei vollkommen verschiedene Menschen zu sehen (Abb. 111 a, b).

Der einfachste und deutlichste Schritt zu einem Rollenwechsel besteht für den Schauspieler darin, daß er eine Maske anlegt. Und so steht die Maske auch am Anfang der Schauspielkunst. Der Übergang von der Kultmaske zur Theatermaske ist dabei fließend, wie der Übergang vom rituellen Kult zum Theater selbst. Jeder praktizierte und damit inszenierte Kult verlangt ›Theaterblut‹, während umgekehrt auch im weltlichen Theater durch den Akt der Wandlung kultisch-magische Elemente enthalten sind. Das antike Theater, das sich aus heiligen Zeremonien, Prozessionen und Tänzen entwickelte, war ein Theater der Maske. Die Masken der Schauspieler brachten dabei Alter, Stand, Geschlecht und den vorherrschenden Gemütszustand zum Ausdruck. Auch die Masken der einzelnen Schauspielgattungen unterschieden sich: Deutlich hoben sich etwa die Possen-Masken mit ihrer stumpfen Nase, den dicken Lippen und den Glotzaugen, als Zeichen der Unverschämtheit und Begehrlichkeit, von den Masken der Tragödie ab, die oft noch in ihren von Schmerzen durchzogenen Gesichtern Züge von idealischer Schönheit erkennen lassen. Die Anzahl der verschiedenen Rollenmasken erweiterte sich im

Laufe der Antike und zeigt damit einen Prozeß fortlaufender Differenzierung, der immer weiter voranschritt, bis die starre Maske schließlich fiel und der Lebendmaske des Schauspielers Platz machte. Die schicksalhafte Eindeutigkeit der Maske ging damit zugunsten einer beweglichen Rollenauffassung verloren, in der der Schauspieler mittels seiner Mimik alle seelischen Regungen auszudrücken vermag.

Im Mittelalter kehrte die Maske vor allem als Teufelsmaske in den Mysterienspielen wieder, nachdem das Theater einige Jahrhunderte im frühen Christentum ganz verboten gewesen war. Eine neue Blüte erlebte die Verwandlungskunst der Maske im 16. Jahrhundert in Italien mit der volkstümlichen Commedia dell'arte. Die Commedia dell'arte folgt keiner festen Handlung, sondern ist eine Stegreifkomödie, die ihr Publikum durch Spontaneität, Akrobatik und eine ungeheure Geschwindigkeit begeisterte. Sie kennt, der Maske entsprechend, keine Individuen, dafür eine Anzahl fester Rollen, die die verschiedenen Typen der damaligen Gesellschaft wiedergeben, darunter »Pantalone«, der alte, reiche, geldgierige Kaufmann, »Tartaglia«, der stotternde Beamte, und »Arlecchino«, die komische Dienergestalt. Maske, Kleidung, Charakter, Verhaltensweisen machten die Figuren der Commedia dell'arte so anschaulich, daß die in italienischer Sprache wiedergegebenen Stücke auch außerhalb Italiens verstanden wurden. Die gleichen Schauspieler spielten dabei immer die gleichen Typen, der Pantalone blieb immer der Pantalone usw., was mitunter dazu führte, daß einige von ihnen Spiel und Wirklichkeit nicht mehr unterscheiden konnten. Ihre Rolle, die Macht der Maske, nahm ganz von ihnen Besitz. Im 18. Jahrhundert wurde die Commedia dell'arte in Italien durch die Reformbestrebungen Carlo Goldonis verdrängt, der u. a. die Starrheit der Rollen der ›Masken‹ kritisierte.

Das moderne Theater begnügt sich mit der Schminkmaske. Doch passen sich die Schauspieler nicht nur mit Schminke, Mimik und Kostüm ihrer Rolle an, sondern ebenso mit ihrer Konstitution und festen Physiognomie: Keineswegs spielt jeder Schauspieler jede Rolle. Rollen werden nach Typen, also physiognomischen Eigenheiten, besetzt. Damit ist das Starre oder Feste der Maske auch aus dem modernen Theater oder dem neuen Medium des Films

nicht verschwunden. Den Körper als berufsmäßiges Instrument der Verwandlung setzt natürlich nicht nur der Schauspieler ein, sondern auch der Tänzer, der Pantomime und bedingt der Sportler.[446] Der Pantomime arbeitet sogar öfters mit dem Element der Maske, wenn er sein Gesicht, häufig in Folge einer zuvor gezeigten überstarken Leidenschaft, für Sekunden zu einer unbeweglichen Mimik erstarren läßt.

Nach dem Fall der Maske verlagerte sich der Theaterausdruck immer stärker vom direkten zum indirekten. Die starren, festen Rollen lösten sich auf. Das Theaterspiel des 18. Jahrhunderts ist bereits deutlich psychologisierender als das auf festen Reglements beruhende des 17. Jahrhunderts. Die Mimik und Gestik werden subtiler, verlieren dadurch aber auch an Bildhaftigkeit, an Eindeutigkeit. Die Sprache, das Wort, wird das Entscheidendere. Gegen Ende des 18. Jahrhunderts versuchte der Schriftsteller Johann Jakob Engel mit seinen *Ideen zu einer Mimik* die wohl ausführlichste Antwort seiner Zeit darauf zu geben, was die Mimik für den Schauspieler bedeutet und wie er sie einzusetzen hat.[447] Auch Lessing, Goethe, Sulzer und Diderot sind dieser Frage nachgegangen.[448] Engels Werk umfaßt nahezu alle schauspielerischen Darstellungsbereiche und enthält darüber hinaus grundsätzliche Erläuterungen zur menschlichen Mimik. So weist Engel z. B. darauf hin, daß die Trennlinie zwischen Mimik und Physiognomik, die in der Theorie gezogen wird, in der Praxis nicht existiere, da sich ihm zufolge beide Bereiche überschneiden, z. B. in der ›gefrorenen Mimik‹, aber auch in unserer Gebärdensprache, die von unserer Konstitution abhängt. Als Theaterkenner weiß Engel natürlich, daß die Mimik nicht nur das Gebaren eines bestimmten Charakters darstellt, sondern immer in eine lebendige Handlung eingebunden ist. Die individuelle Gesichtsmimik befindet sich also in einem Wechselspiel mit ihrer Umgebung, sie reagiert auf ihre Umwelt und die Bewegungen ihrer Mitmenschen, sie wirkt zusammen mit dem großen Drama des Lebens.

Engel hat sein Werk mit zahlreichen Kupferstichen illustriert, die in theatralischer Deutlichkeit die wichtigsten Gemütszustände demonstrieren, die er beschreibt (Abb. 112). Sie verweisen uns gleichzeitig darauf, daß die Kunst der Bühne auch die bildenden

1. Kummer 2. Abwehr 3. Überraschung 4. Begeisterung

5. Widerstand 6. Kritik 7. Überredung 8. Zorn

9. Hochmut 10. Stolzer Herrschersinn 11. Bedachtsamkeit 12. Selbstbewußte Erwartung

112 Johann Jakob Engels: Gemütszustände, Kupferstiche, aus: ders., *Ideen zu einer Mimik,* Berlin 1785–86

Künstler beschäftigt hat – konnte die Mimik der Mimen dem Porträtkünstler doch die beste und deutlichste Darstellung menschlicher Empfindungen geben. Und so gehören Schauspielerbilder auch zum Standardrepertoire der grafischen Kunst des 18. und frühen 19. Jahrhunderts.

Noch einmal das Tier im Menschen: Sophus Schack

Spätestens seit Lavater spielte der Mensch-Tier-Vergleich in der Physiognomik keine bedeutende Rolle mehr. Auch sonst trat er aus dem Leben zurück. Sein Rückzug erfolgte fast zeitgleich mit dem der Maske. Allenfalls in der Romantik treten Mensch und Tier noch einmal in Verbindung, doch blieb das eine Gegenströmung, die das Ende der Romantik kaum überlebte. Als ein Anhänger der romantischen Naturphilosophie der Schellingschen Schule wies sich

der Naturforscher Lorenz Oken aus. Er behauptete: »Der Mensch ist die Vereinigung aller Tiercharaktere. Die Tiere sind einzelne Ausbildungen dieser Charaktere, folglich sind sie totale Darstellungen einzelner Organe des Menschen.«[449] Carl Gustav Carus bezieht sich in seiner *Symbolik* an mehreren Stellen auf Oken.[450] Der schottische Arzt Joseph Cross legte 1817 mit seiner Schrift *An attempt to establish Physiognomy upon scientific principles* noch einmal eine traditionelle Mensch-Tier-Analogie vor, in der er sich, seiner Zeit gemäß, um eine verstärkt anatomisch-naturwissenschaftliche Grundlage bemühte. Doch dann verschwand die Tierphysiognomik weitgehend und erlebte erst ein Jahrhundert später, vornehmlich in den Arbeiten von Will Rink und Theodor Lessing, eine kurze Renaissance.[451]

Als der dänische Major Sophus Peter Lassenius Schack, der sich als Porträt-, Genre- und Figurenmaler, Illustrator und Schriftsteller betätigte, seine *Physiognomischen Studien* veröffentlichte,[452] die vorrangig dem Mensch-Tier-Vergleich gewidmet sind, fand er sich damit also im Gegensatz zu den vorherrschenden physiognomischen Strömungen seiner Zeit. Schack legte mit seiner Abhandlung zugleich zum letzten Mal eine geschlossene, vergleichende Tierphysiognomik vor. Die Schrift gliedert sich in zwei Teile. An eine allgemeine Einführung in die Physiognomik schließt sich im ersten Teil eine physiognomische Deutung des menschlichen Kopfes und seiner einzelnen Partien an, ergänzt um eine Deutung der Hände und Füße sowie eine Beschreibung der Temperamente. Der zweite, umfassendere Teil widmet sich dann den »Parallelen mit den Thieren« und schließt wiederum mit allgemeinen physiognomischen Bemerkungen. Die Schrift enthält 127 Illustrationen, die allesamt von Schack selbst stammen. Schack betonte, daß er als Künstler »ungleich schärfer als mancher Andere die Physiognomik beobachten und erfassen, und Ausdruck wie Bedeutung derselben genau erwägen konnte«.[453] Gleichwohl war er sich dessen bewußt, daß »kein einziges anderes Studium … schwerer unter bestimmte und allgemeine Regeln zu formen« sei als das der Physiognomik.[454] Schack geht davon aus, daß zwischen Form und Inhalt keine absolute Übereinstimmung besteht, sondern lediglich ein Wechselspiel. Auch er beschäftigt sich mit dem Zusammenhang von körperlicher und moralischer Schönheit. Die moralischen Kräfte des Menschen sieht er vor allem in der Mimik und ›gefrorenen Mimik‹ widergespiegelt. Ein harmonischer und entspannter Gesichtsausdruck ist für ihn ein Zeichen von Gutheit. Allerdings kann seiner Ansicht nach auch das Böse bis zu einem gewissen Grad ein glattes, unschuldiges Gesicht besitzen, denn Schack zufolge offenbaren die physiognomischen Zerstörungskräfte erst ihre Wirkung, wenn der Mensch seine ›Unschuld‹ verloren hat, d. h., wenn das Gewissen im Menschen erwacht ist. Solange er nicht weiß, was er tut, kann ihm die volle Schärfe des ›physiognomischen Gerichts‹ erspart bleiben. Bei der Kunst des Physiognomierens geht Schack von einer Stufenleiter aus: Je höher das Leben organisiert ist, desto schwieriger ist es zu deuten. So sind für ihn die Eigenschaften einer Pflanze leichter an deren äußerer Gestalt zu erkennen als die eines Tieres, das Wesen eines Tieres wiederum leichter als das des Menschen. Eine Gleichsetzung von Mensch und Tier findet also nicht statt. Das Tier besteht für Schack aus Körper und Seele, der Mensch aus Körper, Seele und Geist. Dabei findet Schack in den meisten menschlichen Gesichtern Spuren von Tierphysiognomien. Und das keineswegs nur von einem einzigen Tier! So unterscheidet er z. B. Gesichter, in denen die Nase und der Mund das unverkennbare Gepräge eines Schafes tragen, während Stirn und Augenbrauen an einen Esel erinnern und der Fuchs aus den Augen blitzt. Seine Analogiebildungen stützt Schack, indem er die bekanntesten Tierarten vorstellt, ihr Aussehen und ihre Eigenschaften beschreibt und Parallelen zu Menschen zieht, deren Gesichter Züge der entsprechenden Tiere tragen. Dabei bedient er sich mit Vorliebe historischer Persönlichkeiten, denn deren allgemein bekannter Charakter bietet ihm die beste Gewähr für die Nachvollziehbarkeit seiner Behauptungen. So präsentiert er dem Leser das Löwengesicht Mirabeaus, das Raubvogelgesicht General Bernadottes, das Affengesicht Voltaires oder die Hyänenvisage eines Robespierre (Abb. 113). Fuchsgesichter fand Schack reichlich bei Jesuiten, Katzengesichter beim weiblichen Geschlecht. Den Ausdruck stolzer Ehrlichkeit, wie man ihn bei edlen Jagdhunden findet, will der Major Schack nirgends häufi-

113 Sophus Schack: Robespierre als Hyänentypus, aus: ders., *Physiognomische Studien,* Jena 1881

ger beobachtet haben als bei den alten Kriegsveteranen Napoleons. Die Zeichnungen, mit denen Schack seine Vergleiche illustriert, zeigen uns Menschen, die, um mit Hogarth zu sprechen, zumindest als »outré«, also übersteigert, zu bezeichnen sind. In den meisten Fällen handelt es sich aber einfach um ungewollte Karikaturen (Abb. 114).

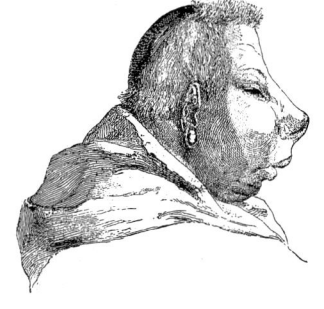

114   Sophus Schack: Mensch-Schwein-Vergleich, aus: ders., *Physiognomische Studien,* Jena 1881

Sophus Schack wußte um die Grenzen seines Werkes. Es ist mit den Augen eines Künstlers und der Argumentation eines Gelehrten aus Liebhaberei geschrieben. Die Schrift bemüht sich um Wissenschaftlichkeit, mutet hingegen an vielen Stellen seltsam naiv an, ein Eindruck, der durch die Illustrationen verstärkt wird. Daß ein derart ›volkstümliches‹ und damit ›bildhaftes‹ Werk bei den streng positivistisch ausgerichteten Wissenschaften des 19. Jahrhunderts auf Ablehnung stieß, überrascht nicht. Theodor Piderit kommentierte es mit dem bekannten Zitat »Ist dies gleich Tollheit, hat es doch Methode!«[455] Und Hermann Krukenberg schrieb einige Jahrzehnte später: »In dem kleinen Werkchen findet sich ... eine ganz unverhältnismässig grosse Menge von Blödsinn zusammengetragen.«[456]

Der aus der älteren Physiognomik stammende, unmittelbare Mensch-Tier-Vergleich, der im 19. Jahrhundert von Wissenschaft und Physiognomik weitgehend ausgeklammert wurde, trat bald in gewandelter Form wieder hervor, und zwar sowohl durch das Schwinden des Glaubens von der Gottesebenbildlichkeit des Menschen als auch durch die Verbreitung der Darwinschen Abstammungstheorie, die im Tier einen Vorläufer des Menschen sah. Nicht mehr Gott schuf den Menschen, sondern das Tier, indem es die Grundlage, die erste Stufenleiter des Menschen bildete.

In der Kunst des 19. Jahrhunderts hat die unmittelbare Konfrontation von Mensch und Tier, die alte Mensch-Tier-Analogie, in der Karikatur überlebt und ihren festen Platz gefunden.

Karikatur und Illustration

Denken wir an den Mensch-Tier-Vergleich in der Karikatur des 19. Jahrhunderts, so tritt uns die Gestalt von Jean Ignace Isidore Gérard entgegen, besser bekannt unter dem Namen Grandville. Grandville, der von seinen Anhängern als »La Bruyère der Tiere« und »La Fontaine des Griffels« gefeiert wurde, hat diese Kunst zweifelsohne zu einem Höhepunkt geführt. Sein Einfluß reicht weit in das 20. Jahrhundert hinein, wie wir etwa an A. Paul Webers *Tierbilderbuch* sehen können. Bei seinen bissigen Analogiesetzungen von Mensch und Tier zieht Grandville sämtliche Register dieses Instrumentariums: die direkte Konfrontation, den Austausch von Mensch und Tier bzw. einzelner ihrer Körperteile, die Metamorphose und die Verifizierung tierischer Züge in der menschlichen Physiognomie. 1829 veröffentlichte Grandville eine Serie von 72 kolorierten Lithographien unter dem Titel *Les Métamorphoses du Jour,* die das damals aktuelle politische Geschehen durch Tiergestalten darstellen. In seinen berühmten, 1830 erschienenen *Ombres portées (Schlagschatten)* (Abb. 115) sind die Schatten mehrerer Personen an eine hinter ihnen befindliche Wand projiziert, wo sie die Gestalt von Tieren oder tierähnlichen Geschöpfen annehmen. Der Vergleich der einzelnen Personen mit ihren Schattenbildern zeigt allerdings, daß schon ihre ›normalen‹ Physiognomien bereits erhebliche Ähnlichkeiten mit Tieren aufweisen und durch das ›Silhouettieren‹ nun bis zur letzten Konsequenz – der vollkommenen Mutation zur Tiergestalt – gestei-

115 Grandville (Jean Ignace Isidore Gérard): *Ombres portées (Schlagschatten),* 1830, Lithographie

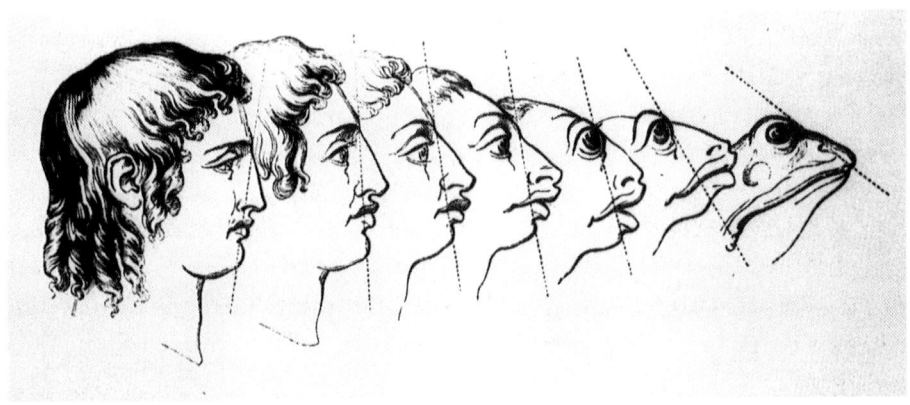

116 Grandville: »Apoll steigt zum Frosch hinab«, Holzschnitt, 1844. Übergang vom Apollon- zum Froschkopf. Durch eine punktierte Linie ist, ähnlich wie bei dem von Petrus Camper ermittelten ›Gesichtswinkel‹, eine Verbindungslinie von der Stirn zum Kinn gezogen

gert werden. – Wie stark der Einfluß der älteren physiognomischen Theorien auf den Mensch-Tier-Vergleich im 19. Jahrhundert war, belegen insbesondere Grandvilles zeichnerische Metamorphosen wie »Der Mensch steigt zum Tier herab« oder die Umwandlung eines Apollonkopfes in einen Frosch (Abb. 116). Ohne die Vorarbeiten von Charles Le Brun, Petrus Camper oder die Metamorphosen in Lavaters *Physiognomischen Fragmenten* hätten diese Zeichnungen nicht entstehen können.

Zweifelsohne hat die Mensch-Tier-Karikatur im 19. Jahrhundert ihren Höhepunkt erreicht. In Frankreich gesellen sich zu Grandville die Namen von Charles Philipon, Honoré Daumier und Gustave Doré. In Deutschland treten besonders Adolf Oberländer und sein Kreis hervor.

Auch Wilhelm Busch hat sich mit der Mensch-Tier-Karikatur beschäftigt, wie es etwa die Zeichnung des sich beim Essen befindlichen schweinsgesichtigen Herrn Knopp belegt, dem durch die abstehenden Serviettenzipfel die noch fehlenden Schweinsohren verpaßt werden (Abb. 117). Der Kunstgriff, ein höher stehendes Geschöpf wie den Menschen in ein unter ihm stehendes zu verwandeln, reizt zum Lachen, da das Opfer eines solchen Angriffs damit zugleich ›entlarvt‹ wird: Das Schwein gilt als verfressen, und diese Eigenschaft wird durch die physiognomische Annäherung in Buschs Zeichnung auf den Menschen übertragen. Auch das umgekehrte Muster greifen Humoristen gerne auf, indem sie einen menschlichen Ausdruck auf den Kopf eines Tieres projizieren und somit das Tier vermenschlichen. Ernst H. Gombrich hat darauf hingewiesen,

daß solche Projektionen menschlicher Züge auf das Tier nicht unproblematisch sind: »Das Kamel wird als hochnäsig angesehen; ein Bluthund sieht mit seiner gerunzelten Stirn bekümmert aus, weil unsere Züge sich entsprechend anordnen würden, wenn wir hochnäsig oder bekümmert wären.«[457]

Mit der Aufdeckung tierischer sowie der ganzen Palette niederer und gemeiner Züge im Menschen beschäftigte sich Honoré Daumier, der für Frankreich eine annähernd gleiche Bedeutung gewann, wie Hogarth sie ein Jahrhundert zuvor in England besessen hatte. Mit ihm wechselte auch die Metropole der Karikatur von London nach Paris. Daumier zeigt uns die neu entstehende Physiognomie des heraufkommenden Massenzeitalters. Sie begegnet uns bei ihm überall: in der Eisenbahn, in den öffentlichen Bädern, in den Parlamenten oder als entseelte

117 Wilhelm Busch: *Herr Knopp beim Essen,* aus der Bildergeschichte *Herr und Frau Knopp,* 1876

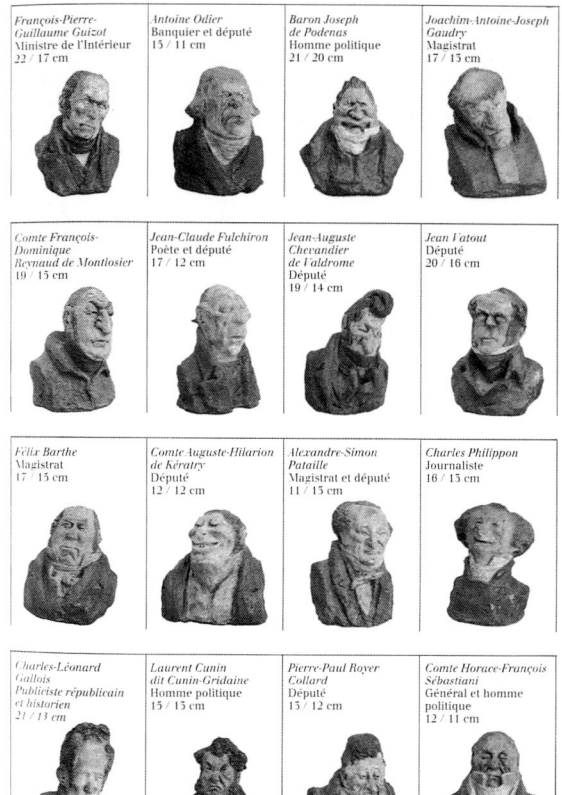

François-Pierre-Guillaume Guizot Ministre de l'Intérieur 22 / 17 cm	Antoine Odier Banquier et député 15 / 11 cm	Baron Joseph de Podenas Homme politique 21 / 20 cm	Joachim-Antoine-Joseph Gaudry Magistrat 17 / 13 cm
Comte François-Dominique Reynaud de Montlosier 19 / 15 cm	Jean-Claude Fulchiron Poète et député 17 / 12 cm	Jean-Auguste Chevandier de Valdrome Député 19 / 14 cm	Jean Vatout Député 20 / 16 cm
Félix Barthe Magistrat 17 / 15 cm	Comte Auguste-Hilarion de Kératry Député 12 / 12 cm	Alexandre-Simon Pataille Magistrat et député 11 / 13 cm	Charles Philippon Journaliste 16 / 13 cm
Charles-Léonard Gallois Publiciste républicain et historien 21 / 13 cm	Laurent Cunin dit Cunin-Gridaine Homme politique 15 / 13 cm	Pierre-Paul Royer Collard Député 13 / 12 cm	Comte Horace-François Sébastiani Général et homme politique 12 / 11 cm

118   Honoré Daumier: *Les Parlementaires (Die Parlamentarier),* 1832, mit Ölfarben bemalter Ton; Paris, Musée d'Orsay

anonyme Masse. Die Verhäßlichung alles Seins ist bei ihm weit umfassender als bei Hogarth, bei dem die Häßlichkeit der Welt in erster Linie von dem schlechten Lebenswandel seiner Antihelden herrührt. Bei Daumier sitzt sie tiefer, sie ist ein Teil, wenn nicht *der* entscheidende Teil einer sich neu herausbildenden technischen Zivilisation. Das Verschwinden der Poesie aus dem Leben – und den Gesichtern der Menschen – kündigt sich hier in aller Unerbittlichkeit an. Zu den aus physiognomischer Perspektive bemerkenswertesten Arbeiten aus dem fast 4000 Lithographien und etwa 1000 Holzschnitte umfassenden Werk Daumiers zählen die Karikaturen der *Parlementaires (Parlamentarier).* Es handelt sich hier um eine Gruppe lithographischer Bildnisse, die uns die Gesichter französischer Parlamentsmitglieder ohne ihre Alltagsmaske präsentieren. Den Ausgangs-

punkt für diese Zeichnungen bildeten 36 kleinformatige, mit Ölfarben bemalte Terrakottabüsten (Abb. 118), die er 1832 schuf. Daumier verstand es auf geniale Weise, den physiognomischen Extrakt –, vor allem den negativen –, aus seinen Studienobjekten herauszuziehen. Angenehm überrascht dabei – insbesondere bei einem Blick aus einem physiognomisch viel gleichgeschalteteren Zeitalter – die Vielfalt seiner ›Minusmänner‹. Das momentane Mienenspiel im Antlitz, die Haltung und Bewegung der Köpfe werden ebenso sicher gebannt wie die feste Konstellation von Knochen, Muskeln, Fleisch und Haut. Pathognomik und Physiognomik, unter Einbeziehung der Gallschen Phrenologie, sind hier als umfassende Charakterdeutung zu einer künstlerischen Einheit verschmolzen.

Ähnlich wie Daumier hat sich auch Gustave Doré mit dem Gesicht der Politik beschäftigt. In seinen Blättern zur Nationalversammlung stellt er den seinen Zeichnungen beigegebenen Text geschickt in Kontraposition zur physiognomischen Erscheinung der politischen Akteure. Dadurch entlarvt er die Verlogenheit der Charaktere und gibt sie zugleich der Lächerlichkeit preis: So läßt er den Wirrkopf die Ordnung predigen, den Buckligen den aufrechten Standpunkt fordern oder den feisten Bourgeois, der vor Wohlstand und ›Blutreichtum‹ fast platzt, drohend das Gespenst der Blutleere und Armut an die Wand malen (Abb. 119). Neben den Politikern hat Doré auch Vertreter anderer gesellschaftlicher Gruppen in Bildserien karikiert, z. B. Mitglieder der Pariser Kommune von 1871. Es gelingt ihm dabei, die physiognomische Vielfalt innerhalb einer Gruppe zu zeigen, ohne deren spezielle physiognomische Gruppengemeinsamkeit außer acht zu lassen.

Die Karikatur hat insofern etwas Literarisches, als sie häufig einen erläuternden Text als Aussagehilfe heranzieht oder in einer Reihe zusammengehöriger Bilder – wie wir es bereits bei Hogarth kennengelernt haben – ganze Geschichten erzählt. Von der Bildergeschichte zur Buchillustration ist der Weg daher nicht weit; sie unterscheiden sich vor allem in der Funktion von Wort und Bild: Bei der Bildergeschichte ›illustriert‹ das Wort das Bild, bei der Buchillustration das Bild das Wort. Und so begegnet uns ein Künstler wie Gustave Doré auch in allen die-

119 Gustav Doré: »Wie Sie sehen, meine Herren, führt uns ein derartiges Anleihesystem notwendig zur Erschöpfung und Blutleere...«, Federskizze, aus der Serie *Versailles und Paris im Jahre 1871, Die Nationalversammlung,* Paris 1907

sen Sparten: der Karikatur, der Bildergeschichte, der Buchillustration. Es überrascht auch nicht, daß die im 18. Jahrhundert einsetzende Blütezeit der Karikatur weitgehend parallel mit einer Blüte der Bildergeschichte und Buchillustration lief.

An der Karikatur, den Bildergeschichten und den Illustrationen, die bewußt auf physiognomische Wirkungen angelegt sind, läßt sich im 19. Jahrhundert ablesen, wie sich das Verhältnis des Künstlers zur Physiognomik gewandelt hatte: War der Künstler zunächst vorwiegend aus Intuition Physiognom, so hatte sich sein Bezug zu ihr seit der physiognomischen Mode im 18. Jahrhundert intellektualisiert. Zahlreiche Kunstwerke muten nun geradezu wie Kommentare zur Physiognomik an, beispielsweise die *Fünfunddreißig Köpfe* von Louis Boilly (Abb. 120). Daß das 18., insbesondere aber das 19. Jahrhundert den Höhepunkt dieser Entwicklung bildete, wird nicht nur an dem Blühen obengenannter Kunstgattungen sichtbar, sondern auch an der Verbreitung der Lavaterschen Physiognomik: Um 1810 ist sie in 16 deutschen, 15 französischen und 20 englischen Ausgaben sowie in holländischer, italienischer, russischer und sogar türkischer Übersetzung erhältlich. Diesen Prozeß des bewußten künstlerischen Physiognomierens unterstützte auch der Schweizer Karikaturist, Novellist, Physiognom und Vater des Comicstrip Rodolphe Toepffer mit seinem *Essai de Physiognomonie* von 1845. Das Besondere an Toepffers *Physiognomonie* ist nicht nur ihre Bestimmung für den praktischen künstlerischen Gebrauch, sondern auch, daß sie eine erste Theorie des Erzählens in Bildern bzw. mit Hilfe von Bildern enthält. Nicht von

120 Louis Boilly: *Fünfunddreißig Köpfe,* um 1800, Öl auf Holz; Tourcoing, Musée des Beaux-Arts

121 Drei gleiche Köpfe sitzen auf drei verschiedenen Körpern. Durch den veränderten physiognomischen Gesamtzusammenhang ändert sich auch die Interpretation des Gesichtsausdruckes, aus: Rodolphe Toepffer: *Essai de Physiognomonie*, 1845

ungefähr beruft sich Toepffer auf Hogarth. In der Literatur in Bildern, die Toepffer propagiert, soll das Bild wieder jene Aufgaben übernehmen, die im Prozeß der menschlichen Entwicklung vom Wort übernommen wurden. Damit das Bildbewußtsein des Betrachters wieder erwacht, müssen – so Toepffer – die Bildinformationen knapp, klar und eindeutig sein, was ihm zufolge nur durch eine Kenntnis der Physiognomik möglich ist. Obgleich Toepffer keineswegs an eine unfehlbare physiognomische Deutung glaubt – besonders im Hinblick auf die Interpretation der festen Körperteile –, pocht der Künstler in ihm doch auf ihre Notwendigkeit und ihre weitgehende Richtigkeit. So hält er möglichen Kritikern an der Physiognomik entgegen: »Und wenn ich persönlich nach meinem Belieben einen bestimmten Kopf zeichne, der entweder Laster oder Rechtschaffenheit,

Verkommenheit oder Adel, Freude oder Trauer, Zartgefühl oder Härte so ausdrückt, daß ein Irrtum unmöglich ist, dann muß es wohl notwendigerweise aufgrund fester Regeln sein, daß ich mit solcher Sicherheit ein im voraus angekündigtes Ergebnis erziele.«[458] Toepffer führt in seinem *Essai* auch recht modern anmutende physiognomische Experimente durch. So setzt er z. B. den gleichen Kopf auf drei verschieden konstituierte Körper, so daß man sehen kann, wie sich durch den veränderten physiognomischen Gesamtzusammenhang auch jeweils der Ausdruck des Gesichts verändert (Abb. 121). So wirkt das linke Gesicht schwächlicher als das mittlere, während das rechte am stärksten den Ausdruck der Trägheit enthält. Jeder kleinste Strich, betont Toepffer, hat seine Bedeutung, und jede gezeichnete Figur, die wir als Gesicht erkennen können, selbst wenn sie noch so schlecht gezeichnet ist, besitzt aus sich heraus einen bestimmten Ausdruck und eine Individualität. Gombrich erhob diese Erkenntnis zum »Toepfferschen Gesetz«. Hundert Jahre nach Toepffer untersuchte der Psychologe Egon Brunswik in Wien in einer Reihe von Experimenten dieses Wechselspiel von Gestalt und gedeutetem Gehalt anhand einfacher Strichzeichnungen.[459] Die Ergebnisse seiner Arbeit bestätigten das »Toepffersche Gesetz«. Es stellte sich heraus, daß jede kleine Strichänderung die Interpretation eines Gesichts verändert, und weiter, daß die meisten Menschen diese Änderungen gleich oder ähnlich interpretieren.

Das Bild des Bürgers, des Künstlers, der Sünde und des Todes

Die physiognomisch geschulte Karikatur kann mit wenigen Strichen die Gestalt eines Menschen wiedergeben und zugleich auch die wesentlichen Merkmale des Charakters zum Ausdruck bringen. Zu den bemerkenswertesten Eigenschaften der Porträtkarikatur gehört zweifelsohne, daß sie mitunter mittels der Analogie porträtiert, d. h., der ›Gezeichnete‹ bekommt das Gesicht eines Tieres oder eines Gegenstandes. Ein berühmtes Beispiel dafür ist die Karikatur des Bürgerkönigs Louis-Philippe als Birne, die Charles Philipon 1830 in der Zeitschrift *La Carica-*

ture veröffentlichte. Mit seiner Karikatur löste Philipon einen Skandal aus, hatte aber auch großen Erfolg. Wichtig für einen solchen Erfolg ist natürlich nicht nur, daß der Vergleich äußerlich paßt, sondern daß auch die Charaktereigenschaften des Vergleichsgegenstandes denen des porträtierten Opfers entsprechen. Die Birne hat bekanntlich ihr Schwergewicht in ihrer unteren Hälfte, und Louis-Philippe, der Bourgeois auf dem Königsthron, war schwer, unbeweglich, materialistisch und klebte an seinem goldenen Stuhl.

Dieser Vorspann mag genügen, um zu veranschaulichen, daß die Karikatur den Blick für die individuellen Eigenheiten im Menschen schärfte. Davon wurde auch die hohe Kunst, insbesondere die Porträtdarstellung, beeinflußt. Das 19. Jahrhundert ist das Jahrhundert des physiognomisch-psychologischen Porträts. Die Verbürgerlichung, die wir in Kunst und Gesellschaft registrieren, befand sich keineswegs im Widerspruch zu dieser Grundtendenz –, im Gegenteil, beruhte die bürgerliche ›Herrschaft‹ doch auf Leistung, Fleiß, Erfindergeist – Eigenschaften, die im Gegensatz zu der auf physiognomischer Erwähltheit beruhenden Herrschaft der Aristokraten erst auf den zweiten Blick sichtbar werden. Die

Majestäten hoch zu Roß mochten auf individuell-psychologische Feinheiten verzichten können, der durch eigene Tatkraft emporgekommene Bürger weit weniger. Ausgerüstet mit einem verstärkten Interesse am Individuellen und einer technischen Beobachtungsgabe für das Detail, führten die Künstler Porträt und Porträtplastik zu einer Blüte. Der ideale, zeitlose, klassische Mensch überlebte in diesem immer nüchterner werdenden Jahrhundert vornehmlich in der Bildhauerkunst: Bertel Thorvaldsen, Johann Heinrich von Dannecker, Christian Daniel Rauch etwa schufen noch einmal Marmorstandbilder von ungewöhnlicher Schönheit.

Ein Meister der bürgerlich-psychologisierenden Porträtdarstellung war Franz von Lenbach. Auch der Adel fügte sich bei ihm in den Kanon der bürgerlichen Tugenden ein, wie etwa seine Kaiserbildnisse von Wilhelm I. belegen (Abb. 122b). Der Kaiser erscheint auf ihnen weniger als Kaiser von Geblüt, sondern vielmehr als großer einzelner, ähnlich den zahlreichen übrigen Modellen Lenbachs. Charakteristisch für Lenbachs Porträtdarstellungen ist, daß er Körper, Kleidung, Umgebung seiner bürgerlichen Helden in die Dunkelheit des umgebenden Raumes versinken läßt, nur Kopf und Hände werden durch

122 a, b   Franz von Lenbach: Fotografische Bildnisstudien (München, Städtische Galerie im Lenbachhaus) und Porträt von Wilhelm I. (1886, Öl auf Holz; Leipzig, Museum der bildenden Künste). Lenbach hält sich peinlich genau an die vorgegebene Physiognomie, akzentuiert aber durch eine geschickte Lichtregie Kopf-, Stirn- und Augenpartie

das Licht hervorgehoben. Diese erhellten Partien wirken dadurch übergroß und gewinnen an Bedeutung. Dabei zeichnet sich die Verteilung des Lichts durch eine subtile Akzentuierung aus: Stirnpartie und Augen leuchten am stärksten hervor, dann der Rest des Kopfes und als letztes die Hände. Aufschlußreich ist, daß der geadelte Bürger Lenbach seine Porträts häufig nach fotografischen Vorlagen malte (Abb. 122a). Lenbachs fotografische Bildnisstudien belegen, wie genau er sich in seinen Gemälden an die jeweils vorgegebene Physiognomie zu halten pflegte. Dennoch erzielte er durch seine geschickte Lichtregie eine physiognomische Aufwertung seiner Auftraggeber. So wurde er einerseits dem Anspruch gerecht, bürgerlich ›korrekt‹ zu malen und andererseits gleichzeitig seinen Modellen zu schmeicheln, indem er ihre Tugenden, ihre vorteilhaften Seiten sozusagen taghell hervortreten ließ, während der sündige Körper im Dunkel des Bildes versinkt.

Der Preis der Individualisierung ist die Vereinzelung, die Atomisierung, der Zerfall des Übergeordneten. Auch ihr begegnen wir im Porträt des 19. Jahrhunderts, vor allem im Bild des Künstlers von sich selbst. Das Künstlerselbstbildnis tritt uns in diesem sich ständig wandelnden Jahrhundert in vielfältiger Form entgegen: In der deutschen Malerei begegnen wir dem Künstler als suchendem Romantiker und christlich frommem Nazarener, als bravem Bürger und Künder höherer Welten und Werte, so bei Philipp Otto Runge, Johann Friedrich Overbeck, Moritz von Schwind, Adolph von Menzel, Anselm Feuerbach und Arnold Böcklin. Neben den Künstlern, die sich mit ihren Selbstporträts in den zeitgenössischen Alltag eingliederten, und denjenigen, die sich mit einer übergeordneten Ideen- und Phantasiewelt identifizierten, gab es eine weitere wichtige Gruppe, die sich mit der Dämonie und Expressivität der eigenen Innenwelt auseinandersetzte. Hier begegnen uns Maler wie Paul Cézanne, Paul Gauguin, selbst Henri Rousseau, und als wohl bekanntestes Beispiel der von seinen eigenen Innenstürmen zerrissene Vincent van Gogh. Es ist klar, daß eine sich als eingezwängt empfindende Seele ihre überkommene Physiognomie sprengen möchte und nach neuen Gestaltungen sucht, und so finden wir bei diesen Malern die ersten deutlichen expressiven Formverzerrungen.

123   Vincent van Gogh: *Letztes Selbstbildnis,* 1889, Öl auf Leinwand; Oslo, Nasjonalgalleriet

Van Gogh hat seinen Leidensweg im Selbstbildnis festgehalten, vom Aufkommen des Wahnsinns, seinem störrischen und stolzen Widerstand dagegen bis zum endlichen Verlöschen darin. Im letzten Selbstporträt des Künstlers sind die in früheren Arbeiten brennenden Farben matter, die expressive Pinselführung ist zurückgenommen, das Kinn sinkt zurück, die Augen blicken trüber. Der Kampf ist verloren (Abb. 123).

Neuartiges ereignete sich auch im Bereich der Plastik. Auguste Rodin, der die Bildhauerkunst endgültig von der Architektur emanzipierte, schlug mit seiner 1891 bis 1898 entstandenen, zunächst abgelehnten, dann bewunderten Statue Balzacs ungewohnte Wege ein. Es ist ein ›Schauungsporträt‹, d. h., die physiognomische Erkennbarkeit Balzacs bleibt gewahrt, sie wird aber so weit gesteigert bzw. erweitert, daß gleichsam das künstlerische Werk Balzacs in ihr Gestalt annimmt. Das bekannteste Porträt des Jahrhunderts wurde jedoch weder Rodins Balzac noch ein Selbstbildnis von van Gogh, auch kein anderes Meisterwerk der bildenden Kunst, denn dieses Porträt wurde mit Worten ›gemalt‹. Es ist *Das Bildnis des Dorian Gray* von Oscar Wilde. Wildes Roman bildet einen Beleg dafür, wie stark physiognomisches Denken auch in der Literatur des 19. Jahrhunderts vertreten war. Die Figur Grays verkörpert den Typus des Dandys. Der Dandy ist zunächst ganz lebendes Kunstwerk, sein Zweck ist seine äußere Erscheinung. Er lehnt jede praktische Tätigkeit für sich ab. In ihm rebelliert die verdrängte und zurückgewiesene Poesie gegen das moderne Leben. Auch wenn er vorgibt, nur Fassade zu sein, so liegt in seiner Distanz zur Welt doch zugleich seine Abneigung gegen sie verborgen – und seine Revanche. Hinter seiner kühlen und unbewegten Maske walten zerstörerische Kräfte. Der Dandy ist das Laster im Gewande der Eleganz. In Wildes Roman wird der junge, makellos schöne und unschuldige Dorian Gray von dem begabten Künstler Basil Hallward gemalt. Geblendet von seiner eigenen Schönheit und verführt durch die einschmeichelnden Worte seines älteren Freundes Lord Henry Wotton spricht er vor seinem fertigen Bildnis den Wunsch aus: »Wenn ich ewig jung bliebe und das Bild altern würde! Ich würde alles – alles dafür hingeben!«[460] Der Wunsch geht in Erfüllung, fortan altert das Bild, und Gray behält seine Jugend. Doch unter dem Einfluß von Lord Henry wandelt sich sein Charakter: Nach außen bleibt er ein angesehener Bürger, aber hinter der Maske des reichen und kultivierten Dandys führt er ein ausschweifendes und verbrecherisches Leben. Das Bild registriert jedoch penibel jede seiner Schandtaten, und der schöne Jüngling mutiert darauf nach und nach zu einem abstoßenden Scheusal. Die Ich-Aufspaltung, die in dieser Geschichte enthalten ist, begegnet uns auch in der etwas früher verfaßten Erzählung *Dr. Jekyll und Mr. Hyde* von Robert Louis Stevenson. Auch hier geht die Verwandlung der tragischen Hauptfigur mit einer dramatischen physiognomischen Änderung einher. – In Wildes Roman interessiert in unserem Zusammenhang der Künstler Basil Hallward: Er glaubt nicht an die Schlechtigkeit des Dorian Gray, da gerade er als Künstler von einem Wechselverhältnis zwischen äußerer Schönheit und wesensmäßiger Gutheit ausgeht und ihm zufolge selbst das verborgenste Laster seine Spuren hinterlassen muß, etwa in einem Zug am Mund oder in der Form der Hände. Da er Dorians Geheimnis nicht kennt, bleibt gerade er ein Opfer seiner physiognomischen Erfahrung. Walter Pater erblickte in Wildes Roman eine einfache und überdeutliche Moral: »Nämlich daß Laster und Verbrechen die Menschen gemein und häßlich machen.«[461]

Ein beliebtes, aus dem Abschnitt über das Mittelalter bereits bekanntes Sujet zur Versinnbildlichung des Lasters bilden die sieben Todsünden. Auch die Künstler des 19. Jahrhunderts griffen auf diese Thematik zurück, konnten sie in diesem Motivbereich doch ihr physiognomisches und psychologisches Geschick offenbaren. Allerdings, das zeigen viele dieser Arbeiten – wie etwa der Zyklus der sieben Todsünden von Eduard von Grützner oder der Holzschnitt des Italieners Fabio Fabbi – kann eine zu starke phy-

124   Fabio Fabbi: *Die sieben Todsünden: Wollust, Völlerei, Trägheit (des Herzens), Hochmut, Neid, Geiz, Zorn* (Ausschnitt), um 1900, Holzschnitt

siognomische Eindeutigkeit der Figuren eine Trivialisierung mit sich bringen (Abb. 124). Das Motiv der Todsünden führt uns zugleich zur Physiognomie des Todes. In Wildes Roman offenbart sich mit dem Tod von Dorian Gray auch dessen bis dahin verborgen gebliebene physiognomische Wahrheit: Im Tod verliert Gray seine schöne Maske und wird zu der Fratze, die sein gemaltes Abbild für ihn getragen hat. Das Porträt hingegen erhält seine unschuldige Schönheit zurück. Die Vorstellung, daß der Tod persönliche und überpersönliche Geheimnisse verrät, fand ihren Niederschlag in der Abnahme der Totenmaske. Totenmasken kennen wir bereits aus dem römischen Ahnen- und Totenkult. Im späten Mittelalter dienten sie als Vorlage zur Ausarbeitung porträtähnlicher und realistischer Grabfiguren und zur Anfertigung königlicher Scheinleiber aus Wachs, die bei den Begräbniszeremonien eine zentrale Rolle spielten. Bis ins 19. Jahrhundert blieben die Abformungen aus Gips oder Wachs weitgehend zweckgebunden, dienten als Skizzen zur weiteren Bearbeitung. Im 19. Jahrhundert erhielten diese Abbilder dann einen Eigenwert, und es entwickelte sich ein bis in die ersten Jahrzehnte des 20. Jahrhunderts reichender Kult des »ewigen Antlitzes«.[462] Trotzdem blieb die Totenmaske weiterhin ein Hilfsmittel des Künstlers, sie bildete häufig die physiognomische Ausgangsbasis bei der Erstellung eines öffentlichen Denkmals. Auch das Denkmal – und das 19. Jahrhundert war zugleich das Jahrhundert des Denkmals – impliziert in sich ein Stück Totenkult.

Das größte Geheimnis, das die Totenmasken entschleiern sollen, ist weniger der persönliche Charakter eines Menschen als vielmehr der göttliche Ursprung *aller* Menschen. Zahlreiche Physiognomen, aber ebenso Philosophen und Schriftsteller haben zu Recht darauf verwiesen, daß nach dem Tode, bevor der körperliche Zerfallsprozeß einsetzt, sowohl eine Verschönerung als auch eine Angleichung der Gesichtsphysiognomien stattfindet. Lavater sinnierte darüber: »Dürfte nicht vielleicht bey allen Menschen eine Grundphysiognomie seyn? durch die Ebbe und Fluth der Zufälle und Leidenschaften verschwemmt? vertrübt? – die sich nach und nach durch die Ruhe des Todes wieder herstellte, wie trüb gewordnes Wasser, wenn's unzerrüttet stehen kann,

125   William Sidney Mount: *Bildnis einer Frau nach dem Tode,* um 1834, Öl auf Leinwand; The Museums at Stony Brook, Gift of Mr. and Mrs. Ward Melville, 1973

hell wird?« Und er notiert weiter: »Man sah einen neuen Menschen vor sich! Colorit und Zeichnung und Grazie – alles neu – alles morgen – röthlich, himmlisch!... erhaben,... Ebenbild Gottes – sah ich unter den Trümmern der Verwesung hervorglänzen, mußte mich wenden, schweigen und anbeten.«[463] Egon Friedell gewann aus seinen Studien zahlreicher Totenmasken die Erkenntnis: »Aus einer Totenmaske spricht alles und – so grotesk es klingen mag – mehr als alles... Sie lehrt uns eine Paradoxie, daß die Toten leben.«[464] Hans Georg Behr hingegen hält diesem physiognomischen Idealismus seine materialistische Sichtweise entgegen: »Doch warum wird immer versucht, in [den Totenmasken] ein ›wahres Gesicht‹ zu suchen? Jedes Leben ist aus diesen Zügen gewichen und das Fleisch meist schon abgesackt. Was sie erzählen können, sind die Erschlaffung nach einem mehr oder minder heftigen Totenkampf, der Beginn der Verwesung.«[465] Aber der Tod riß nicht nur die Physiognomen zu Spekulationen hin, sondern hat in seiner schweigenden Vieldeutigkeit auch die Künstler fasziniert. Der amerikanische Maler William S. Mount etwa spezialisierte sich auf Porträts von Toten, die er in dem kurzen Moment ihrer höchsten Schönheit wiedergab (Abb. 125).

Die Femme fatale

Tod und Sünde verbinden sich mit der Gestalt der Femme fatale. Das weibliche 18. Jahrhundert hatte seinen Lüstling, das männliche 19. Jahrhundert seine Femme fatale. Natürlich sind beide Erscheinungen keine Schöpfungen ihrer Jahrhunderte, aber sie erlangten dort als Typus ihren Höhepunkt. In Kunst und Mythos war die Femme fatale immer präsent. Sie begegnet uns als Sirene, Sphinx oder Wassernixe, als rasende Medea oder wilde Amazone, als schöne Helena oder lüsterne Kleopatra. Die Bibel berichtet von den drei ›Teufelsweibern‹ Salome, Judith und Delila. Die von den Männern umlagerte und von ihren Geschlechtsgenossinnen gemiedene Femme fatale verkörpert einen gefährlich-faszinierenden Frauentypus, von einem dunklem Schicksal ausgesandt, zu verführen und zu verderben.

Mit der Femme fatale verfällt das männliche Prinzip dem weiblichen bzw. einer bestimmten Nuance des weiblichen. Aber was ist das Weibliche? In der physiognomischen Literatur bildet die Gegenüberstellung von männlich und weiblich zwar kein Zentralanliegen, aber es haben sich doch zahlreiche Physiognomen um eine Herausarbeitung der Unterschiede zwischen den Geschlechtern bemüht. Der majestätische Löwe etwa erscheint im Pseudoaristoteles unter allen Geschöpfen als der vollkommenste Typus der Idee des Männlichen, während der geschmeidige Panther dem weiblichen Prinzip zugeordnet wird.[466] Lavater hält das weibliche Geschlecht für »viel reiner, zarter, feiner, reizbarer, empfindlicher, bildsamer, leitsamer, zum Leiden gebildeter« als das männliche.[467] Hermann Krukenberg, der die physiognomischen Unterschiede zwischen Männer- und Frauengesichtern herausgearbeitet hat, wies darauf hin, daß die Betonung der sichtbaren Geschlechtsunterschiede im Regelfall mit dem Grad

der kulturellen Verfeinerung einer Gesellschaft oder Klasse wächst.[468] Bei der körperlichen Darstellung bzw. Beschreibung der Geschlechter in Kunst und Physiognomik gilt der Mann als der kräftigere, kantigere, die Frau wird mit weicheren, gerundeteren Formen vorgestellt. Die weiche Linie des weiblichen Körpers hat ihre Ursache in dem größeren Anteil an Fettgewebe (Abb. 126). Daher ist eine größere Üppigkeit des weiblichen Körpers gegenüber dem männlichen nicht nur natürlich, sondern galt auch in den meisten Zeiten und Kulturen als weibliches Schön-

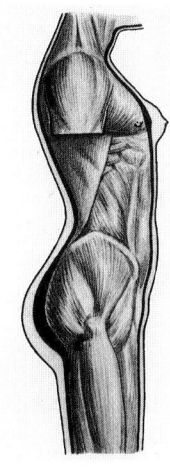

126 Verteilung des Unterhautfettgewebes beim Mann (schwarz) und bei der Frau (weiß), nach Karl Herzog, 1990

heitsideal. Was die Gewichtung des Körpers betrifft, so hat die Frau ihren Schwerpunkt im Bereich des Unterleibes, der Mann in der Schulterpartie. Neben der Kunst pflegte vor allem die traditionelle Bekleidung diesen Unterschied zu betonen, indem die Schulterbreite des Mannes herausgehoben wurde, die Frauen hingegen Röcke trugen, die die Erdausgerichtetheit ihrer Figur unterstrichen. Die Symbole für Mann und Frau, ein gleichseitiges, mit der Spitze nach unten ∇ bzw. nach oben △ weisendes Dreieck, abstrahieren auf das einfachste diesen Gegensatz. Im Grunde gleiches deuten auch die von den Planetenzeichen Mars und Venus übernommenen Geschlechtersymbole an: Das weibliche Zeichen ♀ versinnbildlicht eine stärkere Verwurzelung mit der Erde, das männliche ♂ den Ausbruch daraus. Die Asymmetrie des männlichen Zeichens ist darüber hinaus Ausdruck des Dynamisch-Zeitlichen. Wir können auch sagen, das stärkere Verbundensein der Frau mit der ›Mutter Erde‹ macht ihren Körper zu einem Teil des Raumes, während der von der Erde getrennte, suchende Körper des Mannes sich mit der Zeit verbindet.

Bei einem Vergleich von Männer- und Frauenbildnissen in der abendländischen Porträtkunst bis 1900 fällt auf, daß die Frauenporträts tendenziell weniger individuell wirken als Männerbildnisse. Ihr Ausdruck ist zurückhaltender, ihre Linienführung diskreter; es ist also schwerer, in ihnen zu lesen. Wir erblicken oft weniger eine bestimmte Person als vielmehr die ›Gattung Weib‹. Dieser vereinheitlichende Zug wurde durch die sich ausbreitende Idee vom schönen Geschlecht noch verstärkt. Gleichzeitig wirkt der Mann auf den Bildern aktiver, die Frau passiver.[469] Das 19. Jahrhundert, das Zeitalter der sprunghaften Entwicklung des quantitativ rechnenden, technischen Denkens, führte diesen Gegensatz im Leben und in der Kunst zu seinem Höhepunkt. Ein ›physiognomischer Riß‹ trennt jetzt die Geschlechter. Während der Mann sich in der von ihm geschaffenen technischen Welt immer stärker von seinem Ursprung entfremdet, bleibt die Frau der Natur, dem Bildhaften, dem Instinkthaften näher – sei es als braves ›Muttertier‹ oder als verführerisches und bedrohliches ›Geschlechtstier‹ – als Femme fatale, die den Mann aus seiner technischen Welt zurücklockt in den Schoß der Natur, bis sie ihn, den Gegner der Natur, vernichtet hat. Schenkt die Mutter das Leben, gibt die Femme fatale den Tod.[470]

Diese polaren Frauenbilder begegnen uns in der Kunst des 19. Jahrhunderts wieder. Bemerkenswert in diesem Zusammenhang ist, daß gerade die englischen Präraffaeliten, die auf der einen Seite das Bild der romantisch verklärten, idealen Geliebten schufen, andererseits den Grundtypus der dämonischen Femme fatale herausgearbeitet haben, wie sie uns besonders in der Kunst von Dante Gabriel Rossetti entgegentritt. Für Ernst Kretschmer waren es gerade diese hinter Prüderie versteckte Lüsternheit und andererseits die Angst des Mannes vor den Erdkräften der Frau, die die Psychoanalyse entstehen ließen; für ihn gehören Viktorianismus und Freudianismus zusammen wie Positiv und Negativ.[471]

Zahlreiche Künstler haben sich im 19. Jahrhundert in irgendeiner Form mit dem Topos der Femme fatale beschäftigt. Zu ihnen gehörten Gustave Courbet, Paul Gauguin, Gustave Moreau, Dante Gabriel Rossetti, Fernand Khnopff, Arnold Böcklin, Hans Makart, Friedrich August von Kaulbach, Franz von Stuck, Albert von Keller, Edvard Munch. Obgleich die Femme fatale von fast allen Künstlern gern an exotischen Orten oder in fernen historischen Zeiten in Szene gesetzt wurde – was zugleich einen Vorwand für eine prunkvolle und geheimnisvolle Kulisse gab –, trägt ihre Physiognomie doch deutlich den Stempel ihres Jahrhunderts: Fast immer ist sie blaß, idolgleich, aber dennoch mit allen Attributen der Weiblichkeit ausgestattet: einer lasziven, sinnlich anziehenden Passivität, einer üppigen, geschwungenen Körperlichkeit, in der die menschlich-männliche Trennung von Kopf und Körper wieder aufgehoben ist, endlos langem Haar, nachlässig eingehüllt in glitzernde Stoffe, Schuppen und Schlangenhäute. Alles wirkt nach feuchter Erde, umspielt und überschwemmt von trägem, schwerem Wasser. »Ertrinken, Versinken – unbewußt – höchste Lust!« Mit

127 Franz von Stuck: *Die Sinnlichkeit,* 1897, Öl, zerstört?

180

diesen Worten läßt Richard Wagner sein Musik-
drama *Tristan und Isolde* enden. Und in der Tat war
Ertränken, neben dem Erwürgen mit dem langen
Haar, eine der beliebtesten Todesarten bei den
männlichen Opfern der Femme fatale.[472] Tod und
Eros klingen in der grausam verschlingenden Sinnlichkeit der Femme fatale immer wieder an. Salvador
Dalí hat auf den gespenstischen Surrealismus des
Ewig-Weiblichen in der präraffaelitischen Kunst verwiesen, die zugleich die begehrenswertesten und
bedrohlichsten Frauen zeigt.[473] Als bevorzugte Farben wurden der Femme fatale schillernde Blau-,
Grün- und Violettöne zugeordnet. Die Blumenorna-
mentik, die sich häufig an ihrer Kleidung findet, weist
des öfteren Motive von Wasser- oder Schlingpflan-
zen auf. Mitunter tritt die Femme fatale auch als rät-
selhaftes Mischwesen auf, etwa bei Fernand Khnopff,
womit auch in ihrer Gestalt der alte Mensch-Tier-Vergleich wieder auftaucht. Sie wird dabei – ganz in
Übereinstimmung mit dem Pseudoaristoteles – am
liebsten mit Tieren verbunden, die etwas Geschmei-
diges und Schimmerndes haben: Raubkatzen,
Schlangen oder Fischleiber. Eine glänzende
Schlange umschlingt die berühmte *Sünde* und die ihr
ähnliche *Sinnlichkeit* von Stuck, die der Künstler in
mehreren Variationen geschaffen hat (Abb. 127).
Das Faszinierend-Bedrohliche der Gestalt der
Femme fatale schlägt am Ende des Jahrhunderts um
in reine Morbidität. Der Wurm steckt in ihrem Körper, und dies auf einigen Bildern des Fin de siècle
nicht nur im übertragenen Sinne. Wollust und Sünde
vermengen sich mit einem tödlichen Kadavergeruch.
Dieses lüsterne Grauen vor dem weiblichen Körper,
das sicher mit eine Ursache in der Angst vor der
damals noch unheilbaren Syphilis hatte, findet sich
auch in Alfred Kubins Frühwerk genial gebannt,
ebenso bei Félicien Rops oder bei Jean Delvilles *Idol
der Perversität* (Abb. 128). In der Literatur begegnet
uns die Angst vor dem Weiblichen in Otto Weinin-
gers voll leidenschaftlichem Haß niedergeschrieben-
nen *Geschlecht und Charakter* sowie in der Gestalt der
Lulu in Frank Wedekinds *Erdgeist*.[474] Gegen Ende
des Jahrhunderts wurde das Bild der Femme fatale
nicht nur mit der Morbidität verbunden, sondern es
zeichnete sich auch eine Entweiblichung ab – die
Wandlung vom Weib zur Frau. Diese Tendenz spie-

128   Jean Delville: *Idol der Perversität,* 1891

gelt sich z. B. in der Malerei der englischen Präraffaeliten wider, wenn wir etwa die Entwicklungslinie
von Rossetti über Edward Burne-Jones zu Aubrey
Beardsley verfolgen. Hatte Burne-Jones die Elemente einer betont weiblichen Körperlichkeit
bereits zurückgenommen, so fehlen sie bei Beardsley fast vollkommen. Was er schafft, sind Gestalten
androgynen Geschlechts. Im 20. Jahrhundert können wir diese Entwicklung an der Person von Mar-
lene Dietrich verfolgen: Der *Blaue Engel* zeigt sie
noch als deutlich anderen Typus von Femme fatale
als ihre späteren Hollywoodfilme, in denen ihr Körper schlanker, die Kleidung maskuliner wurde. Mit
diesem körperlichen Wandel ändert sich auch
Wesen und Verführungsart der Femme fatale: Die

Elemente Erde und Wasser weichen den Elementen Luft und Feuer. Der Mann wird nicht mehr durch den endlosen Liebesakt, der ihn in den ›Schoß‹ der Natur zurückzieht, zerstört, sondern in einem endlosen Geschlechterkampf von Anziehung und Abstoßung zerrieben, in einer vergeblichen Suche nach dem Ruhend-Weiblichen. Der Typus der Lulu kündigt bereits diesen Wandel an. Die Femme fatale ist zum Garçon fatal geworden, sie ist nicht mehr die Gegenwelt des Mannes und seiner Technik, sondern in seinen Einfluß geraten.

Erstaunlich ist, wie dieser Entweiblichungsprozeß der Frau in der Kunst sich auch im Leben widerspiegelt, wie das bereits Bruno Paul 1905 witzreich im *Simplicissimus* festgehalten hatte (Abb. 129). Bubikopf, Männerhose und Knabenkörper wandelten das Bild der Frau. Ihr Körper wurde schlanker, die Schultern wurden zunehmend betont, vor allem die Beckenbreite der Frauen hat sich im Laufe des 20. Jahrhunderts deutlich verringert.[475] Der ›Raumkörper‹ der Frau hat sich damit dem ›Zeitkörper‹ des Mannes angepaßt.[476]

129 Bruno Paul: *Streit der Moden,* 1905, Tusche, Deckweiß, aus: *Simplicissimus,* Nr. 1590: »Das Reformkleid ist vor allem hygienisch und erhält den Körper tüchtig für die Mutterpflichten.« – »So lange Sie den Fetzen anhaben, werden Sie nie in diese Verlegenheit kommen.«

VII. Reaktion und Moderne

Der französische Kunsthistoriker Raymond Cogniat schreibt, daß man allein mit Hilfe des Porträts fast schon eine Geschichte der Malerei des 19. Jahrhunderts verfassen könnte.[477] Eine solche Aussage wäre für das 20. Jahrhundert undenkbar: Beinahe mit jedem Jahrzehnt verliert die Porträtkunst hier an Bedeutung, bis sie schließlich als Anachronismus empfunden wird. Eine Ursache für diese Entwicklung haben wir natürlich in der Fotografie zu suchen. Doch erklärt das nicht alles; wir dürfen wohl behaupten, daß der Höhepunkt der künstlerischen Porträtfotografie ebenfalls, spätestens seit der zweiten Jahrhunderthälfte, überschritten ist. Einige physiognomische Theorien haben dieses Phänomen als Ergebnis eines Prozesses fortschreitender Banalisierung bewertet, als »Verfall des Menschengesichts«.[478] Die entscheidenden Gründe für diesen ›Verfall‹ dürften in dem immer schneller werdenden Verschleiß der Kunststile liegen, der keine ruhige Entwicklung des Porträts mehr zuließ, ebenso wie in der Tendenz der modernen Kunst zur Abstraktion. Wilhelm Worringer hat die Behauptung aufgestellt, daß die sinnliche Triebkraft sich im 20. Jahrhundert vom Bildnerisch-Gestaltenden ins Denkerische verlagert habe. Mit diesem Verlust der unmittelbaren sinnlichen Wahrnehmung hat für ihn die Kunst ihren Urgrund, ihre Daseinsmöglichkeit verloren; was danach noch erschaffen werden kann, sind, so Worringer, »Denkbilder«, ungegenständliche Schöpfungen, Lehrgebäude, Kunstgeschichten, Bücher, jedoch nicht mehr »Malbilder«, da die bildende Kunst den dazu nötigen Bezug zum Raumhaften verloren hat.[479] Eine ähnliche Aussage machte der Kulturphilosoph Jean Gebser, auch wenn er – im Gegensatz zu Worringer – nicht das Ende aller Kunst prophezeite. Gebser bemerkt an der modernen Kunst die Auflösung, »die Zerstörung des vorherrschenden raumhaften Elements ... zufolge der Hereinnahme der Zeit«.[480]

Dieser Prozeß erfolgt für ihn durch die Loslösung von der gegenständlichen Welt und die Hinwendung zu einer ungegenständlichen, abstrakten Welt. Das Prinzip der Abstraktion begegnet uns auch in der Kunstwissenschaft des 20. Jahrhunderts. Von dem berühmten Heinrich Wölfflin wird berichtet, daß in seinen Hörsälen noch »die Luft des Ateliers« wehte[481] – alle kunstgeschichtliche Betrachtung hob bei ihm mit dem Sehen an, die Gestalt des Kunstwerks blieb für ihn das zentrale Kriterium. Diese Auffassung lief der Tendenz der neueren Kunstwissenschaft entgegen, deren Leitbild nicht mehr die Nähe zum Künstler, sondern die Wortwelt des Gelehrten war.

Der Aspekt der Zeit, den Gebser als prägend für die Kunst des 20. Jahrhunderts begreift, drückt sich am Menschen sichtbar durch die Bewegung aus. Die Physiognomen, oder jetzt vielfach die Ausdruckspsychologen, nehmen sich ihrer Deutung verstärkt an.[482] Auf die Gebärdensprache in der Kunst ist Wilhelm Waetzoldt in seinem Standardwerk über das Porträt eingegangen.[483] Waetzoldt verweist darauf, daß die Gebärden sich in zwei psychologisch grundverschiedene Gruppen unterteilen: in die »Affektgebärden« und in die »Vorstellungsgebärden«, wobei letztere dadurch definiert werden, daß sie Vorstellungsinhalte mitteilen. Die Ausgeprägtheit der Affektgebärden hängt nach Waetzoldt von der geistigen Tätigkeit ab, eine These, die er anhand von Beispielen aus der Kunst belegt. Waetzoldt kommt dabei zu dem Schluß, daß geistige Konzentration immer durch Ruhe ausgedrückt wird, wohingegen Zerstreutheit oder Einfältigkeit durch starke körperliche Bewegung wiedergegeben wird.

Waetzoldt konzentriert sich in seiner Untersuchung weitgehend auf die Kunst seit der Renaissance. Erst Aby Warburg setzte die Gebärdensprache, wie sie sich durch die Jahrtausende entwickelte,

183

in allen Bereichen der Künste und des Lebens miteinander in Bezug. In seinem unvollendet gebliebenen Lebenswerk, einem Bilderatlas der menschlichen Gebärdensprache mit dem Titel *Mnemosyne,* vergleicht Warburg die »Urformeln« der Gebärdensprache quer durch die Jahrtausende, Kulturen und Kontinente.[484] Dabei zeichnet er die Wiederaufnahme antiker Gebärden in der Kunst der Renaissance nach, sieht aber ebenso in dem energischen Schlag einer Golfspielerin die Geste einer Kopfjägerin aus prähistorischer Zeit fortleben. Mit dem Titel seines Atlasses (Mnemosyne = Erinnerung, Gedächtnis) spielt Warburg auf seine Theorie des sozialen Gedächtnisses an, die er hier konkret am Weiterleben einmal entwickelter Gebärden durch die Epochen hindurch und in den verschiedenen Kulturen exemplifiziert. Die Bildtafeln Warburgs verweisen zugleich auf ein physiognomisches Paradoxon: Es liegt darin begründet, daß sich die Gesten, die Bewegungen, vielfach als weit konstanter erweisen als die festen Formen des Körpers selbst. So hat z. B. die Gebärde einer Trauernden aus dem Mittelalter, die uns Warburg vorführt, weitaus mehr Ähnlichkeit mit der Gebärde einer Trauernden aus der Antike, als daß die Körperformen der beiden Figuren einander ähneln. Demnach wäre also das Feste das Bewegliche und das Bewegliche das Feste.

Für Wilhelm Worringer hat die Kunst mit dem Ende des Barock ihre soziologische und kulturelle Selbstverständlichkeit verloren.[485] In der Tat läßt sich feststellen, daß die Kunst seit diesem Zeitpunkt aufgehört hat, ein unmittelbarer physiognomischer Ausdruck des gesellschaftlichen Lebens zu sein. Die Kunst begann neben das Leben zu treten oder zur unechten Kulisse zu erstarren. Das Bildhafte, wo es sich in Kunst und Architektur oder bei den Auftritten der Monarchen noch inszenierte, wirkt meist entleert, trivialisiert. Nur so läßt sich Adolf Loos' Schlachtruf »Ornament ist Verbrechen« verstehen. Die politischen Umstürze dieses Jahrhunderts beschleunigten den Abbau des Bildhaften und die Verbreitung des ›physiognomischen Understatements‹. Die Bildbedürfnisse der Massen werden seitdem weitgehend über die Populärkultur abgespeist. Die offizielle Kunst und das politische Leben sind in der Regel ›ohne Ornament‹. Gleichwohl setzte in den

zwanziger Jahren, nach dem Niedergang dreier großer europäischer Monarchien, eine erneute Beschäftigung mit der Physiognomik ein. Die Namen von Theodor Lessing, Ludwig Klages, Max Picard, Rudolf Kassner und Ernst Kretschmer treten hervor. Aber ihre physiognomischen Theorien haben jede naive Bildhaftigkeit hinter sich gelassen, sie sind dem veränderten Zeitgeist in ihrer literarischen bzw. wissenschaftlichen Ausrichtung angepaßt. Zu den herausragenden ›Physiognomen‹ dieser Zeit gehört in gewisser Weise auch Oswald Spengler. Seine epochemachende Abhandlung *Der Untergang des Abendlandes* trägt den Untertitel *Umrisse einer Morphologie der Weltgeschichte.* Spengler vergleicht dort die »Physiognomien« der Hochkulturen untereinander in ihrer Entwicklung, ihrem Aufblühen, Sein und Vergehen. Er setzt die Kulturen mit Organismen gleich, die er als Lebewesen höchsten Ranges, als körperhafte Gestalten begreift. Seine Untersuchungsmethode bezeichnet der ›kulturphilosophische Physiognom‹ Spengler daher auch als »Formlehre«.

Es soll keineswegs verhehlt werden, daß physiognomische und bildhafte Bestrebungen sich mitunter mit der politischen Reaktion und weltanschaulichen Atavismen verbunden haben. Der Schriftsteller und Kulturphilosoph Houston Stewart Chamberlain, einer der Wegbereiter der modernen Rassenideologie des Nationalsozialismus, lieferte mit seinen 1899 erschienenen *Grundlagen des 19. Jahrhunderts* einen Beleg dafür, wie sehr sich gestalthaftes Sehen mit ideologischer Rückwärtsgewandtheit verbinden *kann.* So finden wir darin folgende Zentralaussage: »Wann werden die Menschen es begreifen, daß Gestalt nicht gleichgültiger Zufall ist, sondern ein Ausdruck des innersten Wesens? Daß gerade hier, an diesem Punkte, die zwei Welten des Inneren und Äußeren, des Sichtbaren und Unsichtbaren sich berühren?«[486] Die Gestaltphobie der Vertreter der Moderne, insbesondere der leiblichen Erscheinung des Menschen gegenüber, mag hierin mit eine Ursache haben.

Porträtmaler, Welterlöser und Physiognom: Carl Huter

»Du aber, Meister Gall, und du, o teurer Seelenforscher Lavater, beide groß im Beobachten der Form, beide groß im Seelenschauen, Gall größer im analytischen Denken, Lavater größer im Formempfinden – ihr bahntet der Wissenschaft, der Menschenkenntnis, der Menschheit neue Wege. Ich nenne euch beide meine besten Vorläufer und Vorarbeiter. Das große Werk, das ihr angefangen, was eurer schwachen Kraft zu überschwer und allmächtig war zu vollbringen, ich habe es neu begonnen, neu gestaltet, ausgebaut und vollendet!«[487] Diese großspurigen Worte stammen von Carl Huter. Huter war der bekannteste unter einer Reihe volkstümlicher Physiognomen aus der Zeit nach 1900, zu der auch Leo Erichsen, Reinhold Gerling und Robert Burger-Villingen gehören.[488] Aber der 1861 geborene und 1912 gestorbene Huter begrenzte sich in seinen Aktivitäten keineswegs nur auf die Physiognomik, der er sich seit seiner frühen Kindheit durch die Beobachtung von Menschen genähert hatte. In seinem Bestreben, in den unterschiedlichsten Bereichen zu wirken – Naturwissenschaften, Heilkunst, Dichtkunst, Philosophie, Religion –, erweist er sich als eine typische Gestalt der Lebensreformbewegung der Jahrhundertwende. Auch die dort mitunter anzutreffende seltsame Verbindung von ernsthaftem Bemühen und neuen Einsichten, z. B. zu Ernährung, Hygiene usw., Obskurantismus und geistiger Hochstapelei, findet sich in Huters Person beispielhaft widergespiegelt. Nach einer Ausbildung als Kunst- und Dekorationsmaler war er zunächst als Porträtist tätig, ohne hier je besonders hervorgetreten zu sein. Daneben eignete er sich als Autodidakt eine ›Universalbildung‹ an. 1894 veröffentlichte er sein erstes Buch *Leib und Seele*, vier Jahre darauf gründete er ein eigenes Kurbad, von 1899 an gab er die Zeitschrift *Hochwart, Archiv für psycho-anthropologische Forschung und Reformen* heraus. Zwei Jahre später entstand der ›Hutersche Bund‹, der es sich zur Aufgabe gemacht hatte, die Hutersche Psychophysiognomik zu pflegen und zu fördern, und 1909 eröffneten die Carl-Huter-Institute in Leipzig.[489] Zwischen 1904 und 1906 erschien sein Hauptwerk zur Physiognomik,

Menschenkenntnis durch Körper-, Lebens-, Seelen- und Gesichtsausdruckskunde.

Für Huter bildet die Physiognomik *die* Elementarwissenschaft, denn »alles reale Erkennen ist zunächst an das Äußere der Dinge gebunden. Unmittelbar kann niemand in das Innere schauen, sondern man ist stets auf das Äußere angewiesen«.[490] Huter hat sich in der von ihm entwickelten »Psychophysiognomik« nicht nur die Arbeiten seiner Vorgänger zunutze gemacht, sondern vor allem versucht, seine Lehre mit den naturwissenschaftlichen Erkenntnissen seiner Zeit und der Evolutionstheorie in Einklang zu bringen. Der Mensch ist für ihn ein Abbild des Universums im kleinen. Ohne Kenntnis von dessen Gesetzen, von der Zelltheorie bis zur Astronomie, ist für ihn auch keine wirkliche Menschenkunde möglich. Am meisten Beachtung fand Huters »Naturellehre«. Sie stellt in vielem eine populäre Vorwegnahme von Kretschmers wissenschaftlicher Konstitutionsforschung dar, obgleich man berücksichtigen muß, daß das Wissen um die unterschiedlichen Konstitutionstypen deutlich älter als Huters Lehre ist. Huter unterscheidet im wesentlichen die drei Primärnaturelle (Ernährung, Bewegung, Empfindung) (Abb. 130). Das Ernährungsnaturell, das als dicklich und untersetzt geschildert wird, entspricht dem Konstitutionstyp des Pyknikers, das Bewegungsnaturell, das muskulös dargestellt ist, dem Athletiker, und das feingliedrige Empfindungsnaturell dem Astheniker. Huter bedient sich bei seiner »Naturellehre« eines Farbschemas, indem er die drei Primärnaturelle den drei Grundfarben zuordnet. Die Farbzuordnungen erfolgen dabei sinnbildlich: Für das Ernährungsnaturell wählt er die Farbe Blau, die Ruhe ausstrahlt, für das Bewegungsmodell Rot (Dynamik) und für das Empfindungsnaturell die lichteste Farbe, Gelb. Dem harmonischen Naturell, das alle drei Primärnaturelle in optimaler Weise in sich vereinigt, wird Weiß zugeordnet, dem polar gegenüberliegenden disharmonischen Naturell Schwarz. Die Sekundärnaturelle sind Mischformen aus zwei Primärnaturellen, z. B. aus Empfindung (Gelb) und Bewegung (Rot), was zum Bewegungs-Empfindungsnaturell im daraus resultierenden orangefarbenen Feld führt. Tertiärnaturelle sind weniger klare Mischformen, was in dem Huterschema durch Grautöne zum Ausdruck

Im Diagramm erscheinende Beschriftungen:

Harmonie · Weiss · Empfindung · Gelb · Natu-relle · Grün · Ernährung · Tertiäre · Helleres Grau · Hell-Grau · Gelb-Grau · Na · tu · Absolut neutrales · IV · Kalt-Grau · Warm-Grau · Orange-Grau · Orange · Bewegung-Empfindung · Ernährung · Blau · Blau-Grau · Neu-träle · Violett-Grau · Dunkel-Grau · Rot-Grau · Rot · Bewegung · Ernährung-bewegung · Violett · Grau · Grau · Dunkles Grau · Disharmonie · Schwarz · I · II · III

130   Schema der Naturell-
lehre nach Carl Huter mit
den drei Primär-, den drei
Sekundär- und den zwei
polaren Naturellen

gebracht wird, und neutrale Naturelle (absolutes Grau) entziehen sich einer klaren Zuordnung. Huter deutet in seiner Naturellehre nicht nur Menschenphysiognomien, sondern überträgt sie, gemäß seinem kosmischen Anspruch, auch auf die Tier- und Pflanzenwelt. Auch C. G. Jungs Beschreibung des introvertierten und extrovertierten Charakters greift Huter mit seinem »Innerlichkeits-« und »Äußerlichkeitsmenschen« voraus. Als Vertreter des Evolutionsgedankens hat Huter darüber hinaus die Gestalt des Zukunftsmenschen entworfen, die durch einen weiter ausdifferenzierten Gesichtsschädel gekennzeichnet ist; vor allem aber soll sich bei ihm das Großhirn weiter nach vorn, nach der Seite und nach oben entfalten.

Im Werk Carl Huters bildet die Physiognomik den Ausgangspunkt für eine neue Weltanschauung. Als Ursprung alles Seins bezeichnet Huter den sogenannten Weltäther, der in sich die Urenergien für die Kraft-, Stoff- und Lebensentwicklung trägt. Er unterteilt diese Energien in Empfindungsenergie, Ruh- oder Schwerenergie und Flieh- oder Bewegungsenergie, womit er einen Bogen zu seiner »Naturellehre« schlägt. Gott hat sich für ihn erst im Zuge der Evolution ausgebildet, er fungiert also nicht als Schöpfer. Die Ordnung und Entwicklung der Stoffe und Kräfte untereinander zeigt Huter in der »Kraftrichtungsordnung« auf, die er als eine neue Weltformel angibt. Aufgrund der angenommenen Empfindungsenergie besitzt für Huter auch die Materie Empfindungsvermögen. Dieses Empfindungsvermögen ist für ihn die eigentliche Lebens-, aber auch Liebeskraft, die alle Stoffe miteinander verbinden soll und die er »Helioda« nennt. Mit ihr bzw. ihrer angenommenen Kraft experimentierte er auch bei der Heilung von Krankheiten. Höchste Entwicklung im Sinne der Evolution steht nach Huters Lehre der Menschheit bevor, wenn sie diese Kraft – deren innerstes Wesen die Liebe ist – sinnvoll nutzt.[491] Damit erweist sich Huter, wie zahlreiche Physiognomen vor ihm, als Ethiker.

Das Werk Carl Huters verdient, trotz der darin enthaltenen naiven Großmannssucht – streckenweise fühlt man sich als Leser an Karl May erinnert, so wenn Huter z. B. stolz schildert, wie durch seinen physiognomischen Spürsinn ein Dieb überführt wird[492] –, eine kritische Beachtung, insbesondere von seinem naturwissenschaftlichen Gehalt her.[493] Nicht nur Beachtung, sondern Bewunderung wurde Carl Huter von einem der angesehensten Porträtisten des 20. Jahrhunderts entgegengebracht, dem Österreicher Gustinus Ambrosi (Abb. 131). Der 1893 geborene und 1975 verstorbene Ambrosi verlor mit

131   Der junge Gustinus Ambrosi vor dem Gipsmodell seiner Strindbergbüste, 1911

sieben Jahren infolge einer infektiösen Gehirnentzündung sein Gehör und begann bald darauf zu modellieren. In einem Zeitraum von mehr als 60 Jahren hat er, neben seinem übrigen plastischen Werk sowie literarischen und philosophischen Arbeiten, über 700 Porträtplastiken geschaffen. Ambrosi porträtierte die in jeder Hinsicht unterschiedlichsten ›Naturelle‹: Marxisten und christlich-soziale Politiker, Juden und Faschisten, Päpste und Fürsten, Kapitalisten, Künstler und ausgefallene Charakterköpfe. Das Werk Ambrosis – bereits mit 21 Jahren erhielt er auf Erlaß des österreichischen Kaisers Franz Joseph ein Staatsatelier auf Lebenszeit – ist geprägt durch die großen Vorbilder Michelangelo und Rodin, vor allem aber durch ein leidenschaftliches Studium der Natur und profunde Kenntnisse in der Anatomie des Menschen. Sein zunächst expressiv-dramatischer Stil erfuhr ab den dreißiger Jahren eine Beruhigung. Auf Huters Physiognomik bzw. »Psychophysiognomik« stieß Ambrosi erst nach dessen Ableben. Zur Auseinandersetzung mit der Physiognomik hatten ihn die eigene Porträtpraxis und eigene physiognomische Beobachtungen geführt. So hielt er in einer frühen Tagebuchnotiz fest: »Vergiß nicht, daß es Gesichter gibt, an denen beim Lachen nur die Nase lacht … Vergiß nicht, daß die Ohren bei musikalisch begabten Individuen im Augenblick, da sie vom Lachen des Gesichtes mitgezogen werden, auch mitlachen … Vergiß nicht den großen Zusammenhang zwischen der Haltung der Hände und der Gebärde des ganzen Körpers! Vergiß nicht: alles Äußere ist mit dem Inneren verbunden! Beachte Haltung, Gebahren, Bewegung, Aussehen der Hände, Handlung und Physiognomie – es ist der Weg zum Inneren des Menschen.«[494] Porträtieren bedeutete für Ambrosi das »Einatmen« der Physiognomie, die plastische Arbeit an ihr, ihr schließliches »Wiederausatmen«. Er entdeckte dabei physiognomische Details, etwa, daß sich bei bedeutenderen Politikern oft große Ohren finden, bei Sportlern hingegen kleine, bei wissenshungrigen Naturen spitze. Ambrosis physiognomisches Feingefühl führte dazu, daß sich in seinem Werk Huters ›Naturellehre‹ bzw. Kretschmers Konstitutionstypen bereits vor seiner theoretischen Auseinandersetzung damit widerspiegeln.[495] Der Anatom Gustav Sauser urteilt über dieses Phänomen: »In der

Galerie ambrosischer Porträtbüsten begegnen uns die Typen schizothymer Idealisten, cyclothymer Draufgänger, pyknischer Organisatoren aus Wissenschaft, Wirtschaft, Kunst und Politik in einer Prägungsschärfe, die ein plastisches Pendant zur geschliffenen sprachlichen und anatomischen Darstellung E. Kretschmers bildet.«[496] Künstlerische und physiognomische Arbeit überschnitten sich für Ambrosi. Der Künstler, der sich seit den zwanziger Jahren mit der Physiognomik beschäftigt hatte, trat erst nach dem Zweiten Weltkrieg in näheren Kontakt zu den Huterianern. Die Person Huters und dessen Lehre – vor allem in ihrer praktikablen Anwendbarkeit – schätzte er hoch, mehr als beispielsweise die Sigmund Freuds, den er im Gegensatz zu Huter persönlich kannte.[497] Person und Werk Ambrosis wurden und werden in den Büchern und Zeitschriften der Huterianer eingehend gewürdigt, wo er als »Michelangelo der Gegenwart« bezeichnet wird.[498] Doch hierin liegen die Anhänger Huters deutlich gegen den Zeitstrom: Ambrosis Werk, in seiner Jugend hochgelobt von Oskar Kokoschka, Otto Wagner, Gerhart Hauptmann, Romain Rolland und Thomas Mann, geriet in Vergessenheit. Die Ursache dafür dürfte gerade seine Nähe zur Physiognomik sein – sie ließ ihn nie die Nähe zum Menschen und dessen bildhafter Erscheinung vergessen. Damit mußte er aber in Widerspruch zur siegreichen Moderne und ihrer Hinwendung zur Abstraktion geraten, deren Vertreter, nach Ambrosis eigenen Worten, ihn »magnetisch zu sich ziehen wollten und nur erreichten, daß ich anders sein wollte als sie«.[499]

Der strapazierte Archetypus: Das Triviale und die Bilder des Lebens

Im Werk und an der Person Carl Huters können wir unschwer Zeichen einer Trivialisierung festmachen. Doch diese Trivialisierung ergreift nicht nur die populäre Form der Physiognomik. Wir können sie auf allen Gebieten des Bildhaften erkennen: im Sektor staatlicher Repräsentation in der Gestalt Wilhelms II. (vgl. Abb. 46) oder – in geringerem Umfang – beim Faschismus und Nationalsozialismus, im Bereich der Kunst in der Ausbreitung des Kitsches.

Die überlieferten Bilder beginnen sich zu entleeren, ohne daß neue an ihre Stelle treten. Nicht der Wandel im Bildhaften überrascht, sondern seine fehlende Ergänzung. Herder äußerte in seinem Aufsatz über die Plastik, daß die Gestalten der Malerei sich mit Geschichte, Menschenart und Zeiten ändern, die Formen der Skulptur aber, wie die einfache reine Menschennatur, ewig dieselben sein müßten.[500] Im 20. Jahrhundert hingegen stehen wir vor der Erscheinung, daß sich sowohl die ewige als auch die sich wandelnde Menschengestalt dem Bereich der bildhaften Darstellung entzieht, wenn sie nicht in den Sog der Trivialisierung geraten will. Walter Benjamin hat mit seiner prägnanten Formulierung vom »Kunstwerk im Zeitalter seiner technischen Reproduzierbarkeit« darauf hingewiesen, wie die Kunst – wir können hier auch ganz allgemein vom Bildhaften sprechen – durch die modernen Vervielfältigungsmöglichkeiten ihre Wesenhaftigkeit verändert hat.[501] Das Echte schwindet und wird durch den Schein ersetzt, das Unikat ertrinkt in der Masse seiner Kopien, die Versenkung im Raume beim Anblick des originären Kunstwerkes wird durch die Zerstreuung in der Zeit mittels der vervielfältigten und solchermaßen beschleunigten Kunst abgelöst. Auch ein Verschleiß der Schönheit findet statt, etwa in den millionenfach erzeugten »Elfenreigen und Hochzeitsträumen«[502] der Jahrhundertwende – und natürlich in der Werbung. Dadurch wird die Schönheit fragwürdig. Die Werbung hat zudem auch stets die Bilderwelt bedeutender Kunst ausgebeutet und damit gerade deren Fortentwicklung in den traditionellen Künsten unterbunden. So hat Henriette Väth dargelegt, wie beispielsweise die Bildideen Franz von Stucks fast zeitgleich in der Reklame der Jahrhundertwende vermarktet wurden.[503] Umgekehrt zeigt sich aber auch, daß die Werbung auf die Kunst Einfluß genommen hat. Bei dem großen Schülerkreis Stucks fällt auf, daß einige seiner Zöglinge ihre Kunst an die Vorstellungen der zeitgenössischen Werbung anpaßten: So haben etwa die Frauendarstellungen Marcel von Herrfeldts nichts mehr von Stucks vielschichtiger Erotik. Herrfeldt offeriert den Sex von Pin-up-Girls.[504] Das Bildhafte verfällt dem Vordergründigen, die Kunst ist ins Kaufhaus gewandert. Der Mißbrauch des ›Guten, Wahren und Schönen‹ ließ diese Werte gerade für den ernsthaften Künstler obsolet werden und führte damit eine »Umwertung aller Werte« herbei.

Die Vordergründigkeit und Einseitigkeit des Bildhaften in der Werbung finden wir im Kunstschaffen des 19. und späten 18. Jahrhunderts bereits vorbereitet. Die Psychologisierung und Physiognomisierung der Kunst hatte die Schilderung subtiler Genre- und Charakterszenen mit sich gebracht: Der zufriedene, gutgenährte Klosterbruder steht neben der kühlen Grande Dame, der feinnervige Sammler neben dem abgestumpften Absinthtrinker, die dörfliche Unschuld neben der Sünde. Mag uns vieles davon bereits aus der älteren Kunst bekannt sein, etwa aus der holländischen Malerei, so hat es doch erst das 19. Jahrhundert verstanden, die Vielheit der Charaktere und ›Originale‹, die damals auch im Leben ihre Endphase erreichten, bis zur populären physiognomischen Vereinfachung auszufeilen. Die Übergänge zur Trivialität sind dabei fließend. Sind die Arbeiten von Jean-Baptiste Greuze oder Carl Spitzweg noch eindeutig Kunst, so beginnt der Boden bei Gabriel von Max oder Eduard von Grützner schon schwankender zu werden. Mitunter erscheinen viele Kunstwerke, als seien sie nur geschaffen worden, um mimische und physiognomische Auffassungen bildhaft darzustellen. Winckelmann hatte diese Tendenz bereits bei Le Brun und seinen Nachfolgern ausgemacht und in ihrer Übertreibung heftig getadelt.[505] Die Porträtkunst, die zu Beginn des 20. Jahrhunderts noch kraftvoll dastand und in den ersten Jahrzehnten ausgezeichnete Leistungen hervorbrachte, erlebte einen schnellen Verfall, und bald wurde ihr eine erstaunliche Gleichgültigkeit zuteil. In der Gegenwart fristet sie ihr kümmerliches Dasein vor allem an den Brennpunkten des Tourismus, wo sie schnell und preiswert, gleich ›Fast food‹ für den eiligen Weltenbummler, ›zubereitet‹ wird. Auch ihr Niedergang ist z.T. mit einer Trivialisierung verbunden. Zahlreiche Porträtkünstler frönten einem einträglichen Geniekult, indem sie die Großen der Geschichte in physiognomischen Überzeichnungen und Versimpelungen wiedergaben. So z. B. Karl Bauer, der in zahllosen Radierungen und Lithographien die Geisteshelden und Geschichtslenker unter das Volk, vor allem unter das Bildungsbürgertum, brachte. Insbe-

sondere seine Bildnisse von Goethe, den er in allen Altersstufen porträtierte, fanden weite Verbreitung.

Aber die Trivialisierung des Bildhaften wandelte nicht nur die Kunst entscheidend, sie hat sich auch selbst ganz neue Bereiche geschaffen. Dazu zählt neben der Werbung und den modernen Medien vor allem der aus der Bildergeschichte hervorgegangene Comic strip. Gerade er ist ohne Physiognomik und physiognomische Eindeutigkeit undenkbar (Abb. 132). Obgleich die Bildergeschichte bis zu den Anfängen der Kunst, bis zu den Höhlenbildern von Altamira, zurückreicht, erzielt sie, ähnlich wie die Karikatur, erst mit den modernen Reproduktionstechniken ihre Breitenwirkung. Hogarth, Chodowiecki, Rodolphe Toepffer, Heinrich Hoffmann mit seinem *Struwwelpeter*, Wilhelm Busch heißen ihre Stammväter. Aus der Bildergeschichte entwickelte sich gegen Ende des 19. Jahrhunderts, nicht in Europa, sondern in den USA, der Comic strip. Die ersten Comics erschienen in Zeitungen, wo sie im Konkurrenzkampf der Konzerne Hearst und Pulitzer eingesetzt wurden. Der Comic strip war von Anfang an dadurch gekennzeichnet, daß er mehr vom Kommerz als von der Kunst bestimmt ist. Er verbindet Wort und Bild, wobei das Bild dominiert. Dadurch erhält er seine Wirkkraft, kommt doch das Bilderlesen vor dem Wörterlesen. Da die Bildfolge eine Story erzählt, zeigen die Einzelbilder Handlung: Die Comics sind somit keine Standbilder, sondern immer eine als dynamischer Prozeß ablaufende Bildfolge. Der Personenkreis der agierenden Figuren ist hingegen weitgehend festgelegt, die Hauptakteure verändern sich nicht, worauf die als endlose Serie konzipierten Comic strips beruhen. Werner Hofmann zufolge wiederholt der Comic strip im Zuge seiner Entwicklung die seit der Renaissance vollzogene Trennung in komische und heroische Menschen noch einmal, wobei im Comic zugleich eine Wertehierarchie von hoch und niedrig enthalten ist.[506] Obgleich die meisten Comics von der künstlerischen Qualität Massenzeichenware sind, hat es dennoch eine gegenseitige Beeinflussung von Comic und bildender Kunst gegeben, wie es etwa die Arbeiten des Pop-art-Künstlers Roy Lichtenstein belegen. Rodolphe Toepffer hatte der Bildergeschichte prophezeit, daß sie durch ihre größere Verständlichkeit und Klarheit eines Tages

sehr wohl die Literatur verdrängen werde.[507] Das haben die Comics in einem gewissen Umfang bereits getan, vor allem wenn man die ›komischen Streifen‹ als eine Urform bzw. Parallelform der ›laufenden Bilder‹ betrachtet, was besonders beim Zeichentrickfilm naheliegt. Damit tritt der Comic zu Film, Fernsehen und Video in einen ähnlichen Bezug wie einst die Silhouette zur Fotografie.

Physiognomik und Rassenideologie

»Kreuzungspunkt bildsuchender Ideologiebildung wurde um 1930 in Deutschland der Kopf: das Antlitz, das Haupt«, schreibt Stefan Raum in seinem Aufsatz über Physiognomie und Propaganda.[508] Die Kontroverse zwischen Links und Rechts, in der im Kern ein dynamisches Menschenbild einem statischen gegenüberstand, wurde jedoch weniger mit den Mitteln der traditionellen Künste ausgefochten als mit dem modernen Medium der Fotografie. Allerdings beschränkte sich besonders die politische Rechte bei der Propagierung ihres alt-neuen Menschenbildes nicht allein auf die Fotografie. Zahlreiche Künstler wirkten, verstärkt nach 1933, an der Verherrlichung eines zeitlosen, entindividualisierten Menschen- bzw. Rassenideals mit. Wir finden darunter die damals jungen Künstler Wolfgang Willrich, Ernst von Dombrowski, Arno Breker, Josef Gerlach, Olaf Jordan, Oskar Just, Georg Sluyterman van Lan-

geweyde, aber auch ältere, etwa den seit der Jahrhundertwende bekannten ›Geniemaler‹ Karl Bauer.

Rassenideologien und Rassismen sind alt und weitverzweigt. Vor der nüchternen Deutung des Fremden steht die Furcht vor ihm, das Revierverhalten, die Raumabgrenzungsbemühungen ihm gegenüber. Diese Angst, das »Fremdeln«, scheint genetisch bedingt zu sein.[509] Die Überheblichkeit, der Rassendünkel, kann z.T. als eine Kompensation davon verstanden werden, er kann aber auch aus dem Gefühl zivilisatorischer Überlegenheit heraus geboren werden, wie es etwa die europäischen Eroberer und Entdecker gegenüber den ›Wilden‹ und ›Primitiven‹ empfanden. Mittels Rassenideologien und Rassismen werden andersrassige Menschen nicht nur gedeutet, sondern vom eigenen Interessenstandpunkt aus gewertet, um damit die Grenzen und Unüberbrückbarkeiten zu ihnen zu betonen. Eine derartige Abgrenzung kann sich auch innerhalb einer Gesellschaft, einer Nation abspielen: durch

Familienhochmut, Kasten-, Stände-, Sitten- und Ehe-gesetze, in denen sich Habsucht, aristokratische Prin-zipien und familiärer Ehrgeiz untrennbar miteinan-der verbinden können. Der Rassismus, weit gefaßt, begegnet uns also nicht nur unter den drei Hauptras-sen und deren zahlreichen Untergliederungen, son-dern auch zwischen den Ständen und Familien, zwi-schen allem, was fremd oder anders ist. Die Berüh-rung und Überschneidung der Rassenideologien mit der Physiognomik ist dabei unleugbar: In beiden Fäl-len handelt es sich um ›Bildwissenschaften‹, die über das äußerlich Sichtbare des Menschen zu seinem Wesen vordringen wollen. So schreibt Alfred Rosen-berg in seinem *Mythus des 20. Jahrhunderts,* nach Hit-lers *Mein Kampf* die zweite ›Bibel‹ des Nationalsozia-lismus: »Jede Rasse hat ihre Seele, jede Seele hat ihre Rasse, ihre eigene innere und äußere Architektonik, ihre charakteristische Erscheinungsform und Gebärde des Lebensstils.«[510]

Rassenkundliches und Anthropologisches begeg-nen uns auch in zahlreichen physiognomischen Schriften, wobei rassenkundlich nicht zwangsläufig mit rassistisch als einer ungerechten subjektiven Wertung gleichgesetzt werden muß. Rassenkundli-che Aspekte finden wir etwa bei Lavater, wenn er ver-sucht, die National-, aber auch die Stadt-, Orts- und Familienphysiognomien in geistiger und körperli-cher Hinsicht zu deuten. Die Verschiedenheit der Nationalphysiognomien bzw. Nationalcharaktere ist für ihn »schlechterdings unleugbar. Wer daran zwei-felt, muß nie Menschen von verschiedenen Nationen gesehen, nie die äußersten Enden zwoer Nationen nebeneinander gedacht haben. Man denke sich nur eben einen Mohren und einen Engländer; einen Lap-pen und einen Italiener; einen Franzosen und einen Fuegoeser – und vergleiche ihre Gestalten und Gesichtsbildungen und ihre Geistes- und Gemüths-charaktere. Es ist nichts leichter, als diese erstaunli-che Verschiedenheit überhaupt zu erkennen; aber es ist bisweilen sehr schwer, sie wissenschaftlich zu bestimmen.«[511] Lavater beschränkt sich bei seiner Interpretation der Nationalphysiognomien weitge-hend auf eine Charakteristik der verschiedenen europäischen Völker (Abb. 133). Der fließende Über-gang zur Völkerpsychologie ist dabei evident. Eine rassenhierarchische Argumentation begegnet uns

bereits bei Petrus Camper, wenn er den Gesichtswin-kel vom Affen über die verschiedenen Menschenras-sen bis zum Apollonhaupt verfolgt (vgl. Abb. 98). Aber auch beim Romantiker Carus finden wir rassen-hierarchische Vorstellungen, so wenn er die Haupt-rassen in »Tag-« (Weiße) und »Nachtrassen« (Schwarze), in östliche und westliche »Dämmerungs-völker« (Gelbe und Rote) unterteilt, wobei er die Wertigkeit der Tagrasse am höchsten ansetzt, die der Nachtrasse am niedrigsten.[512] Carus war es aller-dings auch, der darauf hingewiesen hat, daß physio-gnomische Vorstellungen nicht einfach von einer Rasse auf die andere übertragen werden dürfen, da etwa bei der Gestaltdeutung eines Schwarzen andere Prämissen vorlägen als bei der eines Wei-ßen.[513] Die Rassenkunde wurde in der Physiogno-mik mitunter auch als eine Hilfswissenschaft heran-gezogen.[514] So begegnen uns im 20. Jahrhundert Ansätze, Physiognomik und Rassendeutung mitein-ander zu verschmelzen, etwa in Willy Hellpachs *Deutscher Physiognomik* oder in Friedrich Märkers Abhandlung *Charakterbilder der Rassen,* die rassische Gruppendeutung mit physiognomischer Individual-deutung verbindet.[515] Julius Wolf hat in seiner *Phy-siognomik und Völkergeschichte* sogar versucht, Geschichtswissenschaft, Kunstgeschichte, Physio-gnomik und Rassenkunde in einem einheitlichen Deutungsansatz gesellschaftlicher Wirklichkeit zu verknüpfen.[516]

Trotz dieser Überschneidung dürfen wir nicht die Kontroversen vergessen, die zwischen Rassenkunde bzw. -ideologien und der Physiognomik stattfan-den,[517] vor allem aber dürfen nicht die Wesensunter-schiede übersehen werden, die zwischen ihnen bestehen. Hierzu gehören folgende Punkte:

1. In der Physiognomik wird im Gegensatz zu den Rassenideologien in erster Linie der einzelne, nicht eine Gruppe oder ein ganzes Volk gedeutet und damit schlimmstenfalls auch immer nur der einzelne abgewertet. Darüber hinaus steckt in vielen physio-gnomischen Lehren neben einer Anleitung, den anderen zu beurteilen, auch eine Aufforderung zum ›Erkenne Dich selbst‹.

2. Während die Rassenzugehörigkeit jedes einzel-nen Menschen biologisch festgelegt, folglich unver-änderlich ist, und zahlreiche Rassenideologen auch

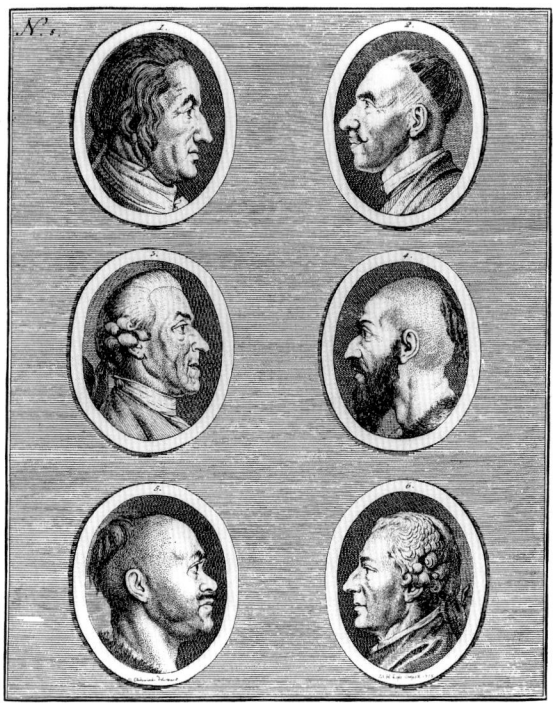

133 Daniel Chodowiecki: *Sechs Nationalgesichter. Ein Russe, ein Pole, ein Deutscher, zwei Türken, ein Engländer,* aus: Johann Caspar Lavater: *Physiognomische Fragmente,* Bd. IV, Leipzig/Winterthur 1778

in der Rasse als Gesamtorganismus etwas Ewiges, Unveränderliches erblickten, ist die Physiognomie des Menschen dem Wandel unterworfen. Auch Physiognomen, die, wie etwa Lavater, weniger die Mimik, sondern die feste Form, also den Knochenbau des Menschen, deuteten, haben das berücksichtigt.
3. Betont der Rassismus das Trennende, geht es der Physiognomik – besonders in ihrer kosmischen Ausrichtung – um das Verbindende. Sie arbeitet mit der Analogiebildung, in ihrem häufig spirituellen Weltbild ist alles mit allem verwoben. Der Rassismus hingegen gründet, trotz gelegentlicher mystischer Verbrämung, zumeist auf einem materialistischen Weltbild.
4. Die Schönheit ist für den Physiognomen ein Ausdruck des Guten und nicht, wie z. B. in der nationalsozialistischen Rassenästhetik, ein Produkt der Züchtung oder der Zugehörigkeit zu einer bestimmten Rasse. Ein Satz wie der von der »Vernichtung des Schönen durch das Gute«[518], wie Rosenberg ihn in seinem *Mythus* aussprach, steht konträr zur Physio-

gnomik. Dort wird doch gerade eine dauerhafte Schönheit ohne das Gute, und damit das humane menschliche Tun und Denken, als unmöglich erachtet.[519]

Die Schönheit – jenseits der Moral – bildet in der nationalsozialistischen Rassenideologie eine nicht leugbare Komponente. Stand auf der einen Seite der NS-Rassenpolitik die Vernichtung, so auf der anderen Seite die Züchtung. Mit der ›Züchtung‹ strebte man ein rassisches Schönheitsideal an, dessen Grundkonzeption u. a. in Rosenbergs *Mythus* vorgezeichnet ist.[520] Mit dem Schönheitsbegriff hat sich diese Form des Rassismus einem Grundthema der Physiognomik und auch der Kunst zugewandt. Daß die Schönheit außer von der Werbung und der technischen Reproduktion schließlich auch noch vom Rassismus in Anspruch genommen wurde, hat sicherlich mit zu ihrer Stigmatisierung beigetragen. Rosenberg sah seinen rassischen Schönheitsbegriff z. T. bereits in der Kunst vorgeprägt. So schreibt er: »Die Gesichter, die unterm Stahlhelm auf den Kriegerdenkmälern hervorschauen, sie haben fast überall eine mystisch zu nennende Ähnlichkeit. Eine steile, durchfurchte Stirn, eine starke, gerade Nase mit kantigem Gerüst, ein festgeschlossener schmaler Mund mit der tiefen Spalte eines angespannten Willens. Die weitgeöffneten Augen blicken geradeaus vor sich hin. Bewußt in die Ferne, in die Ewigkeit.«[521] Dieser entindividualisierte, gattungshafte Typus wurde in den dreißiger Jahren von zahlreichen im Sinne der nationalsozialistischen Ideologie wirkenden Künstlern weiterentwickelt. Fast ausschließlich dieser Aufgabe widmete sich etwa Wolfgang Willrich mit seinen zahlreichen ›gleichgeschalteten Rasseköpfen‹. Willrich wählte seine Modelle fast ausschließlich nach nordischer Rassenzugehörigkeit aus (Abb. 134), und wenn er Nazi- und Wehrmachtprominenz zeichnete, die diesem Ideal nicht entsprach, ›nordete‹ er sie auf.[522]

Theodor Lessing schrieb in einer seiner Anmerkungen zur Neuausgabe von Carus' *Symbolik der menschlichen Gestalt,* daß die Rasse keineswegs etwas Ewiges sei, sondern auch verstanden werden könne »als notgeborene Anpassungsnotwendigkeit, die unter gleichen Bedingungen auch an jedem anderen Individuum des Menschengeschlechts schließlich eintritt«.[523] Lessing, der davon ausgeht, daß sich der Mensch seiner Umwelt anpaßt, sieht in der Rasse eine Widerspiegelung der Gegebenheiten des Raumes, des Klimas, weit weniger der persönlichen Individualität. Die Rasse wäre demzufolge ein Teil der »Landschaftsphysiognomik«, wobei sich die Eigentümlichkeiten der Landschaft – trocken, feucht, heiß, kalt, karg, üppig etc. – in ihrer Mentalität widerspiegeln. Auf eine gewisse Wandelbarkeit der menschlichen Rassen deuten tatsächlich einige Untersuchungen hin. So haben sich etwa bei Auswandererfamilien nach einigen Generationen – bei dieser relativ geringen Zeitspanne freilich in einem begrenzten Rahmen – biologisch-genetische Änderungen gezeigt.[524] Vorstellungen von der Raumbedingtheit der Rasse tauchen selbst in rassistischen Pamphleten oder auch in dem Schlagwort von »Blut und Boden« auf. Der NS-Autor Herbert Rodenfels schreibt etwa in *Das deutsche Gesicht,* das von Oskar Just mit «Landschaftsphysiognomien« der Menschen der einzelnen Stämme versehen wurde: »So vielfältig wie die deutsche Landschaft ist, mit ihren sanft bewaldeten Bergzügen, mit dem weiten Flachland, mit Acker- und Heideflächen, Seen, dem gewaltigen Meer und den Hochgebirgen, so vielfältig offenbart sich auch das deutsche Gesicht.«[525]

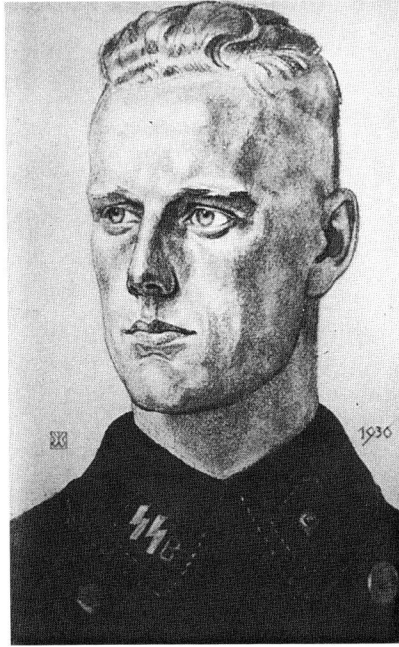

134
Wolfgang
Willrich:
SS-Mann,
1936,
Zeichnung

Die Entbildlichung der Physiognomik: Die Entwicklung zur Ausdruckspsychologie

Ernst Kretschmer hatte in seinem Werk *Geniale Menschen* zum Verdruß nationalsozialistischer Rasseideologen nachgewiesen, daß das Genie keineswegs ein Produkt reiner Rasse ist, sondern vielmehr der »richtigen Mischung« bedarf.[526] Er zeigte für den deutschsprachigen Raum auf, daß die größte Geniedichte im Regelfall dort zu finden ist, wo zwei verschiedene, sich ergänzende Völkerschaften mit ihren Kulturen aufeinander gestoßen waren und sich in der Folgezeit gegenseitig befruchtet hatten. Auch mit den bevorzugten Körperbautypen von Genies beschäftigte er sich im Rahmen seiner Konstitutionsforschungen. Wir erinnern uns: Das Wissen um die unterschiedlichen Körperbautypen war zu Kretschmers Zeit nicht neu, wir begegneten ihm etwa bei Dürer, aber auch bei Carl Huter (vgl. Abb. 19, Abb. 130). Kretschmer unterschied im wesentlichen drei Konstitutionen: den rundlichen Pykniker, den schlankwüchsigen Astheniker und den kräftigen Athletiker. Er stellte dabei in wissenschaftlichen Reihenuntersuchungen fest, daß diese Typen mit bestimmten Charaktereigenschaften, aber auch mit bestimmten körperlichen und psychischen Krankheiten korrespondieren.[527] Natürlich existieren in der Praxis zahlreiche Mischformen dieser Grundkonstitutionen, aus der Kretschmer die Gruppe der »Dysplastischen« hervorhob, bei denen die verschiedenen Konstitutionen schroff aufeinanderstoßen, so etwa ein pyknischer Oberleib auf einen asthenischen Unterkörper. Kretschmer hat in diesem Zusammenhang ferner nachgewiesen, daß es bei unausgeglichenen Körperformen wahrscheinlicher ist, auch auf unausgeglichene seelische Strukturen zu stoßen, als bei ausgeglichenen Körperformen.[528]

Kretschmers Name steht nicht allein. Er ist nur ein Teil einer breiten teils physiognomischen, teils ausdruckskundlichen und ausdruckspsychologischen Strömung der ersten Jahrhunderthälfte, die in den zwanziger Jahren ihren Kulminationspunkt erreichte. Die Namen von Theodor Lessing, Ludwig Klages, Rudolf Kassner, Max Picard, Philipp Lersch und Ottmar Rutz treten hervor.[529] Karl Bühler verfaßte seine *Ausdruckstheorie,* die neben dem Versuch, das System an der Geschichte aufzuzeigen, wie der Untertitel verrät, besonders auf die damalige Ausdruckskunde eingeht.[530] Physiognomische Vereinigungen, wie etwa die damals neugegründete ›Berliner Lavater-Gesellschaft‹ oder die ›Physiognomische Studiengesellschaft‹, verbreiteten rege Aktivitäten.[531] In der Philosophie bildete sich die »Gestaltphilosophie« heraus, Spengler kreierte seine »Kulturmorphologie«, der Ethnologe Leo Frobenius trug »Dokumente zur Kulturphysiognomik« zusammen.[532] Ein geistiges Forum dieser Bestrebungen fand sich in der 1925 gegründeten *Zeitschrift für Menschenkunde.* Obgleich die Graphologie darin eine herausragende Rolle spielt, fanden sich gerade in den ersten Jahren ihres Bestehens die unterschiedlichsten Autoren mit den unterschiedlichsten Beiträgen zur Menschenkunde zusammen. Zu den Autoren und Mitarbeitern gehörten etwa die Namen von Hermann Graf Keyserling, C. G. Jung, Klages, Kretschmer, Emil Lucka, Emil Ludwig, Alfred Adler, Ellis Havelock, Hans Prinzhorn, Thomas Mann und Stefan Zweig. Theodor Lessing, ebenfalls Mitarbeiter der *Zeitschrift für Menschenkunde,* hatte sich gemeinsam mit Will Ring daran gemacht, alte physiognomische Quellenwerke neu herauszugeben.[533] Als Lehrbeauftragter für die Philosophie der Naturwissenschaften in Hannover hielt Lessing Vorlesungen über die Menschengestalt und die Morphologie der Tiere, aber auch über die Gestalten der Blumen, Wolken und Kristalle, ebenso über Handschriftendeutung, die Symbolik der Bauformen und Kunststile, der Kleider und Trachten, der häuslichen Geräte und Maschinen, der Artefakte und schließlich auch der geometrischen Gebilde. Seine ›kosmische Physiognomik‹, die er in Umrissen in den *Prinzipien der Charakterologie* dargelegt hat,[534] schied er in die drei Bereiche der Gestaltenkunde bzw. Gestaltsymbolik, worunter er alle natürlichen Gebilde versteht, in die Formenkunde, die sämtliche künstliche, vom Menschen geschaffene Gegenstände umfaßt, und in die Ideenkunde, die die ›Physiognomien‹ ideologischer Gebilde untersucht. In der Praxis können die drei Gebiete selbstverständlich einander berühren, gehört doch z. B. die Kleidung, ohne die der Mensch vielfach gar nicht überleben könnte, längst zur ›Natur‹

des Menschen. Die Trennung von Leib und Seele, wie sie die moderne, materialistische Naturwissenschaft vollzogen hat, lehnte Lessing entschieden ab. Für ihn bilden Leib und Seele, Form und Inhalt eine Einheit. Als Arzt konnte er den menschlichen Körper nur begreifen, indem er ihn zugleich als Ausdruck von etwas Geistigem, Seelischem auffaßte. Der Körper ist ihm Seele, die Seele Körper. Der Schlüssel zu allem Sichtbaren liegt für Lessing in der reinen, zeitlosen Anschauung der Dinge, die nicht nach Kausalität fragt und zergliedert, sondern sich allem fraglos in seiner Ganzheit nähert. Lessing hat damit das ursprüngliche, naive Sehen neu proklamiert.

Der Lebensweg des Juden Theodor Lessing ist eng verzahnt mit dem des während des nationalsozialistischen Regimes geschätzten Ludwig Klages, »denn was Klages sagte, galt für Lessing, und was Lessing sagte, galt für Klages«.[535] Beide wurden im gleichen Jahr, in der gleichen Stadt geboren, besuchten die gleiche Schule, bekannten sich zur Goetheschen Naturanschauung und begeisterten sich für die Symbolik der Romantiker. Auch erblickten sie beide im Geist der Moderne einen Widersacher des Lebens.[536] Sie trugen wichtige Bausteine zur Ausdruckswissenschaft bei und waren beide Gründungsmitglieder der ›Deutschen Graphologischen Gesellschaft‹. Klages' Leistungen sind besonders auf dem Gebiet der Graphologie herausragend, die er erstmals in ein überzeugendes System brachte.[537] In seiner Schrift *Grundlegung der Wissenschaft vom Ausdruck* umreißt er die Welt der Ausdruckserscheinungen[538]: Alles Leben, alle Schöpfungen sind ihm Ausdruck und damit zugleich »Ausdruckstatsachen«. Er zeigt sie beim Menschen, beim Tier, den vegetativen Erscheinungen, den Bewegungen, der Sprache, der Schrift, der Künste auf. Durch seine umfassenden Ausdrucksstudien – und dies führte ihn zu seiner Philosophie – gelangte Klages zu der Erkenntnis, daß bei allen Schöpfungen des Menschen die Unmittelbarkeit, die Schöpferkraft, das »Formniveau«, ja das Leben selbst am Schwinden sei.[539] Zugleich stellte er für alle Lebensbereiche eine steigende Mechanisierung, eine Erstarrung und seelische VeLdung fest. Die Ursache dafür sah Klages in der immer stärkeren Gewichtung des Intellekts, oder, wie er es etwas unglücklich formuliert, des »Geistes« – meint er doch ›ratio‹, keineswegs ›spiritus‹ –, der in Gegensatz zum ursprünglichen, seelenhaften Leben tritt und es zu ersticken droht. Diese Geistfeindlichkeit in Klages' Schriften, die auch eine Menschenfeindlichkeit, zumindest eine Zivilisationsfeindlichkeit impliziert, hat viele abgestoßen. So warnte beispielsweise Thomas Mann vor dem Element der Barbarei, das in Klages' Weltanschauung enthalten sei.[540] Gleichzeitig läßt sich nicht leugnen, daß von Klages eine Brücke zu den radikalen Ökologen der Gegenwart führt, die den »Umweltschädling« Mensch eliminieren wollen, damit das Leben der Natur überleben kann.[541]

Obwohl Klages immer wieder die »Wirklichkeit der Bilder« beschworen hat,[542] war er doch ein Mann des Wortes. Er trat zunächst als Dichter hervor, gehörte dem George-Kreis an, und seine Werke kommen ohne Bilder, d. h. Abbildungen, aus. Zweifelsohne stand er der Literatur näher als der bildenden Kunst, womit natürlich nicht gesagt werden soll, daß nicht auch Sprache mit Bildern arbeiten kann. Trotzdem wird uns an Klages deutlich, daß die enge Verbindung, die stets zwischen Physiognomik und bildender Kunst bestanden hatte, sich im 20. Jahrhundert löst. Uns begegnet eine solche enge Beziehung wohl noch in der naiven, volkstümlichen Physiognomik Carl Huters, aber in der modernen Ausdrucksforschung, zu der Teile der Physiognomik sich zunehmend entwickelten, tritt uns nirgendwo mehr ein bedeutender Bildkünstler entgegen. Dafür entdecken wir in den bildloser werdenden physiognomischen Betrachtungen vom Beginn des 20. Jahrhunderts Wortkünstler, neben Klages etwa Rudolf Kassner und Max Picard, in einem gewissen Umfang auch Thomas Mann.[543] Zweifelsohne greifen Picard und Kassner in ihren physiognomischen Werken häufig auf Abbildungen aus der Kunstgeschichte zurück, wie überhaupt ihre physiognomischen Schriften mitunter etwas Kunsthistorisches haben; am prägnantesten tritt das in Kassners Werk über *Das deutsche Antlitz in fünf Jahrhunderten deutscher Malerei* zutage.[544] Aber ein lebendiger Bezug zur zeitgenössischen Kunst fehlt auch bei ihnen, obgleich ihre Werke beredte Versuche sind, die Physiognomik aus der verengten Sichtweise der ausdruckspsychologischen Forschung herauszuretten und ihr eine philo-

sophische bzw. christliche Einbettung zu geben. Die Blütezeit der Ausdruckswissenschaft in den zwanziger Jahren fand somit ohne Einbeziehung und Teilnahme der zeitgenössischen bildenden Kunst statt. Der Wandel von der Physiognomik zur Ausdruckswissenschaft, der eine weitgehende Reduzierung auf ihre wissenschaftlich nachvollziehbaren Elemente beinhaltete, war also zugleich ein Weg der Entbildlichung. Allerdings wäre auch die Blütezeit der Ausdruckswissenschaft ohne einen künstlerischen Impuls nicht möglich gewesen – nur entstammte er nun der Wortkunst, der Philosophie und einer neuromantischen Strömung. In den nachfolgenden Jahrzehnten wurde die Ausdruckswissenschaft durch zahlreiche Einzeluntersuchungen vorangetrieben, etwa von Kühnel, Kiener, Sheldon, Sabin, Taft, Bailey; doch ihre einstige Bedeutung und Beachtung hat sie nicht wieder erreicht.[545] Selbst von diesen Autoren existieren Äußerungen, daß eine künstlerische Weltwahrnehmung, d. h. Intuition und die Fähigkeit zur Analogiebildung, wichtig ist, um zu einer umfassenden, ganzheitlichen Erkenntnis zu gelangen. Die Werke von Kretschmer, Klages, Picard, Kassner oder Lersch erlebten in den fünfziger und z. T. sechziger Jahren noch Neuauflagen, seit der Kulturrevolution sind sie jedoch weitgehend aus dem allgemeinen Bewußtsein verdrängt. Durch die entstandene Gleichgültigkeit Form, Gestalt, Symbol gegenüber und die weitgehende Beschränkung auf eine rationalistisch-deterministische Denkart hat sich die Beschäftigung mit ihren Schriften, aber auch generell mit der Ausdruckswissenschaft bzw. Ausdruckspsychologie entschieden gemindert.[546] Das Sichtbare geriet verstärkt zum ›Vorurteil‹, gleichzeitig begannen sich die alten Formen zu lösen, ohne daß neue an ihre Stelle traten.

Das Porträt in der Moderne

Die Entbildlichung des Lebens ist ein Prozeß, der seit der industriellen Revolution eine fortlaufende Beschleunigung erfahren hat. Es ist ein Prozeß, der auch vor der bildenden Kunst nicht haltgemacht hat. Dort, wohin sich die alten, ›verbrauchten‹ Bilder zurückgezogen haben, im Trivialbereich, stehen sie unter dem Streß der Beschleunigung: Sie sind dem Diktum der Zeit unterworfen und haben ihre alte, kontemplative Wirklichkeit verloren. Das Schwinden der Bilder aus der Kunst hat auch das Bild vom Menschen gewandelt: Die Porträtkunst, die seit der Renaissance eine dominierende Rolle im abendländischen Kunstschaffen spielte, hat ihre Bedeutung verloren. Trotzdem brachten die Künstler der Moderne in diesem scheinbar verlorenen Genre noch einige herausragende Leistungen hervor, mit denen sie nicht selten ihre vergessenen Kollegen der Tradition überflügelten. Aber die moderne Porträtkunst führt uns zugleich zu den äußersten Grenzen, innerhalb deren sich diese Bildgattung überhaupt noch bewegen kann. Durch alle Ismen der Moderne sehen wir die Gestalt des Menschen einer Formauflösung, einer Deformation, einem krassen Antirealismus unterworfen. Dieser Prozeß hat sich, soweit wir den Menschen überhaupt noch bildhaft antreffen, nach 1945 weiter gesteigert. Der Mensch begegnet uns lediglich noch im Bereich der Ver-rücktheit, der Ängste, des Zweifelns und der Verzweiflung. – Den großen Ekel vor der eigenen Gattung und auch vor sich selber hat vielleicht als letzter Francis Bacon produktiv und genial gebannt. In seinen Porträts verwischt er alle Konturen, zerreißt die Gesichter, läßt sie zerfließen und ›davonlaufen‹, in Panik vor sich selbst. Die Körper geraten zu blutigen, unförmigen Fleischstücken. Bacon, der sich häufig selbst malte, mochte sein eigenes Erscheinungsbild nicht. Wiederholt betonte er, daß er seinen eigenen Körper, sein eigenes Gesicht verabscheue. Wahrheit war für ihn nur im Zerrspiegel möglich, in der Verletzung, in der Dynamik, doch niemals in der reinen und ruhenden Form.[547]

Natürlich sind die Deformation und das Experiment an der menschlichen Gestalt kein Novum der Moderne. Insbesondere der Manierismus hat es geliebt, den Menschen zu zergliedern und ihn verfremdet wieder zusammenzusetzen. Die menschliche Physiognomie als eine Zusammenfügung von Vegetabilien oder von menschlichen Gerätschaften kennen wir z. B. von Giuseppe Arcimboldo. Giovanni Battista Bracelli erstellte einen Radierzyklus *Bizarrie di varie figure,* in dem die Menschengestalt vornehmlich aus geometrischen Körpern komponiert ist.[548]

Aber dies alles waren Scherze, Capriccios, Freude am Experiment. Das Zergliedern des Menschen in der Moderne ist hingegen quälende Selbstanalyse, besonders im Bereich des Selbstbildnisses. Der analytische Teilblick in das eigene Innere ist seit Rembrandt gewachsen, das Vereinigende, Verbindende zurückgetreten. Auch die Fremdbildnisse wenden sich weniger an die Ganzheit des Gegenübers, sondern beleuchten vielmehr Teilaspekte von ihm. Andererseits tritt der Künstler auf ganz neue Weise in sein Modell ein. Jedes Porträt ist zugleich immer auch ein Porträt des Künstlers, das wissen wir, aber im modernen Bildnis ist der Künstler stärker präsent als sein Modell. Ein Porträt von Beckmann z. B. hat mehr mit Beckmann zu tun als mit dem jeweils Dargestellten, da hier der Stil des Künstlers wichtiger ist als die physiognomische Besonderheit des Gegenübers. Dieses Phänomen können wir auf die meisten Künstler der Moderne übertragen, etwa auf Kokoschka, Bacon und Warhol. Ebenso charakteristisch ist es, daß die Individualität des Porträtierten zugunsten malerischer Prämissen, Licht-, Luft-, Bewegungs- und Farbenaspekte, zurücktritt, wie etwa im Impressionismus. Eine Enklave innerhalb dieser Entwicklungen bildete die Malerei der Neuen Sachlichkeit, obgleich die obengenannten Phänomene auch hier zu beobachten sind. Zweifelsohne haben aber die Vertreter dieser Richtung – so George Grosz, Giuseppe Gorni, Hans Grundig, Carl Hofer, Edward Hopper, Mario Broglio, Georg Schrimpf, Christian Schad und Otto Dix, um nur einige zu nennen – eine ungewohnt intensive Teilnahme am menschlichen Sein im Industriezeitalter bewiesen: Sie zeigen den Menschen in seiner Entfremdung und Vereinsamung. Selbst in ihren buntesten, lautesten, ›fröhlichsten‹ Bildern begegnet uns nur ein Tanz der verlorenen Seelen – ein bitterer Kontrast zu den seichten Frohnaturen des heraufziehenden Reklamezeitalters.

Otto Dix, einer der renommiertesten Vertreter der neusachlichen Malerei, greift in einem seiner Hauptwerke auf ein Thema zurück, das die Kunst seit dem Mittelalter immer wieder beschäftigt hat und das wie kaum ein anderes physiognomisches Genie verlangt – gemeint sind *Die sieben Todsünden* (Abb. 135). Den psychologischen Brennpunkt des Gemäldes bildet

135 Otto Dix: *Die sieben Todsünden: Geiz, Zorn, Neid, Hochmut, Trägheit (des Herzens), Völlerei, Wollust,* 1933, Mischtechnik auf Holz; Karlsruhe, Staatliche Kunsthalle; © VG Bild-Kunst, Bonn 1994

die Figur des Neides. Es handelt sich dabei um einen Wicht, der sein wahres Gesicht hinter einer Maske verbirgt, die an die Physiognomie Hitlers erinnert. Der Neid trägt hier jedoch nur die Maske Hitlers, es wird also keine direkte Stellungnahme zu dem Diktator selbst und dessen Todsünden abgegeben. Dix hat in das Bild persönliche Erfahrungen mit eingearbeitet. Als er 1933 aus der Dresdner Akademie entlassen wurde, geschah dies auf Initiative einiger mißgünstiger Kollegen, die ihren Neid hinter einem eifernden Bekenntnis zur nationalsozialistischen Weltanschauung verbargen und Dix vorwarfen, ihm mangele es an »anständiger Gesinnung«. Mit seiner

Interpretation hat Dix das Wesen des Neides kongenial wiedergegeben, denn jeder andere Sünder *kann* sich zu sich selbst bekennen: Der Lüsterne zu seiner Lust, der Hochmütige zu seinem Hochmut, der Zornige zu seinem Zorn, selbst der Geizige in einem bestimmten Umfang zu seinem Geiz, aber niemals der Neider zu seinem Neid. Er benötigt die Lüge, die Maske gegenüber der Welt, ja selbst gegenüber der eigenen Person. Die große Kopfmaske dagegen, mit der Dix den Hochmut ausstaffiert hat, oder der gewaltige Suppenkessel, den er dem Fresser überstülpt, erfüllen eine andere Funktion. Sie dienen nicht wie die Maske des Neides der Tarnung, sondern sind im Gegenteil Aufblähungen, Vergrößerungsgläser der Sünden, die sie verbildlichen. Trotz Tarnung zeigt Dix den Neider nicht als einen freundlichen Maskenträger. Die Maske offenbart in Ausdruck und Farbe (ein helles, aufdringliches Gelb oder Grün werden gerne dem Neid zugeordnet) etwas von dem Wesen, das sie gerade verbergen soll – Lauerndes und Heimtückisches dringen durch. Gleichzeitig wird die Sichtbarmachung des wahren Wesens hinter der Maske wieder zurückgenommen, indem Dix in die Maske des Neides die verbissenen Züge des Empörers und Entrüsteten eingräbt, der immer mit großen oder kleinen ›Weltanschauungen‹ hantiert, hinter deren Moral er seine aus dem Neid geborene Destruktivität auch vor sich selbst versteckt.[549]

Physiognomisches Wissen, physiognomische Erfahrungen spiegeln sich also durchaus in der Kunst der Moderne wider. Wir dürfen zudem nicht vergessen, daß in der Faszination, die viele Künstler der Moderne für die primitive Kunst Afrikas und deren Maskenwesen empfanden, eine Sehnsucht nach einer Rückkehr zu den Quellen des Bildhaften anklingt. Ein Beispiel dafür ist Picasso, der in seinen Werken auch auf die alte physiognomische Methode der Analogiebildung zurückgegriffen hat. So verwandelt er Françoise Gilot in einem seiner Porträts in eine »Femme fleur« (Abb. 136 a, b). Von einer Beschäftigung mit der Physiognomik zeugen auch die Arbeiten der Wiener Künstler Florentina Pukosta und Arnulf Rainer, die sich intensiv mit dem Werk von Franz Xaver Messerschmidt auseinandergesetzt haben. Rainer griff dabei direkt auf Fotografien von Messerschmidts Grimassen zurück und interpretierte sie mit seinen Übermalungen neu. Das gleiche Verfahren der Fotoüberzeichnung übernahm er auch in seiner Arbeit mit Totenmasken historischer Persönlichkeiten. Isa Lohmann-Siems hat, aufbauend auf Untersuchungen Klaus Lankheits, den großen Bogen nachgezeichnet, der von der kosmischen Physiognomik über den Geist der Frühromantik bis hin zur Kunsttheorie der Moderne und der ›gegenstandslosen‹ Malerei führt.[550] In der Tat dringen die Künstler der Abstraktion mitunter ganz neu in die Welt des Mikro- und Makrokosmos ein. In ihren Bildern meinen wir leuchtende Milchstraßen interstel-

136 a, b
Fotografie von Françoise Gilot und ihr Porträt als »Femme fleur« von Pablo Picasso, 1946; © VG Bild-Kunst, Bonn 1994

larer Räume ebenso wie das Schattenspiel schönen Laubwerks zu sehen. Sie suggerieren uns einen Blick durch das Mikroskop, oder unsere Sinne meinen umgekehrt, auf das zarte Spiel der Wolken am Himmel aufmerksam gemacht zu werden. Abstraktion in der Kunst bedeutet also nicht zwangsläufig, nur Unsichtbares sichtbar machen zu wollen, wie es Paul Klee anstrebte oder wie es Kandinsky in seiner Schrift *Über das Geistige in der Kunst* kundtat. Aber wenn uns diese ›gegenstandslosen‹ Bilder auch ganz neu mit der Welt des Sichtbaren verbinden können, so zeigen sie uns doch mit Vorliebe eine im Werden begriffene und nicht eine bereits fertig seiende Welt. Damit tut sich ein Riß auf, der die Kunst der Tradition generell von der Kunst der Moderne trennt: Ist die eine eine Kunst des Raumes, so die andere eine Kunst der Zeit. »Meine Heimat liegt in der Zeit und nicht im Raum«, hat Roberto Sebastian Matta einmal gesagt, und ebenso: »Ich will das Optische töten.«[551] Die Futuristen huldigten einem Kult der Dynamik. Ihr Credo hieß Geschwindigkeit, ihr Gemütszustand Bewegung. Für Jean Gebser erschöpfen sich sogar alle Theorien und Richtungen der Moderne in einer Konkretisierung und Realisierung der Zeit.[552] Insbesondere bei einigen Werken Picassos glaubt Gebser den Vorstoß in die vierte Dimension bereits realisiert. So stellt uns Picassos Porträt von einem Seemann mit Hut dessen Gesicht gleichzeitig in Vorder- und in Profilansicht dar (Abb. 137). Die verschiedenen Zeiten, Vergangenheit, Gegenwart und Zukunft, stoßen in dem Bild aufeinander, es zeigt keinen Augenblick, keine ruhende Ewigkeit. Picasso überlagert in der Bewegung die einzelnen Zeitabschnitte und macht dadurch die Zeit erst sichtbar – freilich um den Preis der Sprengung der menschlichen Physiognomie. Das Bestreben, die Zeit sichtbar zu machen, stößt aber schnell auf die Grenzen der traditionellen bildenden Künste, denn ihrem Wesen nach handelt es sich bei ihnen um Raumkünste und nicht um Zeitkünste. Es darf daher nicht verwundern, daß die Künstler immer häufiger ihr angestammtes Terrain verlassen und sich den neuen Medien und Techniken zuwenden oder sie in ihre Arbeiten mit einbeziehen. So sind etwa Arnulf Rainers oder auch Warhols Porträtserien ohne Zuhilfenahme der Fotografie nicht denkbar. Ernst Buschor hat aus einer kulturpessimistischen Sicht heraus bedauert, daß die Porträt-

137   Pablo Picasso: *Der unbekannte Seemann,* 1938, Öl auf Leinwand, Privatbesitz; © VG Bild-Kunst, Bonn 1994

kunst, und mit ihr die »personelle Geistwelt« und die ichbildenden Mächte, weitgehend kampflos das Gebiet der Malerei und Plastik verlassen und die Gestalt des Menschen den ›siegreichen Künsten‹ von Fotografie und Film überantwortet haben.[553] Doch es will scheinen, daß, wo die Zeit drängt, die alten Räume verlassen werden müssen.

Die Physiognomie im Zeitalter ihrer technischen Reproduzierbarkeit: Porträtfotografie, Stummfilm, Computerporträts

Johann Caspar Lavater zufolge sollte Kunst Nachahmung sein, und je täuschender ihr diese Nachahmung der Natur gelang, desto höher siedelte er ihren Wert an.[554] Als die Fotografie dann ein halbes Jahrhundert nach Erscheinen von Lavaters *Fragmenten* in die Welt trat, war das zu einem Zeitpunkt, als die realistisch ausgerichtete Kunst des Biedermeier ihren Höhepunkt hatte. Einmal da, bedeutete die Fotografie den größten Einschnitt in der Geschichte der Porträtkunst, indem sie nicht nur unsere Sehgewohnheiten entscheidend veränderte, sondern überdies zum Maßstab naturgetreuer Wiedergabe wurde. Aufgrund ihrer schnellen Erstellung und ihres geringen Preises wurde sie bald jedermann zugänglich. 1907 äußerte Alfred Lichtwark, daß damals kein Kunstwerk so aufmerksam betrachtet worden sei wie eine Fotografie des eigenen Selbst, der nächsten Verwandten und Freunde.[555] Und Lothar Brieger konstatierte 1930 erschrocken, daß die traditionellen Künste ihre gesellschaftsgestaltende Aufgabe verloren hätten – nicht mehr sie formten fortan neue Idole und Ideale, sondern die Fotografie.[556] In der Bevorzugung des Nüchternen und Realistischen spiegelt die Fotografie unsere moderne Weltwahrnehmung wider. Sie bildet dabei die Welt jedoch nicht als absolute Wahrheit ab, sondern ist zugleich immer auch eine Interpretation. Trotzdem geschah die Auslieferung der alten Bildniskunst an die neue im Namen der Wahrheit. Natürlich gaben der Fotografie auch zahlreiche Physiognomen den Vorzug, so daß sich die Porträtfotografie in der physiognomischen Literatur seit der 2. Hälfte des 19. Jahrhunderts neben der traditionellen Bildniskunst einen festen Platz sicherte.[557] Wie sehr die Fotografie auch das Vorstellungsvermögen beeinflussen kann, zeigt die Beobachtung, daß uns z. B. rückwirkend die Zeitspanne von über einem Jahrhundert – ungefähr von 1840 bis 1960 – stark schwarzweiß geprägt erscheint, weil es der Fotografie zunächst nicht möglich war, die Welt farbig wiederzugeben. Aber könnte es nicht auch sein, daß umgekehrt die Fotografie und später der Film bewirkt haben, daß sich die zeitgenössische Weltgestaltung der Ästhetik dieser neuen Techniken angepaßt hat? Möglicherweise geschah es ja unter dem Einfluß der Schwarzweiß-Fotografie, daß die damalige Umwelt und vor allem die Kleidung dezente Farbkombinationen bevorzugte.

Wenn wir davon ausgehen, daß zwischen Wesen und Gestalt des Menschen zwar ein enges Wechselspiel, aber keine absolute Kongruenz besteht, bleibt es in erster Linie dem Maler vorbehalten, hier korrigierend einzugreifen und eben die Wirkung zu erreichen, die Max Liebermann einem unzufriedenen Modell gegenüber in den Worten darlegte: »Mein lieber Herr, dieses Gemälde ist Ihnen ähnlicher als Sie selbst.«[558] Zwar hat auch der Fotograf ein breites Spektrum manipulativer Möglichkeiten, doch bleiben diese innerhalb der Technik begrenzt. So ist es z. B. der Fotografie kaum möglich, ein Gesicht, wie uns Abb. 138 zeigt, auf derart wenige, aber prägnante Striche zu reduzieren. Gerade die ›Wahrheit‹ der Fotografie, also die Möglichkeit einer genauen Detailtreue, birgt oft die Gefahr in sich, eine Verundeutlichung der Physiognomie herbeizuführen. Denn hier, in der Fotografie, geht die Vorarbeit, die der Künstler für uns leistet, verloren: Unwichtiges fortzulassen, Wichtiges zu betonen, gegebenenfalls auch mit einer Formveränderung zu arbeiten. Natürlich befindet sich der Maler auch darin im Vorteil gegenüber dem Fotografen, daß ihm der größere Zeitaufwand seiner Sitzungen ein intensiveres Einleben in sein Modell gestattet. Bei der Fotografie hingegen wird die nötige Zusammenarbeit von Modell und Fotograf, gerade mit zunehmender technischer Entwicklung, immer kürzer.

Trotz der Neuartigkeit ihrer Technik knüpfte die frühe Bildnisfotografie an die vorangehende Bildnis-

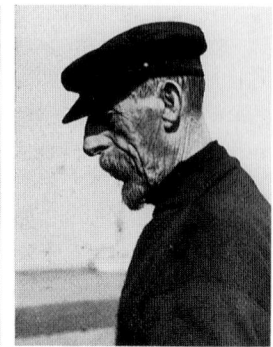

138   Die Physiognomie in ›handwerklicher‹ und ›technischer‹ Kunst

malerei an. Dies lag zum einen darin begründet, daß es häufig ehemalige Porträtmaler waren, die sich nun als Fotografen betätigten, zum anderen, weil man sich in diesem neuen Medium gängiger Bildnisformen bediente. Der Übergang vollzog sich vom biedermeierlichen Einzel-, Gruppen- und Familienporträt zu einer biedermeierlichen Fotowiedergabe. Während des gesamten 19. Jahrhunderts standen die Malerei und die Fotografie in einer intensiven Wechselbeziehung. Als z. B. in der Belle Epoque – insbesondere bei Damenbildnissen – eine üppige Staffage beliebt wurde, spiegelte sich dies auch in der zeitgenössischen Porträtfotografie wider. Ab 1900 verschwand jedoch dieser hohle Kulissenzauber mit seinen künstlichen Landschaften, Balustraden aus Pappmaché und imitierten Ritterrüstungen aus den Fotoateliers. Die ›Lichtbildner‹ der Jahrhundertwende führten die Fotografie zu ihren schlichteren Anfängen zurück und stellten die physiognomische Interpretation – ohne Staffage und Retusche – in den Mittelpunkt. Ein berühmtes Beispiel ist der französische Fotograf Nadar, der im 19. Jahrhundert mit seinen Porträtfotografien eine einzigartige physiognomische Dokumentation des zeitgenössischen geistigen Frankreich schuf. Mit dem Schwinden der falschen Kulissen leerte sich aber keineswegs immer der Bildhintergrund. Die Lichtbildner zogen nun oft ein ganz persönliches Ambiente, eine erweiterte Physiognomie, mit ein, um ihre Modelle genauer charakterisieren zu können. Gleichzeitig beschritt die Porträtfotografie mit diesen Bestrebungen eigene Wege.

Sie trennte sich von ihrem künstlerischen Ursprung, der Malerei, die sie seit den zwanziger Jahren in ihrer Bedeutung für das Porträt überflügelt hat.

In dieser Tradition der Lichtbildnerei stand auch August Sander, neben Hugo Erfurth der wohl bedeutendste deutsche Porträtfotograf der ersten Jahrhunderthälfte. Sein Werk stellt den eindrucksvollen Versuch dar, ein Bild des Deutschen in seiner Zeit zu vermitteln, wobei er alle Gesellschaftsschichten erfaßte und jeweils deren physiognomische Archetypen herausfilterte. Intuitiv fing er auch die starken »Ungleichzeitigkeiten«, die damals zwischen den einzelnen Ständen und Menschen noch bestanden, mit ein,[559] so zwischen Bauer und Industriearbeiter, zwischen Stadt und Land, zwischen ›Raummenschen‹ und ›Zeitmenschen‹. Wo es ihm sinnvoll erschien, lichtete er die Menschen in ihrem ›physiognomischen Umfeld‹ ab: den Winkeladvokaten an sei-

nem Schreibplatz, den Konditor in seiner Backstube (139 a–b). Ebenso überzeugend sind auch Sanders Porträtfotografien, die sich nur auf die Physiognomie und die Haltung des Dargestellten konzentrieren (139 c).[560] Sander galt noch vielen Fotografen nach

139 a–c   August Sander: Winkeladvokat, um 1945; Konditor, 1928; Industrieller, 1936, Fotografien, © August Sander Archiv/Stiftung City-Treff, Köln; VG Bild-Kunst, Bonn 1994

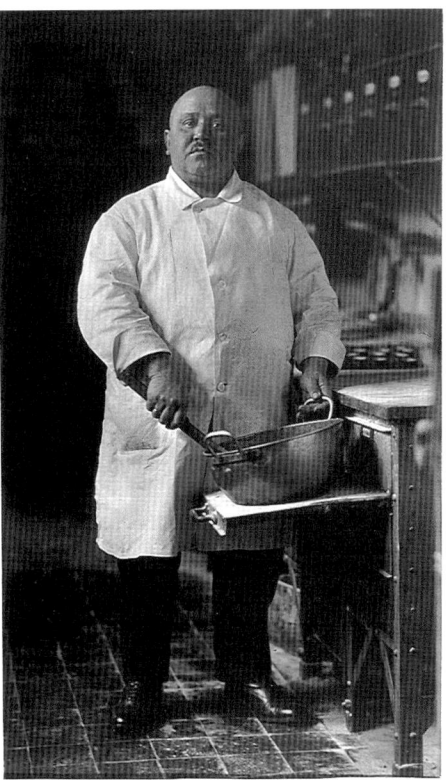

dem Zweiten Weltkrieg als Vorbild, doch die physiognomische Vielfalt, die er zu zeigen wußte, hat keiner von ihnen mehr erreicht. Das lag und liegt weniger an einem geringeren künstlerischen Einfühlungsvermögen als vielmehr daran, daß die physiognomische Vielfalt selbst schwand bzw. am Schwinden ist. Diese Tatsache blieb den Porträtfotografen nicht verborgen. So beklagt sich in der jüngsten Gegenwart etwa Pan Walther, der vor allem durch seine Porträts von Persönlichkeiten des öffentlichen Lebens hervortrat: »Was früher einmal den Menschen auszeichnete, sein Beruf nämlich, wird heute kaum noch sichtbar. Ein Handwerker war eben wer. Er strahlte das aus, was er tat und was er war. Dies alles tritt immer mehr in den Hintergrund. Die Maschine Mensch ist da.«[561] Das heißt natürlich nicht, daß auf einmal alle Menschen genau die gleiche Kopfform und Gestalt besäßen, aber der Ausdruck – begriffen als gefrorene Mimik – hat sich durch eine alle Schranken einreißende und nivellierende Lebensform angeglichen und darüber hinaus verflacht. Das wird nicht nur an einem Vergleich der modernen Fotografie mit den Arbeiten August Sanders oder auch Hugo Erfurths deutlich. Greifen wir z. B. nach dem Bildband *Menschen der Zeit* von 1930.[562] Er ist in einer Zeit entstanden, für die Max Picard bereits den Verfall des Menschengesichts prognostiziert hatte. Doch begegnet uns hier noch eine erstaunliche physiognomische Vielfalt, die zugleich die ganz unterschiedlichen Charaktere der Dargestellten dokumentiert: die Weltläufigkeit eines Max Liebermann, die demutsvolle Versunkenheit eines Hans Thoma, die feine Gelehrtenhaftigkeit eines Wilhelm von Bode, die mystisch-grüblerische Haltung eines Hermann Stehr, die große Noblesse Ricarda Huchs, den herrischen Hochmut eines Stefan George, die künstlerische Sensibilität Mary Wigmans, die jugendliche Tollkühnheit eines Grafen Luckner und und und … Es dürfte schwerfallen, dem aus späterer Zeit etwas entgegenzustellen. Auch heutige Starfotografen, wie etwa Annie Leibovitz oder Helmut Newton mit ihrer illustren Klientel, versuchen Vielfalt zu schaffen. Doch trotz eines z.T. recht aufwendigen physiognomischen Beiwerks, das die Individualität der Porträtierten herausstellen soll, bleiben ihre Figuren oft seltsam leer und austauschbar. Die Fotografien scheinen mehr auf Imagepflege als auf den Ausdruck der wirklichen Persönlichkeit abzuzielen – physiognomische Knallbonbons, werbewirksam verpackt.

Die Gesichter auf den Fotografien werden nicht nur ähnlicher, sondern auch stimmungsloser, gleichgültiger. Die Fotografin und Soziologin Gisèle Freund hat sich in ihrer Schrift *Photographie und Gesellschaft* Gedanken über diesen Verlust der Intensität in der Porträtfotografie gemacht.[563] Sie führt ihn, neben der zunehmenden Vermarktung, darauf zurück, daß im Anfangsstadium der Fotografie noch ein intensives Wechselspiel zwischen Modell und Fotograf stattgefunden hat, um überhaupt ein Gelingen der noch in den Kinderschuhen steckenden Fotografie zu ermöglichen: Konzentration und Geduld waren nötig, da das fotografierte Porträt zunächst ähnlich statisch wie das gemalte war. Es war das Ergebnis einer Sitzung, die sich, je nach Beleuchtung und Absicht, über einen bestimmten Zeitraum erstreckte. Die Fotografen waren damals ohnehin noch davon überzeugt, daß ein lebenswahres Bild nur nach längerem Studium des Modells zustandekommen könnte. Gislind Nabakowski sieht in den »Auto-Porträts« der Fotografen einen Versuch, die verlorene Intensität der Fotografie zurückzugewinnen, da durch die Identität von Modell und Fotograf die ›Zusammenarbeit‹ beider Elemente gewährleistet sei.[564] Doch so sehr Nabakowskis Bildbeispiele durch Originalität, mitunter auch durch ihren physiognomischen Experimentiercharakter (Abb. 140 a, b), überraschen mögen – als eine Rückkehr zur verlorenen Intensität überzeugen auch sie nicht. Ob wir für diesen Verlust jemals eine befriedigende Erklärung bekommen werden, ist fraglich. Aber vielleicht gibt uns das Schnappschuß-Verfahren der heutigen Fotografie eine Teilantwort darauf. Durch die damit verbundene Flüchtigkeit und Bevorzugung der Bewegung wird die Geschlossenheit eines Abbildes, die Eingebundenheit eines Motivs in den Raum und die Stille aufgehoben. Das könnte zudem erklären, warum auch die Stimmung alter Landschafts- oder Städteaufnahmen nicht mehr erreicht wird.[565] Man findet in der Hektik nicht mehr den Ausdruck, der alle übrigen Ausdrücke enthält, es treten nur noch Teile hervor. Eine Rolle mag auch spielen, daß der Glaube an den geistigen Gehalt von Formen und

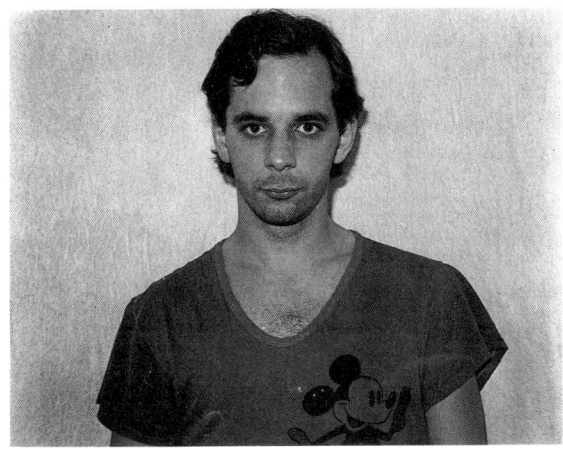 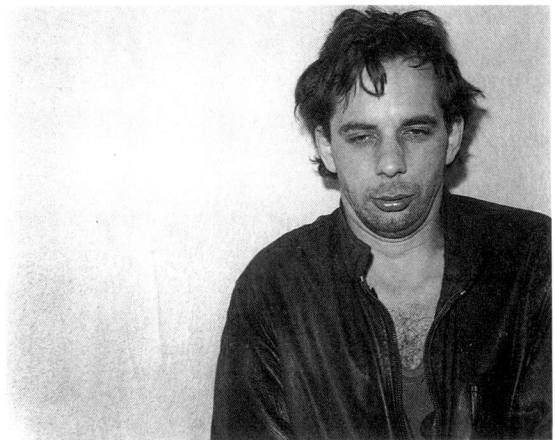

140 a, b   Alain Lequeux, *Biteuls*, 1981. Der Fotograf unterwarf sich einem bezeugten Selbstversuch: Alle 15 Minuten leerte er ein Glas hochprozentigen Alkohols und fertigte danach jeweils ein Foto von sich an. Die Porträtserie besteht aus 15 Aufnahmen bzw. 15 Schnäpsen. Zu sehen sind Nr. 1 und Nr. 15

Symbolen nachgelassen hat und dieser sich, als Antwort darauf, dem ›objektiven‹ Blick der Kamera entzieht. Als Beispiel für diesen Glaubensverlust kann Klaus Honnef angeführt werden, der anläßlich der Betrachtung einer Fotografie von Neil Winokur die Physiognomik als einen Aberglauben bezeichnete, an den die Fotografen einst geglaubt hätten, der ihnen aber jetzt fremd geworden sei.[566]

Fangen die Bilder bzw. die Fotografien als eine Folge schnell hintereinander gezeigter Schnappschüsse ›zu laufen‹ an, entsteht der Film als Illusion wirklichen Lebens. Neben Fotografie und Schauspiel können wir als weiteren Vorläufer des Films den Comic strip und die Bildergeschichte anführen. ›Filmische Szenen‹ begegnen uns jedoch bereits in den Anfängen der Kunst. Dort, wo es weniger um reine Bildhaftigkeit ging als vielmehr darum, zu erzählen, Wort und Schrift zu ersetzen oder diese überhaupt erst vorzubereiten, finden wir auch die Bewegung oder vielmehr: die abgewandelte Wiederholung. So sehen wir auf alten Höhlenbildern und Steinplatten Reihen und Serienzeichnungen von Akteuren, die in aufeinanderfolgenden ›Schnappschüssen‹ von den Taten des täglichen Lebens berichten. Sie entsprangen den ersten handwerklichen Gehversuchen des Menschen, aus denen die bildende Kunst abgeleitet wurde, aber auch der Suche des Menschen nach dem Wort. Friedrich von Zglinicki sah in diesen ersten Bildergeschichten bereits den Film bzw. die Sehnsucht

nach den bewegten Bildern aufleuchten.[567] Diese Vermutung mag nicht unbegründet sein, obgleich für Max Picard das moderne Kino nur von dem heutigen, hektischen Menschen kreiert und ertragen werden konnte: »Das Menschengesicht heute ist ohne Gegenwärtigkeit. Es ist ein Kinogesicht ... Das Bewegliche, Eilige, Provisorische, Verschwindende des Gesichts von heute ins Mechanische übertragen: das ist das Kinogesicht. Das Kino konnte überhaupt nur darum erfunden werden, weil es das Gesicht von heute gab. Vor der Monumentalität eines Menschengesichtes wie es früher war, hätten sich die Bewegungen auf der Kinoleinwand niemals getraut, sich in ein Bild, das einem Gesicht gleicht, zusammenzufassen.«[568]

Da der Film zunächst stumm war, mußten der Ausdruck und die physiognomische Eindeutigkeit in ihm derart gesteigert werden, daß das fehlende Wort nicht vermißt wurde und die eingeschobenen Texttafeln auf ein Mindestmaß reduziert werden konnten. Anders als das Theater kann der Film das menschliche Gesicht durch die Großaufnahme ganz in den Mittelpunkt stellen. Der Stummfilmdarsteller mußte sich gerade hier als ein alle mimischen Ausdrucksregister ziehender Gesichtsakrobat offenbaren, wobei die drastischen, eindeutigen, expressionistischen Züge bevorzugt wurden. Im Stummfilm erleben wir auch eine Rückkehr zur Silhouette, zum Schattenbild. Besonders bei den Negativcharakteren wurde gerne mit deren Schattenwurf gearbeitet, der

141   Szenenfoto aus dem Film *Das Kabinett des Dr. Caligari,* 1919

ins Riesenhafte vergrößert oder ins beängstigend Dämonische verzerrt wurde (Abb. 141). Der Tonfilm nahm diese übersteigerte Mienensprache, ebenso die Eindeutigkeit der Maske, wieder zurück. Philipp Lersch trieb Ausdrucksstudien, indem er aus den Streifen von Stumm- und Tonfilmen die prägnantesten Einzelbilder und Gesichtsdetails herausschnitt, aus denen er gewissermaßen ein Lexikon mimischer Höhepunkte zusammenstellte.[569]

Die modernen Techniken ermöglichen nicht nur die endlose Reproduzierbarkeit der Bilder, wodurch sie sich selbst ihres Zaubers berauben können, sondern auch deren Abänderung, Verfälschung oder ungewohntes Zusammenfügen. Die bisher umfassendste und schnellste Methode, fremde Welten zu simulieren, bietet der Computer. Mit ihm vollzog sich eine Revolution der Retusche, mit der man die Figuren auf den Originalfotos spielerisch auswechseln oder fotografisch exakte Phantombilder ins Leben

rufen kann. Die amerikanische Künstlerin Nancy Burson hat versucht, mit diesen Mitteln eine ganz neue Porträtkunst zu entwickeln: Sie mischt Diktatorengesichter ineinander, verschmilzt die großen Menschheitsrassen miteinander, auch das alte Thema Mensch und Tier läßt sie neu erstehen, ja, sie schafft sogar Zwitterwesen aus Mensch und Kunstobjekt, aus Fleisch und Plastik (Abb. 142 a, b). Ihre ›gentechnischen Experimente‹ erinnern uns an Charles Le Brun (vgl. Abb. 39). Doch der Computer kann nicht nur andere Wirklichkeiten vortäuschen, er hat auch ein Rätsel der Schönheit gelöst: In wiederholten Testreihen wurden ihm die unterschiedlichsten Porträtfotos eingegeben, das daraus resultierende Mischgesicht entsprach den allgemeinen Vorstellungen von Schönheit am meisten. Die Schönheit definiert sich damit aber keineswegs durch Gewöhnlichkeit, wie einige Skeptiker der Schönheit vorschnell angenommen haben,[570] sondern sie bedeutet vielmehr die Beinhaltung und Ausgewogenheit der verschiedensten Elemente in sich – es ist die Abwesenheit von Einseitigkeit und der Hang zur Ganzheitlichkeit. Ganz neu ist diese Erkenntnis jedoch nicht: Sie begegnet uns bereits bei dem Künstler, Arzt und Physiognomen Carl Gustav Carus und seiner Lehre von der »reinen Mitte«.[571]

142 a, b   Nancy Burson (mit David Kramlich und Richard Carling), *Big Brother,* 1983 (Stalin, Mussolini, Mao, Hitler und Khomeini); Nancy Burson, *Untitled,* 1989; © Copyright Nancy Burson, 1983 bzw. 1989. Courtesy of the Jayne H. Baum Gallery, New York

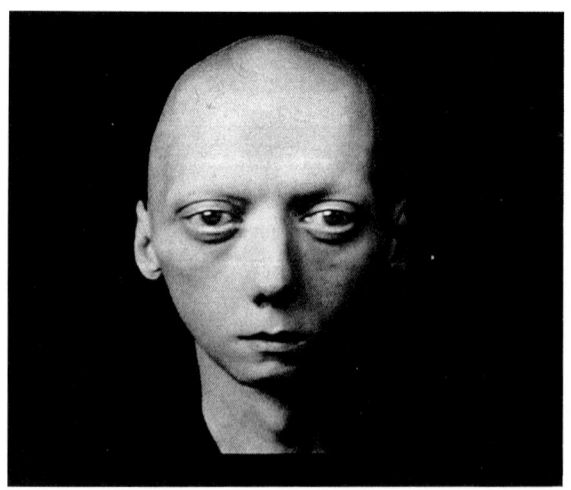

Das Ende des Gegenstandes – das Ende der Physiognomik?

Eine Nachbetrachtung

Am Anfang war das Bild – doch was ist heute, was wird morgen sein? Das Bilderdenken ist das ältere Denken. Es war vor dem Wortdenken und Begriffsdenken. Die Bilder, mit denen der Mensch seine Umwelt sieht, sind Gestaltmodelle einer Wahrnehmung, die sich in der Menschheitsgeschichte entwickelt hat. Sie zeigen nicht das Absolute, sondern das zum Überleben des Menschen Notwendige. Aus einem deutenden und produktiven Wahrnehmen dieser Bilder kristallisierte sich die Kunst heraus, als ein Zweig der Religion, die in ihren Anfängen ebenfalls im Bild ruhte und Bildmodelle für ihre Welterklärung verwendete. Unsere Bilder von der Außenwelt liefern also nicht nur die notwendige Orientierungshilfe für den Lebensalltag. Ihre innere, symbolische Widerspiegelung in Kunst und Mythos weist über ihre biologisch-arterhaltende Funktion hinaus, indem sie den Menschen mit den Urgründen des Seins rückverbinden hilft. Insofern ist das symbolische Denken und Gestalten zugleich Religion.

Die Physiognomik, die ›Kenntnis der Körperlichkeit‹, ist somit Teil einer großen, ursprünglichen Weltsicht, sie ist Teil einer Physiognomik der Welt, des Kosmos, des Seins überhaupt. In der Geschichte der Physiognomik wurde der Mensch häufig dem Tier gegenübergestellt und mit ihm verglichen. Doch die Verbindung zur Welt des Tieres zeigt sich nicht nur in einigen äußeren Parallelen, sondern in der Physiognomik selbst. Das alte Bilderdenken verbindet den Menschen mit dem höherentwickelten Tier. Abstraktes und benanntes Denken, also Wortdenken, ist das Denken, das den Menschen vor den Tieren auszeichnet. Aber es war eben nicht unser ursprüngliches und erstes Denken. Das macht verständlich, warum gerade der Primitive, der einfache Mensch oftmals

einen stärker ausgebildeten physiognomischen ›Scharfblick‹ besitzt und auch unmittelbareren Zugang zu physiognomischen Deutungsmodellen hat als der Intellektuelle[572] – ein Umstand, auf den bereits Carl Gustav Carus verwies: »[Es] mag wohl ... im Allgemeinen behauptet werden, daß gerade in dem dem Naturzustande näher stehenden Menschen sich das Talent einer natürlichen Physiognomik leichter und schärfer entwickele.«[573] Als Beleg für seine Behauptung zitiert Carus aus den Memoiren des Marschalls Marmont, der über den Korsen Napoleon und dessen Scharfblick für menschliche Individualitäten urteilte: »Das Bedürfnis der Selbsterhaltung, das sich von Jugend auf geltend macht, entwickelt in dieser Beziehung in dem Menschen ein besonderes Genie; ein Franzose, ein Deutscher und ein Engländer werden, bei sonst gleicher Begabung, in dieser Hinsicht jederzeit einem Korsen, einem Albanesen oder Griechen nachstehen.«[574]

Die moderne Hirnforschung hat nicht nur damit begonnen, unsere beiden Hirnhälften bezüglich ihrer Aufgaben und Fähigkeiten zu untersuchen, wobei in der rechten das bildhaft-symbolische, in der linken das abstrakt-intellektuelle Denken lokalisiert werden konnte; sie vermutet auch ein besonderes neuronales Substrat, das für die Fähigkeit zum Physiognomieren verantwortlich ist.[575] Wird es durch Gehirnverletzungen in Mitleidenschaft gezogen, kann das Syndrom der physiognomischen Agnosie (Prosopagnosia, das ist die Unfähigkeit, Gesichter zu unterscheiden und zu erkennen) eintreten.[576] Aufgrund ihrer Naturbedingtheit finden physiognomische Wahrnehmung und Unterscheidung auch in unserem ›unphysiognomischen‹ Zeitalter statt, allerdings sind sie stärker aus dem Bewußtsein verdrängt. Welcher Jurist würde beispielsweise eingestehen, Tatverdächtige nach ihrer Physiognomie zu be- und zu verurteilen? Nach fingierten Anklageschriften mußten in einer amerikanischen Untersuchung Jurastudenten eine Frau verurteilen, die auf den beigefügten Fotos einmal attraktiv, ein anderes Mal unvorteilhaft aussah. Eine weitere Gruppe erhielt Anklageschriften ohne Fotos. Das Ergebnis der Strafbemessung geht aus nachfolgender Tabelle hervor:

Vergehen	hübsche Täterin	häßliche Täterin	Aussehen unbekannt
Diebstahl	2,8 Jahre	5,2 Jahre	5,1 Jahre
Betrug	5,5 Jahre	4,4 Jahre	4,4 Jahre[577]

Die Schönheit erfährt also eine deutlich mildere Verurteilung beim Diebstahl, wohl weil man ihr das Vergehen nicht eigentlich zutraut und unausgesprochen annimmt, daß nur ungünstige Einflüsse sie zur Tat veranlaßt haben können.[578] Betrügt sie aber, setzt sie ihre Attraktivität dazu ein, andere hinter das Licht zu führen, so trifft sie die ganze Härte des Gesetzes.

›Die Geburt der Kunst aus der Physiognomik‹ bedeutet Weltdeutung und Weltorientierung. Führen wir den Begriff der Physiognomik wieder zurück auf die Körperhaftigkeit des Menschen, so gibt seine Darstellung in der Kunst die Auffassung des Menschen von sich selbst wieder und bildet damit das erste Glied menschlichen Selbstbewußtseins und menschlicher Selbstbetrachtung. Mit der Kunst ahmte der Mensch das Leben nach und lernte es dadurch ebenso wie sich selbst kennen. Die Arbeit der Kunst geht damit derjenigen der Wissenschaft voraus, bereitet sie erst eigentlich vor. Zunächst gab die Kunst nur das Wesentliche wieder, das Subjektive, Individuelle blieb ausgeklammert, ebenso die Zeit. Was wir in der frühen Kunst sehen, ist das Substrat der Dinge und des Menschen im Raume. Alles ist statuarisch, ruhend, nicht das Augenblickliche ist von Belang, nur das Ewige hat Bedeutung. Der Mensch mußte erst das Wichtigste erfassen lernen. Wo Bewegung auftaucht, ist es die begrenzte Bewegung einer deutlich abgesteckten Handlung innerhalb eines deutlich abgesteckten Raumes. Die Zeit bleibt dem Raum untergeordnet. Mit der Kunst Griechenlands und Roms tritt dann zunehmend das Zeitmoment hervor, jedoch ohne Dominanz und ohne Sprengung des Raumrasters. Aber das Element der Zeit verstärkt sich in der Kunst des Abendlandes, wenn wir dessen einzelne Stilepochen durchschreiten, immer mehr. In der Romanik noch fast ganz der Statik untergeordnet, gewinnt es durch die Jahrhunderte deutlich an Kraft, bis es endlich – ein Paradoxon der bildenden Kunst – in der Moderne über den Raum triumphiert. Physiognomisch betrachtet wandelt sich die Kunst vom Statuarischen, mit dem Glauben an eine zeitlose Körperlichkeit, zum individuellen Ausdruck des einzelnen im Fluß der Zeit, bis zur Dynamik der Gegenwart, die den traditionellen Formenkanon und damit die Vorherrschaft des Raumes gänzlich sprengt. Die Bildkunst wurde zu dem, was die Wortkunst ist: eine Zeitkunst. Ernst H. Gombrich hat wiederholt seine Verwunderung darüber ausgesprochen, daß die Künstler im Laufe der Menschheitsgeschichte nur zweimal, im klassischen Altertum und in der Spanne von der Renaissance bis zur Moderne, eine realistische, auf unserer Wahrnehmung beruhende Kunst und damit Menschendarstellung geschaffen haben.[579] Ein Grund zur Erklärung dieses Phänomens – neben technischen Voraussetzungen, etwa der Kenntnis der Perspektivgesetze – dürfte in dem Verhältnis des Menschen zu Raum und Zeit zu suchen sein. In den traditionellen, vorindustriellen Gesellschaften dominierten Raumbewußtsein und Raumerlebnis, die Kunst ›verzerrte‹ das Leben in ihrer Darstellung ins Statuarische bzw. Raumeingebundene. Die moderne Industriegesellschaft ist hingegen geprägt vom Erlebnis der Zeit, und entsprechend reagiert ihre Kunst, wenn sie das Bild der Welt ins Dynamische ›verzerrt‹. Eine Kunst, die sich um eine Kongruenz mit unserer optischen Wahrnehmung bemüht, scheint sich nur dort zu entfalten, wo sich das Erleben von Raum und Zeit in einem annähernd ausgewogenen Verhältnis befindet.

Das Wesentliche der Sprache ist, daß sich der Mensch mit ihr ein Instrumentarium geschaffen hat, Begriffe zu bilden, die es ihm ermöglichen, abstrakt, d.h. gegenstandslos und losgelöst von dem ihn umgebenden Raum, zu denken. Benutzt er Zeichen, so sind es eigene, abstrakte, nicht der Umwelt entnommene, wie z.B. Zahlen. Ein Bildverbot, wie etwa in der jüdischen Religion, bedeutet zugleich, daß als

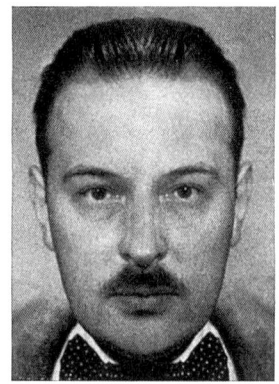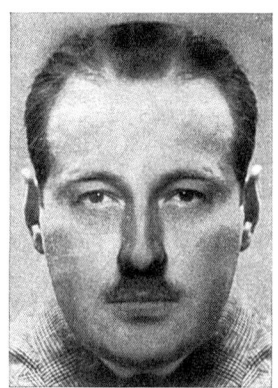

143 Jedes Gesicht besteht aus zwei unterschiedlichen Hälften. Links: Die ›normale‹ Aufnahme. Mitte: Das ›Linksgesicht‹, entstanden durch das Zusammensetzen der linken Gesichtshälften. Rechts: Das ›Rechtsgesicht‹, entstanden durch das Zusammensetzen der rechten Gesichtshälften

Kompensationsmöglichkeit die verstärkte Ausbildung des Wortes und damit des abstrakten Denkens gegeben ist. Das Bildverbot impliziert, so betrachtet, für den Menschen eine wichtige emanzipatorische Bedeutung, da es die Abstraktionsfähigkeit fördert. Zugleich unterstreicht es damit die Trennung von Mensch und Tier und betont den Sonderstatus des Menschen in der Naturordnung. Neurophysiologisch ausgedrückt liegt in dem Bildverbot zugleich die Aufforderung, die Kapazitäten unserer linken Hirnhälfte verstärkt auszubilden.

Ernst H. Gombrich hat sich gegen die Ansicht der »terrible Simplificateurs« gewandt, »die unseren Geist in zwei Teile teilen wollen, einen rationalen für die Naturwissenschaft und die praktischen Dinge des Lebens und einen zweiten für Kunst und Träume«, da der Mensch, so Gombrich, »sich nicht spalten« läßt.[580] So richtig es ist, daß sich der Mensch als *Ganzheit* nicht einfach in zwei Teile zerlegen läßt, so ist doch andererseits unbestreitbar, daß im Menschen unterschiedliche Kräfte am Wirken sind. In der linken Hirnhälfte sind unsere verbalen, analytischen, rationalen Fähigkeiten ausgebildet, ebenso unser Bewußtsein für die Zeit und ihre logische Abfolge. Die rechte Hirnhälfte ist für die nichtverbale Information zuständig, z. B. unsere Körpersprache, und damit auch für unser ›physiognomisches Genie‹, wie ebenso für unser räumliches Auffassungsvermögen, unsere Raumorientierung und das Verständnis dafür, wie sich die Teile zu einem Ganzen fügen, also unsere synthetischen, aber auch intuitiven Fähigkeiten. Es ist bekannt, daß unser Gesicht nicht symmetrisch aufgebaut ist. Obgleich es

sich gerade in dieser Asymmetrie zu einer höheren Einheit verbindet, zeigt es in seinen beiden Hälften deutliche Unterschiede (Abb. 143). Interessant wäre es zu untersuchen, inwieweit diese unterschiedlichen Gesichtshälften, physiognomisch betrachtet, auch Ausdruck unserer beiden unterschiedlichen Hirnhälften sein könnten.

Seit der Aufklärung, spätestens seit der Industrialisierung ist eine Gewichtsverschiebung zu den Fähigkeiten, die unsere linke Hirnhälfte steuert, bemerkbar.[581] Doch was bedeutet das für die Kunst? Bereits Hegel urteilte hierzu: »Wie es sich nun auch immer hiermit verhalten mag, so ist es einmal der Fall, daß die Kunst nicht mehr diejenige Befriedigung der geistigen Bedürfnisse gewährt, welche frühere Zeiten und Völker in ihr gesucht und nur in ihr gefunden haben; eine Befriedigung, welche wenigstens von seiten der Religion aufs innigste mit der Kunst verknüpft war. Die schönen Tage der griechischen Kunst wie die goldene Zeit des späteren Mittelalters sind vorüber. Die Reflexionsbildung unseres heutigen Lebens macht es uns, sowohl in Beziehung auf den Willen als auch auf das Urteil, zum Bedürfnis, allgemeine Gesichtspunkte festzuhalten und danach das Besondere zu regeln, so daß allgemeine Formen, Gesetze, Pflichten, Rechte, Maximen als Bestimmungsgründe gelten und das hauptsächlich Regierende sind. Für das Kunstinteresse aber wie für die Kunstproduktion fordern wir im allgemeinen mehr eine Lebendigkeit, in welcher das Allgemeine nicht als Gesetz und Maxime vorhanden sei, sondern als mit dem Gemüte und der Empfindung identisch wirke, wie auch in der Phantasie das Allgemeine und

Vernünftige als mit einer konkreten sinnlichen Erscheinung in Einheit gebracht enthalten ist. Deshalb ist unsere Gegenwart ihrem allgemeinen Zustande nach der Kunst nicht günstig. Selbst der ausübende Künstler ist nicht etwa nur durch die um ihn her laut werdende Reflexion, durch die allgemeine Gewohnheit des Meinens und Urteilens über die Kunst verleitet und angesteckt, in seine Arbeiten selbst mehr Gedanken hineinzubringen; sondern die ganze geistige Bildung ist von der Art, daß er selber innerhalb solcher reflektierenden Welt und ihrer Verhältnisse steht und nicht etwa durch Willen und Entschluß davon abstrahieren oder durch besondere Erziehung oder Entfernung von den Lebensverhältnissen sich eine besondere, das Verlorene wieder ersetzende Einsamkeit erkünsteln und zuwege bringen könnte. In allen diesen Beziehungen ist und bleibt die Kunst nach der Seite ihrer höchsten Bestimmung für uns Vergangenes.«[582] Anders ausgedrückt, die Kunst, gerade die bildende Kunst, hat aufgehört, Bildkunst zu sein, und ist zur Gedankenkunst geworden. Die Kunst hat sich somit dem veränderten Menschen angepaßt. Doch inwieweit sind Mensch und Kunst in ihrer jetzigen Weltwahrnehmung und Weltaneignung noch mit ihrem Ursprung verbunden? Droht unsere Emanzipierung vom Natur- und Tierreich zu einer Entfremdung von ihm zu führen?

Ein Kennzeichen unserer Zeit ist das Schwinden allgemein verständlicher Symbole, obgleich sie wichtige gesellschaftsbildende und -erhaltende Elemente sind. Bereits 1928 schrieb Alfred North Whitehead nicht ohne mahnenden Unterton, daß »Gesellschaften, die unfähig sind, Ehrfurcht vor ihren Symbolen mit der Freiheit, sie weiterzuentwickeln, zu vereinen, letzten Endes entweder an Anarchie zugrunde gehen werden oder aber an der langsamen Atrophie eines Lebens, das von sinn- und nutzlosen Schatten erstickt wird.«[583] Symbole sind Zeichen, die das alte bildhafte Denken in uns ansprechen und deren Wirkung und besondere Bedeutung rational nie vollkommen erklärt werden können, genausowenig wie die Kunst selbst. Aufgrund ihres metaphysischen Gehalts sind Symbole nicht mit abstrakten Zeichen gleichzusetzen, deren Wesen sich weitgehend in einem äußeren Zweck erschöpft; die symbolische

Potenz einer Bildschrift ist beispielsweise höher einzuschätzen als die einer Lautschrift. Das Schöpfen von Symbolen setzt voraus, daß die sichtbare, außermenschliche Welt selbst als Symbol aufgefaßt und erlebt werden kann. Die Gegenwart erschafft keine Symbole mehr, weil für sie selbst nichts mehr Symbol ist. Das symbolisch-bildhafte Denken, als eine intuitive Wesensschau, die das Geschaute einfach in seinem Da-sein begreift und weniger nach Ursache und Wirkung fragt, die beide in der Zeit liegen, ist weitgehend verlorengegangen. Eine Landschaft, ein Haus oder ein Gesicht werden nur mehr als Materie, Zweck und entleerte Form begriffen. Durch diesen Verlust des symbolischen und damit auch physiognomischen Sehens schwindet gleichsam der Gehalt der Dinge. Eine allgemeine Vertotung ist die Folge. Gestalt und Gehalt unserer heutigen Umwelt liefern dafür selbst das überzeugendste Bild. »Nie war man symbolischem Schauen so fern wie heute«, konstatierte Theodor Lessing 1932, und erläuternd fügt er hinzu, weshalb die moderne Naturwissenschaft unser Sehen verändert hat: »Es ist vollkommen begreiflich, daß die exakte Naturwissenschaft, welche den mechanischen Apparat – (Mikroskop, Teleskop, Kamera) – zwischen die Gestaltwelt und die Sinne einschob, mithin die Gestalt nicht ›ahnend‹ erlebt, sondern als Objekt abzustellen d. h. zu konstatieren bemüht ist.«[584]

Aby Warburg bemerkte am Ende eines Vortrages über das Schlangenritual der Puebloindianer in Nordamerika: »Der im Draht eingefangene Blitz, die gefangene Elektrizität, hat eine Kultur erzeugt, die mit dem Heidentum aufräumt. Was setzt sie an dessen Stelle? Die Naturgewalten werden nicht mehr im anthropomorphen oder biomorphen Umgang gesehen, sondern als unendliche Wellen, die unter dem Handdruck dem Menschen gehorchen. Durch sie zerstört die Kultur des Maschinenzeitalters das, was sich die aus dem Mythos erwachsene Naturwissenschaft mühsam errang, den Andachtsraum, der sich in den Denkraum verwandelte. Der moderne Prometheus und der moderne Ikarus, Franklin und die Gebrüder Wright, die das lenkbare Luftschiff erfunden haben, sind eben jene verhängnisvollen Ferngefühl-Zerstörer, die den Erdball wieder in das Chaos zurückzuführen drohen. Telegramm und Telephon zerstören den Kosmos. Das mythische und das symbolische Denken schaffen im Kampf um die vergeistigte Verknüpfung zwischen Mensch und Umwelt den Raum als Andachtsraum oder Denkraum, den die elektrische Augenblicksverknüpfung mordet.«[585] Distanz zum Reich der Natur war die Voraussetzung für die Entwicklung des menschlichen Denkens. Doch trennt der Mensch sich zu stark von seinem Ursprung und vertraut nur mehr auf seine eigenen technischen Kreationen, dann zerstört die damit verbundene Beschleunigung den ihn umgebenden Raum. Der Ort der Muße und des Denkens geht verloren. Der Denkraum ist dabei nicht etwa ein Ort vordergründigen Denkens und veräußerlichter Gedanken, er ist kein lauter Gedankenjahrmarkt, sondern hat seine Wurzel im Andachtsraum. Es ist ein Ort tiefer, stiller Erkenntnis, die nicht mit einem flotten Brainstorming verwechselt werden sollte. Einfach ausgedrückt: Der Denkraum, der zugleich Zeitraum ist, da das Denken innerhalb der Zeit abläuft, ist somit eine Synthese und ein Balanceakt zwischen Ratio und Irratio, Zeit und Raum, Wort und Bild. Am Anfang seiner Laufbahn konnte der Mensch nicht frei denken, weil er zu sehr eingebunden war in das Reich der Natur. Am Ende seiner Laufbahn verliert er sein freies Denken im Losgelöstsein von allem Lebendigen und stürzt dadurch zurück ins Chaos.

Die Bedeutungsentleerung der sichtbaren Welt durch den Menschen macht auch vor ihm selbst nicht halt, so daß seine Gestalt nur mehr als Zufall erscheint. Eine Ausnahme gilt hier allenfalls im Bereich des Geschlechtlichen, der noch zu vital ist. Hier schreibt man jemandem, den man aufgrund seines Aussehens attraktiv findet, auch andere positive Eigenschaften zu. Doch im allgemeinen wird der menschlichen Erscheinung eine tiefere Symbolik aberkannt. Davon zeugt auch das weitgehende Fehlen des Porträts in der neueren Kunst. Will Grohmann bemerkte 1963: »Für die meisten Künstler ist es [das Porträt] ein Anachronismus und wird es immer mehr ... die gegenwärtige Struktur von Kunst und Gesellschaft läßt den Porträtauftrag fast absurd erscheinen.«[586] Die Darstellung des Menschen in der Kunst darf wohl als Spiegelbild dessen begriffen werden, wie der Mensch sich in seiner Körperlichkeit sieht und begreift. In der frühen Kunst wurde das Typische und Wesenhafte, das allgemein Menschliche seiner Gestalt erfaßt, später, in der Kunst Griechenlands, kam es zur Verklärung des menschlichen Leibes, der ideale Mensch bildete den Mittelpunkt des Kunstschaffens. Die Kunst seit der Renaissance bemühte sich dann um die Erkenntnis der menschlichen Individualität, während der Moderne der menschliche Leib weitgehend abhanden gekommen ist. Wenn der Mensch sich noch sieht, dann im bewegten Bild, auf der Flucht vor sich selber. Die menschliche Gestalt ist in der Zeit entschwunden. Das Verschwinden von Raum und Gestalt in der Zeit hat aus der bildenden Kunst eine Gedankenkunst, eine intellektuelle Spielwiese gemacht. Gag und Geschwindigkeit sind Grundbausteine neuerer Kunstschaffens. Was bliebe von der Konzeptkunst, nähme man ihr den intellektuellen Gedankengehalt – etwa ein suggestives Bilderlebnis? Wohl bricht die Lust am Bild und mit ihm am Menschen immer wieder durch, z. B. in den gleichwohl sehr dynamischen Bildern der Neuen Wilden, doch wirkt das alles mehr als Randnotiz, als kurzfristige Abwechslung, nicht als etwas eigentlich Wesenhaftes heutiger Kunst.

Um ein Kunstwerk zu ›sehen‹, bedarf es der Muße. Nur eine ruhige Betrachtung vermag alle uns umgebenden Bilder, nicht nur in der Kunst, zu entschlüsseln.[587] Die Arbeiten von M. C. Escher machen mit ihren verwinkelten, oft verblüffenden Finessen sinnfällig (Abb. 144), wie schnell ein nur flüchtiger Blick in die Irre führen kann und wie leicht sich dadurch ›unverdaute‹ Bilder in uns eingraben. Ein häufig genanntes Merkmal unserer Gegenwart ist die Bilderflut. Wir begegnen ihr nicht nur in den neuen Medien – dort vielleicht am ausgeprägtesten im Videoclip, wo die schnelle und rhythmische Abfolge der Bilder entscheidender ist als Qualität und Aufbau des einzelnen Bildes –, wir finden sie in der Leuchtreklame der Einkaufs- und Vergnügungsviertel, ja, selbst wenn wir reisen, rasen Stadt und Land in einer Bilderflut an uns vorbei. Die Bilderflut bewirkt, daß man gar nichts mehr wirklich ›sieht‹. Das Verlangen nach immer schnelleren Bildern belegt dies: Könnten wir sehen, würden wir nach Muße verlangen, um das, was wir wahrnehmen, in Ruhe zu betrachten. Die Bilderflut ist so betrachtet Ergebnis und Verstärker unseres Bilderanalphabetismus.

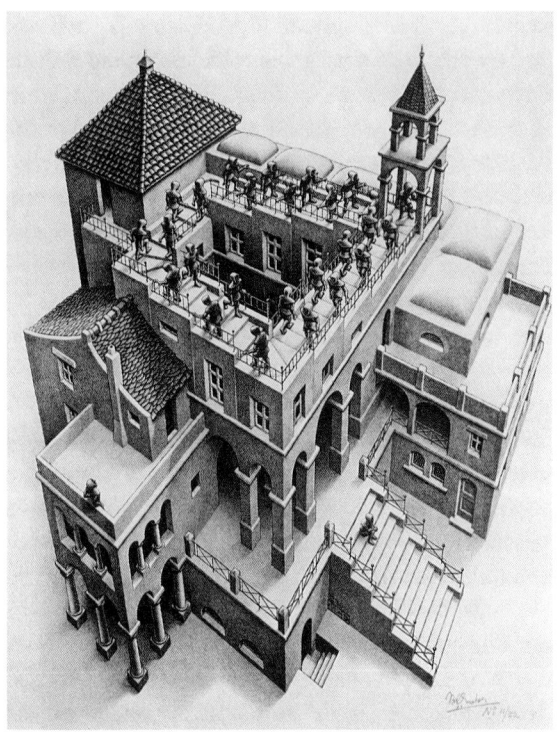

144　M. C. Escher: *Belvedere,* 1960, Lithographie;
© 1994 M. C. Escher/Cordon Art, Baarn, Holland.

Die wohl folgenreichste Deutung, die der Mensch im 20. Jahrhundert erfahren hat, dürfte von der Psychoanalyse Sigmund Freuds ausgegangen sein. Ein Kennzeichen ihres ›Menschenbildes‹ ist, daß sie den Menschen als gestalthafte Erscheinung, eben als Bild, ausklammert. Und so entstand auch das dem Laien bekannte, oftmals karikierte ›Bild‹ einer psychoanalytischen Behandlung: Arzt und Patient pflegen das Gesicht voneinander abzuwenden, weil optische Eindrücke nur als Störung und Ablenkung aufgefaßt werden. Der Patient liegt auf der Couch, sein Redestrom wird vom Arzt durch die Zeiten bzw. Lebensalter bis in die Kindheit zurück durchanalysiert. Für Bild und Gestalt bleibt kein Raum. Salcia Landmann fand, es sei kein Zufall, daß im Gegensatz zur psychoanalytischen Methodik der »Schwabe Kretschmer bei seiner Diagnose optisch vorging, der Jude Sigmund Freud dagegen akustisch, daß der erstere das Bild ins Zentrum stellte, der letztere nur das gesprochene Wort.«[588] So wichtig dieser Hin-

weis sein mag, daß Freuds persönliche Bildignoranz möglicherweise aus einer Tradition jüdischer Bilderfeindlichkeit erwachsen ist, so unangebracht erscheint es, diese Wurzel der Psychoanalyse überzubetonen. Freud arbeitete und publizierte zu einer Zeit, in der sich in allen Bereichen die Abstraktion auf dem Vormarsch befand. Medizin und Psychiatrie, die gesamte Wissenschaft entwickelte sich – wie bereits festgestellt wurde – immer weiter vom Bild fort hin zu Zahlen, Formeln und zur Feststellung funktioneller Zusammenhänge. Auch ein Vergleich von Psychoanalyse und der Zielsetzung abstrakter Kunst liegt nahe.[589] Beide interessieren sich weniger für das Gegenständliche als für das Verborgene und Verdrängte, das sie hinter dem Gegenständlichen vermuten. Als Freud 1915 das Ergebnis seiner langjährigen Seelenforschung unter dem Titel *Das Unbewußte* veröffentlichte, lag Wassily Kandinskys Arbeit *Über das Geistige in der Kunst* (1911) bereits vor. 1916, ein Jahr nach dem Erscheinen von Freuds Arbeit, schrieb Kandinsky *Die Malerei als reine Kunst,* womit die Ära der abstrakten Malerei eingeleitet wurde.

Während die Physiognomik vom konkret Sichtbaren ausgeht, konzentriert sich die Psychoanalyse auf das Verborgene, Verdrängte, das sich dem bloßen Auge Entziehende. Bei diesem Gegensatz verwundert es nicht, daß der Siegeszug der Psychoanalyse im modernen Kulturbewußtsein ein Beiseiteschieben physiognomischer Aussagen zur Folge hatte. Jede Ausdruckswissenschaft, jede Gestaltpsychologie operiert heute im Abseits. Das Vorherrschen des Abstrakten vor dem Sichtbaren durchdringt alle Lebensbereiche. Auch die Kunstwissenschaft ›liest‹ und deutet die Kunstwerke nach gesellschaftlichen Inhalten und Zusammenhängen. Stil- und Formfragen werden darüber sekundär. Freud selbst begann als erster, Werke der Kunst zu ›psychoanalysieren‹, so wenn er etwa aus Leonardos Bild der heiligen Anna Selbdritt herausinterpretiert, daß Leonardo von zwei Müttern erzogen worden sein muß.[590] Diese allgemeine Entwicklung zur Abstraktion zeigt sich in vielen kleinen Dingen, so auch in unserer Sprache, wenn z. B. der ›Gebildete‹, in dem immerhin noch das Wörtchen ›Bild‹ steckt, von dem Intellektuellen, mit dem man vornehmlich das begriffliche, abstrakte Denken verbindet, abgelöst wurde.[591]

Kunst und Leben, die noch bis gegen Ende des 18. Jahrhunderts eng verbunden waren, haben sich getrennt. Die Kunst hat sich in das Reservat des Museums zurückgezogen. Ihre ›Bilderlosigkeit‹ trennt sie, wenn nicht vom Publikum, so doch von der Teilnahme am menschlichen Alltag. Die Freiheit, die man ihr gewährt, ist nicht nur Zeichen der Liberalität, sondern zugleich Ausdruck der Gleichgültigkeit ihr gegenüber und der relativen Bedeutungslosigkeit, in die sie geraten ist. Durch ihre Entbildlichung entstand historisch betrachtet eine vollkommen neue Situation: Die Kunst gestaltet nicht mehr das Leben und macht es durch ihre Bildkraft physiognomisch verständlich, sondern die einstige Mittlerin bedarf nun selbst des Mittlers, des Wortes, um sich erklären zu können.

Sowohl das Schwinden einer allgemein verständlichen Symbolik als auch der Rückzug physiognomischer Deutungen aus unserem Leben belegen, wie sehr Lavater in seinen Prophezeiungen geirrt hat. Seine Hoffnung, daß die Physiognomik nach einigen Generationen noch eine exakte Wissenschaft werden könne, hat sich gewiß nicht erfüllt, und das mag auch sein Gutes haben. Bereits 1797 kam Georg Gustav Fülleborn zu der realistischen Erkenntnis: »Jahrhunderte haben sich Philosophen und Physiker bemüht, die Physiognomik zu einer Wissenschaft zu erheben: haben Erfahrungen, Physiologie, Mathematik, Gestirne, Thiere, Ahndungen und Gefühle, Schlüsse und Hypothesen aller Art zu Hülfe genommen, haben gemessen und gerechnet, geschlossen und geschwärmt, und sind dennoch nicht zu ihrem Ziele gelangt, so viel sie auch nebenher bey ihren Bemühungen Nutzen stifteten.«[592] Der Mensch ist sich selbst ein Rätsel geblieben, und Menschenkunde und Menschenanalyse unserer Gegenwart betrachten den gesamten Komplex physiognomischer Lehrmeinungen und Vorstellungen – soweit sie ihn überhaupt beachten – als veraltet. Was von der Physiognomik an Rudimenten blieb, fristet auf dem Abstellgleis der Ausdruckspsychologie ein notdürftiges Überleben. Die Frage, ob die Physiognomik eine Wissenschaft ist bzw. als angewandte Grenzwissenschaft praktizierbar, würde eine eigene Untersuchung beanspruchen. Doch in unserer Zeit wird jedwede Bildwissenschaft, also jede Lehre, die in den

sichtbaren Erscheinungen das Wesenhafte erblickt, einen schweren Stand haben. Wir sollten uns jedoch nochmals in Erinnerung rufen, daß die Vorstellung von einer Verbindung zwischen Gestalt und Wesen, zwischen Seele und Körper, eine uralte, allgemein menschliche ist. Wenn die Physiognomik in der Praxis problematisch erscheint, so liegt es gewiß mit darin begründet, daß sie sich in einem anderen Medium als ihrem eigenen ausdrücken muß, d. h., was zunächst geschaut wurde, bedarf nun des Wortes, um sich mitzuteilen. Das ist etwas, was die Physiognomik mit der Kunstwissenschaft verbindet. Schwer dürfte es mitunter sein, die Wissenschaftlichkeit physiognomischer Aussagen zu überprüfen, obgleich einige Psychologen sie als Erfahrungswissenschaft gelten lassen wollen.[593] Daneben gibt es, meistens von ärztlicher Seite, Untersuchungen zu physiognomischen Detailfragen, etwa über die Form der Hand oder der Ohren, die deutlich machen, daß das Wechselspiel zwischen Form und Gehalt auch beim Menschen keine bloße Phantasmagorie vorstellt.[594]

Die Deutung des Sichtbaren gilt vielfach als Vorurteil. Der Mensch hat sich selbst zum Tabu gemacht. Er will nur noch glauben, was er *nicht* sieht. Doch ebensowenig wie durch eine Verdrängung der Sexualität die Sexualität aufgehoben wird, kann das Leugnen physiognomischer Annahmen den Physiognom in uns töten. Jeder physiognomiert, und jeder *wertet,* indem er physiognomiert. Selbstverständlich resultieren diese Wertungen nicht immer aus objektiven Bemühungen, sondern häufig aus subjektiven Neigungen und Interessen, weshalb der Physiognomik auch, unabhängig vom Grad der Wissenschaftlichkeit, den man ihr zuspricht, moralische Ablehnung, Ängste, Ressentiments entgegentreten. Die Physiognomik enthält zweifelsohne Atavistisches. Also irrte Lavater auch hier gänzlich, als er die Physiognomik zur Beförderung der Menschenkenntnis und *Menschenliebe* empfahl? Vielleicht doch nicht ganz. Physiognomik soll Lavater zufolge auch der Selbsterziehung dienen: Der Mensch soll durch das Studium der eigenen Physiognomie überprüfen, wie weit sie von eigennützigen bzw. edleren Zügen geprägt ist, und gegebenenfalls den eigenen Lebenswandel ändern. Unsere Gestalt, unser Gesicht ist demzufolge gleichsam unser leibhaftiges Gewissen, dem wir täglich vor dem Spiegel begegnen.[595]

Eine Akzeptanz findet unser Körper als Mitteiler von Informationen in der Gegenwart vorrangig in der Bewegung. Nicht der Körper selbst als raumhaftes Gebilde soll gewertet werden, sondern nur seine Gebärdensprache im Zeitenablauf. Dynamik gilt als Gehalt. Wo dem Körper per se noch Informationsgehalt eingeräumt wird, ist der Bereich seiner Vermarktung, insonderheit seiner geschlechtlichen. Von einer »Wiederkehr des Körpers« zu sprechen, wie das mitunter geschieht,[596] scheint daher verfehlt, solange er nur vom Standpunkt seiner materiellen Verwertbarkeit aus betrachtet wird. Die Ästhetisierung unserer Lebenswelt durch den Kommerz hat auch die Schönheit suspekt werden lassen. Was einst auch als ein Ausdruck innerer Werte gegolten hat, ist jetzt Synonym für Wohlstand und Erfolg. Das Werbegesicht gleicht den Produkten, für die es wirbt. Die Verpackung dominiert vor dem Inhalt, das Ich, die Individualität, schwindet und damit auch die Vielfalt der Gesichter. Die Lifestyle-Überformung verschönert nicht das Leben, sondern zieht uns davon ab.

Das Schwinden der Gesichtervielfalt ist ein Phänomen, auf das bereits verwiesen wurde. Dabei nimmt nicht nur das Individuelle, sondern auch das Gruppentypische ab. »Ein Schneider sieht nicht mehr wie ein Schneider, ein Schmied nicht mehr wie ein Schmied, sondern wie irgendjemand aus«, äußerte bereits Rudolf Kassner. Als Folge davon konstatierte er eine »physiognomische Irritation«: »Der einzelne Mensch hängt mit allem, was an ihm Gesicht ist oder sein soll, in der Luft.«[597] Dem Einfügen in den Stand, in die kleine Gruppe, ist das große Kollektiv gefolgt. Die Angleichung an unsere Lebensumwelt, die Tendenz der Medien zur Normierung haben ihre Spuren im menschlichen Gesicht hinterlassen. Dem gleichen Haus, dem gleichen Auto, dem gleichen Programm ist das gleiche Gesicht gefolgt. De jure sind wir frei – de facto sind wir in ein engmaschiges Netz von Sachzwängen und Abhängigkeiten geraten. Das Gesicht von heute ist vorrangig ein Zeitgesicht, dessen Wandel kollektiv vollzogen wird und mit einer neuen Zeitenfolge eintritt.[598]

Die menschliche Gestalt ist demnach keineswegs nur ein Produkt der Gene: Nahrung und Klima, sozia-

les Umfeld, geistige Strömungen wirken auf sie ein. Was wir sind und wie wir erscheinen ist das Ergebnis eines vielfältigen Interaktionismus. Ein Trend der Gestaltänderung hat sich dabei für jedermann unübersehbar herauskristallisiert. Die Menschen werden immer größer. Diese Entwicklung, die im frühen 19. Jahrhundert in Europa einsetzte, hat mittlerweile fast den gesamten Globus ergriffen. Ob der Mensch der Zukunft einem überdimensionierten Embryo gleichen wird, mit überdimensioniertem Schädel, großen Seehundaugen, schwächlichem Körper, haarlos und bleich, wie es einige Wissenschaftler bzw. deren Popularisatoren prophezeit haben, bleibt Spekulation. Aber die bereits stattgefundenen Veränderungen der menschlichen Gestalt belegen – übertrieben ausgedrückt – ein Paradoxon, das uns bereits in Aby Warburgs Mnemosyne-Bildatlas begegnet ist: Das Feste und Unbewegliche am Menschen erweist sich als veränderlicher als das Bewegliche: Mimik und Gestik hingegen zeigen sich in der Menschheits-

145   Büste des jugendlichen Lucius Verus, um 160 n. Chr.; München, Staatliche Antikensammlungen, Glyptothek

146   Zwei hessische Bauern in der Kirche, um 1900,
Fotografie, aus: *Menschen der Zeit,* Königstein/Leipzig
1930

147   Adam Clark Vroman: Kopeli – der bekannte
Schlangenpriester, Fotografie, 1898; New York,
Sammlung Sam Wagstaff

geschichte als erstaunlich konstant. Wie sehr sich das Menschheitsideal wandelt und mit ihm die Gestalt des Menschen, dokumentieren Kunst und Fotografie. Doch muß das nicht unbedingt in einer Chronologie vor sich gehen. Viele Römerköpfe (Abb. 145) glauben wir auf jedem Campus wiederfinden zu können. Dann gibt es Gestalten viel jüngeren Datums, deren Lebenswelt aber gänzlich versunken ist und die wir folglich nicht mehr antreffen. Die Fotografie von zwei hessischen Bauern um 1900 (Abb. 146) erinnert in vielem mehr an Gesichter nordamerikanischer Indianer aus der gleichen Zeit (Abb. 147) als an ihre heutigen Enkel und Urenkel. Sie scheinen noch beinahe magisch mit Bild und Raum ihrer Umwelt verbunden, als lebten sie außerhalb ihrer Epoche. Selbst jeder Historienfilm zeigt uns zwei Gesichter: das eine, auf die vergangene Zeit der Handlung hingeschminkte, das andere aus der Entstehungszeit des Filmes. Jedes System, jede Zeit, jede veränderte Lebensumwelt baut an seinem bzw. ihrem eigenen Gesicht. Das haben die Künstler immer gewußt oder geahnt. Auf humorvolle Weise zeigt das der Karika-

turist Ironimus, hinter dem sich der österreichische Architekt Gustav Peichl verbirgt. In seiner Karikatur nach Tessenow (Abb. 148) zeigt er uns einen etwas verschreckt dreinschauenden Bürger vor einem Tessenow-Haus, der irritiert konstatiert, daß dem Hochhaus mit der rasterförmigen Fassade, das neben seinem Häuschen errichtet worden ist, verwandelte Menschen mit einem entsprechenden ›Design‹ entsteigen.

Die Einfühlungstheorie, die vor dem Ersten Weltkrieg in der Kunstgeschichte eine wichtige Rolle spielte, beruht auf der Beobachtung, daß der Mensch auf die ihn umgebenden Formen und Reize mimisch entsprechend reagiert. Ebenso wie uns etwa das Hören von Musik innerlich zum Tanzen bringt, versetzt uns auch das Sehen von Gestalten in feine mimische ›Schwingungen‹. Gombrich erzählt: »Wenn die Introspektion mich nicht täuscht, glaube ich feststellen zu können, daß sich beim Zoobesuch meine Muskelreaktionen verändern, wenn ich vom Flußpferd-Haus zum Wiesel-Käfig hinübergehe.«[599] Die neuere Kunstgeschichte interpretiert den Gehalt der

148 Die neue Umwelt schafft den ›neuen‹ Menschen. Ironimus (Gustav Peichl): *Tempora mutantur . . .,* 1980, Tusche, Collage (nach einer Perspektivzeichnung von Heinrich Tessenow aus dem Jahre 1911)

Kunstwerke vornehmlich aus dem gesellschaftlichen Zusammenhang heraus und steht der Form als eigenständiger Sprache, die über die reine Stilableitung hinausweist, reserviert gegenüber. So mögen auch die harschen Worte, mit denen Willibald Sauerländer Lavaters *Fragmente* aburteilt, verständlich werden. Für Sauerländer stehen sie für die Nachtseite der deutschen Aufklärung, und er zählt sie zu den »verschrobensten« und »verhängnisvollsten« Büchern des späten 18. Jahrhunderts.[600] Mit der beliebten Anrufung von Lichtenbergs Geist vermerkt er: »Schonungslos, aber auch erschrocken, hat Lichtenberg die eifernde Naivität, die Vorurteile offen gelegt, die sich in Lavaters Physiognomischen Fragmenten in das Gewand predigender Wissenschaftlichkeit drapiert hatten und besorgt verwies er auf die Gefahren, welche die von Lavater ausgelöste physiognomische Mode für das Zusammenleben einer gesitteten Sozietät heraufbeschwor: ›Jetzt sind es die Zeichen an der Stirn, die man deuten will, ehedem waren es Zeichen

am Himmel‹, schrieb er und verwies so auf den Bodensatz an astrologischem Aberglauben, der für den kritischen Leser in Lavaters Fragmenten nicht zu übersehen war«.[601] Den Versuch einer neutralen Stellungnahme gegenüber der Physiognomik unternimmt Sauerländer wahrscheinlich deshalb nicht, weil es für ihn gar nicht in Betracht kommt, physiognomische Aussagen auf einen möglichen Wahrheitsgehalt hin zu untersuchen. Dabei ist es selbst mit dem Aberglauben so eine eigene Sache. Wir können heute z. B. wissen, daß einige Aussagen der Astrologie durchaus zutreffend sind, ohne daß wir dafür eine überzeugende Erklärung parat haben.[602] Übrigens war auch der große Aufklärer Lichtenberg sehr ehrlich gegenüber sich selbst, was die Macht des Aberglaubens betrifft. So gestand er ein: »Einer der merkwürdigsten Züge in meinem Charakter ist gewiß der seltsame Aberglaube, womit ich aus jeder Sache eine Vorbedeutung ziehe und in einem Tage hundert Dinge zum Orakel mache . . . Jedes Kriechen eines Insekts dient mit zu Antworten über Fragen über mein Schicksal. Ist das nicht sonderbar von einem Professor der Physik? Ist es aber nicht in menschlicher Natur gegründet und nur bei mir monströs geworden, ausgedehnt über die Proportion natürlicher Mischung, wo es heilsam ist? – Ist das nicht ein herrlicher Zug in Rousseaus ›Bekenntnissen‹, wo er sagt, er habe mit Steinen nach Bäumen geworfen, um zu sehen, ob er selig oder verdammt würde? Großer Gott, wie oft habe ich Ähnliches getan, ich habe immer gegen den Aberglauben gepredigt und bin für mich immer der ärgste Zeichendeuter.«[603]

Ablehnung gegen das Bild als ›Sprache‹ beinhaltet auch jeder Bildersturm. Ironischerweise werden dabei die Symbole, die der Bilderstürmer zerstört und denen er gerne Aberglauben vorwirft, sehr wohl in einem Geist-Form-Verhältnis gesehen, soll doch mit ihrer Zerstörung zugleich ein System oder eine bestimmte Geistesströmung ihren Todesstoß erhalten. In solchen Zeiten sind keineswegs nur Dinge und Kunstwerke der Zerstörungswut ausgesetzt, sondern auch Menschen, ›die danach aussehen‹, gegen das man sich wendet.

Die Ablehnung von Bild und Form als Inhaltsträger hat mit der ›Fundamentalrevolution‹[604], die aus der industriellen Revolution hervortrieb, eine neue Stufe erreicht. Leben in der Industriegesellschaft heißt Leben in einer sich permanent wandelnden Welt. Alles, was der Dynamik trotzt und ihr im Wege steht, wird mit dem Stigma ›rückständig‹ belegt. Die Verklärung der Zeit brachte die Verdrängung des Raumes. Das Beständige wurde unerwünscht. Das bekam auch die Gestalt des Menschen zu spüren. Calvin S. Hall und Gardner Lindzey schreiben in ihrem Werk über *Theorien der Persönlichkeit,* daß die Konstitutionsforschung bzw. die Konstitutionspsychologie in der Gegenwart so wenig Beachtung finde, da sie mit ihren Aussagen im Widerspruch zur Mentalität der ganz auf Dynamik und Wandel ausgerichteten amerikanischen Gesellschaft stehe: »Ob eine Theorie oder Beweiskette Aufnahme findet, hängt nicht allein von den empirischen Ergebnissen ab, die sich zu ihrer Untermauerung aufbieten lassen. Sie kann aus mancherlei Erwägungen abgewiesen werden, und dazu gehört nicht zuletzt das Ausmaß, in welchem eine neue theoretische Konzeption zu den herrschenden Vorurteilen und Überzeugungen einer Zeit und Kultur paßt.... Das Widerstreben der meisten Psychologen in den USA [und nicht nur dort], die Möglichkeit einer engen Verknüpfung von Körper und Verhalten in Betracht zu ziehen, dürfte mit mehreren Umständen zusammenhängen. Zum Beispiel besteht ein wichtiges Nebenprodukt der amerikanischen Demokratie, der protestantischen Ethik und der Ideologie des Selfmademan darin, daß man theoretische Entwürfe zurückweist, die das Verhalten als erblich bedingt und unveränderlich, als etwas ›Gegebenes‹ voraussetzen. Weil gemeinhin angenommen wird, daß körperliche Merkmale an Erbfaktoren gebunden sind, scheint die Behauptung einer nahen Beziehung zwischen physischen und psychischen Charakteristika gleichbedeutend mit einem Sieg des genetischen Determinismus zu sein. Es überrascht nicht, daß eine derartige Konzeption ungeeignet ist, im Wettbewerb mit dem schwunghaften Environmentalismus in den USA eine größere Anhängerschaft zu gewinnen.«[605] Nun wurde wiederholt betont, daß weder Gestalt noch Gesicht des Menschen unveränderlich sind, sondern sehr wohl einem Prozeß der Wandlung unterworfen, der auf einem komplexen Interaktionismus beruht. Man

wird das feststellen können, wenn man eine nähere Beobachtung der menschlichen Gestalt nicht von vornherein ablehnt.

Die Dominanz der Dynamik hat auch unser Sehen verändert und damit das Verhältnis, mit der wir dem Sichtbaren gegenübertreten. Sehen, um zu erkennen, bedeutete einst, die Welt in Ruhe und Gelassenheit zu betrachten. Bewußtes ›Physiognomieren‹ verlangt Muße. Dort, wo die Muße fehlt, fehlt auch das Verständnis für jedwede Physiognomik, was heißt: Die sichtbare Welt wird nicht als Bedeutungsträger angenommen. Die ›Fundamentalrevolution‹ bewirkt nicht nur, daß das Bild unserer Welt einem fortlaufenden hektischen Wandel unterworfen ist, sondern auch, daß sich vor unser Auge, das ursprünglich in einer Welt lebte, in der das Organische und Lebendige dominierte, immer mehr die Produkte der Technik drängen – also Dinge, die als tote Materie gelten, wodurch ihre physiognomische Deutung den meisten als absurd erscheinen mag. Mit der Technik verschiebt sich unsere Wahrnehmung. Der Botaniker sieht die Pflanze durch das Mikroskop, der Reisende ist von der ihn umbrausenden Landschaft durch sein Fortbewegungsmittel getrennt, der Blick des Arbeiters ist auf die Maschine gerichtet, der neue, künstliche Produkte entsteigen, das Leben gerät mehr und mehr in den Sog der Medien. Das sichtbare Zeichen als Erlebnis, als Symbol schwindet. Mit dem fortlaufenden Wandel bei gleichzeitiger Angleichung der Welt durch die Technik schwindet auch der Raum. Technik heißt Bewegung, Geschwindigkeit, bedeutet Anwesenheit und Erlebnis von Zeit. Mit der Technik droht der Raum von der Zeit verschluckt zu werden. Damit wird natürlich nicht behauptet, daß der Raum als physikalische Realität schwindet, aber er schwindet in unserer Wahrnehmung. Er schwindet durch die äußere Angleichung der Welt, er schwindet durch die Verbindung einst abgeschiedener und getrennter Räume, er schwindet endlich mit unserer sich vermindernden Fähigkeit zur Beobachtung, dazu, Visuelles in einem übergeordneten Sinn erleben zu können. Das Sichtbare, das Raum- und Bildhafte, wo es noch erlebt wird, wie etwa in der bildenden Kunst, gerinnt auch dort verstärkt zum ›Stoff für die Zeit‹. Wußte der Mensch ursprünglich nichts von der Zeit, so verliert er in der

Gegenwart seine Fähigkeit, den Raum zu erleben. Er sieht das Sichtbare ›verwissenschaftlicht‹, da er nur das Detail erblickt. Das Zerstückelte, Chaotische, die Disparatheit unserer Umwelt spiegelt dies wider. Das nicht symbolisch Gesehene, das nicht symbolisch Geschaffene verwandelt sich ungefragt in Symbole der Zerstörung.

Der Symbolwert, den wir der menschlichen Gestalt beimessen, korrespondiert mit dem Symbolwert, den wir unserer Umwelt beimessen. Spreche ich der einen Gestalt einen ihrer Form entsprechenden Gehalt zu, liegt es nahe, so auch bei anderen Dingen zu verfahren. Die Physiognomik der menschlichen Gestalt ist Teil einer Symbolik alles Sichtbaren, alles Wahrnehmbaren, Teil einer kosmischen Physiognomik. Ihr Scheitern in der Moderne liegt mit darin begründet, daß sie nur mäßig zu einer intellektuelle Bedürfnisse befriedigenden, ›interessanten‹ Theorie taugt. Sie ist in vielem mehr Beobachtung, Instinkt, Intuition als Theorie. Wo sie Theorie sein will, unterliegt sie schnell der Gefahr, trivial zu erscheinen. Sie ist ursprünglich, in vielem primitiv. Ihr Ursprung ist, gleich der Kunst, in unserer ›nicht-rationalen‹ Hirnhälfte zu suchen. Ebensowenig wie die Kunst zur reinen Wissenschaft oder komplexen Theorie mutieren kann, ohne sich selbst preiszugeben, vermag dies die Physiognomik. Aus ihr – im Gegensatz zu der viel begrenzter aufgefaßten Konstitutionslehre – eine exakte, meßbare und überprüfbare Naturwissenschaft zu machen, bleibt problematisch. Doch ist die Kunst unwahr und unwichtig, weil sie keine exakte Wissenschaft ist? Kaum, denn ihre Aufgabe ist eine andere, ähnlich der der Physiognomik. Wäre nicht jedwede Kunst in einem erweiterten Sinne Physiognomik, indem sie versucht, mittels Formen, Farben, Klängen bestimmte Inhalte zu übermitteln, wäre sie sinnlos, ein allenfalls dekoratives Spiel. Physiognomik beinhaltet, gleich der Kunst, ein Stück instinkti-

ver und intuitiver Rückverbindung des Menschen mit der Welt des Sichtbaren, der Sinne allgemein. Sie ermöglicht, die Dinge ganzheitlich, d. h. in ihrem rationalen und irrationalen Zusammenhang, zu sehen und zu erleben. Inwieweit ihr noch eine Zukunft bleibt, ist ungewiß. Doch mitunter bricht diese lebendige Sicht des Menschen und alles Sichtbaren in Lebensbereichen wieder durch, wo man sie am wenigsten vermutet hätte, so etwa in der hochtechnisierten Welt der bemannten Raumfahrt. Die moderne Naturwissenschaft hat aus der Erde eine Ansammlung und Kombination von bestimmten Stoffen, Atomen und Molekülen gemacht. Doch es ist kein Geheimnis, daß naturwissenschaftlich geschulte Astronauten beim Anblick unseres Planeten aus dem Weltraum derart beeindruckt waren, daß sie in ihm mehr erblickten als nur eine einfache Anhäufung von Materie – Vorstellungen wie die der Mutter Erde oder der Gaia, und damit auch einer ›kosmischen Physiognomik‹, tauchten in ihnen wieder auf.[606]

Der unverstellte Blick läßt Totes oder scheinbar Ausdrucksloses wieder lebendig werden. Goethe sah im Irrationalen keinen Feind des Rationalen, sondern eine Ergänzung. So äußerte er über die menschliche Sprache: »Im gemeinen Leben kommen wir mit der Sprache notdürftig fort, weil wir nur oberflächliche Verhältnisse bezeichnen. Sobald von tieferen Verhältnissen die Rede ist, tritt sogleich eine andere Sprache ein, die poetische.«[607] Poetische Sprache bedeutet aber ein Sprechen in Bildern. Goethes Lebenswerk ist eine Synthese von Wort und Bild, Zeit und Raum. Wohlverstandene Physiognomik ist gleich der Kunst ein ewiger Balanceakt zwischen beiden Kräften. 1819, lange nach seiner Trennung von Lavater und dessen überzogenen physiognomischen Äußerungen, verfaßte Goethe sein physiognomisches Bekenntnis:

»Müsset im Naturbetrachten
Immer eins wie alles achten;
Nichts ist drinnen, nichts ist draußen:
Denn was innen, das ist außen.
So ergreifet ohne Säumnis
Heilig öffentlich Geheimnis.«[608]

Anmerkungen

Vorwort

1 Arnheim, Rudolf: *Anschauliches Denken,* Köln 1988, S. 9.

2 Clair, Jean/Pichler, Cathrin/Pircher, Wolfgang: *Wunderblock. Eine Geschichte der modernen Seele,* Kat., hrsg. v. den Wiener Festwochen, Messepalast, Wien, Wien 1989; Barta Fliedl, Ilsebill/Geissmar, Christoph (Hrsg.): *Die Beredsamkeit des Leibes,* Kat. Graphische Sammlung Albertina, Wien, Salzburg/Wien 1992. Eine Ausnahme bildet vor allem Ernst H. Gombrich, der sich auch in den Jahrzehnten davor mit diesem Thema beschäftigt hat. Vgl. ders.: *Maske und Gesicht,* in: ders./Hochberg, Julian/Black, Max: *Kunst, Wahrnehmung, Wirklichkeit,* Frankfurt/M. 1977, S. 10–60; ders.: *Meditationen über ein Steckenpferd,* 2. Aufl., Frankfurt/M. 1988.

3 Fondation Cartier (Hrsg.): *A visage découvert,* Kat., Paris 1992; Clair, Jean (Hrsg.): *L'âme au corps, arts et sciences 1793–1993,* Kat. Galeries nationales du Grand Palais, Paris 1993.

Kunst und Physiognomik. Eine Einführung

4 Wilde, Oscar: *Das Bildnis des Dorian Gray,* Lausanne o. J., S. 28.

5 Kretschmer, Ernst: *Körperbau und Charakter,* 13. und 14. Aufl., Berlin 1940, S. 1.

6 Lavater, Johann Caspar: *Physiognomische Fragmente zur Beförderung der Menschenkenntnis und Menschenliebe,* Bd. I–IV, Leipzig/Winterthur 1775–78, Bd. I, 1775; Bd. II, 1776; Bd. III, 1777; Bd. IV, 1778; hier Bd. II, S. 9.

7 Shakespeare, William: *Julius Caesar,* Stuttgart 1974, S. 11.

8 Zit. nach Krukenberg, Hermann: *Der Gesichtsausdruck des Menschen,* Stuttgart 1913, S. 2.

9 Goethe, Johann Wolfgang v.: *Faust I,* Stuttgart 1983, S. 105.

10 Schiller, Friedrich v.: *Über Anmut und Würde,* in: *Schillers Werke,* hrsg. v. Reinhard Buchwald/K. F. Reinking, Bd. 9, Hamburg o. J., S. 71. Der Satz wurde meist in dieser Diktion wiedergegeben. Vgl. Krukenberg, Anm. 8, S. 3. Genau lautet er: »Endlich bildet sich der Geist sogar seinen Körper, und der Bau selbst muß dem Spiele folgen, so daß sich Anmut nicht selten in architektonische Schönheit verwandelt.«

11 Picard, Max: *Die Grenzen der Physiognomik,* 2. Aufl., Erlenbach/Zürich 1952, S. 173.

12 Ebd., S. 9.

13 Lavater, zit. Anm. 6, Bd. I, 1775, S. 13.

14 Kant, Immanuel: *Reflexionen zur Anthropologie,* Handschriftlicher Nachlaß, Akademie-Ausgabe Bd. 15/2, Berlin 1913, S. 552.

15 Zit. nach Documenta IX, Kat., Bd. 1, Kassel 1992, S. 23.

16 Lavater, zit. Anm. 6, Bd. I, 1775, S. 54.

17 Sauerländer, Willibald: *Überlegungen zu dem Thema Lavater und die Kunstgeschichte,* in: *Idea. Jahrbuch der Hamburger Kunsthalle,* 8. Jg. (1989), S. 16.

18 Aristoteles (Pseudoaristoteles): *Die aristotelische Physiognomik. Schlüsse vom Körperlichen auf Seelisches.* Aus dem Griechischen übers. u. mit einer Einleitung vers. v. Prof. Dr. M. Schneidewin, Heidelberg 1929.

19 Lavater, zit. Anm. 6, Bd. I, 1775, *Zugabe zur Vorrede,* S. b.

20 Köster, Albert (Hrsg.): *Briefe der Frau Rath Goethe,* Leipzig 1904; Brief Nr. 25 vom 26. 6. 1778.

21 Lavater, zit. Anm. 6, Bd. IV, 1778, S. 257.

22 Zit. in: *Lichtenbergs Werke in einem Band,* hrsg. v. Rudolf K. Goldschmitt, Stuttgart 1935, S. 309.

23 Wundt, Wilhelm: *Über den Ausdruck der Gemütsbewegungen,* in: *Deutsche Rundschau,* Bd. XI (April-Juni 1877), S. 124.

24 *Franz Joseph Gall 1758–1828. Naturforscher und Anthropologe.* Ausgewählte Texte, eingel., übers. u. komment. v. Erna Lesky, Bern/Stuttgart/Wien 1979, S. 32.

25 Die Unschärferelation von Heisenberg zeigt an, wie bereits im Bereich der Physik das Wechselspiel von Beobachter und Beobachtetem besteht und wie der Standpunkt des Beobachters das Wesen des Beobachteten beeinflußt.

26 Carus, Carl Gustav: *Symbolik der menschlichen Gestalt,* neu bearb. u. erw. von Theodor Lessing, 3. Aufl., Dresden 1932, S. 13.

27 Feuerbach, Anselm v.: *Kaspar Hauser,* Heidelberg 1987, Reprint d. Ausgabe v. 1832, S. 16–17.

28 Heller, Hermann Vincenz: *Grundformen der Mimik des menschlichen Antlitzes. In freiem Anschlusse an Piderits »Mimik und Physiognomik« mit besonderer Berücksichtigung der bildenden Kunst,* Wien 1902.

29 Damit soll natürlich nicht behauptet werden, daß sich die Psychoanalyse nicht mit der Kunst bzw. mit dem Menschen in der Kunst beschäftigt. Aber die Gestalt des Menschen bleibt hierbei weitgehend unberücksichtigt. Das Schwergewicht liegt in der Analogie zwischen Kunstwerk und Traum wie auch der geschlechtlichen Motive, die im Bildwerk enthalten sind. Vgl. zum Thema Kunst und Psychoanalyse: Kris, Ernst: *Die ästhetische Illusion. Phänomene der Kunst in der Sicht der Psychoanalyse,* Frankfurt/M. 1977; Gombrich 1988, zit. Anm. 2, S. 65–89.

30 Buser, Remo: *Ausdruckspsychologie,* München/Basel 1973, S. 10.

31 Lichtenberg, zit. Anm. 22, 307.

32 Lange, Julius: *Die menschliche Gestalt in der Geschichte der Kunst,* Straßburg 1903, S. 175.

33 Zit. nach Waetzoldt, Wilhelm: *Die Kunst des Porträts,* Leipzig 1908, S. 25.

34 Lavater, zit. Anm. 6, Bd. II, 1776, S. 78.

35 Vgl. Heller, zit. Anm. 28, S. 4.

36 Naue, J. J.: *Mimisch-Phrenologisches. Die Phrenologie im Verhältnis zur bildenden Kunst,* Cöthen 1853, S. 17.

37 Hartlaub, Gustav Friedrich: *Kunst und Physiognomik,* in: ders.: *Fragen an die Kunst,* Stuttgart 1950, S. 190.

38 Genannt seien hier: Fülleborn, Georg Gustav: *Beiträge zur Geschichte der Philosophie,* 8. Stück, *Abriss einer Geschichte und Litteratur der Physiognomik,* Züllichau/Freystadt 1797; Pollnow, Hans: *Historisch-kritische Beiträge zur Physiognomik,* in: *Jahrbuch der Charakterologie,* 5. Jg. (1928), S. 157–206; Bühler, Karl: *Ausdruckstheorie. Das System an der Geschichte aufgezeigt,* Jena 1933. Zum Thema ›Kunst und Physiognomik‹ seien genannt: Hans Klaiber: *Leonardo da Vincis Stellung in der Geschichte der Physiognomik und Mimik,* in: *Repertorium für Kunstwissenschaft,* Bd. XXVIII (1905), S. 321–339; Steinbrucker, Charlotte: *Lavaters physiognomische Fragmente im Verhältnis zur bildenden Kunst,* Berlin 1915; Hartlaub, zit. Anm. 37, S. 183–191; Gombrich 1977, zit. Anm. 2, S. 10–60.

39 Clair/Pichler/Pircher, zit. Anm. 2, S. 159.

40 Buschor, Ernst: *Technisches Sehen,* München 1979, S. 5–12.

41 Klages, Ludwig: *Mensch und Erde,* Stuttgart 1956, S. 202–203.

I. Von der Antike zum Mittelalter

42 Fülleborn, zit. Anm. 38, S. 9.

43 Arnheim, zit. Anm. 1, S. 9.

44 Plinius d. Ä., *Naturalis historia,* Buch XXXV, Kap. 12, Absatz 43.

45 Vgl. Kap.: *Mime, Mimik, Maske: Der Schauspieler und die Kunst der Verwandlung,* S. 164 ff.

46 Vgl. Benz, Ernst: *Swedenborg und Lavater. Über die religiösen Grundlagen der Physiognomik,* in: *Zeitschrift für Kirchengeschichte,* Dritte Folge VIII, Bd. LVIII (1938), S. 153–216.

47 *Die aristotelische Physiognomik,* zit. Anm. 18.

48 Vgl. Kraus, Fritz Rudolf: *Die physiognomischen Omina der Babylonier,* in: *Mitteilungen der vorderasiatisch-aegyptischen Gesellschaft e. V.,* 40. Bd., 2. Heft, Leipzig 1935.

49 Vgl. Pieske, Christa: *Volksanthropometrie – Messen und Magie,* in: Braunfels, Sigrid (Hrsg.): *Der »vermessene« Mensch,* München 1973, S. 93–105.

50 Vgl. Rink, Will: *Fragmente zur Tierphysiognomik,* in: *Jahrbuch der Charakterologie,* 5. Jg. (1928), S. 148.

51 Vgl. *Die aristotelische Physiognomik,* zit. Anm. 18, S. 27.

52 Lange, Julius: *Darstellung des Menschen in der älteren griechischen Kunst,* Straßburg 1899, S. 114.

53 Aristoteles: *Analytica priora.* Übersetzung v. Eugen Rolfes, Leipzig 1922, S. 147.

54 Theophrast: *Charaktere,* Stuttgart 1988.

55 Vgl. Herzberg, Kurt: *Charakterforschung,* Berlin 1932, S. 10.

56 Da das Wort Charakter ursprünglich die Bezeichnung des Ethischen nicht enthielt, nannte Theophrast seine Schrift *Ethische Charaktere.* Durch die Bedeutungsverschiebung des Wortes verzichtet man heute auf den vollen Titel.

57 Vgl. Hall, Calvin S./Lindzey, Gardner: *Theorien zur Persönlichkeit,* Bd. 2., München 1979, S. 12.

58 Zit. nach Lange, zit. Anm. 32, S. 4.

59 Zit. nach Krukenberg, zit. Anm. 8, S. 16.

60 Zit. nach Waetzoldt, zit. Anm. 33, S. 76.

61 Vgl. Thomann, Johannes: *Anfänge der Physiognomik zwischen Kyōto und Athen. Sokratische Begriffsbestimmung und aristotelische Methodisierung eines globalen Phänomens,* in: Barta Fliedl/Geissmar, zit. Anm. 2, S. 213.

62 Zur erhaltenen physiognomischen Literatur vgl.: Foerster, Richard (Hrsg.): *Scriptores Physiognomonici Graeci et Latini,* 2 Bde., Leipzig 1893.

63 Zit. nach Fülleborn, zit. Anm. 38, S. 89.

64 Als Anhang abgedruckt in: Bühler, zit. Anm. 38, S. 227.

65 Zit. nach Blümel, Carl: *Römische Skulpturen,* Berlin 1946, S. 7–8.

66 Vgl. Jordan, Leo: *Physiognomische Abhandlungen. Die Theorie der Physiognomik im Mittelalter,* in: *Romanische Forschungen,* Bd. XXIX, Erlangen 1911, S. 680–711.

67 Albertus Magnus: *De secretis mulierum libellus, scholiis auetus a mendis repurgatus,* Lugdunum 1580.

68 Vgl. Neubert, Fritz: *Die volkstümlichen Anschauungen über Physiognomik in Frankreich bis zum Ausgang des Mittelalters,* in: *Romanische Forschungen,* Bd. XXIX, Erlangen 1911, S. 557–679.

69 Vgl. Lombroso, Cesare: *Der Verbrecher in anthropologischer, ärztlicher und juristischer Beziehung,* 2 Bde., Bd. 1, Hamburg 1887, S. XXIII.

70 Picard, zit. Anm. 11, S. 70. Picard führt dann fort: »Indem ein Heiliger die Gestalt eines Dämons, Stück für Stück, besetzt, indem ein Heiliger jetzt dort ist, wo vorher der Dämon war, ist die Macht des Dämons für immer vernichtet.« Das ist natürlich Interpretationssache. Man kann das sicher auch umgekehrt sehen.

71 Spengler, Oswald: *Der Untergang des Abendlandes,* Bd. 1, München 1972, S. 19.

II. Die Neuentdeckung der menschlichen Gestalt

72 Zit. nach Märker, Friedrich: *Das Menschenbild des Abendlandes,* München 1963, S. 69–70.

73 Dürer, Albrecht: *Schriften und Briefe,* Leipzig 1989, S. 161.

74 Zit. nach Waetzoldt, zit. Anm. 33, S. 50–51.

75 Vgl. Thomann, Johannes: *Pietro d'Abano on Giotto,* in: *Journal of the Warburg and Courtauld Institutes,* 54 (1991), S. 238–244.

76 Vgl. Buser, zit. Anm. 30, S. 18–25; Paracelsus: *Mikrokosmos und Makrokosmos,* München 1989.

77 Bacon, Francis: *Sermones fideles, Nr. XLI. De Pulchritudine* [Lateinische Ausgabe], Lipsiae 1694, S. 1209.

78 Buchner, Ernst: *Das deutsche Bildnis der Spätgotik und der frühen Dürerzeit,* Berlin 1953, S. 160.

79 Vgl. Anzelewsky, Fedja: *Dürer. Werk und Wirkung,* Erlangen 1988, S. 163–166.

80 Vgl. ebd., S. 247.

81 Vgl. Bell, Charles: *The Anatomy and Philosophy of Expression as connected with the fine arts,* London 1806; Henke, Wilhelm: *Vorträge über Plastik, Mimik und Drama,* Rostock 1892, S. 76–161.

82 Burckhardt, Jacob: *Der Cicerone,* Stuttgart 1964, S. 829.

83 Zit. nach Waetzoldt, zit. Anm. 33, S. 36.

84 Piles, Roger de: *Cours de Peinture par Principes,* Paris 1708, S. 265.

85 Waetzoldt, zit. Anm. 33, S. 57.

86 Ebd., S. 1.

87 Vgl. Leonardo da Vinci: *Traktat von der Malerei.* Nach der Übersetzung v. Heinrich Ludwig, neu hrsg. u. eingel. v. Marie Herzfeld, Jena 1909, S. 196; Malerregel Nr. 422.

88 Lavater, zit. Anm. 6, Bd. III, 1777, S. 154.

89 Vgl. Gombrich 1977, zit. Anm. 2, S. 52–54.

90 Ebd., S. 52.

91 *Arthur Schopenhauers Werke in fünf Bänden,* hrsg. v. Ludger Lütkehaus, Bd. 1: *Die Welt als Wille und Vorstellung,* Zürich 1988, S. 300 (Paragraph 45).

92 Zit. nach Waetzoldt, zit. Anm. 33, S. 26.

93 Vgl. Piderit, Theodor: *Mimik und Physiognomik,* 3. Aufl., Detmold 1919, S. 175–177. Das Zitat selbst stammt aus Crusenstolpe, Magnus Jacob von: *Der russische Hof, von Peter I. bis auf Nikolaus III.* Bd. III, Hamburg 1856, S. 184.

94 Tischbein, Johann Heinrich Wilhelm: *Aus meinem Leben,* hrsg. v. Lothar Brieger, Bd. 2, Berlin 1861, S. 207.

95 Zit. nach Gombrich 1977, zit. Anm. 2, S. 58.

96 Waetzoldt, zit. Anm. 33, S. 27.

97 Hofmann, Werner: *Die Karikatur von Leonardo bis Picasso,* Wien 1956, S. 18–19.

98 Leonardo da Vinci, zit. Anm. 87.

99 Ebd., Nr. 227.

100 Vgl. ebd.

101 Ebd., Nr. 178.

102 Clark, Kenneth: *Leonardo da Vinci,* Cambridge (England) 1939, S. 69.

103 Leonardo, zit. Anm. 87, Nr. 255.

104 Ebd., Nr. 399. Die an dieser Stelle gezeigte negative Einstellung Leonardos zur Physiognomik hängt vielleicht damit zusammen, daß er sie hier mit der Chiromantie in Verbindung bringt. Es ist nicht auszuschließen, daß er die Physiognomik als eine Methode der Zukunftsdeutung ablehnte, aber nicht unbedingt als eine Methode der Charakterdeutung.

105 Ebd., Nr. 422.

106 Zit. nach Gombrich, Ernst H.: *Die Entdeckung des Sichtbaren. Zur Kunst der Renaissance,* Bd. 3, Stuttgart 1987, S. 92.

107 MacCurdy, Edward: *The Notebooks of Leonardo da Vinci,* Bd. I, New York o. J., S. 118.

108 Eine kommentierte Auflistung der Werke Della Portas befindet sich bei Rink, Will: Einleitung des Übersetzers, in: Porta, Johannes Baptista: *Die Physiognomie des Menschen.* Aus der lat. Ausg. v. 1593 ins Deutsche übertr. u. mit Anmerkungen vers. v. Will Rink u. mit einer Einführung v. Theodor Lessing, Radebeul b. Dresden 1930, S. 6–11. Das Werk erschien als Bd. 1 der Reihe »Der Körper als Ausdruck. Schriftenreihe zur Gestaltenkunde«, die von Lessing und Rink herausgegeben wurde.

109 Zit. nach Rink, zit. Anm. 108, S. 5.

110 Zit. nach Friedrich, Heinz: *Kulturverfall und Umweltkrise,* München 1982, S. 26.

111 Die Darstellung der Werke folgt im wesentlichen Rink, zit. Anm. 108, S. 8–10.

112 Vgl. Gombrich, Ernst H.: *Das symbolische Bild*, Stuttgart 1986, bes. S. 184–215; vgl. auch Kap. *Physiognomik, Chiromantie, Astrologie*, S. 64 ff.

113 Weitere Literatur hierzu siehe auch Fülleborn, zit. Anm. 38, S. 110–130. Das Werk enthält zahlreiche Quellenangaben zu älterer physiognomischer Literatur.

114 Porta, zit. Anm. 108, S. 24.

115 Ebd., S. 21.

116 Lohmann-Siems, Isa: *Der universelle Formbegriff in der Physiognomik des 18. Jahrhunderts*, in: *Jahrbuch der Hamburger Kunstsammlungen*, Bd. 9, Hamburg 1964, S. 66.

III. Das 17. Jahrhundert

117 Vgl. Jordan, zit. Anm. 66, S. 714.

118 Ebd.

119 La Bruyère, Jean de: *Les caractères de Théophraste traduits du grec, avec les caractères ou les mœurs de ce siècle*, 1688, Neuausg. Paris 1965, S. 202. Die entsprechende Textstelle wurde in der Übersetzung von Kurt Herzberg (*Charakterforschung*, Berlin 1932, S. 71) übernommen.

120 Frederik de Wit: *Konstruierte Köpfe*, Amsterdam, um 1660.

121 Vgl. Barasch, Moshe: *Der Ausdruck in der italienischen Kunsttheorie der Renaissance*, in: *Zeitschrift für Ästhetik und allgemeine Kunstwissenschaft*, Bd. 12/1 (1967), S. 49.

122 Vgl. Peuckert, Erich: *Pansophie. Ein Versuch zur Geschichte der weißen und schwarzen Magie*, Berlin 1956; Hartlaub, Gustav Friedrich: *Arcana Artis*, in: *Zeitschrift für Kunstgeschichte*, 6. Jg. (1937), S. 289–324; ders.: *Signa Hermetis*, in: *Zeitschrift des deutschen Vereins für Kunstwissenschaft*, 4. Jg. (1937), S. 93–112, S. 144–162; ders.: *Der Stein der Weisen. Wesen und Bildwelt der Alchemie*, München 1959.

123 Vgl. Fülleborn, zit. Anm. 38, S. 130–155.

124 Lavater, zit. Anm. 6, Bd. III, 1777, S. 105.

125 An neuerer Literatur zu dieser Thematik sei das auf Carus aufbauende Buch von Charlotte Wolff genannt: *Die Hand als Spiegel der Psyche*, Bern/ München/Wien 1970.

126 Demisch, Heinz: *Erhobene Hände. Geschichte einer Gebärde in der bildenden Kunst*, Stuttgart 1984.

127 Seliger, Max: *Handschrift und Zeichnungen von Künstlern alter und neuer Zeit*, Leipzig 1924.

128 Zit. nach Buytendijk, Frederik Johannes Jakobus: *Mensch und Tier*, Hamburg 1958, S. 105.

129 Lavater, zit. Anm. 6, Bd. III, 1777, S. 110–119.

130 Vgl. Kap.: *Die Entbildlichung der Physiognomik: Die Entwicklung zur Ausdruckspsychologie*, S. 193 ff.

131 Vgl. Leonardo da Vinci, zit. Anm. 87, Nr. 399.

132 Zit. nach Kiener, Franz: *Hand, Gebärde und Charakter*, München/Basel 1962, S. 96.

133 Vgl. Gauquelin, Michel: *Die Uhren des Kosmos gehen anders*, Bern/München 1967; ders.: *Die Wahrheit der Astrologie*, Freiburg i. Br. 1983; Eysenck, Hans Jürgen/Nias, David: *Astrologie – Wissenschaft oder Aberglaube?*, München 1984. Selbst an der Chiromantie, der Liniendeutung der Hand, erwies sich ein ›Fünkchen‹ Wahrheit, wenn auch mehr im Sinne einer Charakterkennzeichnung und weniger als Wahrsagerei. Vgl. Kiener, zit. Anm. 132, S. 99–107.

134 Descartes, René: *Œuvres*, Bd. 11, Paris 1974, S. 326.

135 Le Brun, Charles: *Conférence sur l'expression générale et particulière des passions*, Paris 1687, S. 6. Die Schriften Le Bruns sind aus seinen Vorträgen entstanden, die er an der Akademie gehalten hat. Die meisten von ihnen erschienen erst posthum. So z. B. *Caractères des passions*, Paris 1696; *Sur l'expression générale et particulière*, Amsterdam/Paris 1698; *Expression des passions de l'âme*, Paris 1727. Wichtig auch für das Werk Le Bruns: Morel d'Arleux, Louis-Jean-Marie: *Dissertation sur un traité de Charles Le Brun, concernant le rapport de la physionomie humaine avec celles des animaux*, Paris 1806.

136 Vgl. Lamettrie, Julien Offray de: *L'homme machine*, Paris 1748.

137 Vgl. Kirchner, Thomas: *L'expression des passions*, Mainz 1991, S. 306–340. Um das wissenschaftliche Studium der Leidenschaften zu fördern, stiftete der Comte de Caylus 1760 den von der Akademie zu verleihenden »Prix d'expression«.

138 Gombrich 1988, zit. Anm. 2, S. 193.

139 Zit. nach Kiener, Franz: *Kleidung, Mode und Mensch. Versuch einer psychologischen Deutung*, München/ Basel 1956, S. 11.

140 Pevsner, Nikolaus: *Beiträge*, in: *Repertorium für Kunstwissenschaft*, XLIX (1928), S. 240.

141 Zit. nach Kat. Alte Pinakothek München, hrsg. v. d. Bayerischen Staatsgemäldesammlungen, München 1983, S. 431.

142 Kretschmer, Ernst: *Die körperlich-seelische Zusammenstimmung in der Ehe*, in: *Zeitschrift für Menschenkunde*, 1. Jg. (1925), H. 4, S. 2.

143 Burckhardt, zit. Anm. 82, S. 653.

144 Zit. nach Waetzoldt, zit. Anm. 33, S. 4.

145 Vgl. Winter, Gundolf: *Zwischen Individualität und Idealität*, Stuttgart 1985, S. 208.

146 Vgl. Schoch, Rainer: *Das Herrscherbild in der Malerei des 19. Jahrhunderts*, München 1975, S. 12.

147 Gadamer, Hans-Georg: *Wahrheit und Methode*, Tübingen 1960, S. 135.

148 Zit. nach Hubala, Erich: *Die Kunst des 17. Jahrhunderts*, Propyläen Kunstgeschichte Bd. 9, Berlin 1985, S. 15.

149 Zit. nach Honnef-Harling, Gabriele: *Das Herrscher-porträt,* in: Honnef, Klaus (Hrsg.): *Lichtbildnisse. Das Porträt in der Fotografie,* Kat., Köln 1982, S. 389.

150 Lange, zit. Anm. 32, S. 406.

151 Sulzer, Johann Georg: *Allgemeine Theorie der Schönen Künste,* Bd. III, Leipzig 1793, S. 722.

152 Lorenz, Konrad: *Die Rückseite des Spiegels. Versuch einer Naturgeschichte menschlichen Erkennens,* München 1973, S. 273.

153 Klein-Diepold, Leo: *Vincent van Gogh. Briefe an seinen Bruder,* Bd. II, Berlin 1914, S. 456.

154 Vgl. Goldscheider, Ludwig: *Fünfhundert Selbstporträts. Von der Antike bis zur Gegenwart,* Wien 1936, S. 8–10.

155 Vgl. ebd., S. 9–11.

156 Ebd., S. 37.

157 Vgl. Pinder, Wilhelm: *Rembrandts Selbstbildnisse,* Königstein i. Taunus 1950, S. 38–40. Die Porträtbeispiele, die Pinder gewählt hat, werden von der neueren Forschung allerdings nicht mehr Rembrandt zugeschrieben.

158 Das Bild entstand im Auftrag Herzog Cosimos III. Am unteren Bildrand findet sich die Inschrift: »C. Le Brun Premier Peintre du Roy Très Chrétien«. Le Brun nennt nicht den Namen Ludwigs XIV., sondern den offiziellen Titel des französischen Königs. Damit unterstreicht er dessen Führungsanspruch und hebt so indirekt auch die Bedeutung seiner eigenen Person hervor.

159 Die Bezeichnungen stammen von Philipp Lersch. Vgl. Kiener, zit. Anm. 139, S. 167.

160 Vgl. Behr, Hans-Georg/Grohmann, Herbert/Hagedorn, Bernd-Olaf: *Die Kunst der Mimik. Franz X. Messerschmidt und seine Charakterköpfe,* Weinheim/Basel 1989, S. 197.

IV. Aufklärung und Sturm und Drang

161 Nietzsche, Friedrich: *Werke,* Ergänzungsband, *Der Wille zur Macht,* Leipzig 1923, S. 3.

162 Addison, Joseph: *Dialogue on the Usefulness of Ancient Medals,* London 1726.

163 Vgl. Rix, Walter T.: *London im Kopf. Der englische Einfluß auf die poetologischen Bedingungen der Romane Johann Gottwerth Müllers,* in: Ritter, Alexander (Hrsg.): *Freier Schriftsteller in der europäischen Aufklärung. Johann Gottwerth Müller von Itzehoe,* Heide/Holstein 1986, S. 91–113.

164 Zit. nach Rave, Paul Ortwin: *Das geistige Deutschland im Bildnis. Das Jahrhundert Goethes,* Berlin 1949, S. XII.

165 Vgl. Schoch, zit. Anm. 146, S. 31.

166 Vgl. Handschuch-Hammann, Monika: *Nachwort,* in: Klinger, Friedrich Maximilian: *Fausts Leben, Taten und Höllenfahrt,* Frankfurt/M./Berlin 1991, S. 242; Lange, Victor: *Das klassische Zeitalter der deutschen Literatur,* München 1983, S. 99.

167 Vgl. dazu Lavater, Johann Caspar: *Tagebuch eines Beobachters seiner Selbst,* bearb. v. Christoph Siegrist, Bern/Stuttgart 1978.

168 Winckelmann, Johann Joachim: *Gedanken über die Nachahmung der griechischen Werke in der Malerei und Bildhauerkunst,* in: ders.: *Werke in einem Band,* hrsg. v. d. Nationalen Forschungs- und Gedenkstätten der klassischen deutschen Literatur in Weimar, 3. Aufl., Berlin/Weimar 1982, S. 4.

169 Vgl. Lichtenberg, Georg Christoph: *Handlungen des Lebens. Erklärungen zu 72 Monatskupfern von Daniel Chodowiecki,* Stuttgart 1971.

170 Herder, Johann Gottfried: *Plastik, einige Wahrnehmungen über Form und Gestalt aus Pygmalions bildendem Traum,* Riga 1778.

171 Vgl. Kap.: *Physiognomik zur Zeit Lavaters: Antoine-Joseph Pernety und Petrus Camper,* S. 143 ff.

172 Gombrich 1988, zit. Anm. 2, S. 101.

173 Lavater, zit. Anm. 6, Bd. III, 1777, S. 40–41.

174 Winckelmann, zit. Anm. 168, S. 6.

175 Zit. nach Ephraim, Charlotte: *Wandel des Griechenbildes im achtzehnten Jahrhundert,* Berlin/Leipzig 1936, S. 134.

176 Winckelmann, zit. Anm. 168, S. 7–8.

177 Vgl. ebd., S. 200.

178 Ebd., S. 195.

179 Winckelmann, Johann Joachim: *Von der Grazie in Werken der Kunst.* Der Aufsatz erschien erstmals in der Bibliothek der schönen Wissenschaften und freien Künste im Jahre 1759.

180 Schiller, zit. Anm. 10, S. 58–109.

181 Ebd., S. 70.

182 Ebd.

183 Ebd., S. 68.

184 Ebd., S. 71.

185 Winckelmann, zit. Anm. 168, S. 215.

186 Vgl. Lavater, zit. Anm. 6, Bd. III, 1777, S. 40–57; Bd. IV, 1778, S. 169–175.

187 Zit. nach Steinbrucker, zit. Anm. 38, S. 16.

188 Zit. nach Ephraim, zit. Anm. 175, S. 111.

189 Vgl. Herder, Johann Gottfried: *Sämtliche Werke,* Bd. 3, Berlin 1877, S. 59.

190 Vgl. Grützmacher, Richard H.: *Diesseits und Jenseits in der Geistesgeschichte der Menschheit,* Berlin 1932, S. 227–238.

191 Zit. nach Stengel, Walter: *Gips-, Wachs- und Schatten-Bilder,* Berlin (Ost) 1949, S. 4.

192 Vgl. Schlosser, Julius v.: *Tote Blicke. Geschichte der Porträtbildnerei in Wachs,* hrsg. v. Thomas Medicus, Berlin 1993.

193 Apin, Sigmund J.: *Anleitung, wie man die Bildnisse berühmter und gelehrter Männer mit Nutzen sammeln soll,* Nürnberg 1728, S. 64.

194 Mengs soll auch einen handschriftlichen Aufsatz über die Bedeutung der Gesichtszüge verfaßt haben. Dieser soll sich einst im Besitz eines Baron von Edelsheim in Karlsruhe befunden haben. Vgl. Steinbrucker, zit. Anm. 38, S. 67. Im Gegensatz zu Winckelmann schätzte Lavater an Mengs den Ästhetiker, weniger den Künstler. Treffend schreibt er über ihn in einem Distichon: »Kunstsinn ohne Genie, Geschmack ohne schöpferische Kräfte,/Viel Vernunft und Kälte, Genauigkeit, aber nicht Feuer.« Zit. nach Steinbrucker, zit. Anm. 38, S. 68.

195 Waetzoldt, zit. Anm. 33, S. 83.

196 Vgl. Hekler, Anton: *Bildnisse berühmter Griechen,* 3. erw. Aufl., Mainz/Berlin 1962, S. 48.

197 *Arthur Schopenhauers Werke in fünf Bänden,* zit. Anm. 91, Bd. II, Kap. 31, S. 443.

198 Zit. nach Steinbrucker, zit. Anm. 38, S. 94.

199 Lavater, zit. Anm. 6, Bd. II, 1776, S. 78–85.

200 Zit. nach Steinbrucker, zit. Anm. 38, S. 106.

201 Vgl. ebd., S. 99. Doch können die Porträts von Lavater nicht so schlecht sein, machten sie sein Gesicht doch überall bekannt, wie Johann Heinrich Wilhelm Tischbein in einer Anekdote erzählt: »Als [Lavater] in Bremen einzog, wo er zum Prediger gewählt werden sollte, fragte der wachthabende Offizier seinen Reisegefährten, der neben ihm saß, nach Stand und Namen, zu ihm aber sagte er: ›Sie kenne ich an der langen Nase, Sie sind Lavater, fahren Sie nur weiter!‹ – Man hatte allenthalben Lavaters Porträt.« In: Tischbein, zit. Anm. 94, S. 149.

202 Vgl. Lavater, zit. Anm. 6, Bd. I, 1775, S. 80. Lavater zitiert dort zu seinem eigenen Urteil folgende Worte Sulzers: »Den Menschen sehen wir im Porträt meistenteils besser als in der Natur selbst, weil hier nichts beständig, sondern schnell vorübergehend und abwechselnd ist.«

203 Tischbein, zit. Anm. 94, S. 207.

204 Vgl. Schmidt-Burkhardt, Astrit: *Sehende Bilder. Die Geschichte des Augenmotivs seit dem 19. Jahrhundert,* Berlin 1992.

205 Einen Überblick über die zeitgenössische Silhouettenliteratur und die Kunst der Vervielfältigung durch die Boumagie-Technik bietet: Pieske, Christa: *Jacob von Döhren und die Silhouettenbücher,* in: *Philobiblon. Eine Vierteljahresschrift für Buch- und Graphiksammler,* XI. Jg. (1967), S. 3–37.

206 Vgl. Grünstein, Leo: *Silhouetten aus der Goethezeit,* Wien 1909, S. 4–6.

207 Vgl. Steinbrucker, zit. Anm. 38, S. 170.

208 Lavater, zit. Anm. 6, Bd. I, 1775, S. 63.

209 Hofmann, Werner: *Die Karikatur von Leonardo bis Picasso,* Wien 1956, S. 16.

210 Grose, Francis: *Regeln zur Karikaturzeichnung nebst einem Versuche über die komische Mahlerei,* Leipzig o. J. [um 1790].

211 Vgl. Reynolds, Joshua: *Zur Ästhetik und Technik der bildenden Künste. Akademische Reden,* Leipzig 1893, S. 37.

212 Vgl. Baur, Otto: *Der Mensch-Tier-Vergleich und die Mensch-Tier-Karikatur,* Diss. Köln 1973, S. 7.

213 Hogarth, William: *Über das Studium der Kunst,* in: Haemmerling, K.: *William Hogarth,* Dresden 1950, S. 45.

214 Parsons, James: *Human Physiognomy explained . . .,* London 1747.

215 Vgl. Busch, Werner: *Nachahmung als bürgerliches Kunstprinzip,* Hildesheim/New York 1977, S. 119–123, S. 161.

216 Gombrich, Ernst H.: *Leonardo da Vinci: Die grotesken Köpfe,* in: ders.: *Die Entdeckung des Sichtbaren. Zur Kunst der Renaissance,* Bd. III, Stuttgart 1987, S. 81.

217 Vgl. Lavater, zit. Anm. 6, Bd. IV, 1778, S. 160.

218 Ebd., Bd. I, 1775, S. 96.

219 Hogarth, William: *Zergliederung der Schönheit,* Berlin/Potsdam 1754, S. 2.

220 Zit. nach Kat. *William Hogarth 1697–1764, 3. Aufl.,* Gießen 1988, S. 209.

221 Meier-Graefe, Julius: *William Hogarth,* München/Leipzig 1907, S. 97.

222 Vgl. Anm. 219. Die englische Ausgabe erschien ein Jahr zuvor in London.

223 Lichtenberg, Georg Christoph: *Erläuterungen zu Zeichnungen William Hogarths,* in: ders., *Aphorismen,* hrsg. v. Horst Heidtmann, München 1984, S. 293–453.

224 Ders., zit. Anm. 169, S. 19.

225 Ilg, Albert: *Franz Xaver Messerschmidt's Leben und Werke. Mit urkundlichen Beiträgen von Johann Batka,* Leipzig/Prag 1885, S. 18–21, S. 42.

226 Nicolai, Friedrich: *Beschreibung einer Reise durch Deutschland und die Schweiz im Jahre 1781.* Der Messerschmidt betreffende Bericht ist abgedruckt bei Ilg, zit. Anm. 225, S. 82–87; zur Einteilung der »Charakterköpfe« siehe ebd., S. 86.

227 Ebd.

228 Zit. nach Bücherl, Barbara: *Franz Xaver Messerschmidt,* in: Clair/Pichler/Pircher, zit. Anm. 2, S. 62.

229 Nicolai, zit. Anm. 226, S. 84.

230 Glandien, Otto: *Franz Xaver Messerschmidt (1736–1783). Ausdrucksstudien und Charakterköpfe,* Köln 1981, S. 57, S. 64–68.

231 Vgl. Nicolai, zit. Anm. 226, S. 83.

232 Kris, Ernst: *Ein geisteskranker Bildhauer. Die Charakterköpfe des Franz Xaver Messerschmidt,* in: *Imago,* Bd. 19 (1933), S. 384–441.

233 Glandien, zit. Anm. 230, S. 85. Vgl. auch S. 86–89. Doch bleibt eine Nähe zum Wahn. Das gilt einmal für einen gewissen Wiederholungszwang, der in den »Charakterköpfen« vorliegt und kennzeichnend für die Kunst Schizophrener ist, aber auch für die intensive Beschäftigung mit sich selbst, mit dem

eigenen Kopf, um sich dadurch seiner selbst zu ver-
gewissern. Vgl. zu Letzterem: Meurer-Keldenich,
Maria: *Medizinische Literatur zur Bildnerei von Geisteskranken,* Köln 1979, S. 1.; Kris, zit. Anm. 29, S.
94–102.

234 Über die Bildnerei sowohl von geisteskranken
Laien als auch Künstlern gibt es eine Reihe von
Untersuchungen (vgl. Meurer-Keldenich, zit. Anm.
233). Die Darstellung des Wahns in der Kunst hat
vor allem auch Ärzte beschäftigt. Der Nervenarzt
Jean Martin Charcot, bei dem auch der junge Sigmund Freud studierte, hatte dieses Gebiet zu seinem Spezialstudium gemacht. 1887 erschien in
Paris sein in Zusammenarbeit mit Paul Richter ent-
standenes grundlegendes Werk *Les Demoniaques
dans L'Art,* in welchem die konvulsivischen Darstellungen Besessener unter die medizinische Lupe
genommen wurden. Doch neben den Zuckungen
Irrsinniger hat die Medizin auch eingehend die Physiognomie des Wahns studiert. Die Illustrationen
psychischer Krankheiten bilden ein eigenes Kapitel.
(Vgl. Gilman, Sander L.: *»Wahnsinn steht auf ihrer
Stirne«. Zur Physiognomie der Geisteskranken in
Geschichte und Praxis von 1800–1900,* I–III, in:
Kunst und Medizin, H. 12 [1977], S. 5–14; H. 1
[1978], S. 23–30; H. 2 [1978], S. 25–32). Natürlich
griff man dabei nicht nur auf Werke der Kunst
zurück, sondern ließ eigene Zeichnungen, später
Fotografien anfertigen. 1840 brachte der englische
Arzt Alexander Morrison einen Atlas der Geisteskrankheiten heraus, die *Physiognomy of Mental
Diseases,* der 98 Illustrationen enthält. Zwei Jahre
zuvor war die *Kranken-Physiognomik* seines deutschen Kollegen Karl Heinrich Baumgärtner erschienen. (Das Werk erlebte 1841 eine 2. und noch 1929
[Radeburg, Bez. Dresden] eine 3. Auflage). Baumgärtner präsentiert einen weiten Bereich von Abbildungen zum äußeren Erscheinungsbild von Kran-
ken, ohne sich dabei auf Geisteskrankheiten zu
beschränken. Die Schrift Baumgärtners bildete für
den damaligen Arzt eine wichtige Schule des
Sehens: konnte der doch kaum auf eine aufwendige
Apparatemedizin und eine differenzierte Diagno-
stik zurückgreifen, sondern war zunächst auf seinen
geschulten Beobachtungssinn, auf seine Fähigkeit,
Krankheiten von der ›Nasenspitze‹ abzulesen, angewiesen. Selbstverständlich sind die hier angeführten Titel zur Kranken-Physiognomik nur Beispiele,
ihr Umfang ist wesentlich größer. Vor allem auf
ältere Literatur zum Thema ›Krankenphysiognomi-
sche Literatur‹ innerhalb seiner charakterologi-
schen Bibliographie verweist Will Rink, in: *Zeitschrift für Menschenkunde. Beiblatt Graphologie,* 6.
Jg. (1930–31) H. 1, S. 35–39; 7. Jg. (1931–32) H. 1,
S. 23–29.

235 Vgl. Ilg, zit. Anm. 225, S. 55.

236 Skasa-Weiß, Eugen (Hrsg.): *Gott hat mich benachtei-
ligt. Genie und Mißgestalt in elf historischen Porträts,*
Bergisch Gladbach 1967, S. 44.

237 Vgl. Scheugl, Hans: *Show Freaks & Monster,* Köln
1974. Ein Verbot der Auftritte von »Freaks«
(menschlichen Monstern) erfolgte in Deutschland
1937. Von den sogenannten Vogelköpfen ist
bekannt, daß sie später z.T. in die Gaskammern
gebracht wurden. Vgl. Scheugl S. 20–21.

238 Justi, Carl: *Diego Velázquez und sein Jahrhundert,*
Zürich 1933, S. 701.

239 Vgl. Scheugl, zit. Anm. 237, S. 157.

240 Zit. nach Skasa-Weiß, zit. Anm. 236, S. 49.

241 Lavater, zit. Anm. 6, Bd. IV, 1778, S. 81.

242 Vgl. Kap.: *Auf der Suche nach der physiognomischen
Wissenschaft: Die Phrenologie Franz Galls,* S. 155 ff.

243 Lange-Eichbaum, Wilhelm: *Genie, Irrsinn und
Ruhm,* 6. völlig umgearb. u. verm. Aufl., München/
Basel 1979.

244 Ebd., S. 79.

245 Lombroso, Cesare: *Genio e follia,* Mailand 1864;
dtsch. Ausgabe: *Genie und Irrsinn,* 4. Aufl., Leipzig
1882.

246 Zit. nach Skasa-Weiß, zit. Anm. 236, S. 30.

247 Ebd., S. 30–31.

248 Ebd., S. 51.

249 Ebd., S. 43.

250 Vgl. *Genesis* 3, 1.–3, 24.

251 Picard, zit. Anm. 11, S. 173.

252 Eco, Umberto: *Der Name der Rose,* München/Wien
1982, S. 103.

253 Vgl. Schneider, Norbert: *Porträtmalerei,* Köln 1992,
S. 10–12.

254 Zit. nach Grubert, Beate: *Johann Heinrich Wilhelm
Tischbein. »Homer nach Antiken gezeichnet«,* Diss.
Bochum 1975, S. 69.

255 Vgl. Lavater, zit. Anm. 6, Bd. III, 1777, S. 76.

256 Vgl. ebd., Bd. IV, 1778, S. 5.

257 Goethes Beitrag zur Tierphysiognomik befindet
sich in Bd. II von Lavaters *Fragmenten,* zit. Anm. 6,
S. 137–142.

258 Zit. nach Lavater, zit. Anm. 6, Bd. II, 1776, S. 137.

V. Johann Caspar Lavater

259 Hegner, Ulrich: *Beiträge zur nähern Kenntnis und
wahren Darstellung Johann Kaspar Lavater's,* Leipzig 1836, S. 269.

260 Sein unduldsamer Glaubenseifer führte zu einem
Bruch seiner Freundschaft mit Goethe und zu
einem Zerwürfnis mit Moses Mendelssohn. Vgl.
Jaton, Anne-Marie: *Johann Caspar Lavater,* Zürich
1988, S. 24–27.

261 Vgl. Lavater, zit. Anm. 6, Bd. I, 1775, S. 8.

262 Lavater hatte sich erst mit physiognomischer Literatur beschäftigt, nachdem er durch seine künstlerische Tätigkeit auf die Physiognomik gestoßen war. Vgl. ebd.

263 Goethe, Johann Wolfgang v.: *Werke,* hrsg. v. Uwe Lassen, Bd. 21–22, *Dichtung und Wahrheit,* Zweiter Teil, Hamburg o. J., S. 275.

264 Lavater, Johann Caspar: *Aussichten in die Ewigkeit, in Briefen an Herrn Joh. Georg Zimmermann,* Theil 1 bis Theil 3, Zürich 1768–1773, Theil 4 (Ergänzungsband) daselbst 1778.

265 Diese Gedanken zeigen natürlich auch einen deutlichen Einfluß von Emanuel Swedenborg. Vgl. Benz, Ernst: *Swedenborg und Lavater,* in: *Zeitschrift für Kirchengeschichte,* Dritte Folge VIII, Bd. LVIII (1938), S. 153–216.

266 Lavater, zit. Anm. 6, Bd. IV, 1778, S. 215.

267 Ebd., Bd. I, 1775, S. 33.

268 Lavater, Johann Caspar: *Von der Physiognomik,* Leipzig 1772.

269 Zit. nach Janentzky, Christian: *J. C. Lavaters Sturm und Drang im Zusammenhang seines religiösen Bewußtseins,* Halle a. d. S. 1916, S. 157.

270 Es sei daran erinnert, daß Friedrich Maximilian Klingers Drama *Sturm und Drang,* das der Epoche ihren Namen gab, zunächst den Arbeitstitel *Wirrwarr* trug.

271 Lavater, zit. Anm. 6, Bd. I, 1775, S. 13.

272 Ebd.

273 Ebd., S. 159.

274 Ebd., S. 161.

275 Ebd., Bd. II, 1776, S. 27.

276 Vgl. ebd., Bd. I, 1775, S. 166.

277 Ebd., S. 14.

278 Ebd., S. 45.

279 Ebd., Bd. I., 1775, S. 62.

280 Ebd., Bd. IV, 1778, S. 39.

281 Ebd., Bd. II, 1776, S. 162.

282 Ebd., Bd. IV, 1778, S. 237.

283 Ebd., Bd. I, 1775, S. 63.

284 Ebd., S. 60.

285 Vgl. ebd., S. 57–77.

286 Ebd., Bd. II, 1776, S. 91.

287 Ebd., Bd. I, S. 46.

288 Vgl. Steinbrucker, zit. Anm. 38, S. 207.

289 Das *Physiognomische Kabinett* befindet sich heute in der Porträtsammlung der Nationalbibliothek Wien.

290 Zum Sammler und Kunstförderer Lavater vgl. Pestalozzi, Friedrich Otto: *Joh. Caspar Lavaters Beziehungen zur Kunst und den Künstlern,* Zürich 1915; ders.: *Joh. Caspar Lavaters Kunstsammlung,* Zürich 1916; Kruse, Joachim: *Johann Heinrich Lips, 1758–1817. Ein Züricher Kupferstecher zwischen Lavater und Goethe,* Kat. der Kunstsammlungen der Veste Coburg, Coburg 1989.

291 Gessner, Georg (Hrsg.): *J. K. Lavaters nachgelassene Schriften,* Bd. 5 *(Hundert physiognomische Regeln),* Zürich 1802.

292 Zit. nach Funk, Heinrich: *Lavater und Goethe,* in: *Johann Caspar Lavater, Denkschrift zur hundertsten Wiederkehr seines Todestages,* hrsg. v. d. Stiftung von Schnyder von Wartensee, Zürich 1902, S. 326.

293 Vgl. ebd., S. 324.

294 Vgl. Lavater, zit. Anm. 6, Bd. III, 1777, S. 218–224.

295 Vgl. ebd., Bd. IV, 1778, S. 361. Es handelt sich dabei um den Kopf eines kraftstrotzenden Matrosen mit einer an einen Amboß erinnernden Schädelform.

296 Vgl. Goethe: *Werke,* zit. Anm. 263, Bd. 23–24, *Dichtung und Wahrheit,* Vierter Teil, S. 254–255.

297 Vgl. Hellen, Eduard von der: *Goethes Anteil an Lavaters physiognomischen Fragmenten,* Frankfurt/ M. 1888, S. 4–5.

298 Lavater, Johann Caspar: *Nathanael,* Zürich 1786. Bereits Lavaters 1782–85 erschienener *Pontius Pilatus* hatte die Freundschaft wegen der darin zutage tretenden religiösen Intoleranz belastet.

299 Zit. nach Funk, zit. Anm. 292, S. 341.

300 Goethe: *Werke,* zit. Anm. 263, *Dichtung und Wahrheit,* Dritter Teil, S. 148.

301 Ebd., *Dichtung und Wahrheit,* Vierter Teil, S. 275.

302 Ebd., S. 272.

303 Vgl. Bodemann, Friedrich Wilhelm: *Johann Caspar Lavater. Nach seinem Leben, Lehren und Wirken,* Gotha 1856, S. 234.

304 Zit. nach Bammes, Gottfried: *Akt. Das Menschenbild in Kunst und Anatomie,* Stuttgart/Zürich 1992, S. 186.

305 Zit. nach Vömel, Alexander: *Johann Caspar Lavater,* Elberfeld 1923, S. 66.

306 Zit. nach Lange, zit. Anm. 32, S. I.

307 Vgl. v. d. Hellen, zit. Anm. 297, S. 1.

308 Zit. nach Siegrist, Christoph: *Nachwort,* in: Johann Caspar Lavater: *Physiognomische Fragmente* (Auswahl), hrsg. v. Christoph Siegrist, Stuttgart 1984, S. 388.

309 Zit. nach Rusetzki, Michael: *Die Physiognomik Johann Caspar Lavaters (1741–1801) und deren Wirkung auf die Medizin und Psychiatrie seiner Zeit,* Leipzig 1988, S. 107.

310 Ebd.

311 *Über Physiognomik wider die Physiognomen,* in: Lichtenberg, zit. Anm. 22, S. 271.

312 Vgl. Ohage, August: »*Raserei für Physiognomik in Niedersachsen«. Lavater, Zimmermann, Lichtenberg und die Physiognomik,* in: *Georg Christoph Lichtenberg (1742–1799). Wagnis der Aufklärung,* Kat., München/Wien 1992, S. 181.

313 Zit. nach Loewenberg, Richard Detlev: *Der Streit um die Physiognomik zwischen Lavater und Lichtenberg,* in: *Zeitschrift für Menschenkunde,* 9. Jg. (1933–34) H. 1, S. 27.

314 Zit. nach Pollnow, zit. Anm. 38, S. 174.

315 Lichtenberg, zit. Anm. 22, S. 267.

316 Ebd., S. 289.

317 Ebd., S. 291.

318 Lavater, zit. Anm. 6, Bd. IV., 1778, S. 3–38.

319 Musäus, Johann Carl August: *Physiognomische Reisen voran ein physiognomisch Tagebuch,* Heft 1–4, Altenburg 1779.

320 Ders.: *Legenden von Rübezahl,* Berlin (Ost) 1983, S. 10.

321 Vgl. Skasa-Weiß, zit. Anm. 236, S. 205–206.

322 Loewenberg, zit. Anm. 313, S. 28.

323 Zit. nach Wolf, Julius: *Physiognomik und Völkergeschichte, nach Vorlagen aus dem altägyptischen und altorientalischen Bilderschatz,* Berlin 1935, S. 4.

324 Vgl. Georg Christoph Lichtenberg: *Fragment von Schwänzen,* in: Lichtenberg, zit. Anm. 22, S. 313–319.

325 Brinitzer, Carl: Vorwort, in: Lichtenberg, zit. Anm. 169, S. 12.

326 Zum genauen Umfang der Arbeiten Chodowieckis für die einzelnen Bände der *Fragmente* vgl. Steinbrucker, zit. Anm. 38, S. 70.

327 Vgl. Lavater, zit. Anm. 6, Bd. I, 1775, S. 112; Bd. IV, 1778, S. 486.

328 Vgl. Steinbrucker, zit. Anm. 38, S. 73.

329 Vgl. Lichtenberg, zit. Anm. 22, S. 311–312.

330 Zit. nach Kroeber, Hans Thimotheus: *Chodowiecki-Silhouetten aus Lichtenbergs Nachlaß,* Wiesbaden 1920, S. 38.

331 Vgl. ebd., S. 37.

332 Zit. nach Brinitzer, zit. Anm. 325, S. 11.

333 Vgl. Lichtenberg, zit. Anm. 22, S. 310–312.

334 Kroeber, zit. Anm. 330, S. 31.

335 Zit. nach Funk, zit. Anm. 292, S. 317.

336 Im jüdischen Sprachgebrauch weist das Wort ›Mensch‹ oder ›Menschensohn‹ zugleich auf das Göttliche. Der menschlichste Mensch ist danach auch der göttlichste.

337 Vgl. Carstensen, Regina: *Fassadenkorrektur,* in: *Kursbuch 1991,* Nr. 106, S. 55.

338 Lippe, Rudolf: Zur Schönheit und Wahrheit, in: Barta Fliedl/Geissmar, zit. Anm. 2, S. 204.

339 Zit. nach Züst, Ruth: *Die Grundzüge der Physiognomik Johann Kaspar Lavaters,* Diss. Zürich 1948, S. 74–75.

340 Vgl. zu Dürer Kap.: *Der vollkommene Körper: Albrecht Dürer und die Suche nach dem idealen Maß,* S. 43 ff. Die Hochschätzung, die Lavater der Gestalt Apollos entgegenbrachte, mag folgendes Zitat belegen: »... wen Apollos Erhabenheit nicht erhebt; wer sie Winckelmannen nicht wenigstens nachfühlt; wer beym ersten Anblick dieser Trümmer alter idealischer Menschheit nicht über Verfall der Menschheit und ihrer Nachahmerin, der Kunst, beynahe Tränen vergießt ... wird in seinem Leben kein

erträglicher Physiognomiste werden.« Zit. nach Barta Fliedl/Geissmar, zit. Anm. 2, S. 122.

341 Zit. nach Lange, zit. Anm. 32, S. 140.

342 Lange-Eichbaum, zit. Anm. 243, S. 410.

343 Fülleborn, zit. Anm. 38, S. 101–102.

344 Vgl. Junod, Philippe: *Das (Selbst)porträt des Künstlers als Christus,* in: Billeter, Erika: *Das Selbstporträt im Zeitalter der Photographie,* Bern 1985, S. 59–79.

345 Vgl. hierzu Lavaters Aussagen über Christusbilder: Lavater, zit. Anm. 6, Bd. IV, 1778, S. 433–456.

346 Ebd., S. 452.

347 Lavater nahm an, daß jede Glaubensrichtung, jede religiöse Sekte die Gesichter ihrer Mitglieder prägt und daher die Gesichter einer bestimmten Gruppierung untereinander ähnlich sind. Vgl. Lavater, zit. Anm. 6, Bd. III, 1777, S. 240–245; Bd. IV, 1778, S. 435–436.

348 Ebd., Bd. I, 1775, S. 84.

349 Vgl. Kassner, Rudolf: *Physiognomik,* Darmstadt 1951, S. 180–184.

350 Ebd., S. 182.

351 Vgl. hierzu etwa: Huter, Carl: *Menschenkenntnis durch Körper-, Lebens-, Seelen- und Gesichtsausdruckskunde,* 3. Aufl., Schwaig b. Nürnberg 1957, S. 562–564; Kupfer, Amandus: *Grundlagen der Menschenkenntnis,* Bd. 2, 21. Aufl., Schwaig b. Nürnberg 1978, S. 330–332; Picard, Max: *Das Menschengesicht,* München 1929, S. 16–32; ders., zit. Anm. 11, S. 179–187. Picards Werk ist darüber hinaus durch eine christliche Grundhaltung geprägt.

352 Fülleborn, zit. Anm. 38.

353 Pernety, Antoine-Joseph: *Lettres philosophiques sur les physionomies,* Paris 1746; ders.: *Versuch einer Physiognomik, oder Erklärung des moralischen Menschen durch die Kenntniß des physischen,* 3 Bde., Dresden 1784–1785.

354 Ebd., Bd. 1, S. 15.

355 Vgl. Kap.: *Physiognomik, Chiromantie, Astrologie,* S. 64 ff.

356 Vgl. Pernety, zit. Anm. 353, Bd. 1, S. 18–19.

357 Lohmann-Siems, zit. Anm. 116, S. 58. Lohmann-Siems setzt dort auch einige Formulierungen Pernetys mit kunsttheoretischen Ideen der Frühromantik und Moderne in Verbindung.

358 Vgl. Pernety, zit. Anm. 353, Bd. 1, S. 87.

359 Grohmann, Johann Christian A.: *Ideen zu einer physiognomischen Anthropologie,* Leipzig 1791.

360 Peuschel, Christian Adam: *Abhandlung der Physiognomie, Metoposcopie und Chiromantie,* Leipzig 1769.

361 Grohmann, zit. Anm. 359, S. 3–5.

362 Vgl. Lohmann-Siems, Isa: *J. C. A. Grohmanns »Idee zu einer physiognomischen Anthropologie« aus dem Jahre 1791,* in: *Jahrbuch der Hamburger Kunstsammlungen,* Bd. 8, Hamburg 1963, S. 67–84.

363 Vgl. Mühlmann, Wilhelm E.: *Geschichte der Anthropologie,* Wiesbaden 1984, S. 52–66.

364 Camper, Petrus, *Über den natürlichen Unterschied der Gesichtszüge in Menschen verschiedener Gegenden ...*, hrsg. v. Adrian Gilles Camper, übers. v. Samuel Thomas Sömmering, Berlin 1792, S. VI. Das Werk erschien posthum.

365 Ebd., S. 1 u. S. 8.

366 Camper, Petrus: *Über den Ausdruck der verschiedenen Leidenschaften durch die Gesichtszüge*, in: ders.: *Vorlesungen gehalten in der Amsterdamer Zeichen-Akademie*, Berlin 1793, S. 5. Das Werk erschien posthum.

367 Ebd., S. 9.

368 Camper, zit. Anm. 364, S. 77.

VI. Das 19. Jahrhundert

369 Goya kannte die Lavatersche Physiognomik. Wahrscheinlich hatte er sich, unmittelbar bevor er die Herrscherbilder von Karl IV. und dessen Familie malte, intensiver mit Physiognomik beschäftigt. Vgl. Lopez-Rey, José: *Goyas Caprichos,* Princeton 1953, Bd. 1, S. 57–71.

370 Vgl. Baur, zit. Anm. 212, S. 140–141.

371 Vgl. Koch, Thomas: *Literarische Menschendarstellung,* Tübingen 1991; ferner: Jaton, Anne-Marie: *Johann Caspar Lavater,* Zürich 1988, S. 99–119; ferner: Baur, zit. Anm. 212, S. 140 u. S. 304.

372 Zit. nach Jaton, zit. Anm. 371, S. 112.

373 Zit. ebd., S. 114.

374 Vgl. Koch, zit. Anm. 371, S. 102.

375 Zit. nach Kassner, Rudolf: *Die Mystik, die Künstler und das Leben,* in: Hönnighausen, Gisela (Hrsg.): *Die Präraffaeliten,* Stuttgart 1992, S. 378.

376 Vgl. Cassirer, Ernst: *Philosophie der symbolischen Formen,* Berlin 1923–29, Bd. 1, S. 222–223.

377 *Arthur Schopenhauers Werke in fünf Bänden,* Bd. V, *Parerga und Paralipomena II,* zit. Anm. 91, S. 543–546.

378 Vgl. Lavater, zit. Anm. 6, Bd. IV, 1778, S. 417–426.

379 Vgl. Koch, zit. Anm. 371, S. 103.

380 Lavater, zit. Anm. 6, Bd. III, 1777, S. 165.

381 Der Brief ist abgedruckt bei: Zaunick, Rudolph: *Alexander von Humboldt und die Anfänge der Daguerreotypie,* in: *Bericht über den VII. Internationalen Kongreß für Wissenschaftliche und Angewandte Photographie,* hrsg. v. John Eggert/Arpad von Biehler, Dresden 1931, S. 400–403.

382 Vgl. Kultermann, Udo: *Kunst und Wirklichkeit. Von Fiedler bis Derrida,* München 1991, S. 39–54.

383 Lessing, Theodor: Einleitung, in: Carus, zit. Anm. 26, S. 15.

384 Stöcklein, Paul: Nachwort, in: Carus, Carl Gustav: *Gedanken über große Kunst,* Leipzig 1940, S. 72.

385 Carus, Carl Gustav: *Lehrbuch der Zootomie,* Leipzig 1814.

386 Vgl. Bernoulli, Christoph: *Die Psychologie von Carl Gustav Carus und deren geistesgeschichtliche Bedeutung,* Jena 1925, S. 2.

387 Carus, Carl Gustav: *Briefe über Göthe's Faust,* Leipzig 1835; ders.: *Göthe. Zu dessen näherem Verständniß,* Leipzig 1843; ders.: *Göthe und seine Bedeutung für diese und die künftige Zeit!,* Dresden 1849.

388 Carus, Carl Gustav: *Symbolik der menschlichen Gestalt,* Leipzig 1853. Die 2. und 3. Aufl. dieses Werkes, jeweils von Theodor Lessing herausgegeben, erschienen 1925 und 1932.

389 Bühler, zit. Anm. 38, S. 25.

390 Carus, Carl Gustav: *Psyche. Zur Entwicklungsgeschichte der Seele,* Pforzheim 1846. Ein Verzeichnis der Schriften von Carus findet sich u. a. bei Genschorek, Wolfgang.: *Carl Gustav Carus,* Leipzig 1986, S. 258–260.

391 Vgl. Buser, zit. Anm. 30, S. 74.

392 Carus, zit. Anm. 390, S. 1.

393 Ebd., S. 4.

394 Carus, zit. Anm. 26, S. 20.

395 Klages, Ludwig: *Grundlagen der Charakterkunde,* 4. Aufl., Leipzig 1926, S. 12.

396 Zit. nach Pollnow, zit. Anm. 38, S. 179.

397 Sihler, Wilhelm.: *Die Symbolik des Antlitzes,* Berlin 1829.

398 Vgl. Pollnow, zit. Anm. 38, S. 178–180.

399 Carus, zit. Anm. 26, S. 20.

400 Ebd., S. 27.

401 Ebd., S. 28.

402 Mit der Erschaffung der Idealgestalt beschäftigte sich im 19. Jahrhundert vor allem auch Gottfried Schadow in: *Polyclet oder von den Massen des Menschen,* Berlin 1834. Zur Ergänzung seien hier noch einige wichtige anatomische Werke dieser Zeit für Künstler genannt: Froriep, August v.: *Anatomie für Künstler,* Leipzig 1899; Marshall, John: *Anatomy for Artists,* London 1883; Brunner, Carl: *Anatomie für Künstler,* Kassel 1897.

403 Zur Proportionslehre hat Carus auch ein eigenes Werk geschrieben: *Die Proportionslehre der menschlichen Gestalt,* Leipzig 1854.

404 Carus verfaßte die erste monographische Darstellung über Caspar David Friedrich: *Friedrich der Landschaftsmaler,* Dresden 1841.

405 Carus, Carl Gustav: *Neun Briefe über Landschaftsmalerei,* Leipzig 1831; ders.: *Betrachtungen und Gedanken über auserwählte Bilder der Dresdener Galerie,* Dresden 1867.

406 Carus 1831, zit. Anm. 405, S. 44.

407 Zit. nach Wedepohl, Karl Hans: *Gerhard Wedepohl,* in: Kat. Schloß Schönebeck, Bremen 1991, S. 5.

408 Carus, Carl Gustav: *Atlas der Cranioskopie,* 2 Bde., Leipzig 1843–1845.

409 Gall, Franz Joseph: *Des Herrn Dr. F. J. Gall Schreiben über seinen bereits geendigten Prodromus über die Verrichtungen des Gehirns der Menschen und Thiere an Herrn Joseph Freiherr von Retzer,* in: *Der Neue Teutsche Merkur,* 12. Stück, Dezember 1798, S. 311–382. Der Aufsatz ist auch abgedruckt in: *Franz Joseph Gall 1758–1828. Naturforscher und Anthropologe,* zit. Anm. 24, S. 47–59.

410 Vgl. Lesky, Erna: *Gall und Herder,* in: *Clio Medica,* Vol. 2, 1967, S. 85–96.

411 Zit. nach Jaton, zit. Anm. 371, S. 111.

412 Zit. nach Ott, Theodor: *Dr. Franz Joseph Gall,* in: *Zeitschrift für Menschenkunde,* H. 4, 4. Jg. (1928), S. 195.

413 Gall, Franz Joseph/Spurzheim, Johann Gaspar: *Anatomie et physiologie du système nerveux en général, et du cerveau en particulier, avec des observations sur la possibilité de reconnaître plusieurs dispositions intellectuelles et morales de l'homme et des animaux, par la configuration de leurs têtes,* 4 Bde., Paris 1810–1819. Bd. 3 u. 4 sind von Gall allein verfaßt.

414 Humboldt, Wilhelm v.: *Briefe an eine Freundin* (Brief vom 28. 4. 1833), Leipzig 1847, S. 212–213.

415 Vgl. Hegel, Georg Wilhelm Friedrich: *Phänomenologie des Geistes,* Frankfurt/M. 1973, S. 256.

416 Vgl. *Franz Joseph Gall 1758–1828. Naturforscher und Anthropologe,* zit. Anm. 24, S. 38–39.

417 Vgl. Lavater, zit. Anm. 6, Bd. II, 1776, S. 163.

418 Zit. nach Piderit, zit. Anm. 93, S. 192.

419 Winckelmann, zit. Anm. 168, S. 223.

420 Vgl. Schulz, Ernst: *Über verschönernde Gesichtsbildung, Physiognomische Plaudereien,* Berlin 1889, S. 65.

421 Ott, zit. Anm. 412, S. 198.

422 Vgl. Piderit, zit. Anm. 93, S. 192–196; Krukenberg, zit. Anm. 8, S. 26–29.

423 Holländer, Eugen: *Die Karikatur und die Satire in der Medizin,* 2. Aufl., Stuttgart 1921, S. 324–339.

424 Vgl. Möbius, Paul Julius: *Ausgewählte Werke,* Bd. VIII., *Über die Anlage zur Mathematik,* Leipzig 1907.

425 Ders.: *Über Kunst und Künstler,* Leipzig 1901, S. 174.

426 Lombroso, zit. Anm. 69.

427 Duchenne, Guillaume Benjamin Armand: *Mécanisme de la physionomie humaine ou analyse électrophysiologique de l'expression des passions,* Textband und Atlas, Paris 1862.

428 Im Zusammenhang mit Duchenne wird auch häufig Louis Pierre Gratiolet genannt. In seiner Schrift *De la physionomie et des mouvements d'expression* (Paris 1865) legt Gratiolet eine Bestandsaufnahme der bis dahin bekannten Theorien der Ausdrucksbewegungen vor. Aus der Distanz von knapp hundert Jahren hob er auch den Wert von Lavaters *Physiognomischen Fragmenten* hervor und lobte dort besonders die künstlerisch wertvollen Illustrationen.

429 Piderit, Theodor: *Wissenschaftliches System der Mimik und Physiognomik,* Detmold 1867. Bereits einige Jahre zuvor hatte Piderit seine Grundgedanken zu diesem Thema publiziert: *Grundsätze der Mimik und Physiognomik,* Braunschweig 1858.

430 Piderit 1867, zit. Anm. 429, S. 23–25.

431 Darwin, Charles: *Der Ausdruck der Gefühle bei Mensch und Tier,* neu hrsg., ausgewählt und kommentiert von Ulrich Beer, Düsseldorf 1964.

432 Gratiolet, zit. Anm. 428; Birsch-Hirschfeld: *Über den Ursprung der menschlichen Mienensprache,* in: *Deutsche Rundschau,* Bd. 22 (1880), S. 41–80; Hughes, Henry: *Die Mimik des Menschen aufgrund volontaristischer Psychologie,* Frankfurt 1900; Mantegazza, Paolo: *Physiognomik und Mimik,* Leipzig 1890; Wundt, zit. Anm. 23, S. 120–133; ders.: *Völkerpsychologie,* Bd. 1, Leipzig 1904.

433 Pollnow, zit. Anm. 38, S. 182–183.

434 Sanctis, Sante de: *Die Mimik des Denkens,* Halle a. d. S. 1906.

435 Vgl. Piderit 1867, zit. Anm. 429, S. XI; ders., zit. Anm. 93, S. 1.

436 Sanctis, zit. Anm. 434, S. 181.

437 Naue, zit. Anm. 36.

438 Heller, zit. Anm. 28.

439 Vgl. Bühler, zit. Anm. 38, S. 1.

440 Rudolph, Heinrich: *Der Ausdruck der Gemütsbewegungen des Menschen,* Textband und Atlas, Dresden 1903.

441 Die Ausdrucksstudien von Fritz Möller finden sich abgebildet in: *Physiognomik und Mimik,* bearb. u. hrsg. v. Siegfried Kupfer, 3. Aufl., Schwaig b. Nürnberg 1985; Borée, Albert: *Physiognomische Studien,* Stuttgart 1899.

442 Vgl. Darwin, zit. Anm. 431, S. 243.

443 Zit. nach Pia, Pascal: *Charles Baudelaire in Selbstzeugnissen und Bilddokumenten,* Hamburg 1958, S. 88–89.

444 Ebd., S. 90.

445 Vgl. Gombrich 1977, zit. Anm. 2, S. 18.

446 Mit der Frage Musik und Bewegung beschäftigte sich insbesondere Ottmar Rutz: *Musik, Wort und Körper als Gemütsausdruck,* Leipzig 1911; ders.: *Sprache, Gesang und Körperhaltung,* München 1911; ders.: *Menschheitstypen und Kunst,* Jena 1921.

447 Engel, Johann Jakob: *Ideen zu einer Mimik,* 2 Bde., Berlin 1785–1786.

448 Goethe setzte sich damit in seinen *Regeln für Schauspieler* auseinander; Lessing in seinen kunstkritischen Schriften, in *Laokoon,* der *Hamburgischen Dramaturgie* und in dem Fragment gebliebenen *Schauspieler;* Sulzer besonders in dem Artikel *Ausdruck, Bewegung, Gebehrden, Schönheit* in seiner *Allgemeinen Theorie der schönen Künste* (2 Bde., Leipzig 1771–1774); Denis Diderot: *Das Paradox über den Schauspieler,* in: ders.: *Ästhetische Schriften,* 2 Bde., Berlin/Weimar 1967, Bd. 2, S. 481–538.

449 Zit. nach Rink, zit. Anm. 50, S. 153.

450 Vgl. Carus, zit. Anm. 26, S. 12, S. 30, S. 79, S. 320, S. 338.

451 Rink, zit. Anm. 50, S. 142–155; Lessing, Theodor: *Prinzipien der Charakterologie,* in: *Deutsche Psychologie,* Bd. IV. (1926), H. 2, S. 1–50; ders.: *Meine Tiere,* Berlin 1926.

452 Schack, Sophus: *Physiognomische Studien,* Jena 1881.

453 Ebd., S. X.

454 Ebd.

455 Piderit, zit. Anm. 93, S. 183.

456 Krukenberg, zit. Anm. 8, S. 34.

457 Gombrich 1977, zit. Anm. 2, S. 45.

458 Vgl. Toepffer, Rodolphe: *Essay zur Physiognomie,* Siegen 1982, S. 37.

459 Vgl. Gombrich 1977, zit. Anm. 2, S. 34.

460 Wilde, zit. Anm. 4, S. 32.

461 Zit. nach Kohl, Norbert: *Oscar Wilde. Leben und Werk in Daten und Bildern,* Frankfurt/M. 1976, S. 208.

462 Vgl. Benkard, Ernst: *Das ewige Antlitz,* mit einem Geleitwort von Georg Kolbe, Berlin 1927; Friedell, Egon: *Das letzte Gesicht,* Zürich 1984 (Erstausgabe Zürich/Leipzig 1929); Picard, Max: *Das letzte Antlitz,* München 1959.

463 Lavater, zit. Anm. 6, Bd. II, 1776, S. 34.

464 Friedell, zit. Anm. 462, S. 11–12.

465 Behr/Grohmann/Hagedorn, zit. Anm. 160, S. 200.

466 *Die aristotelische Physiognomik,* zit. Anm. 18, S. 47–51.

467 Lavater, zit. Anm. 6, Bd. III, 1777, S. 294.

468 Vgl. Krukenberg, zit. Anm. 8, S. 68–75.

469 Vgl. zum bisher Gesagten Waetzoldt, zit. Anm. 33, S. 29–30.

470 Zu der ambivalenten Sichtweise der Frau im 19. Jahrhundert vgl. auch Bade, Patrick: *Femme Fatale,* London 1979, S. 9.

471 Vgl. Kretschmer, Ernst: *Mensch und Lebensgrund. Gesammelte Aufsätze,* hrsg. v. Wolfgang Kretschmer, Tübingen 1966, S. 249–250.

472 Vgl. Bade, zit. Anm. 470, S. 8.

473 Dalí, Salvador: *Der gespenstische Surrealismus des Ewig-Weiblichen in der präraffaelitischen Kunst,* in: Metken, Günter: *Die Präraffaeliten,* Köln 1974, S. 195.

474 Weiniger, Otto: *Geschlecht und Charakter,* Wien/Leipzig 1903; Wedekind, Frank: *Erdgeist,* München/Leipzig 1895.

475 Eine mögliche Erklärung für die Veränderung des weiblichen Körperbaus innerhalb nur weniger Jahrzehnte lautet: Frauen bzw. Mädchen sind heute früher ausgewachsen. Dadurch kann sich das Becken nicht vollständig entwickeln, es verknöchert eher und behält dadurch eine kindliche oder knabenhaft-männliche Form.

476 Wie stark der Grad der Vermännlichung der Frau vorangeschritten ist, würde wohl erst bewußt werden, wollte man in einer Umkehrung den männlichen Körper im gleichen Umfange verweiblichen. Vgl. zu der gesamten Thematik auch: *Psychologie heute,* H. 4 (1992).

VII. Reaktion und Moderne

477 Vgl. Cogniat, Raymond: *Die Malerei der Romantik,* Lausanne 1967, S. 89.

478 Vgl. Deubel, Werner: *Verfall des Menschengesichts,* in: *Zeitschrift für Menschenkunde,* 7. Jg. (1931–32), H. 2, S. 65–70.

479 Vgl. Worringer, Wilhelm: *Fragen und Gegenfragen,* München 1956.

480 Gebser, Jean: *Die Welt ohne Gegenüber,* in: *Die Welt in neuer Sicht,* 2. Reihe, München/Planegg 1959, S. 12.; vgl. ders.: *Ursprung und Gegenwart,* 3 Bde., 2. Aufl., München 1986.

481 Vgl. Kultermann, Udo: *Geschichte der Kunstgeschichte,* Frankfurt/M./Berlin/Wien 1981, S. 318.

482 Vgl. Flach, Auguste: *Die Psychologie der Ausdrucksbewegung,* in: *Archiv für die gesamte Psychologie,* Bd. LXV (1928), S. 435–534.

483 Waetzoldt, zit. Anm. 33, S. 159–185.

484 Vgl. Bauerle, Dorothee: *Gespenstergeschichten für ganz Erwachsene. Ein Kommentar zu Aby Warburgs Bilderatlas Mnemosyne,* Münster 1988.

485 Vgl. Worringer, zit. Anm. 479, S. 110–111.

486 Chamberlain, Houston Stewart: *Die Grundlagen des neunzehnten Jahrhunderts,* Bd. 1, 20. Aufl., München 1935, S. 255.

487 Huter, Carl: *Menschenkenntnis durch Körper-, Lebens-, Seelen- und Gesichts-Ausdruckskunde,* 3. durchges. u. erw. Aufl., Schwaig b. Nürnberg 1957, S. 531.

488 Literatur zu den beiden erstgenannten findet sich in dem von Theodor Lessing neu herausgegebenen und mit Anmerkungen versehenen Werk von Carl Gustav Carus: *Symbolik der menschlichen Gestalt,* zit. Anm. 26, S. 80. Burger-Villingen, der wie Huter zunächst als Porträtmaler tätig war, trat besonders mit der Entwicklung eines Plastometerapparates hervor, der es ermöglicht, jeden Punkt am Kopf und Antlitz des lebenden Menschen räumlich zu bestimmen; vgl. ders.: *Das Geheimnis der Menschenform,* Berlin 1921.

489 Die Huter-Institute in Leipzig umfaßten: Arminius Verlag und Carl Huter Verlag; Carl Huter Museum für Kunst-, Natur- und Geisteswissenschaften; ein mit dem Museum verbundenes Lehr- und Unterrichtsinstitut.

490 Huter, Carl: *Physiognomik als Elementarwissenschaft,* in: Kupfer, zit. Anm. 441, S. 203.

491 Zum Gesagten vgl. Huter, zit. Anm. 487; ders.: *Die neue Weltanschauung und die goldenen Lebensregeln,* 3. Aufl., Schwaig b. Nürnberg 1962; Aerni, Fritz: *Carl Huter,* Zürich o. J. [um 1986], S. 121–162.

492 Vgl. Huter, zit. Anm. 487, S. 594–596.

493 Es mag überhaupt verwundern, daß der ›Menschenkenner‹ Huter, der bei zahlreichen Gelegenheiten ein erstaunliches ›physiognomisches Genie‹ bewiesen haben soll (vgl. Aerni, zit. Anm. 491, S. 52–58), mit seinem kindlichen Eigenlob so wenig Selbstbeobachtung an den Tag legte. Eine Erklärung mag man – neben einer Kompensation des Autodidakten – vielleicht darin finden, daß es sich bei Huters Erkennen und Entdecken in erster Linie um ein naiv-bildhaftes gehandelt hat. Er hat vieles ›gesehen‹ und konnte es bezeichnen, aber ein inneres Verstehen fremder Welten, das erst ein distanziertes Verstehen der eigenen Person ermöglicht, sowie Gespür für psychologische Zwischentöne waren ihm nicht gegeben.

494 Zit. nach Karpfen, Fritz: *Gustinus Ambrosi,* Leipzig/Wien 1923, S. 19–20.

495 Zu Ambrosis Verhältnis zur Physiognomik siehe besonders: *Der Bildhauer Gustinus Ambrosi über seine Porträtarbeit. Ein Gespräch mit Johannes Becker,* Teil I–III, in: *Der gute Menschenkenner,* 18. Jg. (1970), Nr. 5–6, S. 79–90; 20. Jg. (1972), Nr. 1–4, S. 3–13 u. Nr. 5–6, S. 60–71.

496 Sauser, Gustav: *Die Anatomie des Gustinus Ambrosi,* in: *Forschungen und Forscher der Tiroler Ärzteschule (1945–1947),* Innsbruck 1947, S. 283–284.

497 Vgl. *Der Bildhauer Gustinus Ambrosi . . . ,* zit. Anm. 495, in: *Der gute Menschenkenner,* 20. Jg. (1972), Nr. 5–6, S. 66–70.

498 Vgl. Kupfer, Siegfried/Bürkler, Hermann: *Gustinus Ambrosi. Der Michelangelo der Gegenwart,* in: *Der physiognomische Beobachter* (1954), Nr. 15, S. 245–249.

499 Ein Brief des Bildhauers Gustinus Ambrosi, in: *Der gute Menschenkenner,* 5. Jg. (1957), Nr. 44, S. 100.

500 Vgl. Herder, Johann Gottfried: *Gesammelte Werke,* Bd. 5, Potsdam 1943, S. 35.

501 Vgl. Benjamin, Walter: *Das Kunstwerk im Zeitalter seiner technischen Reproduzierbarkeit,* Frankfurt/M. 1977.

502 Vgl. Brückner, Wolfgang: *Elfenreigen – Hochzeitstraum. Die Öldruckfabrikation 1880–1940,* Köln 1974.

503 Vgl. Väth, Henriette: *Zur Instrumentalisierung Stuckscher Bildideen in der Reklame um die Jahrhundertwende,* in: *Franz von Stuck,* Kat., Museum Villa Stuck, München 1982, S. 82–89.

504 Vgl. Ludwig, Horst (Hrsg.): *Franz von Stuck und seine Schüler,* München 1989, S. 226–227.

505 Vgl. Winckelmann: *Werke in einem Band,* zit. Anm. 168, S. 213.

506 Vgl. Metken, Günter: *Comics,* Frankfurt/M./Hamburg 1970, S. 171.

507 Toepffer, zit. Anm. 458, S. 9.

508 Raum, Stefan: *»Kunstwollen«, Physiognomie und Propaganda: tausendjährige Photographie,* in: Rüger, Maria (Hrsg.): *Kunst und Kunstkritik der dreißiger Jahre,* Dresden 1990.

509 Vgl. Eibl-Eibesfeldt, Irenäus: *Der Mensch – das riskierte Wesen,* München 1988.

510 Vgl. Rosenberg, Alfred: *Der Mythus des 20. Jahrhunderts,* 12. Aufl., München 1933, S. 116. Vgl. zu dieser Problematik auch Houston Stewart Chamberlain, zit. Anm. 486.

511 Lavater, zit. Anm. 6, Bd. IV, 1778, S. 267.

512 Carus, Carl Gustav: *Denkschrift zum hundertjährigen Geburtsfeste Goethe's. Über ungleiche Befähigung der verschiedenen Menschheitsstämme für höhere geistige Entwicklung,* Leipzig 1849. Trotz der angenommenen unterschiedlichen ›Wertigkeit‹ der einzelnen Menschenrassen lehnte Carus jegliche Ausbeutung und Unterdrückung zwischen den Menschen ab.

513 Vgl. Carus, zit. Anm. 26, S. 507–508.

514 Vgl. Herland, Leo: *Gesicht und Charakter,* Wiesbaden o. J. [um 1960], S. 53–57.

515 Hellpach, Willy: *Deutsche Physiognomik,* Berlin 1942; Märker, Friedrich: *Charakterbilder der Rassen,* Berlin 1934.

516 Wolf, Julius: *Physiognomik und Völkergeschichte,* Berlin 1935.

517 Vgl. Mühlmann, Wilhelm E.: *Anthropologie und Physiognomik,* in: *Zeitschrift für Menschenkunde,* 3. Jg. (1927–28), H. 1, S. 34–42. Es ist vielleicht nicht uninteressant zu erwähnen, daß von physiognomischer Seite, genauer von Amandus Kupfer – nach Carl Huters Tod der Leiter der Huterianer – eine Abrechnung mit den Rassisten bzw. den führenden Nationalsozialisten erfolgte. Kupfer verfaßte 1941 eine Schrift, die er zunächst vergrub und 1945 in Anwesenheit alliierter Besatzungssoldaten wieder hervorholte. Das Manuskript enthält eine vernichtende physiognomische Deutung der Naziführer. Im Gegensatz zu den politischen Führern der Westalliierten – Roosevelt und Churchill – erblickte er in ihren Physiognomien den Charakter gänzlicher moralischer Minderwertigkeit. Vgl. Kupfer, Amandus: *Menschenkenntnis. In Not und Gefahr vor der Gestapo geschrieben,* Winterthur-Seen 1948.

518 Rosenberg, zit. Anm. 510, S. XIII; vgl. auch S. 284–287.

519 Über die Erziehbarkeit und Selbsterziehbarkeit zur Schönheit, von der zahlreiche Physiognomen überzeugt waren (vgl. Schulz, zit. Anm. 420, bes. S. 47–54, S. 321), berichtet bereits Äsop in einer Fabel. Ein häßliches, neidisches Mädchen hatte sich bei seinem Vater über seinen schönen, aber eitlen Bruder beklagt. Darauf nahm der Vater beide in die

Arme, küßte sie mit gleicher Zärtlichkeit und sprach: »Seht beide täglich in den Spiegel: Du, daß kein Laster deine Schönheit schände, du, daß vor Tugend Häßlichkeit verschwinde.« *(Die Diebe und der Hahn. Fabeln des Äsop und äsopische Fabeln des Phädrus,* hrsg. v. Hans Marquardt, Leipzig 1975, S. 62).

520 Rosenberg, zit. Anm. 510, S. 277–322, S. 405–450; vgl. hierzu auch Schultze-Naumburg, Paul: *Nordische Schönheit,* München 1937. Schultze-Naumburg zog zu seinen rassischen Untersuchungen, ähnlich wie die Physiognomen für ihre physiognomische Arbeit, die Kunst als Belegmaterial heran. Vgl. ders.: *Kunst und Rasse,* München 1928; vgl. zu dieser Thematik: Borrmann, Norbert: *Paul Schultze-Naumburg,* Essen 1989, S. 215–221.

521 Rosenberg, zit. Anm. 510, S. 448.

522 Vgl. Peters, Klaus J.: *Wolfgang Willrich,* San José (Cal.) 1990.

523 Carus, zit. Anm. 26, S. 508.

524 Vgl. Hellpach, Willy: *Studien zur Ethnophysiognomik und Ethnopsychognomik,* Heidelberg 1951, bes. S. 30–33, S. 41–58.

525 Rodenfels, Herbert: *Das deutsche Gesicht. Ein Spiegelbild unserer Art. Nach Gemälden von Oskar Just,* Bingen o. J. [um 1940].

526 Vgl. Kretschmer, Ernst: *Geniale Menschen,* 4. Aufl. Berlin/Heidelberg 1948 (die 1. Aufl. war 1929 erschienen); ders.: zit. Anm. 471, S. 145–150; Lange-Eichbaum, zit. Anm. 243, S. 95–103.

527 Vgl. Kretschmer, zit. Anm. 5. Die Forschungen Kretschmers sind besonders von W. H. Sheldon fortgeführt worden. Vgl. Hall/Lindzey, zit. Anm. 57, S. 9–55.

528 Vgl. Kretschmer, zit. Anm. 142, S. 5.

529 Vgl. Lersch, Philipp: *Gesicht und Seele,* 3. Aufl., München/Basel 1951; Rutz, Ottmar: *Menschheitstypen und Kunst,* Jena 1921; ders.: *Vom Ausdruck des Menschen,* Celle 1925. Zu den anderen Autoren vgl. entsprechende nachfolgende Anmerkungen.

530 Bühler, zit. Anm. 38.

531 Vgl. die von Will Rink zusammengestellten Querschnitte durch das Vortragsprogramm genannter Gesellschaften in: *Zeitschrift für Menschenkunde,* 3. Jg. (1927–28), S. 209–210, S. 352.

532 Vgl. Aster, Ernst von: *Die Philosophie der Gegenwart,* Leiden 1935, S. 227–334; Frobenius, Leo: *Vom Kulturreich des Festlandes* (Dokumente zur Kulturphysiognomik), Berlin 1923.

533 Vgl. Carus, zit. Anm. 26. Porta, zit. Anm. 108.

534 Lessing 1926, zit. Anm. 451, S. 1–50, (S. 69–118).

535 Zit. nach Marwedel, Rainer: *Theodor Lessing,* Darmstadt 1987, S. 163. Während Klages im Dritten Reich Anerkennung fand, wurde sein einstiger Freund Lessing 1933 in seinem Marienbader Exil von sudetendeutschen Nationalsozialisten erschos-sen. Es ist sicher auch ein Dokument der Zeit, daß Marwedel in seiner Lessing-Biographie auf dessen ausdruckskundliche Arbeiten kaum eingeht.

536 Vgl. Lessing, Theodor: *Der Untergang der Erde am Geist,* Hannover 1924; Klages, Ludwig: *Der Geist als Widersacher der Seele,* 3 Bde., Leipzig 1929.

537 Vgl. Klages, Ludwig: *Handschrift und Charakter,* 16. Aufl., Leipzig 1936.

538 Klages, Ludwig: *Grundlegung der Wissenschaft vom Ausdruck,* 5. Aufl., Leipzig 1936.

539 Vgl. Klages, zit. Anm. 536.

540 Vgl. Schopf, Roland: *Physiognomisches Sehen in der literarkritischen Essayistik Thomas Manns,* Heidelberg 1978, S. 80–81.

541 Vgl. Baladur, Rigo: *Gründe, warum es uns nicht geben darf,* Essen 1991.

542 Vgl. Klages, Ludwig: *Vom Sinn des Lebens. Worte des Wissens aus dem Gesamtwerk,* ausgew. v. Hans Kern, Jena 1943, S. 18–35.

543 Vgl. Schopf, zit. Anm. 540.

544 Vgl. Kassner, zit. Anm. 349; ders.: *Das deutsche Antlitz in fünf Jahrhunderten deutscher Malerei,* Zürich 1954; ders.: *Sämtliche Werke,* Bd. 4, Pfullingen 1978 (enthält folgende physiognomische Schriften: *Von der Signatur der Dinge* [1928]; *Die Verwandlung. Physiognomische Studien* [1925]; *Das physiognomische Weltbild* [1930]); Picard 1929, zit. Anm. 351; ders., zit. Anm. 11; ders., zit. Anm. 462.

545 Vgl. Buser, zit. Anm. 30; Hall/Lindzey, zit. Anm. 57; Kiener, zit. Anm. 139; ders., zit. Anm. 132; Rohracher, Hubert: *Kleine Charakterkunde,* 7. Aufl., Wien/Innsbruck 1956.

546 Sie tritt vorrangig im populärwissenschaftlichen Bereich in Erscheinung: Vgl. Lauster, Peter: *Menschenkenntnis,* 17. Aufl., Düsseldorf/Wien 1991.

547 Vgl. Schmied, Wieland: *Zum Tode des Malers Francis Bacon. Der produktive Ekel,* in: *Die Zeit,* Nr. 20 v. 8. 5. 1992, S. 63.

548 Bracelli, Giovanni Battista: *Bizarrie di Varie Figure,* Florenz 1624 (Faksimile Nördlingen 1981).

549 Vgl. Schwarz, Birgit: *Werke von Otto Dix,* Kat. Staatliche Kunsthalle Karlsruhe 1986, S. 20–45.

550 Vgl. Lohmann-Siems, zit. Anm. 116, S. 49–74.

551 Zit. nach Raddatz, Fritz J.: *Matta,* in: *Zeit-Magazin,* Nr. 43, 16. 10. 1992, S. 75. Matta meint mit seiner Aussage nur, daß er seine Themen aus der Zeit, in der er lebt, und nicht etwa aus dem Raum (Heimat, Landschaft), aus dem er kommt oder in dem er sich aufhält, ableitet. Doch diese Aussage verweist indirekt auf die Dominanz und die Dynamik des Zeitlichen und dessen Widerspiegelung in der Kunst.

552 Vgl. Gebser 1986, zit. Anm. 480.

553 Vgl. Buschor, Ernst: *Das Porträt,* München 1960, S. 214–225.

554 Vgl. Lavater, zit. Anm. 6, Bd. III, 1777, S. 165.

555 Vgl. Benjamin, zit. Anm. 501, S. 60.

556 Vgl. Brieger, Lothar: *Das Frauengesicht der Gegenwart,* Stuttgart 1930, S. 2.

557 Vgl. Piderit, zit. Anm. 93, S. 175–177.

558 Vgl. Anmerkung 95.

559 Zum Phänomen der Ungleichzeitigkeit vgl. Bloch, Ernst: *Erbschaft dieser Zeit,* Neuausgabe Frankfurt/M. 1962, S. 104–132.

560 Vgl. Sander, August: *Menschen ohne Maske. Photographien 1906–1952,* mit einem biographischen Text von Gunther Sander, München 1976.

561 Walther, Pan: *Künstlerische Porträtfotografie,* München 1986.

562 *Menschen der Zeit,* Königstein i. Taunus/Leipzig 1930.

563 Freund, Gisèle: *Photographie und Gesellschaft,* Reinbek b. Hamburg 1979.

564 Vgl. Nabakowski, Gislind: *Fotografie und Erfindung,* in: Honnef, Klaus (Hrsg.): *Lichtbildnisse. Das Porträt in der Fotografie,* Kat. Rheinisches Landesmuseum Bonn, Köln 1982, S. 649–683.

565 Natürlich ist hierbei auch die Zerstörtheit, Verletztheit und Disharmonie heutiger Umwelt zu berücksichtigen, die kaum noch eine in sich geschlossene, atmosphärisch dichte Stimmung aufkommen läßt.

566 Vgl. Honnef, Klaus: *Das Porträt im Zeitalter der Umbrüche,* in: ders., zit. Anm. 564, S. 568. Die Physiognomik scheint dabei Honnefs ›aufklärerischem Impetus‹ derart entfremdet, daß eine Begründung, warum sie bloß ein Aberglaube sei, erst gar nicht in Erwägung gezogen wird. Allerdings wäre ihre gänzliche Widerlegung auch kaum möglich, was allein das Wissen von den Konstitutionen oder der ›gefrorenen Mimik‹ belegt.

567 Vgl. Zglinicki, Friedrich v.: *Der Weg des Films,* Berlin 1956, S. 9–31.

568 Picard 1929, zit. Anm. 351, S. 134–135.

569 Vgl. Lersch, zit. Anm. 529.

570 Vgl. Carstensen, zit. Anm. 337.

571 Vgl. Kap.: *Carl Gustav Carus und die Symbolik der menschlichen Gestalt,* S. 151 ff.

Das Ende des Gegenstandes – das Ende der Physiognomik? Eine Nachbetrachtung

572 Das spiegelt sich auch in dem heutigen Literaturangebot zur Physiognomik wider. Es gehört vornehmlich dem Bereich der Populärwissenschaft an.

573 Carus, zit. Anm. 26, S. 21.

574 Ebd.

575 In diesem Zusammenhang sei auch auf das Werk von Friedrich S. Rothschild: *Die Symbolik des Hirnbaus* (Berlin 1935) hingewiesen. Ausgehend von Ausdrucks- und Erscheinungswissenschaft von Ludwig Klages hat Rothschild als erster, lange vor den bahnbrechenden Detailforschungen auf diesem Gebiet, auf die funktionelle Asymmetrie des menschlichen Gehirns und die damit verbundenen unterschiedlichen Aufgaben der rechten und linken Hirnhälfte verwiesen.

576 Vgl. Thomann, zit. Anm. 61, S. 214.

577 Vgl. Buttlar, Johannes v.: *Unsichtbare Kräfte,* Augsburg 1991, S. 200–201.

578 Im antiken Griechenland konnten schöne Menschen bei einem Vergehen mit einem milderen Urteil oder einem Freispruch rechnen. Der Unterschied zur Gegenwart – die diese juristische Tradition unbewußt fortführt – liegt in der ›physiognomischen Bewußtheit‹.

579 Gombrich 1988, zit. Anm. 2, S. 208–209.

580 Ebd., S. 193.

581 Es ist zu beachten, daß bei Künstlern die Linkshändigkeit häufiger ausgebildet ist.

582 Zit. nach Friedrich, zit. Anm. 110, S. 60.

583 Zit. nach Gombrich 1988, zit. Anm. 2, S. 60.

584 Lessing, Theodor: Einleitung, in: Carus, zit. Anm. 26, S. 14–15.

585 Warburg, Aby: *Schlangenritual,* Berlin 1988, S. 59.

586 Zit. nach *Lexikon der Kunst,* hrsg. v. Ludger Alscher u. a., Bd. 1, Leipzig 1968, S. 293.

587 Vgl. Arnheim, zit. Anm. 1, S. 39–40.

588 Landmann, Salcia: *Die Juden als Rasse,* Wiesbaden/München 1981, S. 73.

589 Vgl. Clair/Pichler/Pircher, zit. Anm. 2, S. 29–31.

590 Vgl. Kris, zit. Anm. 233, S. 17.

591 Das Verb ›intellegere‹ bedeutet im Lateinischen auch ›wahrnehmen‹, ›merken‹, ›ersehen‹, ›erkennen‹. Doch ist unleugbar, daß für den Begriff ›Intellektueller‹ vornehmlich die zweite Bedeutung von ›verstehen‹, ›begreifen‹, ›auffassen‹ zutrifft. Das Wesen des Gebildeten hingegen umfaßt in unserer Vorstellung auch Auftreten, Benehmen, Kleidung etc. Es ist ›bildhaft‹.

592 Fülleborn, zit. Anm. 38, S. 187.

593 Vgl. Brozek, Josef/Diamond, Salomon.: *Die Ursprünge der objektiven Psychologie,* in: Balmer, Heinrich (Hrsg.): *Geschichte der Psychologie,* Weinheim/Basel 1982, S. 37–135.

594 Vgl. Wolff, zit. Anm. 125; Hartenbach, Walter: *Was Ohren verraten,* München 1992; ferner sei auf die zahlreichen Schriften zur Physiognomik des Arztes Norbert Glas verwiesen. Letztere sind von anthroposophischem Gedankengut beeinflußt.

595 Der Gedanke, den Spiegel als sichtbares Gewissen zu nutzen, ist alt und kulturübergreifend. Neben der bereits erwähnten Fabel von Äsop sei hierzu noch eine Geschichte aus Japan genannt: »Wenn in Japan eine Tochter heiratet, so schenkt ihr die Mutter einen Spiegel und sagt zur Tochter, daß sie nun mutig in ihr neues Leben eintreten müsse, gerade

so, wie wenn ein Soldat zur Schlacht gehe: ›Sieh jeden Tag in den Spiegel, denn wenn sich Narben von Eigennutz und Hoffart in das Herz graben, werden sie sich auch als Falten in dein Gesicht zeichnen. Sei stark wie eine Kiefer, gib nach in sanftem Gehorsam wie der schlanke Bambus und verliere doch nie, wie die duftige Pflaumenblüte unter dem Schnee, die sanfte Beharrlichkeit treuen Weibstum.‹« Lange, Fritz: *Die Sprache des menschlichen Antlitzes,* München/Berlin 1937, S. 224.

596   Vgl. Kamper, Dietmar/Wulf, Christoph (Hrsg.): *Die Wiederkehr des Körpers,* Frankfurt 1982.

597   Kassner 1954, zit. Anm. 544, S. 6.

598   Vgl. in diesem Zusammenhang auch Müller-Freienfels, Richard: *Individualität und Typus,* in: *Jahrbuch der Charakterologie,* 5. Jg. (1928), S. 1–20.

599   Gombrich/Hochberg/Black, zit. Anm. 2, S. 46.

600   Sauerländer, zit. Anm. 17, S. 15–30.

601   Ebd., S. 15.

602   Vgl. Kap.: *Physiognomik, Chiromantie, Astrologie,* S. 63 ff.

603   Zit. nach Drössler, Rudolf/Freyberg, Manuela: *Handlesen, Kartenschlagen, Pendeln,* Leipzig 1990, S. 42.

604   Zum Begriff ›Fundamentalrevolution‹ vgl. Nolte, Ernst: *Europäische Revolutionen des 20. Jahrhunderts,* in: Michalka, Wolfgang (Hrsg.): *Die nationalsozialistische Machtergreifung,* Paderborn/München/Wien/Zürich 1984, S. 395–410.

605   Hall/Lindzey, zit. Anm. 57, S. 9–10.

606   Vgl. Sheldrake, Rupert: *Die Wiedergeburt der Natur,* Bern/München/Wien 1991, S. 175–177.

607   Zit. nach Friedrich, zit. Anm. 110, S. 52.

608   Goethe: *Werke,* zit. Anm. 263, Bd. 1–2, S. 152.

Ausgewählte Bibliographie

Die hier aufgelisteten 50 Titel umfassen lediglich einige grundlegende Arbeiten zum Thema ›Kunst und Physiognomik‹. Weit umfassendere Literaturhinweise sind den Anmerkungen und dem Text selbst zu entnehmen. Bei der hier wiedergegebenen Bücherliste wurde versucht, auf schwer zugängliche Literatur, worunter naturgemäß vorwiegend ältere Schriften fallen, weitgehend zu verzichten. Wer an alter physiognomischer Literatur interessiert ist, dem sei neben den großen Bibliotheken in Berlin oder München und der Herzog August Bibliothek in Wolfenbüttel auch ausdrücklich die Universitätsbibliothek in Augsburg empfohlen. Diese besitzt aufgrund einer entsprechenden Sammlertätigkeit des Grafen Ernst von Öttingen-Wallerstein in der zweiten Hälfte des 18. Jahrhunderts einen ungewöhnlich breiten Fundus an älterer physiognomischer Literatur.

Aristoteles (Pseudoaristoteles): *Die aristotelische Physiognomik. Schlüsse vom Körperlichen auf Seelisches.* Aus dem Griechischen übers. u. mit einer Einl. vers. v. Prof. Dr. M. Schneidewin, Heidelberg 1929

Barta Fliedl, Ilsebill/Geissmar, Christoph (Hrsg.): *Die Beredsamkeit des Leibes. Zur Körpersprache in der Kunst,* Kat., Salzburg/Wien 1992

Baur, Otto: *Bestiarum Humanum. Der Mensch-Tier-Vergleich in Kunst und Karikatur,* München 1974

Behr, Hans Georg/Grohmann, Herbert/Hagedorn, Bernd-Olaf: *Die Kunst der Mimik. Franz X. Messerschmidt und seine Charakterköpfe.* Mit einem Vorwort v. Alfred Hrdlicka, 2. neu ausgestattete Aufl., Weinheim/Basel 1989

Benz, Ernst: *Swedenborg und Lavater. Über die religiösen Grundlagen der Physiognomik,* in: *Zeitschrift für Kirchengeschichte,* Dritte Folge VIII, Bd. LVIII (1938), S. 153–216

Billeter, Erika (Hrsg.): *Das Selbstporträt im Zeitalter der Photographie. Maler und Photographen im Dialog mit sich selbst,* Berlin 1985

Braunfels, Sigrid (Hrsg.): *Der »vermessene« Mensch. Anthropometrie in Kunst und Wissenschaft,* München 1973

Bühler, Karl: *Ausdruckstheorie. Das System an der Geschichte aufgezeigt,* Jena 1933

Busch, Werner: *Nachahmung als bürgerliches Kunstprinzip. Ikonographische Zitate bei Hogarth und in seiner Nachfolge,* Hildesheim/New York 1977

Buser, Remo: *Ausdruckspsychologie. Problemgeschichte, Methodik und Systematik der Ausdruckswissenschaft,* München/Basel 1973

Camper, Petrus: *Über den natürlichen Unterschied der Gesichtszüge in Menschen verschiedener Gegenden . . .* Nach dem Tod des Verfassers hrsg. v. seinem Sohne Adrian Gilles Camper. Übers. v. Samuel Thomas von Sömmering, Berlin 1792

Carus, Carl Gustav: *Symbolik der menschlichen Gestalt.* Neu bearb. u. erw. v. Theodor Lessing, 3. verm. Aufl., Dresden 1932

Clair, Jean (Hrsg.): *L'âme au corps, arts et sciences 1793–1993,* Kat., Paris 1993

Darwin, Charles: *Der Ausdruck der Gefühle bei Mensch und Tier.* Nach der Übers. v. Theodor Bergfeldt neu hrsg., ausgew. u. komment. v. Ulrich Beer, Düsseldorf 1964

Duchenne, Guillaume Benjamin Armand: *Mecanisme de la Physiognomie Humaine,* 2. Aufl., Paris 1876 (Text- u. Atlasband)

Dürer, Albrecht: *Schriften und Briefe,* 5. Aufl., Leipzig 1989 (enthält auch in wesentlichen Auszügen Dürers *Vier Bücher von menschlicher Proportion*)

Engel, Johann Jakob: *Ideen zu einer Mimik,* 2 Bde., Berlin 1802

Foerster, Richard (Hrsg.): *Scriptores Physiognomonici Graeci et Latini,* 2 Bde., Leipzig 1893

Franz Joseph Gall 1758–1828. Naturforscher und Anthropologe. Ausgewählte Texte, eingel., übers. u. komment. v. Erna Lesky, Bern/Stuttgart/Wien 1979

Fülleborn, Georg Gustav: *Beiträge zur Geschichte der Philosophie,* 8. Stück, *Abriss einer Geschichte und Litteratur der Physiognomik,* Züllichau/Freystadt 1797

Gombrich, Ernst H.: *Maske und Gesicht,* in: Gombrich, Ernst H./Hochberg, Julian/ Black, Max: *Kunst, Wahrnehmung, Wirklichkeit,* Frankfurt/M. 1977, S. 10–60

Grohmann, Johann Christian August: *Ideen zu einer Physiognomischen Anthropologie,* Leipzig 1791

Grose, Francis: *Regeln zur Karikaturzeichnung nebst einem Versuche über die komische Mahlerei* (Übersetzung d. englischen Originalfassung *Rules for Drawing Caricaturas* von 1788), Leipzig o. J.

Hartlaub, Gustav Friedrich: *Kunst und Physiognomik,* in: ders.: *Fragen an die Kunst. Studien zu Grenzproblemen,* Stuttgart 1950, S. 183–191

Heller, Hermann Vincenz: *Grundformen der Mimik des menschlichen Antlitzes. In freiem Anschlusse an Piderits »Mimik und Physiognomik« mit besonderer Berücksichtigung der bildenden Kunst,* Wien 1902

Hogarth, William: *Zergliederung der Schönheit, die schwankenden Begriffe von dem Geschmack festzusetzen.* Aus d. Englischen übers. v. C. Mylius, Berlin/Potsdam 1754

Honnef, Klaus (Hrsg.): *Lichtbildnisse. Das Porträt in der Fotografie,* Kat., Köln 1982

Huter, Carl: *Menschenkenntnis durch Körper-, Lebens-, Seelen- und Gesichtsausdruckskunde,* 3. durchges. u. erw. Aufl., Schwaig bei Nürnberg 1957

Kassner, Rudolf: *Physiognomik,* Darmstadt 1951

Kirchner, Thomas: *L'expression des passions. Ausdruck als Darstellungsproblem in der französischen Kunst und Kunsttheorie des 17. und 18. Jahrhunderts,* Mainz 1991

Klages, Ludwig: *Grundlegung der Wissenschaft vom Ausdruck,* 5. völlig umgearb. Aufl. v. ders.: *Ausdrucksbewegung und Gestaltungskraft,* Leipzig 1936

Kretschmer, Ernst: *Körperbau und Charakter. Untersuchungen zum Konstitutionsproblem und zur Lehre von den Temperamenten,* 13. u. 14. verb. u. verm. Aufl., Berlin 1940

Landau, Terry: *Von Angesicht zu Angesicht. Was Gesichter verraten und was sie verbergen.* Aus dem Englischen übers. v. Brigitte Dittami, Heidelberg/Berlin/Oxford 1993

Lange, Julius: *Die menschliche Gestalt in der Geschichte der Kunst. Von der zweiten Blütezeit der griechischen Kunst bis zum 19. Jahrhundert,* hrsg. v. P. Köbke, Straßburg 1903

Lavater, Johann Caspar: *Physiognomische Fragmente zur Beförderung der Menschenkenntnis und Menschenliebe,* 4 Bde., Leipzig/Winterthur 1775–1778 (Faksimiledruck Leipzig 1968–1969). Christoph Siegrist hat eine Auswahl aus Lavaters *Fragmenten* herausgegeben (Stuttgart 1984)

Leonardo da Vinci: *Traktat von der Malerei.* Nach der Übers. v. Heinrich Ludwig. Neu herausg. u. eingel. v. Marie Herzfeld, Jena 1909

Lessing, Theodor: *Prinzipien der Charakterologie,* in: *Deutsche Psychologie,* Arbeitsreihe Band IV (1926), Heft 2, S. 1–50

Lichtenbergs Werke in einem Band, hrsg. v. Rudolf K. Goldschmitt, Stuttgart 1935. Darin enthalten: *Über Physiognomik wider die Physiognomen; Über Physiognomik; Fragmente von Schwänzen,* S. 266–319

Lohmann-Siems, Isa: *Der universelle Formbegriff in der Physiognomik des 18. Jahrhunderts,* in: *Jahrbuch der Hamburger Kunstsammlungen,* Bd. 9, Hamburg 1964, S. 49–74

Märker, Friedrich: *Das Menschenbild des Abendlandes,* München 1962

Pernety, Antoine-Joseph: *Versuch einer Physiognomik, oder Erklärung des moralischen Menschen durch die Kenntniß des physischen,* 3 Bde., Dresden 1784–1785

Picard, Max: *Die Grenzen der Physiognomik,* 2. Aufl., Erlenbach/Zürich 1952

Piderit, Theodor: *Mimik und Physiognomik,* 3. Aufl., Detmold 1919

Porta, Johannes Baptista: *Die Physiognomie des Menschen.* Aus der lat. Ausg. v. 1593 ins Deutsche übertr. und mit Anm. vers. v. Will Rink und mit einer Einf. v. Theodor Lessing, Radebeul bei Dresden 1930

Schoch, Rainer: *Das Herrscherbild in der Malerei des 19. Jahrhunderts,* München 1975

Schopenhauer, Arthur: *Zur Physiognomik,* in: *Arthur Schopenhauers Werken in fünf Bänden,* hrsg. v. Ludger Lütkehaus, Bd. 5 *(Parerga und Paralipomena,* 2. Bd), Zürich 1991, S. 543–550

Steinbrucker, Charlotte: *Lavaters physiognomische Fragmente im Verhältnis zur bildenden Kunst,* Berlin 1915

Toepffer, Rodolphe: *Essay zur Physiognomie.* Aus dem Französischen übertr. v. Wolfgang u. Dorothea Drost, Siegen 1982

Waetzoldt, Wilhelm: *Die Kunst des Porträts,* Leipzig 1908

Winckelmann, Johann Joachim: *Werke in einem Band,* hrsg. v. d. Nationalen Forschungs- und Gedenkstätten der klassischen deutschen Literatur in Weimar, 3. Aufl., Berlin/Weimar 1982

Bildnachweis

Agence photographique de la réunion des musées nationaux, Paris   Umschlagabbildung Porträt der *Mona Lisa* von Leonardo da Vinci

Archiv des Autors   Abb. 8, 22, 30, 34, 36, 40, 41 b, 46, 48, 58, 73, 82, 124, 128, 134, 137, 141

Archiv DuMont Buchverlag   Frontispiz, Umschlagrückseite, Abb. 11, 16, 17, 18 a, 21, 27, 28, 37, 38, 39, 41 a, 44, 45, 52, 53, 54, 56, 57, 67, 68, 69, 70, 71, 79, 80, 97, 98, 116, 118, 119, 120, 125, 144

Archiv für Kunst und Geschichte, Berlin   Abb. 89

Jayne H. Baum Gallery, New York   Abb. 142

Bayerische Staatsbibliothek, München   Abb. 1, 3, 4, 7, 9, 12, 25, 31, 32, 43, 47, 49 b, 50, 59, 60, 62, 63, 65, 81, 83, 84, 85, 86, 87, 88, 92, 95, 96, 99, 101, 104, 105, 106, 107, 108, 109, 110, 113, 114, 115, 126, 129, 133

Bayerische Staatsgemäldesammlungen, München   Abb. 42

Bildarchiv Preußischer Kulturbesitz, Berlin   Abb. 6, 35, 72, 93

Freies Deutsches Hochstift – Frankfurter Goethe-Museum (Foto: Ursula Edelmann, Frankfurt/M.)   Abb. 64

Graphische Sammlung Albertina, Wien   Abb. 23

German Hafner, Mainz   Abb. 13, 15

Hamburger Kunsthalle (Foto: Elke Walford, Hamburg)   Abb. 55

Karl Herzog, Tübingen, mit freundlicher Genehmigung   Abb. 5, 18 b, 19, 20

Historisches Museum der Stadt Wien   Abb. 74

Carl Huter Verlag, Münchenstein/Schweiz, mit freundlicher Genehmigung Umschlagabbildung Physiognomisches Raster nach Carl Huter   Abb. 102, 112, 130, 131

Kunsthistorisches Museum, Wien   Abb. 49 a, 51

Johannes Muggenthaler, München   Abb. 29

Museum der bildenden Künste zu Leipzig   Abb. 122 b

Nasjonalgalleriet, Oslo   Abb. 123

National Gallery, London   Abb. 24

Österreichische Galerie, Wien (Fotostudio Otto, Wien)   Abb. 75, 76, 77

Österreichische Nationalbibliothek, Wien   Abb. 33

Gustav Peichl, Wien   Abb. 148

August Sander Archiv/Stiftung City-Treff, Köln   Abb. 139

Schiller-Nationalmuseum und Deutsches Literaturarchiv in Marbach   Abb. 103

Staatliche Antikensammlungen und Glyptothek, München (Foto: blow up)   Abb. 10, 14, 145

Staatliche Kunsthalle Karlsruhe   Abb. 78, 135

Städtische Galerie im Lenbachhaus, München   Abb. 122 a

Stiftung Weimarer Klassik, Museen, Fotothek   Abb. 90

Wilhelm-Busch-Gesellschaft, Hannover   Abb. 66 (Foto: Peter Gauditz, Hannover), 117

Daneben wurden aus Publikationen folgende Abbildungen entnommen:

Bierbaum, O. J.: *Stuck,* Bielefeld/Leipzig 1924   Abb. 127

Croy, Otto: *Das Porträt,* Harzburg 1941   Abb. 138, 143

Walt Disneys *Micky Maus,* Nr. 16 vom 15. 4. 1993   Abb. 132

Gombrich, Ernst H./Hochberg, Julian/Black, Max: *Art, Perception, and Reality,* The Johns Hopkins University Press, Baltimore/London 1972   Abb. 2, 26, 111, 136

Honnef, Klaus (Hrsg.): *Lichtbildnisse. Das Porträt in der Fotografie,* Kat. Rheinisches Landesmuseum Bonn, Köln 1982   Abb. 140, 147

Kroeber, Hans Timotheus: *Chodowiecki-Silhouetten aus Lichtenbergs Nachlaß,* Wiesbaden 1920   Abb. 94

Leslie, Shane: *George the Fourth,* London 1926   Abb. 61

Menschen der Zeit, Königstein/Ts./Leipzig 1930   Abb. 146

Toepffer, Rodolphe: *Essai de Physiognomonie,* Genf 1845   Abb. 121

Wollheim, Richard: *On Art and the Mind,* London 1973   Abb. 100

Zeitschrift für Menschenkunde, 9. Jg. (1933–34), Heft 1   Abb. 91

Register